Gerhard Hanloser

Die andere Querfront

UNRAST

Gerhard Hanloser, Jahrgang 1972, stammt aus Freiburg im Breisgau. Mit einer anarchistischen Schülerinnengruppe blockierte er 1991 unter anderem die örtliche Rüstungsfirma Litef, seinen Zivildienst hat er in der Aktion Dritte Welt abgeleistet, war 1998 engagiert im *Bündnis gegen Arbeit* und besetzte am 8. Mai 1999 zusammen mit sozialrevolutionären und antideutschen ›Genossen‹ anlässlich des Kosovo-Krieges das GRÜNEN-Büro an der Dreisam. 2004 brachte er den mittlerweile vergriffenen Sammelband heraus *Sie warn die Antideutschesten der deutschen Linken: Zu Geschichte, Kritik und Zukunft antideutscher Politik.* Seine kritische Beschäftigung mit dem Antideutschen-Phänomen reicht bis in die 90er zurück und lässt sich hier auch anhand einiger in den Fußnoten angegebener Schriften nachvollziehen. Er lebt und arbeitet als Lehrer und Publizist in Berlin.

Gerhard Hanloser

Die andere Querfront

Skizzen des ›antideutschen‹ Betrugs

UNRAST

Bibliografische Information der Deutschen Bibliothek
Die Deutsche Bibliothek verzeichnet diese Publikation in der Deutschen Nationalbibliografie; detaillierte bibliografische Daten sind im Internet über http://dnb.ddb.de abrufbar.

Gerhard Hanloser: Die andere Querfront
1. Auflage, Oktober 2019
ISBN 978-3-89771-273-7

www.unrast-verlag.de – kontakt@unrast-verlag.de
Mitglied in der assoziation Linker Verlage (aLiVe)

Umschlag: kv, Berlin
Satz: UNRAST-Verlag, Münster
Druck: Multiprint, Kostinbrod

Inhalt

Vorwort

Querfront ist ein Vorwurf.

Auch dieses Buch operiert mit ihm. Es führt die kritische Beschäftigung mit den Antideutschen fort, die vor 15 Jahren erstmalig in dem vergriffenen Sammelband »*Sie warn die Antideutschesten der deutschen Linken*« mündete. Mittlerweile ist viel Zeit vergangen und die Kritik muss sich zuspitzen. Wo Betrug konstatiert wird, wie im Titel dieses Buches, ist Entzug des Vertrauens geboten. Wer betrügt, irrt nicht, ihm ist jegliche Legitimität seines Anliegens abzusprechen. Weder taugen die Antideutschen als Kritikerinnen deutscher Verhältnisse, noch ist von ihnen irgendein kluger Gedanke zu erhaschen oder eine Theorie über die hiesigen oder gar internationalen Entwicklungen zu entnehmen; schon gar nicht über den Antisemitismus, den sie laufend beschwören. Sie sind mittlerweile Bestandteil eines politische Lager übergreifenden, Bürger- wie Staatenkriege bejahenden Blocks, der jeglicher Emanzipation, jeglichem Aufbruch, ja selbst der Verhinderung des Schlimmsten, das heißt einer autoritär-rechten Formierung von Gesellschaft und Staat, entgegensteht. Dieses Urteil mag irritieren. Es wird im Folgenden jedoch ausgeführt werden.

Warum eigentlich ›Querfront‹?

Historisch müsste man den Begriff ›Querfront‹ – oder ›Querfrontstrategie‹ – der Epoche der Weimarer Republik zuweisen. Hier markiert er den Versuch der Reichswehrführung, mit nationalistischen und rechtsgerichteten Sozialdemokraten, dem Allgemeinen Deutschen Gewerkschaftsbund und dem ›linken‹ Flügel der NSDAP um die Brüder Otto und Gregor Strasser ein Bündnis zu schmieden. Dieses sollte der autoritären Führung des Reichswehrgenerals Kurt von Schleicher eine breitere Basis verschaffen. Auf eine solche konnten sich die Präsidialkabinette ab 1930 unter Brüning und von Papen in der Krisenzeit Weimars nicht beziehen. Die Querfrontidee von Schleicher strebte einen national-autoritären Block an, der die ideologischen Trennungslinien der Parteien aufhebt und sich jenseits von links und rechts verortet. Allerdings lag diese Option historisch nur für einen kurzen Zeitraum auf dem Tisch und wurde nie Realität. Der weitere Verlauf der Geschichte ist bekannt: Hitler konnte im Bündnis mit den konservativen alten Eliten und mit nationalkonservativen Verbündeten die Macht an sich ziehen.

Wird heute von Querfront gesprochen, so meist als polemische Wendung, die ein tatsächliches oder angebliches Rechts-Links-Bündnis markieren und skandalisieren soll. Laut *Wikipedia* sind mit dem Begriff lagerübergreifende Bündnisse mit anti-emanzipatorischen inhaltlichen Schnittmengen wie Antisemitismus, Rassismus, Homophobie, Islamismus und Antifeminismus zu bezeichnen. Außerdem, so das Internet-Lexikon, erkläre die Extremismusforschung solche Bündnisse aus übereinstimmenden »autoritären Dispositionen, kollektivistischen Freund-Feind-Konstruktionen und verschwörungstheoretischen antisemitischen Welterklärungen« bei rechts- und linksgerichteten Bevölkerungsteilen. Für jene, auf die sich *Wikipedia* hier beruft, haben Querfrontler ein nationalistisches, antiwestliches, antikapitalistisches und antisemitisches Weltbild. Übereinstimmung fänden sie in antiamerikanischer und antiisraelischer Weltanschauung. Fragt man genauer nach, wer gemeint ist, so wird auf linke und rechte Nationalisten und Europagegner, Antiamerikaner und Antisemiten, Lügenpresse-Schreier und Homofeinde, friedensbewegte Aluhutträger und PEGIDA-Rassisten, Reichsbürger und Selbstverwalter sowie Wertkonservative und ostalgische Sowjetfreunde verwiesen – durchgehend natürlich in männlicher Form. Ein wahres Gruselkabinett also. Sie alle hätten sich auch 2015 in der »neuen Friedensbewegung« der Montagsmahnwachen für den Frieden zusammengefunden.

Ein Freidenker und eine Friedensfreundin indes zucken bei dieser Diagnose nur müde mit den Schultern. Denn die Friedensbewegung war seit ihrer Wiederkehr nach dem Zweiten Weltkrieg niemals eine exklusiv linke Veranstaltung; schließlich betrifft die Kriegsgefahr immer eine Mehrzahl der Menschen, auch Konservative, Mittelständler, Unternehmer. Ein Kampf gegen Krieg und für das Überleben spricht viele an. Im Übrigen: Kennt man solche Querverbindungen nicht auch aus der Anfangszeit der GRÜNEN, wo neben ehemaligen Mitgliedern maoistischer K-Gruppen und ex-militanten Spontis auch ökologische Konservative und der ein oder andere Altnazi die Partei formierten? Und müsste man dann der Skandallogik folgend auch Rainer Trampert, Thomas Ebermann, Jutta Ditfurth, ja jedem an dem Parteiprojekt der GRÜNEN Beteiligten, eine Querfrontverstrickung attestieren?

Eine Kritische Theoretikerin würde die oben angeführte Auflistung von autoritären Subjektformen vom Aluhutträger bis zum Putin-Fan auf die Verheerungen der kapitalistischen Verhältnisse selbst zurückführen. Tatsächlich hat der unter Rot-Grün restrukturierte und barbarisierte Kapitalismus in Deutschland Menschen ›freigesetzt‹, ihrer bisherigen Ordnung beraubt und der Kälte und Unwägbarkeit des Marktes unterworfen. Wenig erstaunlich, dass diese Freigesetzten zuweilen zu Obskurantismus und Verschwörungsdenken neigen und gerne bereit sind, allerhand barfüßigen oder falschen Propheten, Heilsbringern und reaktionären Manipulatoren zu folgen. Ob sie freilich zu mehr in der Lage sind, als sich auf der ein oder anderen Demonstration einzufinden und auf Internetforen auszutoben, gar dazu fähig, ein einflussreiches politisches Projekt zu schmieden, mag dahingestellt sein. Im schlimmsten Fall geben sie einem neuen rechten Parteiprojekt ihre Stimmen wie der AfD, aber diese ist ja keine Querfront.

Eine Antifaschistin weiß auch, dass von der Linken noch nie eine Querfront vorgeschlagen wurde. Historisch spielte ja auch die KPD keine Bündnisrolle im Kosmos der Querfront. Wenn Teile der Linken mit Nationalismus und Antisemitismus hantierten, dann aus dem Zweck, Nationalisten und Antisemitinnen nach links ziehen zu wollen. Nutzte man dafür nationalistische Demagogie oder antisemitische Propaganda, dann mit verheerenden, sinnlosen und Vernunft zerstörenden Ergebnissen. Eine Querfront als wirkliches Bündnisprojekt mit Rechten war und ist – von der KPD 1930 bis *Aufstehen* heute könnte man sagen – jedoch nicht intendiert. Querfrontangebote kamen immer von rechts und wurden von der Linken stets ausgeschlagen. So bleibt der Rechten nichts anderes übrig, als in den Gefilden der linken Kapitalismus- und Imperialismuskritik zu plündern, um das eigene anti-emanzipatorische Projekt schein-materialistisch und sozial zu unterfüttern.

Warum also die Aufregung?

Der hegemoniale Diskurs über die Querfront ist eine Spielart der Extremismustheorie, eine Neuauflage des Antitotalitarismus nach dem Kalten Krieg und in prekär-neoliberalisierten Verhältnissen. Sein Gesellschaftsbild überschreitet nicht wesentlich jenes des Hufeisens, bei dem sich bekanntlich die Extreme berühren.

Die Inflationierung des Querfrontbegriffs scheint längst von der Formierung einer *anderen Querfront* abzulenken. Sieht man *die eine* um die Friedensfrage zirkulieren, so formiert sich *die andere* um Krieg und Bellizismus. Hält man *der einen* vor, antiisraelisch ausgerichtet zu sein, so ergeht sich *die andere* in anti-arabischem und muslimfeindlichem Rassismus und Pro-Israel-Ideologie. Heftet sich *die eine* autoritär an Assad und Putin, so beklatscht *die andere* Bush und Trump, Scharon und Netanjahu. Geriert sich *die eine* unpolitisch und antiideologisch, so *die andere* hyperpolitisch und ideologiekritisch – tatsächlich jedoch ist *die eine* obskurantistisch-querulantisch, wo *die andere Querfront* machtrealistischen Dispositiven folgt.

Historische Analogien drängen sich hier auf. Die utopischen Entwürfe, die am Rand der Montagsmahnwachen mit Zinskritik und Freigeld aufwarteten, mögen an die ebenfalls merkwürdige, aber überbordend phantastische erste Bayrische Räterepublik 1918 erinnern, in der außer den Anarchisten Erich Mühsam und Gustav Landauer auch der Geldkritiker Silvio Gesell neben dem völkischen Sozialisten Ernst Niekisch engagiert waren. Die Attacken auf den Pazifismus und die intellektuelle Kriegsbegeisterung, die Vertreter der *anderen Querfront* an den Tag legen, können mit dem israelischen Faschismusforscher Zeev Sternhell in einer historischen Analogie dahingegen als Bestandteile des Frühfaschismus gedeutet werden. Schließlich hatte auch Mussolini seinen Abschied von der sozialistischen Linken genommen, indem er Gewalt, Militär und Krieg affirmierte. In ihren Attacken gegen die Friedensbewegung und mit ihrer Kriegsbegeisterung scheint die *andere Querfront* der historischen der 30er weit näher zu stehen als die friedensbewegte. In den Kreisen der Reichswehr erinnerte man sich schließlich gerne an das national motivierte ›Ja‹ zum Krieg der Sozialdemokraten von 1914, das sie für ein rechtes Bündnis befähigen sollte.

Während die angebliche friedensbewegt und antiamerikanisch ausgerichtete Querfront sich sozial eher unten abspielt, hat die *andere Querfront* eine Orientierung nach oben. Deswegen wird erstere gerne von allen möglichen Leitmedien genüsslich in ihrer Hässlichkeit ausgeleuchtete, während über zweitere der höfliche Mantel des Schweigens verhängt wird.

Die *andere Querfront* besteht aus Linkenhassern und im Zweifelsfall antisozialistischen Extremismusforschern, schuldbeladenen Maoisten und ewigen Antikommunistinnen, NATO-Apologetinnen, Atlantizisten und Amerikafreundinnen ohne Kenntnis des ›anderen Amerika‹. Die *andere Querfront* umfasst in Kollektivkategorien denkende Palästinenserhasser, so vergangenheitsbewältigende wie bedingungslose Israelsolidarische und akute Migrationsfeinde, Abendlandverteidiger und Islamkritikerinnen, Militaristen und Twitterspitzel beispielsweise von Friedensdemowatch, recherchierfaule Journalisten des Berliner *Tagesspiegel*, der *Jüdischen Allgemeinen* oder der *Jungle World* (neuerdings: jungle.world) mit Ressentiments gegenüber der radikalen und antiimperialistischen Linken. Wichtiger Bestandteil ist auch die Glaubensgemeinschaft der vermeintlich Guten, die dadurch nicht antisemitisch sein will, indem sie den Antisemitismus begriffs- und schamlos anderen anhängt. In Kürze: jene, die eine an Kapitalismus- und Imperialismuskritik geschulte linke Kritik dieser Verhältnisse dämonisieren und delegitimieren wollen.

In diesem Buch wird die Geschichte dieser *anderen Querfront* erzählt. ›Querfront‹ ist freilich ein überspannter Begriff und kann nur augenzwinkernd benutzt werden. Doch die oben skizzierten Querbezüge, Gemeinsamkeiten und Affinitäten sind frappierend. Noch erstaunlicher ist, dass dieses Milieu eine seiner Wurzeln in der sogenannten antideutschen Linken hat, die noch in den 90er Jahren als Anti-Wiedervereinigungs-Linke und als radikale kleine Minderheit gegen einen ›völkischen Konsens‹ opponierte, aber bald Allianzen und Bündnisse jenseits jeglicher linken Vernunft einging. Es wird der Ursprungsort der antideutschen Ideologie im Schwarzwald aufgesucht, von dem aus ein kleiner intellektueller Zirkel wichtige Stichworte für die antideutsche Szene der ganzen Republik lieferte. Neben dem Zielobjekt Friedensbewegung geriet rasch die gesamte Linke in den Fokus der vorgeblich radikalen Kritik der Antideutschen. Doch bereits hier, in der Konstruktion einer zutiefst reaktionären Linken, die es zu verhackstücken gilt, lag der erste Betrug der Antideutschen. Um die eigene, wenig Solidarität aufbringende Kritik als berechtigt ausweisen zu können, wurde das Objekt der Kritik vollständig verzeichnet. So muss dieses Buch auch die Geschichte der Nach-68er-Linken streifen, die von der Nach-89er-›Linken‹ zuweilen in ungerechtfertigter Weise auf den stinkenden Müllhaufen der Geschichte befördert werden sollte. Außerdem haben die Antideutschen Marxismus und Kritische Theorie vereinnahmt, sämtliche Erkenntnisse dieser theoretischen Einsprüche gegen das Bestehende allerdings zur Unkenntlichkeit verzerrt und schließlich entsorgt.

Zu guter Letzt entpuppt sich die Bezeichnung ›antideutsch‹ als bloßer Etikettenschwindel. Dies wird nicht nur in den typisch deutschen

Verhaltensweisen dieser im Übrigen erstaunlich männerdominierten Publizistenszene deutlich mit ihrem Hang zum Absoluten und der Absicht, den Gegner nicht nur zu widerlegen und zu bekämpfen, sondern vernichten und ausradieren zu wollen. Nennen sich manche Antideutsche nun ›Ideologiekritiker‹, ist auch dies Betrug, denn sie erweisen sich als fleißigste Ideologieproduzenten, die jedoch auf eine gläubige Gemeinde als Absatzmarkt hoffen können. Hält die *andere Querfront* Linken vor, nur »deutsche Ideologie« abzusondern, trifft dieser an Marx orientierte Vorwurf doch viel mehr auf sie selbst zu, die sich um eine empirische und materialistische Untersuchung der Wirklichkeit kaum noch bemüht, sondern sich vollständig in den luftigen idealistischen und ideologischen Höhen reiner Gedankenkonstrukte bewegt. Wo die Antideutschen im Bündnis mit Rechtskonservativen und Atlantikern beständig »Antisemiten« und »Antiamerikaner« in der Linken ausmachen, befleißigt sie sich einer moralisierenden und demagogischen Kritik, keiner Spielart wie auch immer gearteter Ideologiekritik. Die Antideutschen, so wusste schon der Marxist Robert Kurz im Jahre 2003, haben immer wieder mit an den Haaren herbeigezogenen Scheinbegründungen oder mit erstunkenen und erlogenen Behauptungen ihnen missliebige Linke als Nazis und Antisemiten zu brandmarken versucht. Besonders auf die Antideutschen trifft Adornos Bemerkung zu, ein Deutscher sei ein Mensch, der keine Lüge aussprechen kann, ohne sie selbst zu glauben.

Diese Streitschrift stellt zuallererst eine kritische Generationenbilanz nach 30 Jahren dar. Einen Haufen linker Dummheiten, ideologischer Konstruktionen und Täuschungsversuche wird die Leserin und der Leser auf den nächsten Seiten bewältigen müssen. Dem Betrug der Antideutschen war auch immer Selbstbetrug eingeschrieben. Der Terror der Antideutschen, im Sinne einer Politik von Furcht und Schrecken gegenüber anderen Linken, lässt sich ohne eine Reflexion auf Traum und Trauma der Linken nicht nachvollziehen. Zu beobachten ist darüber hinaus bei vielen Protagonisten eine schlichte Wanderung und ein längerer Marsch von links nach rechts. Wie immer, wenn es um politische Lebenswege geht, müssen Prozesse der intellektuellen Überforderung durch die Realität berücksichtigt werden, die Gravitation der von den Verhältnissen eingeforderten Anpassung sowie das Interesse, nicht nur direkt materiell, sondern im Sinne Pierre Bourdieus habituell einen kleinen Gewinn in dynamischen Zeiten einfahren zu können. Der Betrug liegt auch in der beharrlichen Weigerung, das eigene Scheitern an der schwierigen Aufgabe einzugestehen, weder von der Macht der anderen noch von der eigenen Ohnmacht sich dumm machen zu lassen.

Was im vorliegenden Buch geleistet werden soll, ist Geschichtsschreibung und Ideologiekritik nicht mehr der Antideutschen allein, sondern der bellizistischen Querfront, die die Linke zum innerstaatlichen Feind erklärt. Zu beobachten ist eine Aufnahme verrotteter innerlinker Szene-Streit-Module (»Antisemit!«) ins Arsenal der hegemonialen bundesdeutschen ›wehrhaften Demokratie‹. Und Personen, die der Linken entstammen und ursprünglich behaupteten, mit ihrer antideutschen Polemik die Linke besser, gesünder, stärker machen zu wollen, haben sich von diesem klebrigen Versprechen gelöst und schießen nun ihre Giftpfeile von rechts außen. Es wird endlich Zeit genauer hinzuschauen.

(und fühlen gar keine deutsche freude? *gar nicht die freude der straße, der freien ankunft von stadt zu stadt, von dorf zu dorf, vom waldrand frei rauf bis zur meeresbucht? kein bisschen bunte lust mit schwestern und brüdern: alles bloß bleikalt klassenkampf in unsern köpfen? quatsch. sondern heiß. Mitten im herz. erstens. und zweitens klar freude. daß heute massenhaft menschen plötzlich frei in bewegung kommen, ihre stimme erheben, sich ihr recht nehmen, losspringen durch das bürogestein aus lüge und angst. klar mögen auch wir land ohne stacheldraht, die weite lust der eigenen wege, die wiederentdeckung des kleinen turms, der lange so fern war, zum greifen nah; einfach die offne tür: guten tag, liebe nachbarin; guten tag, lieber nachbar. so einfach mögen auch wir das.*
aber so einfach ist das nicht.)

Christian Geissler [k]

So wie der bürgerliche linke Theoretiker lange Zeit auf den Borg einer Revolution gelebt hat, die nicht seine sein und sich auch nicht nach seinen esoterisch aufgeladenen bürgerlichen Kategorien richten konnte, so lebt er jetzt, desillusioniert, auf den Pump einer Leidensgeschichte, die ihn nicht nur als Opfer verschmäht, sondern ihm als Bürger in der Genealogie der Täter einen definitiv konträren Platz zuweisen muss.

Ilse Bindseil

Ein anständiger Anfang?

Als 1989/90 die DDR unterging, geriet die bundesrepublikanische Linke ebenfalls ins Schlingern. Auch wenn sie sich nicht mit dem »Kasernenhofsozialismus« (Robert Kurz) der realsozialistischen Staaten gemein gemacht hatte, war es doch absehbar, dass der Linken nun ein eisiger Wind entgegenschlagen würde. Mit dem größer werdenden Deutschland verstärkten sich überwunden geglaubte reaktionäre Ideologien wie Nationalismus, Rassismus und Antisemitismus. Das schlagartig unter Federführung des ewigen Bundeskanzlers Helmut Kohl dicker gewordene Deutschland stellte eine eminente Bedrohung dar, nicht nur für andere Länder, nicht nur für alles, was als ›undeutsch‹ erachtet werden konnte, sondern eben auch für die Linke selbst. In den frühen 90er-Jahren war nicht zuletzt deshalb eine sich selbst als ›antideutsch‹ definierende Stimmung und Haltung in der radikalen Linken weiter verbreitet, als gedacht. Dietmar Dath meinte, die sogenannte »antideutsche Linke« der frühen Neunziger dürfe »in der Rückschau als ein in wesentlichen Zügen anständiger, in seiner negativen Fixierung aufs Deutsche allerdings arg patriotisch überformter Versuch gelesen werden, den ›Antiimperialismus‹ der bundesrepublikanischen linken Vorzeit zu überwinden«.[1] Allerdings war es weniger die Kritik des ›Antiimperialismus‹, sondern es waren vielmehr die Umstände und Begleiterscheinungen der Wiedervereinigung nach dem Anschluss der DDR, die für radikale Linke eine antideutsche Positionierung notwendig werden ließ. Die Anfangsparole »Nie wieder Deutschland!« schien nicht nur affektiv berechtigt angesichts einer Explosion von Alltagsrassismus, die der deutschen Wiedervereinigung auf den Fuß folgte. Die Pogrome von Rostock und Hoyerswerda, die sprunghafte Zunahme antisemitischer Friedhofsschändungen und ein Erwachen neuer Großmachtbestrebungen zeigten, dass die Alarm schlagende Deutschland-Kritik zur Wiedervereinigung, die im Ausland zu vernehmen war und von relevanten Teilen der Linken artikuliert wurde, prophetisch war. Wer sich nicht auf der großen Frankfurter Demonstration am 12. Mai 1990

1 Dietmar Dath, Altvaterlandsverrat. Wolfgang Pohrt, Henryk M. Broder und die deutschen Weltübel, in: FAZ vom 2.10.2003.

unter der Parole »Nie wieder Deutschland! Demonstration gegen deutschen Nationalismus, gegen die Kolonialisierung Osteuropas und gegen die Annexion der DDR«[2] einfand, zu der nicht nur der *Frankfurter Arbeiterbund für den Wiederaufbau der KPD*, sondern auch die Hamburger und Münsteraner *Grün-Alternative-Liste*, die Kölner *Nicaragua-Koordination*, die *Marxistisch-Leninistische Partei Deutschlands* und der Duisburger *Antiimperialistische Kongress* aufgerufen hatten, war vielleicht, wie der Autor dieser Zeilen, ganz lokalistisch dem Aufruf der *Antifagruppe* Freiburg, dem *Bund Westdeutscher Kommunisten*, dem Motorradclub *Kuhle Wampe* und dem *u-asta* gefolgt und fand sich am Dienstag, den 30.1.1990, am Bertoldsbrunnen unter der Parole »Nie wieder Großdeutschland« ein.[3] Oder er bzw. sie suchte am 1.12. in aller Kälte den Platz vor dem Kaufhaus Schneider in Freiburg auf, um zu konstatieren:

> »Das neue Deutschland ist wieder eine souveräne Großmacht. In den 2+4-Gesprächen und dem KSZE-Treffen wurde dem (anscheinend) vorbehaltlos zugestimmt. Es werden der deutsche Faschismus, der 2. Weltkrieg und seine Folgen zu den Akten gelegt. Damit wird die nie ernsthaft in Angriff genommene Auseinandersetzung mit der Geschichte Deutschlands endgültig verneint. Das ist der fruchtbare Boden für die Offensive von deutschem Nationalismus und Rassismus.«

Und die Antworten atmeten den Geist der Subversion und des linken Radikalismus:

> »Wahlboykott, Streik, Demos, alltägliche Verweigerung sind wichtige Negationen des Bestehenden. Ebenso muß die Verwirklichung der Utopie einer befreiten Gesellschaft versucht werden. Es ist alles dran zu setzen, daß eine radikale außerparlamentarische Opposition, ein Widerstand von unten gegen das kapitalistische System Konturen annimmt ... Widerstand ist die Verweigerung, die Sabotage. Widerstand ist Häuserbesetzen, verstopfte stinkende Straßen zu blockieren, sich die Plätze und Dinge selbstbestimmt anzueignen. Widerstand ist menschliche Wärme, das Zerbrechen der Vereinzelung. Wi-

---

2 Flugblatt: Nie wieder Deutschland! Aufruf für eine Demonstration am 12. Mai 1990 in Frankfurt, Opernplatz (im Besitz des Verfassers), klug und kenntnisreich: Christof Meueler, »Die letzte Vorstellung«. Nie wieder waren die Linksradikalen so vereint: Heute vor 25 Jahren fand in Frankfurt am Main die ›Nie wieder Deutschland‹-Demonstration statt, in: junge Welt, 12.5.2015, online: http://www.jungewelt.de/2015/05-12/007.php?sstr=%7Creich

3 Beide Zitate aus: Flugblatt: Aufruf zu Demonstration und Kundgebung: »Nie wieder Großdeutschland! Nie wieder Faschismus und Krieg!« am Di., 30.1.1990, 16:30, Bertoldsbrunnen Freiburg (im Besitz des Verfassers).

derstand ist Solidarität mit denen von uns, die sie in die Knäste stecken, ist Solidarität überhaupt.«[4]

Die Sprache und die aufrufenden Gruppennamen verraten es: Nahezu das gesamte Spektrum des radikalen linken Milieus, auch das antiimperialistische, war »gegen Großdeutschland« und fürchtete ein neues »4. Reich«.

In den Anfangsjahren der 90er war die antideutsche Kritik also noch eine Form radikalisierter linker Politik angesichts einer sie überrollenden historischen Entwicklung. Demnach spitzte die antideutsche Linke in ihrem Bedürfnis, die Wiedervereinigung als offizielles Staatsprojekt abzulehnen, die im linken Milieu stets eingeübte Subversionspraxis und Haltung radikaler Kritik am Bestehenden lediglich auf Deutschland und die neue Situation zu. Dass die Linke derart mobilisierte, war nicht verwunderlich, schließlich stand bereits am Anfang der Neuen Linken das Entsetzen über die von Deutschland begonnenen zwei Weltkriege. Die westdeutsche Linke war im Kalten Krieg bemüht, die revanchistische Beantwortung der deutschen Frage abzuwehren, wie im *Kursbuch*, der wichtigsten, von Hans Magnus Enzensberger herausgegebenen Publikation der undogmatischen Linken, ersichtlich wird:

> »Nach zwei Weltkriegen hat die ganze Welt die deutschen Querelen satt; Mitgefühl oder gar Mitleid wird niemand aufbringen für eine Nation, die sich und ihre Nachbarn, aus welchen Gründen auch immer, der Gefahr eines dritten Weltkrieges aussetzt.«[5]

Mit dieser Aussage stand Enzensberger nicht allein. Erich Fried hatte beispielsweise 1978 in Wagenbachs Taschenbücherei *100 Gedichte ohne Vaterland* veröffentlicht – und die Mehrheit der Neuen Linken, vor allem ihre antiautoritäre und antistalinistische Fraktion, hatte mit der eigenen Nation nichts oder zumindest nichts Gutes im Sinn.[6] Der für die alte wie die entstehende neue Linke wichtige Publizist Erich Kuby, der sich kämp-

---

4 Flugblatt autonomer Gruppen: »Gegen Herrschaft gibt es keine Wahl – nur Widerstand! Demonstration am Sa., 1.12. 1990,12 Uhr Kaufhaus Schneider Freiburg« (im Besitz des Verfassers).

5 Hans Magnus Enzensberger, Katechismus zur deutschen Frage, in: Kursbuch 4, Frankfurt am Main, Februar 1966, S. 1-55, hier: S. 3.

6 Insgesamt bietet gegen alle Mythen und Gerüchte über einen angeblich nationalrevolutionären Kern von 68 das Buch von Matthias Stangel, Die Neue Linke und die nationale Frage. Deutschlandpolitische Konzeptionen und Tendenzen in der Außerparlamentarischen Opposition (APO), Baden-Baden 2013, einen guten Überblick.

ferisch für die Anerkennung der Oder-Neiße-Grenze aussprach und eine vehemente Gegenstimme zum staatsoffiziellen Antikommunismus der BRD darstellte, formulierte bereits 1959 in seinem Buch *das ist des Deutschen Vaterland. 70 Millionen in zwei Wartesälen* prägnant, dass in der BRD »die Kräfte die Oberhand« gewinnen würden, »die die Suppe ihrer revisionistischen und nationalistischen Politik am antikommunistischen Feuer kochen wollen«, wobei die Bundesbürger »vom Wohlstand verblendet, ihnen dazu die demokratische Legitimation geben«.[7] Erich Kuby attackierte die beständige Delegitimation der DDR, das willige Aufnehmen des alten Nazi-Personals in das Wirtschaftswunderland und die Dominanz von militaristischem und chauvinistischem Denken in den Institutionen der BRD. Kubys Buch endet mit den impressionistischen und wenn man will antideutsch-antifaschistischen Sätzen:

> »Mit der Fahne der Freiheit in der Hand kehrt der unveränderte deutsche Mensch, der als Nazi von der Geschichtsfläche verschwunden war, auf sie zurück (...) Die Fahne der Freiheit in den Händen des deutschen Menschen verdeckt, daß er nationalistische Machtpositionen aufbaut.«[8]

Welche Sätze wollten jedem Linken im Jahre 1989 passender erscheinen als jene aus dem Jahre 1959?

Und so bäumte sich 1989/90 also die nationalismusferne, antifaschistische Linke auf – gegen die Bedrohung durch den deutschen Nationalismus.

Doch in den darauffolgenden 10, 20 und 30 Jahren gab es eine so rasche und schnelle Entmischung und Neuzusammensetzung dieser Linken, eine Verabschiedung alter gemeinsamer Standpunkte und Konsenspositionen, wie man es in dem Umbruchsmoment 1989/90 und den noch im Zeichen des Linksaktivismus stehenden Jahre danach nicht für möglich gehalten hätte.

Zwischenzeitlich trommelten Intellektuelle aus der Linken für den Golfkrieg 1991. So verkündete der *Konkret*-Herausgeber Hermann L. Gremliza anlässlich des US-Kriegs gegen Saddam Hussein, »daß hier einmal aus falschen Gründen und mit falschen Begründungen das Richtige getan zu werden scheint«.[9] Krieg sei notwendig zum Schutz Israels.

7 Erich Kuby, das ist des Deutschen Vaterland, Stuttgart 1959, S. 5.

8 Ebenda, S. 193.

9 Hermann L. Gremliza, Richtig falsch, in: Konkret 03/91, S. 8.

Zu behaupten, dass »Nie wieder Krieg« und »Nie wieder Auschwitz« unvereinbar seien, gehörte damit zum integralen Bestandteil der Kriegslegitimationen. »Es kann schlimmere Übel geben als den Krieg«[10], darin waren sich plötzlich linke Staatskritiker und liberale Staatsphilosophen wie Jürgen Habermas einig. Als aber schließlich angesichts der jugoslawischen Zerfallskriege und des ersten deutschen Angriffskrieges nach 1945 aus dem Mund des ersten grünen Außenministers Fischer ähnliche Kriegsbegründungen zu vernehmen waren wie im Golfkrieg von den Israel-solidarischen linken Bellizisten, war die große Unüberschaubarkeit ausgebrochen. Gelang es der linken Monatszeitschrift *Konkret* 1991 noch nicht, ihre Leserschaft auf Kriegskurs zu bringen, wie die Flut empörter Leserbriefe und Abonnementkündigungen zeigte, so vollbrachte Joschka Fischer diese Meisterleistung in Bezug auf seine Partei auf einem außerordentlichen Parteitag in Bielefeld 1999:

> »Auschwitz ist unvergleichbar. Aber ich stehe auf zwei Grundsätzen, nie wieder Krieg, nie wieder Auschwitz, nie wieder Völkermord, nie wieder Faschismus. Beides gehört bei mir zusammen. Deswegen bin ich in die Grüne Partei gegangen ...«[11]

In der Diskursfigur »Krieg ist besser als Auschwitz« formierte sich eine flottierende prowestliche Front, die ihre Markierung in einem antifaschistisch begründeten Bellizismus und der Israel-Unterstützung vornahm. Später fanden in dieser Logik Antideutsche Gefallen am *War on Terror* in der Folge von 9/11, sprachen sich aus für den Krieg gegen den Irak 2003 und den Krieg gegen Libyen durch die NATO. Eine besondere Rolle spielte hier die sich um Justus Wertmüller formierende Zeitschrift *Bahamas* aus Berlin. Dieser Teil der Antideutschen befleißigt sich sodann einer »Islamkritik«, der auch rassistische Invektiven nicht fremd sind. Einst hielten die Antideutschen anderen Linken vor, sie würden die deutschen Nazis umwerben, wenn sie nicht wie sie einen ungebrochenen völkischen Konsens konstatierten. Außer im Rückzug in die Studierstube und gelegentliche Entrüstung im Chor der ›Schämt euch!‹-Schreie sollten subversive Praxis und linke Bewegungsversuche keine Geltung haben dürfen. Jetzt haben einige Antideutsche durchaus Verständnis für

10 Jürgen Habermas, Wider die Logik des Krieges. Ein Plädoyer für Zurückhaltung, aber nicht gegenüber Israel, in: DIE ZEIT, 15.2.1991.

11 Joschka Fischer, Rede vom 13.Mai 1999 auf dem Parteitag in Bielefeld http://www.spiegel.de/politik/deutschland/wortlaut-auszuege-aus-der-fischer-rede-a-22143.html

die AfD, wenn diese Israel bedingungslos unterstützt, und für die *Patriotischen Europäer gegen die Islamisierung des Abendlandes* (PEGIDA), wenn sich hier eine ›Islamkritik‹ artikuliert. Dem offenkundigen Rassismus und der Anti-Islam-Hetze wird kein ›Schämt euch!‹ entgegengebrüllt. Für einen Großteil der Antideutschen war der klassische Linke das Objekt seiner Abarbeitung; längst war man darin eingespielt, die Linke als antisemitisch, völkisch, nationalistisch und antiamerikanisch zu bezeichnen. In diesem Verdikt – besonders in Antiamerikanismus- und Antisemitismus-Vorhaltungen – traf sich der Antideutsche mit dem Rechten, der mit Springers *Welt* und Joachim Fest den linken Antiimperialisten schon immer gerne zum neuen Nazi erklärte. Damit lag ein markanter Wechsel in der Bündnispolitik auf der Hand und konservative und offen anti-linke Publizistinnen und Wortführer, Medien und politische Kräfte schienen einem Teil der ›Antideutschen‹ akzeptabel zu sein, um – soweit der beibehaltene alte antifaschistische Reflex – Schlimmeres und Schlimmstes zu verhindern. Der Sommer der Migration 2015 stellte für einen Teil des vormalig antideutschen Milieus ein Kairos dar, der Moment forderte eine Entscheidung. Sie fiel zugunsten des Staates aus. Aus traditionell israelfeindlich eingestellten Ländern, so beschwor man, rückten nun antisemitische Migranten auf Deutschland zu. Diesem Ausnahmezustand war in den Augen der ideologisch aufgerüsteten ehemaligen Linken nur mittels Flüchtlingsabwehr als praktischem Anti-Antisemitismus zu begegnen. Der Betrug der Antideutschen ratifiziert sich nicht zuletzt in dieser rabiat deutsch-souveränistischen Selbstpositionierung. Andere Ex-Antideutsche zelebrieren dafür gelegentlich vor dem Brandenburger Tor und täglich in ihren Redaktions- und Wohnstuben, in denen ein reichlich affirmatives laues Lüftchen weht, den Sieg über den ›völkischen Antikapitalismus‹, was immer das auch sein mag. Sie preisen die bürgerlichen Vermittlungsformen und haben insgesamt Frieden mit den kapitalistischen Verhältnissen allgemein und denjenigen in Deutschland im Besonderen gemacht.[12] Prodeutsch sind sie zu-

12 Die Antideutschen, die sich irgendwann ab den 00er-Jahren von diesem Milieu verabschiedet haben und sich als Stadtteilaktivistinnen, insurrektionistische Aufstandsfreunde, antinational-klassenkämpferische Situationisten oder Freundinnen der klassenlosen Gesellschaft neu erfunden haben, stehen nicht im Fokus dieses Buches. Ihr Antideutschtum war offensichtlich der Abscheu vor den Verhältnissen geschuldet und sie nehmen weiterhin einen Platz in der radikalen Linken ein. Jenseits des deutschen Provinzialismus werden drängende Fragen der Überwindung des Kapitalismus und der

weilen in entspannt globalisiert-neoliberaler Weise und innerhalb der Ordnung der ›Freiheitlich-demokratischen Grundordnung‹. Sie skandalisieren im Verbund mit den Leitmedien der Bundesrepublik, dass es eine gefährliche ›Querfront‹ als weltpolitisches Phänomen gäbe, die antiwestlich, national und sozial ausgerichtet sei.[13] Interessanterweise entstammt einer der prominentesten Querfrontstrategen aus ihrem eigenen antideutschen Milieu. Jürgen Elsässer, führender Antideutscher der 90er-Jahre, ist mittlerweile zu einem Kopf einer neuen rechten nationalistischen Bewegung geworden und agitiert mittels seiner Zeitschrift *Compact* gegen Flüchtlingsunterstützerinnen und die angeblich Volk und Familie zersetzenden Ausflüsse von 1968. Ausgerechnet der Kopf der Antideutschen versuchte circa drei, vier Jahre eine klassisch antiamerikanische Querfront aufzubauen. Ab 2015 war dieses Projekt allerdings gestorben. Warum? Es fanden sich schlicht keine Linken, die diesem antiemanzipatorischen Projekt zuarbeiten wollten. Elsässers *Compact* ist ein äußerst rechtes Organ – und nichts weiter. Er kämpft für eine Souveränität Deutschlands und den Stopp des »Asyltsunami«, wobei ihm von einer ehemaligen Mitstreiterin aus radikal linken Zeiten vorgehalten wird, bei öffentlichen Auftritten nicht nur mit antisemitischem Duktus zu spielen, sondern sich wie ein »glühender Antisemit« zu gebärden[14]. Verheerender hätte es nicht kommen können, und augenzwinkernd könnte man sich und Dietmar Dath fragen, warum die ›Antideutschen‹ denn ganz offensichtlich nicht ›anständig‹ geblieben sind, oder besser, warum ihre ›Anständigkeit‹ sich so typisch deutsch ausmacht, dass einen zuweilen das Entsetzen packt.

Möglichkeiten einer Weltcommune diskutiert – wobei wiederum auf 60er-Jahre Erkenntnisse zurückgegriffen wird: des westlichen Marxismus oder Anarchismus.

13 So der jungle.world-Redakteur Ivo Bozic in mehreren Artikeln und Vorträgen: hier als Vortrag in Stuttgart am 14. Juli 2016, https://www.youTube.com/watch?v=bRYCEuTaA3A

14 Vgl. die vor Gericht ausgetragenen Vorwürfe der ÖkoLinx-Aktivistin Jutta Ditfurth an Elsässer: https://de.wikipedia.org/wiki/Els%C3%A4sser-Ditfurth-Prozess

Von Anfang an hatten auch subkulturelle und pop-affine Gruppen des linken Milieus in dieser Anti-Wiedervereinigungs-Linken einen Platz. Der Hamburger Publizist Günther Jacob, ein wichtiger Kopf einer Symbiose von marxistischer Kritik und nicht-konservativer Kulturkritik, die das subversive Potenzial des Pop ausloten will, schilderte, dass sich radikale Linke verschiedener Fraktionen im Dezember 1989 auf Initiative des *Roten Forums* in Hamburg zu einer Diskussionsrunde namens ›Nie wieder Deutschland‹ trafen. Er machte auf das große Konzert im Anschluss an die Frankfurt-Demo vom 12. Mai aufmerksam, für die im Vorfeld ebenfalls musikalisch geworben wurde: »Für diese Demonstration findet am 7. Mai in der Fabrik ein Benefizkonzert unter dem unzeitgemäßen Titel ›Schnauze Deutschland‹ statt, bei dem populäre Undergroundbands wie die *Kolossale Jugend* oder die *Goldenen Zitronen* auftreten, und auch HipHop aufgelegt wird.«[15]

Pop fungiere gleichsam als Teil des Gründungsmythos der Berliner Republik, und diesem miesen prodeutschen musikalischen Gemisch, für das die »Arschkriecherballade« (Wiglaf Droste) *Wind of Change* der Hardrockformation *Scorpions* Prototyp war, sollte die Parole ›Kill the Nation with a groove!‹ entgegengehalten werden. Diesen Impetus nahmen später andere Autoren wieder auf, wie der bereits im Alter von 42 Jahren verstorbene Musiktheoretiker Martin Büsser, der beispielsweise 2005 das Buch-CD-Projekt *I Can't Relax in Deutschland* gegen den Pop-Nationalismus in Deutschland herausbrachte und sich gegen eine Quotierung deutscher Musik in Radios aussprach.

Einen anständig subversiven Anfang hatte die antinationale und antideutsche Linke, als sie die Reste der verbliebenen Neuen Linken mit poplinken Skills und Habitusformen kombinierte und die Kampagne ›Etwas besseres als die Nation‹ schuf. Angeführt wurde dies offensichtlich von Kadern der K-Gruppen-Zeit wie Jacob, dessen politische Geschichte bis in die 70er-Jahre reicht. In einer trickreichen avantgardistischen Geste nannten sich diese Zirkel in Hamburg, München, Köln, Frankfurt am

15 Günther Jacob, Agit-Pop – Schwarze Musik und weiße Hörer. Texte zu Rassismus und Nationalismus, Hip Hop und Raggamuffin, Berlin/Amsterdam 1993, S. 211.

Main, Düsseldorf Anfang der 90er ›Wohlfahrtsausschüsse‹ und wollten dem neuen deutschen Normalzustand, in dem eine »kaum verhüllte große Koalition aus Parlament, Naziterror, Normalbürgern, Polizei und Medien in einem zynischen Zusammenspiel gemeinsam mit der ›Lösung der Asylantenfrage‹ beschäftigt war«, vor allem auf künstlerische Weise entgegentreten.[16]

Einer der größten und ersten Wohlfahrtsausschüsse war in Hamburg ansässig und agierte ab Dezember 1992. An ihm beteiligten sich zeitweise zahlreiche Personen aus der Hamburger Musikszene, so zum Beispiel Bands wie die *Absoluten Beginner*, *Blumfeld*, *Die Goldenen Zitronen*, *Die Sterne* oder *Cpt. Kirk &*. Dieser Wohlfahrtsausschuss verstand sich als »ad-hoc-Gruppe von Musikern, DJs, Künstlern, Autoren und Journalisten, um den faschistischen Angriffen auf Migranten, Schwule, Behinderte, Linke und auf subkulturelle Zusammenhänge zu entgegnen«. Auf den Hamburger Wohlfahrtsausschuss ging auch eine Diskussions- und Vortragsreise durch Ostdeutschland (Rostock, Leipzig, Dresden) unter dem Titel »Etwas Besseres als die Nation« zurück, die von ostdeutschen Linken teilweise heftig kritisiert wurde, weil sie diese jakobinisch-antinationalen Butterfahrten als paternalistisch empfanden, als überhebliche Geste von Westlinken, die sich für die Zustände im Osten und die dortige Geschichte der linken Subversion nicht interessierten. Wie sollte auch ein Gespräch zwischen den jakobinischen West-Antideutschen und ostdeutschen Hausbesetzerinnen und Antifas zustande kommen, wenn Erstere das gesamte »Anschlussgebiet« als konterrevolutionär-bäuerliche Vendée wahrnahmen?[17]

Der Kölner Wohlfahrtsausschuss speiste sich teilweise aus Personen aus dem Umfeld der damaligen *Spex*- bzw. *Texte-zur-Kunst*-Redaktionen. Er organisierte vom 25. bis 27. Juni 1993 den *Ersten Kongress zur Abwehr des gegenrevolutionären Übels*. Ein Tübinger Wohlfahrtsausschuss sprengte 1995 das traditionelle, politisch stets konfliktbeladene

16 Wohlfahrtsausschuss Hamburg: Etwas Besseres als die Nation – Zur Begründung der Tour, in: Wohlfahrtsausschüsse (Hg.): Etwas Besseres als die Nation – Texte und Materialien zur Abwehr des gegenrevolutionären Übels, Berlin 1994, S. 45-51.

17 Vgl.: die Angaben zu Wohlfahrtsausschuss (1990er) auf Wikipedia, online: https://de.wikipedia.org/wiki/Wohlfahrtsausschuss_(1990er)#cite_note-hh-2, Marek Winter, Antideutsch in Ostdeutschland – Versuch einer Rekonstruktion, in: Christian Jänicke/Benjamin Paul-Siewert (Hg.), 30 Jahre Antifa in Ostdeutschland. Perspektiven auf eine eigenständige Bewegung, Münster 2017, S. 177-191, hier: S. 180f.

›Maieinsingen‹ der örtlichen Studentenverbindungen. Als die Veranstaltung 1995 begann, intervenierte der dortige Wohlfahrtsausschuss durch Mittel der Kommunikationsguerilla: Als die Verbindungen zu singen begannen, wurden Bilder von Männerbünden wie Turnvereinen, aber auch von NS-Kriegsverbrechern wie Hanns-Martin Schleyer auf die Stiftskirche projiziert, untermalt mit lauter Klaviermusik.

Günther Jacob ist nicht nur Chronist des antinationalen und popsubversiven Nach-89er-Aufbruchs, sondern er war auch Theoretiker, Aktivist und Stichwortgeber der antideutschen Szene. In den 1970er-Jahren (bis 1976) war Jacob Mitglied im *Kommunistischen Arbeiterbund Deutschlands* (KABD), dann in der von ihm betriebenen Abspaltung *Kommunistischer Arbeiterbund/Revolutionärer Weg* und ab 1979 im 1985 aufgelösten *Kommunistischen Bund Westdeutschlands* (KBW). Von ihm stammen Broschüren mit den Titeln wie *Wer gewinnt wen? Die Opportunisten betreiben die Anpassung der Arbeiterbewegung an den Liberalismus* von 1978.[18]

Der ehemalige Maoist, Hip-Hop-Kenner und DJ lieferte Anfang der 90er in 10 Teilen in der marxistischen Hannoverschen Zeitschrift *SPEZIAL – links & radikal* eine anregende und auf der Höhe der Zeit sich bewegende soziologische Analyse der heutigen »Lebenswelten« aus marxistischer Sicht, die heute noch von Interesse ist.[19] Später legte er die Schrift *Agit-Pop – Schwarze Musik und weisse Hörer. Texte zu Rassismus und Nationalismus, Hip Hop und Raggamuffin* vor. Darin waren Texte aus der Kölner Musikzeitschrift *Spex*, aber auch aus *Konkret* versammelt, in denen Jacob auf der einen Seite den Differenz- und Identitätswahn wie den zuweilen aufflackernden Antisemitismus im Hip-Hop kritisierte und andererseits zu beweisen versucht, dass auch die nun »neu ihrer Identität sich versichernden Deutschen den ›schwarzen Separatismus‹ gut verstehen können«[20]. In dieser eher witzig gemeinten Bemerkung ist bereits das frühe antinationale Missverständnis über ›Identitätspolitik‹ enthalten. Denn nationalistische Deutsche im Identitätsrausch jagten in den 90ern eher Schwarze, als sich für deren vermeintlichen, identitären

18 Vgl.: die Angaben zum Publizisten Günther Jacob auf Wikipedia, online: https://de.wikipedia.org/wiki/G%C3%BCnther_Jacob

19 Günter Jacob, Kapitalismus und Lebenswelt. Zur Theorie des bürgerlichen Individuums bei Marx, online: http://trend.infopartisan.net/reprints/jacob/index.html

20 Jacob, Agit-Pop, a.a.O. S. 47.

Separatismus zu interessieren oder ihn gar zu verstehen. Rassistisch identifizierte und angegriffene *People of Colour* wehrten sich zuweilen mit stolzen antirassistischen Identitätsbekundungen, denen eine spezifische Erfahrung im Alltagsleben eingeschrieben war. Jede Form der ›Identität‹ sollte allerdings unterschiedslos zersetzt und kritisiert werden, ginge es nach den deutschen Antinationalisten, sei es diejenige der antiimperialistischen Szene, die an ›revolutionärer Identität‹ festhielt, sei es jene der wirklich von Rassismus Betroffenen wie der *Black Panther*, sei es jene der wiedervereinigten Deutschen. Dass sich so unter der Hand eine neue und wahrlich absurde Identitätspolitik formte, nämlich diejenige, sich als deutscher metropolitaner Weißer zum alle Identitäten zerstörenden ›Antideutschen‹ – jenseits von Raum, Zeit und Biografie – zu erklären, fiel gar nicht mehr auf.

Treffende Kritik wie haltlose Überzeichnung lagen bei Jacob und seiner anti-identitären und antinationalistischen Polemik immer nahe beieinander. Günther Jacob verabschiedete sich gegen Ende 1995 aus der Redaktion der antinationalen Zeitschrift *17°C*, neben *Kritik & Krise* der *Initiative Sozialistisches Forum* (ISF) aus Freiburg und der *Bahamas* der Gruppe K aus Berlin ein weiteres, wenn auch nicht der Kritischen Theorie verpflichtetes antideutsches Kritikprojekt. Seine antideutsche Phase ging von Anfang der 90er-Jahre bis Anfang der 2000er-Jahre. Auf dem Hamburger *Konkret*-Kongress vom 26.1.02 diskutierte Jacob mit Jürgen Elsässer, Hermann L. Gremliza, Thomas von der Osten-Sacken und Thomas Ebermann und Rainer Trampert auf dem Podium. Neben einigen Differenzierungsversuchen bemerkte er, die Linke habe zwei unvereinbare Register zu ziehen, wie in einem Kongress-Bericht aus dem *Wildcat*-Zirkular protokolliert: »Klassenkampf respektive Antiimperialismus (beides in Register I) und das Wissen von Auschwitz und dem NS (Register II), beides könne man nicht vermitteln (weil Kategorien aus Register I wie Interesse usw. Register II uns nicht verstehen lässt).«[21] Danach wurde es still um Jacob.

Etwa zehn Jahre davor hatte Jacob seinen Anteil an wichtigen antideutschen Parolen. So transformierte er 1993 die subversiv-subkulturell Tradition der Ablehnung Deutschlands, für die besonders prominent

21 Wildcat, konkret nach dem 11. September – ein Kommentar, in: *Wildcat*-Zirkular Nr. 63, März 2002, S. 29-31 online: http://www.wildcat-www.de/zirkular/63/z63kongr.htm

die Hamburger Punk-Band *Slime* mit ihrem Song »Deutschland muss sterben ...« steht, ins Politische.

> »›Schnauze Deutschland‹ ist darüber hinaus die Absage an die linke Tradition, den besseren Deutschen herauskehren zu wollen. Als Berthold (!) Brecht im Exil von der Bombardierung Dresdens hörte, empfand er Genugtuung. Brecht war er selbst und kein Deutscher.«[22]

Einige Jahre später machten antideutsche Antifas mit Bekenntnissen wie »Bomber Harris, do it again!« und »No tears for Krauts« im öffentlichen Raum auf sich aufmerksam. Sie feierten damit den britischen Luftmarschall Arthur Harris, der die Planungen für die Flächenbombardierung deutscher Städte maßgeblich mitbestimmte. Das Bejubeln der Bombardierungen sollte gegen einen »Opferkult der Deutschen« gesetzt sein, der von der bürgerlichen Mitte bis zu Rechtsradikalen geteilt werde und lediglich die Täterschaft der Deutschen im Zweiten Welt kaschiere. In diesen Schlagworten und Parolen erkennt sich noch Jahre später eine identitäre ›antideutsche‹ Szene wieder. So hatte recht medienwirksam im Februar 2014 die Piratenpolitikerin Anne Helm die Aufschrift ›Thanks Bomber Harris‹ auf ihren Oberkörper gemalt und sich zusammen mit einer *Femen*-Aktivistin in Dresden fotografieren lassen. Die Piratenpolitikerin Julia Schramm kommentierte die Aktion mit dem Tweet »Sauerkraut, Kartoffelbrei – Bomber Harris, Feuer frei«.[23]

Zurück gehen diese Parolen auf das Gedenkjahr 1995, in dem anlässlich der Debatten um eine antideutsche Erinnerungspolitik und angemessene Position zum Kriegsende in Deutschland der ehemalige Kader des norddeutschen *Kommunistischen Bundes* (KB), Matthias Küntzel, die Pro-Bombardierungsposition zuspitzte:

> »Sage mir, wie Du die Tätigkeit eines Bomber-Harris bewertest, und ich sage Dir, auf welcher Seite Du stehst: Entweder auf der Seite der Opfer des NS, die die Bombenangriffe auf deutsche Städte herbeigesehnt hatten, oder auf der Seite der Täter des NS und ihrer de facto unangefochtenen Massenbasis«.[24]

Diese positive Bewertung der Kriegsführung der Alliierten kommt allerdings bereits in früheren Statements des Hamburger DJ Jacob vor.

---

22 Jacob, Agit-Pop, a.a.O., S. 211.

23 Sebastian Heiser, Dresdener #Bombergate. Piratinnen feiern Bomber Harris, in: tageszeitung, 21. 2. 2014, online: http://www.taz.de/!5048076/

24 Matthias Küntzel als ›Max Müntzel‹: »Antideutsche Mobilisierung zum 8. Mai 1995«, in: Bahamas, Nr. 16 1994/95, S. 5.

Mit Jacob und Küntzel machen sich hier zwei Exponenten der maoistischen K-Gruppenszene ans Werk und überführen die aus dem Punk geborene Subversionsgeste ›Deutschland muss sterben, damit wir leben können!‹ ins Identitäre: Sag mir wo du stehst! Punks agierten allerdings bislang immer in einer situationistischen und antipolitischen Subversionsgeste. Ein englischer Punk wollte zuweilen die spießigen Tory-Eltern mit Hakenkreuz auf der Lederjacke provozieren, Musiker aus jüdischen Elternhäusern nannten sich *The Dictators* und spielten wenig sensibel mit Naziutensilien. Indem sie die Zeichen und Symbole des Feindes verwendeten, zeigten sie an, dass sie den Generationenvertrag mit den Eltern kündigten.[25] Bei den Frühantideutschen hatte die Entdeckung der Feindposition jedoch nichts Spielerisch-Subversives mehr. Jacob lag mit seiner Vereinnahmung des kommunistischen Autors Bertolt Brecht für seine Pro-Bombardierungsposition auch gehörig falsch. Zwar ist von Brecht folgende Gedichtzeile überliefert:

»Das sind die Städte, wo wir unser ›Heil!‹/Den Weltzerstörern einst entgegenröhrten./Und unsere Städte sind auch nur ein Teil/Von all den Städten, welche wir zerstörten.«[26] Brecht ist gleichwohl ein schlechter Zeuge für eine Affirmation von Bomber Harris, schließlich urteilte er auch: »das herz bleibt einem stehen, wenn man von den luftbombardements berlins liest. da sie nicht mit militärischen operationen verknüpft sind, sieht man kein ende des krieges, nur ein ende deutschlands.«[27] Der bessere antideutsche Zeuge wäre der Schriftsteller Thomas Mann, der sich im amerikanischen Exil als antideutsch-antifaschistischer Schriftsteller vollständig hinter die Kriegstaktik der westlichen Alliierten stellte, die er als »Sühne« wahrnahm. Anlässlich der Bombardierung seiner Heimatstadt Lübeck sprach er im April 1942 über Äther zu seinen ehemaligen Landsleuten und rechtfertigte die Bombenangriffe nicht nur, sondern wünschte sie sich nach anfänglichen Beklemmungen förmlich herbei.[28] Auch war Mann offensichtlich mit der Unterscheidung zwischen Hit-

25 Vgl.: Steven Lee Beeber, Die Heebie-Jeebies im CBGB. Die jüdischen Wurzeln des Punk, Mainz 2018.

26 Bertolt Brecht 1944, Gedichte II. Sammlungen 1938-1956, Werke Bd. 12, (Hg. von Werner Hecht u.a.), Berlin/ Frankfurt am Main 1988, S. 258.

27 Bertolt Brecht, Arbeitsjournal 1942 bis 1955, Bd. 2 (Hg. Von Werner Hecht), Frankfurt am Main 1993, Eintrag: 29.8.43 S. 392.

28 Thomas Mann, Tagebücher 1940-1943 (Hg. von Peter de Mendelsohn), Frankfurt am Main 1982, S. 413

ler auf der einen Seite und Deutschland beziehungsweise »das deutsche Volk« auf der anderen Seite, die viele Exilanten vornahmen, alles andere als einverstanden. Er attackierte wohl auch Brecht für dessen Versuche, »etwas für deutschland (und gegen hitler)« zu tun, denn für Brecht waren auch weite Teile der Deutschen dem terroristischen Regime der Nazis unterworfen.[29] Brecht schrieb im Dezember 1943 eines seiner bittersten Gedichte – gegen Thomas Mann. Es trug die Überschrift »Als der Nobelpreisträger Thomas Mann den Amerikanern und Engländern das Recht zusprach, das deutsche Volk für die Verbrechen des Hitlerregimes zehn Jahre lang zu züchtigen«, es beinhaltete den Vers: *»Züchtigt den Gekreuzigten nur weiter!/ Züchtigt ihn im Namen des Ungeists!/ Züchtigt ihn im Namen des Geists!«*

Und gemünzt auf Thomas Mann: *»Die Hände im dürren Schoß/ Verlangt der Geflüchtete den Tod einer halben Million Menschen/ Für ihre Opfer verlangt er/ Zehn Jahre Bestrafung. Die Dulder/ Sollen gezüchtigt werden.«*

Davor hatte Thomas Mann seine Unterschrift unter eine Resolution bekannter deutscher Schriftsteller und Wissenschaftler zurückgezogen, die von Brecht initiiert wurde und sich für einen Kampf bis zur bedingungslosen Kapitulation Hitlerdeutschlands aussprach, aber auch gegen die Kollektivschuldthese. Brecht und die Unterzeichner machten einen Unterschied zwischen dem Hitlerregime und den mit ihm verbundenen Schichten auf der einen und dem »deutschen Volk« auf der anderen Seite. Einer solchen Sicht konnte Mann nicht folgen. Interessanterweise war Thomas Mann nicht immer ein solch radikaler Kritiker der Deutschen. Noch mit seiner Schrift »Betrachtungen eines Unpolitischen« von 1918 war er mit nationalistischen und antiwestlichen Bekenntnissen zum Deutschtum tief im völkischen Sumpf versunken. »Die Tagebücher aus den Jahren 1918-1920 zeigen einen reaktionären, antisemitischen und antidemokratischen Thomas Mann, einen kleinlichen Hausvater, ängstlichen Villenbesitzer und desorientierten Bürgerkünstler.«[30] Erst im amerikanischen Exil erfolgte die 360-Grad-Wendung des Schriftstellers zum Antideutschen. Bei ihm vollzog sich angesichts der Verbrechen

29 Vgl.: den Tagebucheintrag in Brechts Arbeitsjournal vom 9.9.1943, a.a.O., S. 397.

30 Georg Bollenbeck. Politik drängt sich auf. ›Bürgerliches Künstlertum‹ und reflexives Sonderwegbewußtsein bei Thomas Mann, in: Helmut Scheuer (Hg.) Dichter und ihre Nation, Frankfurt am Main 1993, S. 392-410, hier: S. 400.

des Regimes und des ausbleibenden Widerstands eine Art »Entidentifikation mit dem Staat und mit dem deutschen Volk«[31].

Ist die antideutsche Linke also eine Thomas-Mann-Linke? Tatsächlich dachte sie in nationalen Kollektiven – und wollte das verachtete deutsche ›Volkskollektiv‹ von England und den USA gezüchtigt sehen. Sie distanzierte sich vom Klassenkampfmarxismus, der den Kampf zwischen oben und unten, zwischen Beherrschten und Herrschern, zwischen Kapitalisten und Arbeiterinnen betont, wie es auch Brecht immer tat, auch wenn er von der »knechtseeligkeit der deutschen« wusste.[32] Im Rückblick erschien vielen älteren Semestern des Antideutschtums ihre eigene maoistische Phase als ›populistisch‹, wenn nicht gar ›völkisch‹, man habe sich in der positiven Agitation des deutschen Arbeiters versucht, ihn umworben, im Befreiungsnationalismus und Antiimperialismus lediglich antiwestliche und antiamerikanische Effekte ausgelebt.[33] Diese biografische Vorgeschichte empfand die Nach-Wiedervereinigungs-Linke zuweilen als peinlich und wollte sie nun ähnlich vehement revidieren wie Thomas Mann seine völkische Phase. Erhebt man diese Beobachtung zur Hypothese, dann wären die Antideutschen lediglich ein Ausdruck eines ja erfreulichen Werdegangs »von rechts nach links«[34] und kein schändliches Querfrontprojekt. Doch emanzipierten sich die Antideutschen tatsächlich zum Besseren? Einfacher gefragt: Kamen sie von rechts und gingen sie nach links?

---

31 Ebenda, S. 405.

32 Nach: Detlev Schöttker, Das Nationale als theoretisches Defizit. Bertolt Brecht und die deutsche Geschichte, in: Scheuer (Hg.), Dichter und ihre Nation, a.a.O., S. 428ä-458, hier: S. 452.

33 So beispielsweise die Haltung des antideutschen Autors Jan Gerber in: Nie wieder Deutschland? Die Linke im Zusammenbruch des ›realen Sozialismus‹, Freiburg im Breisgau 2010.

34 Wie z.B. Hellmut von Gerlach, der diese Wandlung in seiner autobiografischen Beschreibung dokumentiert: Von rechts nach links, Hildesheim 1978. Der Gutsbesitzersohn stand zuerst dem christlich-sozialen, antisemitischen Flügel der Konservativen um Adolf Stoecker nahe und mauserte sich dann zum Demokraten und Pazifisten, um schließlich 1932 für den inhaftierten Carl von Ossietzky die politische Leitung der Zeitschrift Die Weltbühne zu übernehmen.

Nach dem Antiimperialismus …

Die sozialistischen Revolutionen sowjetischer, chinesischer oder kubanischer Art waren allesamt antikolonial. Von ihnen ging ein Weckruf aus, der alle drei in Abhängigkeit gehaltenen Kontinente bewegte. Der kommunistischen Linken eröffnete sich dank des Antikolonialismus eine neue Welt, die linke und sozialistische Kritik löste sich vom Eurozentrismus, verschärfte den Kampf gegen Rassismus und konnte ihren Universalismus erweitern und vertiefen. So gründete sich 1926 in Berlin die erste bedeutende internationale Plattform der Befreiungsbewegungen, die *Liga gegen koloniale Unterdrückung*. Dem gingen weltweite Kämpfe der Kolonisierten für nationale Unabhängigkeit und Gleichberechtigung voraus wie in Marokko gegen Spanien und Frankreich, die Revolution in China Mitte der 20er-Jahre des 20. Jahrhunderts, der Aufstand in Indonesien sowie Revolten in Syrien und Nicaragua. Soweit sich die Parteikommunisten antikolonial ausrichteten, war ihr Interesse nach der Stalinisierung der Kommunistischen Parteien allerdings immer geprägt von der Außenpolitik und der angestrebten Hegemonie der Sowjetunion. Den klassenübergreifenden Charakter des Antiimperialismus, der die marginale Arbeiterklasse in ein Bündnis nicht nur mit der Masse der Bauern, sondern auch mit ›unterdrückten Völkern‹ führen und später bürgerliche Bündnispartner gewinnen wollte, kritisierten bereits recht früh Vertreter des Rätekommunismus.[35] Für die Rätekommunisten war das nationale Bündnis von Arbeitern, Bauern und »unterdrückten Völkern« ein Beweis für den durchweg bürgerlichen Charakter dieser Revolutionen. Auch Rosa Luxemburg kritisierte die Parole des »Selbstbestimmungsrechts der Völker«, welche die Bolschewiki ausgaben. Doch Rosa Luxemburg blieb ungehört, stattdessen konnten sich diverse Kommunismen in einer leninistisch-bolschewistischen Form überall dort ausbreiten, wo sie den antikolonialen und antiimperialistischen Kampf zu ihrer Sache erklärten und unverhohlen den Nationalismus der ›unterdrückten Völker‹ zu ihrem Anliegen machten.

35 Z.B.: Paul Mattick, Die Gegensätze zwischen Luxemburg und Lenin, in: Rätekorrespondenz Heft 12, August 1935, in: Karin Kramer Verlag (Hg.) Partei und Revolution, Berlin, o.J., auch: https://www.marxists.org/deutsch/archiv/mattick/1935/10/luxemburglenin.htm

Später wandte sich der moskautreue Antiimperialismus hauptsächlich gegen den nach dem Zweiten Weltkrieg England ablösenden Hegemon USA, der mit globalem antikommunistischem Anspruch jegliche Sphärenerweiterung des sozialistischen Blocks, aber auch eigene Wege von unbotmäßigen Staaten mit äußersten Mitteln bekämpfte. Damit folgte dieser von Moskau ausgehende Antiimperialismus der Dynamik des Kalten Krieges und war naturgemäß nicht daran interessiert, dass sich hier eigenständige Entwicklungen und Befreiungsmodelle erproben konnten.

Mit der Sowjetunion mal stärker, mal schwächer verknüpft, manchmal im Bündnis, öfter sogar im Widerspruch zur Politik Moskaus schossen ab den 50er-Jahren nationale Befreiungsbewegungen überall auf den südlichen Kontinenten aus dem Boden, um die koloniale Fremdherrschaft mittels diverser bewaffneter Strategien abzuschütteln: in Algerien unter Zuhilfenahme terroristischer Methoden, andernorts angespornt durch das kubanische Beispiel einer Eliteguerilla, vom Vietcong und Mao lernend als Bauernguerilla oder mittels Stadtguerilla wie den in Uruguay operierenden Tupamaros. Verschränkt war dieser Antiimperialismus – vornehmlich auf den drei Kontinenten Asien, Afrika, Lateinamerika – mit Klassen- und Gewerkschaftskämpfen. Zuweilen drängten nationalistisch-bürgerliche Fraktionen, aber auch Parteikommunisten autonome Tendenzen des Klassenkampfes gewaltsam zurück. Nach der marxistischen Arbeitssoziologin Beverly Silver muss von einer »Verwundbarkeit von Arbeiterbewegungen, deren Erfolge von einer Organisationsmacht abhängen, die auf klassenübergreifenden Bündnissen mit politischen Bewegungen beruht« ausgegangen werden.[36] Tatsächlich wurden auch Ansätze der Selbstorganisation, eigenständige Bauernbewegungen oder Arbeiterräte niedergeschlagen, der »Notwendigkeit« einer »nachholenden Entwicklung«, breiten Bündnissen und den Imperativen der Staatenbildung geopfert. Viele nationale Befreiungsbewegungen, die sich vormals marxistisch-leninistisch positionierten, haben sich im Zuge des langanhaltenden Kampfes gegen ›Fremdherrschaft‹ zu autoritär regierenden Staatsparteien transformiert. Nicht wenige beuten nun in Zusammenarbeit mit dem globalen Kapital die eigene Arbeiter-

36 Beverly Silver, Forces of Labor. Arbeiterbewegung und Globalisierung seit 1870, Hamburg/Berlin 2005, S. 120.

klasse aus, deren Befreiung sie einst propagiert hatten. Einige haben sich einer Parlamentarisierung unterzogen, andere wurden blutig geschlagen oder sind schlicht verschwunden.

Ursprünglich war der Antiimperialismus der zentrale Motor des großen Außerparlamentarischen Aufbruchs der 60er weltweit – und führte dazu, dass sich die antiautoritäre Studentenbewegung international ausrichten und vernetzen konnte.[37] 1966 hatte der britische Mathematiker, Philosoph und Literaturnobelpreisträger Bertrand Russell ein *Vietnam War Crimes Tribunal* ins Leben gerufen, Pate standen eindeutig die Nürnberger Prozesse von 1945. Der internationalen Kommission um Jean Paul Sartre, Wolfgang Abendroth, Günther Anders, Peter Weiss und James Baldwin wollte keineswegs einleuchten, dass man es bei dem Angriffskrieg der Nazis und dem Holocaust mit einem vollständig anderen »Register« zu tun habe als bei dem kriegerischen Imperialismus, der in Vietnam sein blutiges Gesicht zeigte. »Nürnberg und Vietnam« sollten nicht auseinandergerissen werden. Der ehemalige Chefankläger der Nürnberger Hauptkriegsverbrecherprozesse Telford Taylor hatte unter diesem Titel ein Buch veröffentlicht über die gebotene Notwendigkeit, staatliches Unrecht zu ahnden.[38] Die nicht lange zurückliegenden Verbrechen des Nationalsozialismus und die aktuellen Kriegsverbrechen der US-Armee wogen sich nicht in welche Richtung auch immer auf, sondern provozierten gleichermaßen die Empörung. Dies empfand auch die vielgescholtene globale 68er-Bewegung so. Über die APO-Parole »USA – SA – SS« mag man heute den Kopf schütteln. Nach rechts gewendete ehemalige Maoisten wie Alan Posener, früher KPD/AO, jetzt *Die Welt* und *perlentaucher,* wollen darin nur noch Ressentiments gegen Amerika erblicken, Schuldabwehr, die Linksradikale mit dem Rechtsradikalismus verbinden würde.[39] Überlegungen zu Strukturähnlichkeiten imperialistischer Kriege mit ultimativer Feindbestimmung und Vernichtungsabsicht und Vergleiche dieser Art kamen aber schon Mitte der

---

37 Vgl. z.B.: Niels Seibert, Vergessene Proteste. Internationalismus und Antirassismus 1964-1983, Münster 2008.

38 Telford Taylor, Nuremberg and Vietnam. An American Tragedy, New York 1970.

39 »Die Behauptung einer ›Schuldkultur‹ ist eines der Elemente, die Links- und Rechtsradikalismus zusammenhalten; wie die Ressentiments gegen Amerika und den Westen, gegen die Globalisierung und die Eliten.« Vgl.: Alan Posener, Alte Linke, neue Rechte. Das Ehepaar Lethen und der ›Kampf des deutschen Volkes‹, in: Die Welt, 6.2.2019.

60er-Jahre aus den USA selbst.[40] Auch die radikalsten Exponenten der außerparlamentarischen Opposition machten recht früh deutlich, dass ihr antiimperialistisch motivierter Antikriegsaktivismus, der beispielsweise US-amerikanische Soldaten zur Desertion aufrief und diese unterstützte, nichts mit Antiamerikanismus zu tun habe:

> »Die Vietnam-Kampagne sollte die GIs deutlich in ihre Konzeption des proletarischen Internationalismus einschließen. Jede Vietnam-Demonstration sollte Parolen führen, die die Solidarität mit den GIs in ihrem Kampf gegen die Offiziere und gegen den Krieg ausdrücken. Dadurch wird klargemacht, daß die Vietnam-Kampagne nicht anti-amerikanisch, sondern anti-imperialistisch ist.«[41]

1968 wurde nach der Mobilisierung gegen die Notstandsgesetze, der Empörung über die Nazigeneration in Amt und Würden und der Wiederentdeckung der alten marxistischen Schriften von Adorno, Horkheimer und Marcuse der Sound der ›Dritten Welt‹ von Che Guevara und Frantz Fanon rezipiert. Es ging um nichts weniger als um die gebotene Dringlichkeit, vom zivilen Ungehorsam zum Widerstand überzugehen. Im Februar 68 rief der Frankfurter SDS zu einem *Teach-in* an der Uni unter dem Motto ›Waffen für den Vietcong – Kampf dem USA-Terror‹ auf. Zehn Tage später schließlich fand als Höhepunkt der antiimperialistischen Kampagne der Internationale Vietnam-Kongress in West-Berlin

---

40 So formulierte beispielsweise der US-amerikanische antiimperialistische Vietnamkriegsgegner Robert Wolfe: »Im Grunde bombardiert Johnson Nordvietnam, weil er sich selbst, seinen Kritikern und dem amerikanischen Volk beweisen möchte, daß die USA tatsächlich mit einem klaren Fall kommunistischer Aggression im Süden konfrontiert sind. Indem Johnson den Norden verwüstet, erklärt er: Hier ist der Beweis eurer Mitschuld, wofür sollten wir euch sonst angreifen? Diese Übung in Irrsinnslogik hat eine bezeichnende historische Parallel in Hitlers Endlösung der Judenfrage. Die grundlegende Funktion der Vernichtungslager bestand nicht so sehr darin, wirkliche Feinde auszuschalten – politische Gefangene wurden gewöhnlich nicht nach Auschwitz geschickt – als vielmehr einem Mythos Substanz zu geben. Jeder Jude, der in den Gaskammern umkam, erwies sich durch seinen bloßen Tod als ein erklärter Feind der deutschen Rasse: warum sonst wurde er getötet? Dies ist nicht die Logik Descartes, sondern Kafkas, und Vietnam ist heute Amerikas ›Strafkolonie‹. Das vietnamesische Volk im Norden und Süden muß für seine Aggression bestraft werden, denn ohne Bestrafung wäre es keine Aggression, und ohne Aggression gäbe es keine Möglichkeit zur Rechtfertigung des gigantischen militär-industriellen Komplexes, der im Mittelpunkt des ökonomischen und politischen Lebens Amerikas steht.« Robert Wolfe, ursprünglich in: Studies on the left, New York 3/1966, auf Deutsch: Der amerikanische Imperialismus und die Friedensbewegung, in: Sozialistische Hefte, Heft 8, August 1966, S. 3-11, hier: S. 8.

41 So ein Fundstück aus der Berliner linksradikalen Untergrundzeitung agit 883 vom 11.12.1969, S. 9.

unter der Losung Che Guevaras statt ›Die Pflicht des Revolutionärs ist es, Revolution zu machen‹. Bereits 1966 verwendete der SDS-Sprecher Rudi Dutschke den Begriff ›Stadtguerilla‹ und im September 1967 hatten Dutschke und Hans Jürgen Krahl angesichts des anhaltenden Vietnamkrieges dazu aufgerufen, dass die antiautoritäre Bewegung sich als »Sabotage- und Verweigerungsguerilla« zu formieren habe und als »urbane Guerilla« in den Metropolen die »rurale Guerilla« in der Dritten Welt ergänzen solle. Vorbild für die später aktiven Gruppen des bewaffneten Kampfes wie die *Rote Armee Fraktion* (RAF) oder die 1972 gegründete *Bewegung 2. Juni* war die städtische Guerillabewegung *Tupamaros* aus Uruguay.

Doch seit es diesen neulinken Antiimperialismus mitsamt seinen bewaffneten Strategien gab, war er auch begleitet von einer Kritik von links bzw. von anderen Linken. So unterzog ein wichtiges Debattenorganen der westdeutschen Neuen Linken der 70er den Antiimperialismus der Vietnamsolidarität einer scharfen Kritik:

> »Was bis heute in Gestalt der Parole vom ›Sieg‹ des vietnamesischen Volkes durch die Reden und Schriften der linken Gruppen und Sekten geistert, ist tatsächlich ein Mythos des Guerilleros, der zwar einer verzweifelten Intelligenz ursprünglich das Gefühl der Ohnmacht und Hilflosigkeit nahm und sie in die Lage versetzte, sich gegen die als unmenschlich erkannten Verhältnisse zur Wehr zu setzen«.

Der Text endet mit der Aufforderung, die »bestürzende Verdrängung der Schwierigkeiten sozialistischer Politik« zu überwinden und eine »selbstkritische Auseinandersetzung« mit dem Dritte-Welt-Kampf und den Befreiungsprojektionen zu beginnen.[42] Damit standen diese kritischen Stimmen nicht allein. Am Rand der Linken gab es seit 68 und während der gesamten 70er-Jahre kleine Gruppen von Anarchistinnen, Rätekommunisten oder Linkskommunistinnen, die vehement die Logik der nationalen Befreiung kritisierten.[43] Viele dieser Kritiken wurden von antiimperialistischen Linken aufgegriffen. Viele Ernüchterungen erfolgten nach eigener Anschauung. So eröffnete 1979 die

42 Rüdiger Baron, Das vietnamesische Lehrstück des kleinbürgerlichen Anti-Imperialismus, in: Probleme des Klassenkampfs Bd. 3 Nr. 8/9, 1973, S. 89-101, hier: 100f.

43 Bob Potter von der Group Solidarity: Vietnam Superstar. Sieg für wen? Berlin 1975; online: https://libcom.org/library/vietnam-whose-victory-bob-potter und vor allem die Situationistische Internationale: Zwei lokale Kriege, in: Der Beginn einer Epoche, Texte der Situationisten, Hamburg 1995, S.205-214.

Übersetzung eines ursprünglich 1978 im französischen Journal *autrement* veröffentlichten kritischen Textes zum Internationalismus zehn Jahre nach dem Mai 1968 das von Wolfgang Dreßen herausgegebene *Sozialistische Jahrbuch*. Jean-Claude Guillebaud konstatiert: »Zehn Jahre später sind die Mythologien verraucht, die Gewißheiten in Ruinen zerfallen, die Kämpfe mißlungen«, zu lange habe man aufgrund des romantischen Glaubens an die vietnamesische Revolution »voller Respekt und zitternd vor dem nord-vietnamesischen Stalinismus« verharrt. Nach zehn Jahren, so erläutert der linke französische Essayist, sei die traurige Prozession nach 1968 über die mythologische Leiche des Che und den Befürworter des Einmarschs in Prag, Fidel Castro, über die Leichenhaufen und ›sozialistischen‹ Massaker des ›befreiten‹ Kambodscha bis zur Chimäre des ›arabischen Sozialismus‹ fortgeschritten: »Die arabische Welt war seit langer Zeit nicht mehr das große Laboratorium des Sozialismus, sondern ein Durcheinander orientalischer Kalkulationen, Leidenschaften, Haßausbrüchen und Komplotte. Und Palästina nur ein Instrument, eine nützliche und manipulierbare Sache.«

Auch die große linke Fehlrezeption der chinesischen Revolution als wahrhaft antiautoritärer Aufbruch habe sich zugunsten einer Ernüchterung nach dem Tod Maos verflüchtigt. Für Guillebaud kein Grund zum Katzenjammer: »Wenn unsere Illusionen tot sind, umso besser. Sie haben uns geblendet. Wenn die ›Große Revolution‹ in eine Falle getappt ist, hat sie es zweifellos verdient.«[44] Der Essayist schließt, dass ein neuer Mai 1968 nur jenseits dieser Täuschungen und »für etwas Gutes« wieder beginnen könne – »auf einer weißen Seite«, womit er in radikaler Weise den ganzen Glaubenssatz des auf Staatsrevolutionen setzenden Nach-68er-Antiimperialismus verabschiedete. Er war damit keine Ausnahme und seine prominente Stellung auf den ersten Seiten des undogmatischen Sozialistischen Jahrbuchs kein Zufall. Die Kritik des Antiimperialismus stand an: So beklagte 1980 ein kritischer Ex-Maoist das falsche antiimperialistische Vertrauen, das in den ›Volkskrieg‹ gesetzt wurde. Dieser habe als Kraft keine neuen Wege der Sozialrevolution eröffnet und auch keine Eigendynamik entwickelt, die sich schließlich gegen potenzielle neue Herren und Abhängigkeiten hätte richten können.

44 Jean-Claude Guillebaud, Von Prag bis Pnom Penh, die elternlosen Jahre, in: Wolfgang Dreßen (Hg.), Sozialistisches Jahrbuch, Tübingen 1979, S. 5-20.

Protagonisten der Irland-Solidarität legten sich Mitte der 80er-Jahre Rechenschaft darüber ab, ob sie sich nicht deutlicher an der ostentativen katholischen Religiosität und dem Märtyrerkult im Norden Irlands und im Umfeld der IRA stoßen sollten und der *Kommunistische Bund* aus Hamburg, der schließlich nicht ohne Einfluss war, kritisierte 1988 die Hamburger Hafenstraße für ihre bekannte antizionistische Boykottaufruf-Parole.[45] Andere radikale Linke aus der autonomen und spontaneistischen Linken, die noch 1979 in der iranischen Revolution eine Möglichkeit sehen wollten, dem westlichen Entwicklungsweg zu entgehen, und einen wahrhaft tiefgreifenden Umbruch erkennen wollten, wandten sich von jeglichen staatlichen Revolutionsprojektionen ab. Sie wollten in den Revolten der Unterklassen und in den eigenständigen Bewegungen der Migrantinnen Elemente eines neuen Antiimperialismus erkennen, der schließlich das imperiale Wohlstandsgefälle aufbrechen könnte.[46]

1990 verlor die Linke schließlich ihren letzten Hoffnungsort: das sandinistische Nicaragua. Im Februar verloren Ortegas Sandinisten eindeutig gegen das pro-amerikanische Wahlbündnis von Violeta Chamorro. Die neoliberale soziale Kürzungspolitik unter den Sandinisten, Vetternwirtschaft und Repression waren die Gründe für die Wahlniederlage der Regierungspartei. Der linke Internationalismus hatte vor allem nach der Revolution von 1979 sein Hauptaugenmerk wieder nach Mittelamerika verlegt. Hier, in dem 120.000 km^2 großen Land, kam es zu einem erbitterten Kampf gegen den Einfluss der USA und gegen lokale Oligarchien, in den sich auch ausländische Aufbauhelfer einbrachten. Spätestens Mitte der 80er-Jahre zeigte sich, dass im Kontext nationaler Befreiung ›Solidarität‹ niemals kritisch ausgeführt werden konnte. Bereits recht früh hatte ›Revolutionsführer‹ Ortega die Macht in hohem Maße auf Familienmitglieder verteilt, und wer dies kritisierte galt schnell als unzuverlässig. Der Krieg der US gestützten Contras war jahrelang die

---

45 Diese Geschichte der antiimperialistischen Szene mitsamt ihrer Selbstkritik harrt einer Aufarbeitung. So liegen eine Vielzahl von Broschüren aus der antiimperialistischen Szene vor, in denen es gerade nicht um ein mystisches Volk ging, das sich befreien sollte, sondern um Untersuchungen, inwiefern sich Frauenkämpfe, landlose Bauern, Streikbewegungen von Arbeiterinnen im nationalen Befreiungskampf durchsetzen können oder inwieweit sie von einer nationalen ›Bourgeoisie‹ bereits im Prozess des Befreiungskampfes oder nach Erreichen der staatlichen Autonomie wieder zurückgedrängt werden.

46 Vgl.: die Entwicklung der Zeitschriften Autonomie. Neue Folge und die Schriften Materialien für einen neuen Antiimperialismus, online: http://www.materialien.org/

übergeordnete Matrix, die fast jede kritische Diskussion abwürgte und fast jedes Problem erklärte.[47] Doch auch wenn man es heute kaum noch glauben mag: Der kritische Geist begleitete den Internationalismus von Anfang an und entzog sich den zuweilen totalitären Ansprüchen nationaler Befreiungsbewegungen. Nach 1990 war das Abgrenzungsbedürfnis vom Antiimperialismus allerdings so stark ausgeprägt, dass diese bereits vorliegenden Elemente der Kritik und Selbstkritik nicht mehr auszureichen schienen. Mit der Verabschiedung des Antiimperialismus war auch gleich noch die Verabschiedung der linken Imperialismuskritik intendiert. Dass eine wie auch immer geartete Imperialismusanalyse passé sei und nach 1989 Tabula Rasa anstehen würde, machte auch das Gründungsmitglied des KB, der ehemalige Anti-Atomkraft-Aktivist und langjährige *Konkret*-Autor, Detlef zum Winkel, Sohn des bekannten deutschen Radiologen Karl zum Winkel, auf dem richtungsweisenden *Konkret*-Kongress 1993 in Hamburg deutlich: »Es gibt nach der Wiedervereinigung hierzulande keinen linken Ansatz und keine linke Überlegung mehr, die auch nur den Anspruch erheben könnten, so etwas wie eine Selbstverständnisdiskussion nach dieser Wiedervereinigung einzuleiten.«[48]

Den für einen Rundumschlag passenden Text legte 1992 der ça ira-Verlag vor, auch wenn er nur wenige Seiten umfasste. Thomas Haurys Artikel »Zur Logik des bundesdeutschen Antiimperialismus« war sichtbar mit der heißen Nadel gestrickt und stellte dennoch in den folgenden Jahren den wesentlichen Bezugspunkt der antideutschen Szene dar, wenn es darum ging, dem linken Antiimperialismus eine Logik zu unterstellen, die in Antiamerikanismus und Antisemitismus münden würde, weil er angeblich einem manichäischem Weltbild, also einer heilsgeschichtlich unterlegten Ideologie, wonach die Kräfte der Finsternis mit jenen des Lichts im Kampf lägen, verpflichtet sei. Der quellenarme Text lebt von einigen Zitate, die man bereits aus früheren Polemiken von Henryk M. Broder kannte. Prominent herangezogen wurden Ausführungen des

47 Vgl.: Ein früherer Aktivist aus der Zentralamerikasolidarität, Erfahrungen aus Nicaragua. Gegen den Gedächtnisschwund und die Verdrängung der Geschichte, in: Wildcat Zirkular Nr. 45, Juni 1998, S.62-65.

48 Podiumsdiskussion »Deutschland ohne Opposition?, in: Wolfgang Schneider/ Boris Gröndahl (Hg.), Was tun? Über Bedingungen und Möglichkeiten linker Politik und Gesellschaftskritik. Der Konkret Kongress, Hamburg 1994, S. 87-123, hier: S.119.

Antiimperialisten Karam Kellah, der jedoch kaum eine Verbindung zum Internationalismus und Antiimperialismus der Nach-APO-Zeit aufweist.[49] Doch die Vorwürfe kommen wie aus dem Gewehrlauf geschossen: Der Antiimperialismus wolle die deutsche Schuldgeschichte »exkulpieren«, aus den Worten prominenter Antiimperialistinnen gehe »das Programm eines rebellischen Nationalismus von links« hervor und »nicht nur der Wunsch nach echter und kämpferischer Gemeinschaft, sondern auch das nie eingestandene Bedürfnis nach ›deutscher Normalität‹, nach Entlastung von der Vergangenheit des ›eigenen‹ Kollektivs.« Haury konstatiert, im Antiimperialismus liege eine »Identifizierung mit dem Volk und dessen Gleichschaltung mit dem ›guten Volksstaat‹« vor, kombiniert mit der »Tendenz, Politik und Ökonomie zu personalisieren«, womit für ihn »zahlreiche strukturelle Affinitäten mit dem antisemitischen Weltbild« vorliegen würden.[50]

In dieser Zuspitzung mochte das nicht mal auf die dümmsten Protagonisten der autonom-antiimperialistischen Spät-80er-Szenen des Antiimperialismus zutreffen. Gegenbeispiele finden sich zuhauf. So schrieb Brigitte Heinrich, 1966/67 SDS-Pressesprecherin, später militante Linke im Umfeld von RAF und *Bewegung 2. Juni*, Lebensgefährtin des Rechtsanwalts und DDR-Agenten Klaus Croissant und selbst auch in Spitzeldienste für die DDR-Staatssicherheit involviert, unter der Überschrift »Palästina ist anders – zwischen Schleier und Kalaschnikov« 1979 ein Resümee ihrer Nahostreisen und Besuche von palästinensischen Flüchtlingslagern. Darin legte sie ihr Hauptaugenmerk auf die Befreiungskämpfe der Frauen, kritisierte den Schleier als rückständiges Relikt einer patriarchalen Welt. Sie geißelt den »absurden Überfluß unserer europäischen Konsumgesellschaften«, der im palästinensischen Flüchtlingslager kenntlich wird, notiert aber auch, dass der Islam in den »Kampagnen der Konterrevolution« benutzt werde gegen die Befreiungsbewegungen, bei denen beispielsweise der Konsum von Alkohol »durchaus kein Tabu mehr« sei. Vom Haury'schen »guten Volksstaat« als projektivem Sehnsuchtsort kann keine Rede sein, und wie es um die »Entlastung von der Vergangenheit des ›eigenen Kollektivs‹« in Hein-

49 Thomas Haury, Zur Logik des bundesdeutschen Antizionismus, in: Léon Poliakov, Vom Antizionismus zum Antisemitismus. Mit einem Vorwort von Detlev Claussen, Freiburg im Breisgau 1992, S. 125-159.

50 Ders. S. 153/151/154.

richs Ausführungen bestellt ist, kann man sehr anschaulich folgender Passage entnehmen:

> »Ich glaube, daß die meisten deutschen Linken angesichts des sog. Nahost-Konflikts mit sehr widersprüchlichen Gefühlen fertigwerden mußten. Wann immer vom Kampf gegen Israel die Rede war – und dieser Kampf war der Angelpunkt für alle Ansätze zur Mobilisierung der palästinensischen Massen – zuckte irgendwer von uns zusammen. Denn Israel, beziehungsweise die dort lebenden Juden, das sind eben auch die Überlebenden von Ausschwitz (!), Dachau, Sachsenhausen ... Das Wissen um Ausschwitz (!), die Auseinandersetzung mit der Generation unserer Väter, die in großen Teilen den Faschismus beklatscht oder schweigend überdauert und nicht verhindert hat, daß 6 Millionen Juden in den Konzentrationslagern Hitlers umgekommen sind, ist für viele unter uns Anlaß gewesen, sich vorbehaltlos auf die Seite der Unterdrückten zu stellen. Hier lag zugleich auch der Keim der Revolte gegen dieses System, das derartige Greuel hervorbrachte. Hier jedoch wurden wir damit konfrontiert, daß die ehemaligen Opfer selbst in die Haut von Verfolgern geschlüpt (!) waren«.[51]

Was macht man jetzt mit so einem Zitat? Auch wenn man nicht alles, was Brigitte Heinrich hier mitteilt, unterschreiben mag: Es entzieht sich trotz falscher Schreibweise von Auschwitz vollständig den simplen Konstruktionen von Thomas Haury und anderen und zeigt, dass die internationalistische, antiimperialistische und militante Linke alles andere als geschichtsvergessen war und sehr wohl auf die deutsche Geschichte und ihre Verbrechen reflektierte.

Wenn es denn tatsächlich jemals eine unkritische Identifikation mit den nationalen Befreiungsbewegungen im antiimperialistischen Milieu gab, und eine genauere Sichtung der Dokumente könnte das widerlegen, so in den nationalistisch-maoistischen K-Gruppen der 70er- und bei den eher theoriefernen autonomen Antiimps der späten 80er-Jahre, die sich fürs palästinensische, kurdische oder peruanische ›Volk‹ erwärmen konnten und den reaktionären Implikationen ihrer Selbsttäuschung erlegen waren. Doch ihre Stunde hatte ohnehin geschlagen und für *den* linken Antiimperialismus oder gar *den* Internationalismus standen sie nie.

Am 20. April 1998 ging bei der Nachrichtenagentur Reuters ein Schreiben ein: »Die Stadtguerilla in Form der RAF ist nun Geschichte«. Damit hatte sich der wichtigste Bezugspunkt des kleinen antiimperialistischen Milieus aufgelöst. Die *Gruppe Demontage*, die

---

51 Brigitte Heinrich, Palästina ist anders – zwischen Schleier und Kalaschnikov, in: Wolfgang Dreßen, Sozialistisches Jahrbuch, a.a.O., S. 263-274.

sich aus dem Hamburger KB unter Federführung von Gaston Kirsche bildete, brachte zur gleichen Zeit ihr Buch unter dem unklaren Titel *Postfordistische Guerilla – Vom Mythos nationaler Befreiung* heraus. Ein interessantes Zeitdokument, versucht es doch im wissenschaftlichen Habitus den Befreiungsnationalismus zu kritisieren, wobei vor allem der frühen PKK und der baskischen ETA glaubhaft völkisches Denken nachgewiesen werden konnte, wenn auch die regulationstheoretische Erklärung für das Ableben klassischer nationaler Befreiungsbewegungen blass und nicht nachvollziehbar blieb.[52] Eine ebenfalls dreißig Jahre nach 1968 publizierte Veröffentlichung, die weit über den Szene-Rahmen hinausging und die nationalkommunistischen Ergebnisse in Form einer Kriminalitätsgeschichte bilanzierte, stellte das vom ehemaligen Maoisten Stéphane Courtois herausgegebene *Schwarzbuch des Kommunismus* dar.[53] In der Anlage oberflächlich finden sich neben dem historisch überzeugenden Beitrag von Nicolas Werth über die bolschewistische Sowjetunion viele weniger tragfähige Bestandsaufnahmen über den Terror in diversen sich kommunistisch nennenden Staaten und Systemen. Im vierten Teil des Buches werden Verbrechen und Terror in China nach der Revolution, in Nordkorea, Vietnam und Laos sowie im »Land der unfaßbaren Verbrechen«, Kambodscha, dargestellt. Die Darstellungen waren eingequetscht zwischen einem Vorwort des Herausgebers und einem Nachwort ausgerechnet des antikommunistischen Paters Joachim Gauck, seit Oktober 1990 Kopf der *Gauck-Behörde*, die die schriftliche Hinterlassenschaft des Ministeriums für Staatssicherheit (MfS) verwaltete und zugänglich machte. Letzterer beschwor den antitotalitären Konsens aller Demokraten. Der französische Herausgeber, der aus der radikalen maoistischen Linken kam, forderte im Vorwort »Trauerarbeit« ein, aber mehr noch, »das Festhalten an der Revolutionsidee« selbst zu überdenken und schloss sich der Nolte'schen Totalitarismustheorie, wonach der Archipel Gulag ursprünglicher und massenmörderischer als die Judenvernichtung der Nazis gewesen sei, implizit an. Im *Konkret Literatur Verlag* erschien eine Gegenstreitschrift unter dem Titel *Roter Holocaust?*. Darin enthalten war auch ein Aufsatz von Daniel Bensaïd,

52 Gruppe Demontage, Postfordistische Guerilla – Vom Mythos nationaler Befreiung, Münster 1998.

53 Stéphane Courtois (Hg.), Das Schwarzbuch des Kommunismus – Unterdrückung, Verbrechen und Terror, München 1998.

französischer libertärer Trotzkist und Protagonist des Mai 1968, in dem er den Schwarzbuch-Autoren Bußfertigkeit bescheinigt, die nun Mode zu sein schien nach dem Zusammenbruch der sozialistischen Staaten im Weltmaßstab. Doch wenn jene

> »nie ans Ende ihrer Trauerarbeit gelangt sind, ihr schlechtes Gewissen als ehemalige Stalinisten wie eine Eisenkugel mit sich herumschleppen, ihr Abgesang in Ressentiment einmündet, dann ist das ihre Sache. Aber diejenigen, die Kommunisten geblieben sind, ohne jemals den kleinen Vater der Völker gefeiert oder das kleine rote Buch des großen Steuermanns heruntergebeten zu haben, was, Herr Courtois, haben sie zu bereuen? Sie haben sich zweifellos manches mal geirrt. Doch angesichts der gesellschaftlichen Wirklichkeit, wie sie heute ist, haben sie weder den falschen Kampf geführt noch den falschen Gegner gewählt.«[54]

Andere Aufsätze, vornehmlich aus französischer Feder, widmeten sich den von Courtois und seinen Autoren präsentierten Fakten und ihren Interpretationen. Die deutschen Beiträger für den Sammelband, von Hermann L. Gremliza über Wolfgang Wippermann bis zu Matthias Küntzel setzten sich mit der im Kern erschütternden, wenn auch in der politischen Einschätzung zu diskutierenden Bilanz des Schwarzbuches erst gar nicht auseinander. Ihr Hauptaugenmerk, das im Kontext der antideutsch-antifaschistischen Linken Schule machte und dessen Ausrichtung sich ständig wiederholen sollte, galt im antifaschistisch-wachsamen Geist lediglich der möglichen »Entlastungsfunktion« im deutschen Diskurs und ihrer Abwehr, nicht aber der Sache selbst.[55] Ihre Einsprüche gestalteten sich dann auch provinziell und sie schrieben am eigentlichen Problem vorbei. Wenn Matthias Küntzel unter Rückgriff auf einen Tucholsky-Satz meinte, man müsse auch auf die Gefahr hin, dass das ausgebeutet werde, eine Selbstkritik vornehmen, gegen die Schwefellauge Seifenwasser sei, konnte man noch aufhorchen, ob von diesem ehemaligen Aktivisten des Kommunistischen Bund wirklich an dem Kern bolschewistischer und stalinistischer Machtpolitik, an ihrer Logik der Verfolgung, der regelrechten Kriegsführung gegen alles, was

54 Daniel Bensaïd, Verbrecherische Revolution – verbrecherische Idee? in: Jens Mecklenburg/ Wolfgang Wippermann (Hg.), »Roter Holocaust«? Kritik des Schwarzbuchs des Kommunismus, Hamburg 1998, S. 51-72, hier: 56.

55 So bei der linksdeutschen Rezeption aller möglichen größeren Feuilletondebatten, sei es über das Schwarzbuch des Kommunismus, François Furets Abrechnung mit dem Ende der kommunistischen Illusion, sei es zu Goldhagens Werk über Hitlers willige Vollstrecker oder der Holocaust-Industrie-Kritik von Norman G. Finkelstein.

sich dem »sozialistischen« Entwicklungs- und Industrialisierungsparadigma entzog, gekratzt wird.[56] Doch worin mündete diese angeblich gebotene Selbstkritik? In der Behauptung, dass eines der größten Probleme der von den 68ern angeblich gesuchte »Gefühlskonsens mit der älteren Generation der VollstreckerInnen«, gemeint waren die Nazis, gewesen sei und man der Geschichte der antisemitischen und nationalistischen Kampagnen der KPD in der Weimarer Republik nachzugehen habe.[57] Angesichts des globalen Zuschnitts des Schwarzbuchs, in dem erklärungsbedürftige Massenverbrechen einmal rund um den roten Globus des 20. Jahrhunderts benannt und aufgelistet wurden, gestalteten sich die von Küntzel als brennende Fragen markierten Hinweise erstaunlich deutsch, läppisch und unangemessen. Diese vorgeblich radikale Selbstkritik der Linken hatte etwas frappierend verstelltes, taktisches, provinzialistisches und zeigte ein vollständiges Desinteresse an den Fakten. Diese deutschen Linken, so konnte man meinen, wollten links und antifaschistisch bleiben, ohne auf die Signalsetzung der Bußfertigkeit zu verzichten. Alle Probleme der Geschichte der Linken auf Antisemitismus zu verengen, schien dies in vorzüglicher Weise zu garantieren.

56 Eine überzeugende Kritik leisten beispielsweise Gerd Koenen, Die Farbe Rot. Ursprünge und Geschichte des Kommunismus, München 2017, oder auch: Detlef Hartmann, Krisen – Kämpfe – Kriege, Band 2. Innovative Barbarei gegen soziale Revolution – Kapitalismus und Massengewalt im 20. Jahrhundert, Berlin 2019. Interessanterweise war Ersterer selbst Teil des maoistischen roten Jahrzehnts, während Letzterer eher der spontaneistisch-antileninistischen Linken entstammt, beide kommen jedoch zu ähnlichen Ergebnissen.

57 Matthias Küntzel, »Auschwitz vom Sockel stoßen«. Zur Entlastungsfunktion des ›Schwarzbuches‹ im deutschen Diskurs, in: Jens Mecklenburg/ Wolfgang Wippermann (Hg.), »Roter Holocaust«?, a.a.O., S. 251-263, hier: 256 u. 257.

Desinformationszentrum Dritte Welt

Im November 1998 versuchte sich der Vansittart-Spezialist und Siegfried Kracauer-Biograf Jörg Später unter der selbsterklärenden Überschrift »Feindbild Israel. Antiimperialistische Amnesie« an einem »kritischen Rückblick in eigener Sache«, wobei es um Antizionismus, Antiimperialismus und die Freiburger Zeitschrift *blätter des informationszentrums 3. welt* (iz3w) gehen sollte.[58]

Nun weiß man nicht, welche »eigene Sache« hier gemeint ist. Etwa diejenige der reichlich antizionistisch eingestellten *Autonomen Nahost Gruppe Freiburg*, der Später entstammte? Tatsächlich schien er sich verspätet den Polemikern der ISF anschließen zu wollen, die bereits 1988 diese Gruppe als »antisemitisch«, weil »antizionistisch«, markiert hatte. Dabei musste auch die mehrere Jahrzehnte umfassende Publikationsarbeit des renommierten Internationalismus-Organs *blätter des iz3w*, das sich ganz generell der internationalen Solidaritätsarbeit, der Kritik von bundesdeutscher Entwicklungspolitik sowie der Unterstützung einer von den hegemonialen Blöcken unabhängigen Entkolonisierung verschrieben hatte, auf den toten Hund ›Antizionismus‹ heruntergebrochen werden, was schlicht nicht den Fakten entsprach. Das *Informationszentrum Dritte Welt* hatte bereits 1983 eine Aufsatzsammlung herausgebracht, in der mit Dan Diner und Micha Brumlik unter anderem ein genereller ›Antizionismus‹ zurückgewiesen, aber immer noch an der antikolonial gebotenen Auflösung der zionistischen Struktur Israels festgehalten wurde.[59] Tatsächlich war in den *blättern* Nr. 102 im Jahre 1982 ein Artikel mit der Überschrift »Israel – Holocaust an den Palästinensern« erschienen; mit dieser Relativierung der Judenvernichtung und den überbordenden Nazi-Vergleichen bildeten die *blätter des iz3w* keine Ausnahme. Ähnliches konnte zu dieser Zeit im *Arbeiterkampf* gelesen werden. Selbst Micha Brumlik hatte angesichts des von

58 Jörg Später, Feindbild Israel. Antiimperialistische Amnesie. Antizionismus, Antiimperialismus und die Freiburger Zeitschrift blätter des informationszentrums 3. welt (iz3w) Ein kritischer Rückblick in eigener Sache, in: Jungle World 1998/47 online: htps://Jungle World/artikel/1998/47/antiimperialistische-amnesie

59 Vgl.: iz3w (Hg.) Der Palästinakonflikt und was *wir* damit zu tun haben, Freiburg im Breisgau, 1983.

Israel gedeckten Massakers in Sabra und Schatila 1982 erklärt, die »erste Assoziation«, die sich ihm aufdränge, laute: »Babi Jar! Babi Jar! – jenes Massaker, das Ukrainer unter den Augen der SS und deutscher Soldaten an zusammengetriebenen, wehrlosen Juden verübt hatten«.[60] Das Urteil, wonach es Israel im Libanon um die totale Vernichtung der Palästinenser gehe, blieb in der iz3w in dieser Überspitzung eine Ausnahme. Fortan bemühte sich das Blatt um eine differenzierte Sichtweise, nicht zuletzt lud die Redaktion Micha Brumlik bereits 1983 zu einem Beitrag für ihr Buch zum Palästinakonflikt ein, hatte doch Brumlik den Ruf, durch seine Interventionen »die Linke durch Kritik an ihren undurchschauten Traditionsbeständen auf die Höhe des eigenen Anspruchs zu bringen«.[61] Trotzdem wird der alten iz3w-Redaktion durch Jörg Später recht großspurig »historische Amnesie in einem manichäischem Antiimperialismus« auch für die Zeit der ersten Intifada 1987/88 attestiert. Für eine historische Bilanz geht Später einigermaßen freihändig mit den Textquellen selbst um. Die Position der iz3w-Redaktion rund um diese Intifada und den ersten größeren Antisemitismusstreit in der Freiburger Linken wird von ihm folgendermaßen zusammengefasst:

> »Für die iz3w gilt (...:) Es gab oben und unten, Imperialismus und unterdrückte Völker, Krieg, Gewalt und Ausbeutung. Auch ein Ereignis wie Auschwitz fiel hierunter, ein Blutbad unter vielen, mit dem einen Unterschied, daß es von Deutschen begangen wurde, was ein gewisses Unbehagen auslöste, aber keinen entscheidenden Einfluß auf die linke Theoriebildung ausübte.«

Stimmt dies tatsächlich? Argumentierte man in der internationalistischen Redaktionsstube wirklich so oberflächlich und läppisch? Die Texte selbst vermitteln einen anderen Eindruck. Das Ende des Themenschwerpunktes »Antizionismus = Antisemitismus? Ein Streit« beschlossen zwei Texte der Redaktion, der erste ist ein argumentativ komplexer Frontalangriff auf die Polemiker, die damals Antizionismus als Antisemitismus hinstellten. Jürgen Wenglers Beitrag ist im Duktus klar, er plädiert »für Solidarität im Ringen um eine freie, menschenwürdige Gesellschaft«. Dem menschenrechtlichen Internationalismus verpflichtet, stellt er die

60 Micha Brumlik, Sabra und Schatila, in: Dietrich Wetzel (Hg.), Die Verlängerung von Geschichte. Deutsche, Juden und der Palästinakonflikt. Frankfurt am Main 1983, S. 15-24, hier: S. 15.

61 Vgl.: Micha Brumlik, Kein Weg als Deutscher und Jude. Eine bundesrepublikanische Erfahrung, München 1996, S.155.

heftige Repression gegen palästinensische Revoltierende in den besetzen Gebieten dar, um die sich die Kritiker in ihrem alleinigen Interesse an einem neuen »Selbstverständnis deutscher Linker« gar nicht weiter scheren würden. Weiter weist er auf die Leerstellen der Kritiker hin: dass sie nämlich wenig Kenntnis von Israel selbst haben, seiner Klassenstruktur, dem internen Rassismus, seiner außenpolitischen Positionierung an der Seite reaktionärer Regime wie Südkorea, Chile und Südafrika. Nebenbei notiert er als Kardinalfehler »die fatale Gleichsetzung von Zionismus und Judentum« durch die Polemiker, auf dem das Konstrukt Antizionismus = Antisemitismus aufbaue.[62] Den zweiten Text für die Redaktion lieferte Isabel Armbrust. Sie kritisierte in ihrem Aufsatz, dass zwar der ideologiedurchtränkte Antizionismus in Freiburg nur von einer kleinen autonom-rabiaten Splittergruppe vertreten werde, die Nahostgruppe Freiburg allerdings auch das Wort Israel in ihren Flugblättern mit zwei einfachen Anführungszeichen versehe. Weiterhin kritisierte sie die akribische Besessenheit vieler Antizionisten, den Zionismus seit seiner Gründung auf Kolonialismus und Expansionismus zu verkürzen.

> »Nur gerät den besessenen Antizionisten leider aus dem Blick, was überhaupt keiner Begründung bedarf: nach Auschwitz kann keinem Juden in der Welt eine Haltung verwehrt werden, die Dan Diner protozionistisch genannt hat: Die Betrachtung Israels als Rückversicherung, als potentielles Asyl für den Fall neuer Pogrome, wo auch immer in der Welt«.[63]

Schließlich stellte die iz3w-Redakteurin auch Überlegungen an, wonach die verheerenden Positionierungen der antizionistischen Linken nicht so sehr in einem »bruchlos von der Eltern- auf die Nachkriegsgeneration übergegangenen Antisemitismus« zu verorten sei, sondern eine Abwehraggression darstelle. Die Nachkriegslinke habe es satt, ständig mit den Untaten ihrer Eltern konfrontiert zu werden, mit denen sie politisch und meist auch persönlich längst gebrochen habe. Die Autorin wendet allerdings ein:

---

62 JüWe, Antizionismus = Antisemitismus? Bemerkungen zum Flugblatt der ISF, blätter des iz3w, Nr. 150, Juni 1988, S. 44-46. Darin auch der bedenkenswerte und bis heute gültige Satz: »Die Vergangenheit der Väter des ISF oder wie sie in Projektion meinen, der der Linken, wird nicht entlastet, wie so manche befürchten, wenn Recht als Recht erkannt wird und Unrecht als Unrecht.«

63 Isar, Bemerkungen zum Antizionismusstreit in der Freiburger Linken, in: blätter, a.a.O., S. 46.

> »Die Alternative zu dieser aggressiven Abwehrhaltung kann übrigens nicht die von vielen schuldgeplagten liberalen Konservativen geforderte deutsche Demutshaltung Israel gegenüber sein. Israelkritik steht an, zumal die Situation der Palästinenser in den besetzten Gebieten mit jedem Tag Politik der ›eisernen Faust‹ unerträglicher wird, und nur von äußerem Druck auf Israel ein Kurswechsel zu erhoffen ist.«[64]

Jörg Später hatte in seinem zurechtgebogenen Rückblick, in dem diese Differenzierungen natürlich unerwähnt bleiben mussten, lediglich einen »ideologische(n) Blick auf Israel und den Zionismus« bei den *iz3w*-Redaktionsmitgliedern erkennen wollen, der allerdings – so die auftrumpfende Gewissheit des 1998-Redakteurs – »mittlerweile schlechte Vergangenheit der iz3w« sei.[65] Mit Bensaïd ließe sich fragen, was diejenigen, die Internationalisten oder Menschenrechtlerinnen geblieben sind, ohne jemals Israel in Anführungszeichen gesetzt zu haben, denn bereuen sollen.

Dieser »kritische Rückblick« auf die Geschichte der Freiburger Internationalismus-Zeitschrift hatte insofern Methode, als dass mit ihm ein affirmativer Ausblick verbunden war, an den die *iz3w*-Herausgeber der späten 90er sich unter zwischenzeitlicher redaktioneller Einbindung überzeugter ISF-Antideutscher und reuiger Ex-Antiimps selbst gewöhnen wollten. Denn Bensaïds Versicherung, die antiimperialistische Linke ab 1968 habe mit ihrer vehementen Kritik des US-Imperialismus keineswegs den falschen Kampf geführt und den falschen Gegner vor Augen gehabt, wollte man schnell vergessen. Dies zeigte sich fünf Jahre später, 2003; als die *iz3w*-Reaktion kokett formulierte: »Da ziehen die Demokraten Blair und Bush gegen einen Diktator und Massenmörder in den Krieg .... Und was passiert? Niemand dankt es ihnen«. Nach gründlicher Lektüre des Editorials im Heft Nr. 271 namens »Fakten und Fakes« rieb man sich ungläubig die Augen: Das war tatsächlich ernst gemeint. Gefälschte Geheimdienstberichte, Kriegslügen, die der Öffentlichkeit zur geistigen Mobilmachung im Vorfeld des Irak-Kriegs angeboten wurden ...? Die Internationalismus-Redaktion winkt nur müde ab: Gelogen werde in Zeiten des Krieges doch immer, was solle die Aufregung, schließlich sei der Diktator entmachtet und man solle sich

64 Ebenda.

65 Jörg Später, Feindbild Israel, a.a.O.

endlich freuen und dies den »Demokraten Blair und Bush« danken.[66] Ende gut, alles gut. Die *iz3w* wollte über die lügenhafte Vorbereitung des Irak-Kriegs nichts Kritisches von sich geben.

Verdruckste Kriegs-Apologetik wurde auch in einer unter Gesprächsleitung von Jörg Später stehenden *iz3w*-Diskussion artikuliert, in der Christian Stock das redaktionelle Lavieren im Nonsens-Bekenntnis »Die USA wollen das (partiell) Richtige, aber aus den falschen Gründen und mit den falschen Mitteln« zusammenfasste und damit *Konkret*-Gremlizas Pro-Golfkriegsbekenntnis von 1991 nachäffte[67]. Besonders pittoresk und der antideutschen Ideologieprägung der Redaktion geschuldet, war jedoch, dass die Golfkriegs-Rechtfertigung als Aktualisierung der Kritischen Theorie verkauft wurde. Wer sich nämlich den Fakten, also den Kriegslügen widme, der sei in das »Elend des Positivismus« verstrickt. Es gelte stattdessen, das »Ganze als das Unwahre« – wie Adorno aus der *Minima Moralia* zitiert wird – zu erkennen, und da wären doch ein paar gefälschte *facts* nicht weiter der Rede wert. Diese Haltung transportiere die »Vorzüge der kritischen Vernunft«, so die *iz3w*.[68]

Mit Horkheimer also für den Irak-Krieg? Die Referenz ist nicht ganz unlauter, schließlich unterstützte der konservativ gewordene Theoretiker 1968 den Vietnamkrieg. Als kritischer Theoretiker der 30er fiel er jedoch als Kronzeuge aus. Denn laut Horkheimer unterscheidet die Kritische Theorie von traditioneller, dass sie »ein einziges entfaltetes Existenzialurteil« ist. Als solches ist sie Marx' Kategorischem Imperativ verpflichtet, alle Verhältnisse umzustürzen, in denen der Mensch ein verlassenes, verachtetes, ausgebeutetes und beherrschtes Wesen ist. Nun müsste man der Redaktion einer langjährigen Internationalismuszeitschrift, die aus der 1968 gegründeten Aktion 3. Welt (ADW) hervorging und auf einer der ersten Veranstaltungen Ernst Bloch eingeladen hatte, kaum erklären, dass viel zu viele Menschen nicht nur – wenn auch in besonderer Weise – im Irak eines Saddam Hussein, sondern allgemein in den Gesellschaften des globalen Kapitalismus diesem Schicksal ausgeliefert sind. Folglich ist Kritische Theorie als parteiliche Theorie auch nicht mit dem ›Demo-

66 Redaktion iz3w, Hefteditorial: Fakten & Fakes, iz3w Nr. 271, September 2003, S. 3.

67 Redaktion iz3w, »Wenn der Krieg kommt«: Eine iz3w-Diskussion über den Konflikt am Golf, vom 20.02.2003, online: https://www.linksnet.de/artikel/18347

68 Redaktion iz3w, Fakten & Fakes, a.a.O.

kraten‹ gegen den ›Diktator‹ im Bunde, sondern es besteht vielmehr eine dynamische Einheit zwischen den Kritischen Theoretikern und der beherrschten Klasse, wie Horkheimer den Unterschied von traditioneller und kritischer Theorie markierte. Und diese beherrschte Klasse, vielleicht vergaß man dies in den Räumen des *iz3w*, gibt es nicht nur im baathistischen Irak, sogar auch in den laut Verfassung *pursuit of happiness* versprechenden USA. Wo darüber hinaus die *iz3w* einem postautonomem »Legal-illegal-scheissegal« folgend sich über die »Fakten, Fakten, Fakten« lustig machte, erklärte die Kritische Theorie, dass sie der empirischen Forschung und den Fakten weder feindlich noch uninteressiert gegenübersteht. Sollte Adorno im sogenannten Positivismusstreit mit Karl Popper tatsächlich den Fakten »kategorisch« begegnete sein im Sinne von: »passen sie nicht, dann weg vom Tisch«? Dies folgt eher stalinistischer Ideologieproduktion. Vielmehr hoben Adorno und Horkheimer darauf ab, dass Kritik sich auf die Totalität der Gesellschaft zu beziehen hätte. Als entfaltetes Existenzialurteil sollte kritische Gesellschaftstheorie die »Grundform der historisch gegebenen Warenwirtschaft« zum Gegenstand ihrer Untersuchung machen und herausstellen, wie durch sie »die Menschheit einer neuen Barbarei zutreibt«[69]. Und was sprach 2003 dagegen, dass eine dem Internationalismus verpflichtete Redaktion auf den Zustand des globalen Kapitalismus reflektierte, in dem die Lügenhaftigkeit der US-amerikanischen und britischen Herrschenden den Zustand eines so korrupten wie krisenhaften Weltsystems widerspiegelten? War dieser unumwunden positive Bezug auf die lügenhafte imperialistische Politik und ihre kriegerische Aggression also die gebotene Überwindung des ›Antiimperialismus‹, die die Linke den Antideutschen zu verdanken hat?

In ihrer »politischen Chronik 1968 – 2018« liefern die Redakteure der *iz3w* eine recht eigenwillige Geschichtsschreibung ihrer internationalistischen Zeitschrift. Auf jeder Seite finden sich Signalsetzungen, wie sehr der Redaktion das Abrücken vom alten Antiimperialismus gelungen sei. Schließlich konstatieren die hauseigenen Chronisten für Oktober 1997, man habe »unter Rekurs auf den befreundeten Freiburger Soziologen Thomas Haury« als Redaktion erkannt, dass auch »der ›gut gemeinte‹

69 Max Horkheimer, Traditionelle und kritische Theorie, ders. Kritische Theorie der Gesellschaft, Bd. II, (o.A.) 1968 S. 137-191, hier: S.175f.

Antiimperialismus (…) mit einem strukturell antisemitischen Weltbild« argumentiere, weil er dazu tendiere, »die gesellschaftlichen Verhältnisse zu simplifizieren, zu verdinglichen und zu personifizieren«.[70] Hatte Haury noch festgehalten, dass die »unkritische Identifikation mit den nationalen Befreiungsbewegungen« zwangsläufig »zur Unterscheidung von guten und schlechten Staaten, zur Verwechslung von sozialer Revolution mit nationaler Befreiung und schließlich zur Entdeckung guter Völker führen« musste, »die gegen das als ›Imperialismus‹ bezeichnete abstrakte Böse kämpfen«[71], so lässt sich über das Antideutschtum, das auch in die *iz3w*-Stuben gekrochen war, sagen, dass diesen vermeintlichen Kritikern die Identifikation mit dem guten Staat, die Verdrängung des kommunistischen Fluchtpunkts »soziale Revolution« und die anti-materialistische Konstruktion eines konkret Bösen (nur war es eben jetzt ›der Diktator‹ oder ›der Islamismus‹) so wenig fremd war wie den von ihnen heftig bekämpften Antiimps. Dass sie aber einen Abgesang auf kritische Berichterstattung in Zeiten des Krieges anstimmten und das Zudecken von Kriegslügen als höhere Schule der Kritik ausgaben, ist tatsächlich einer der vielen Tiefpunkte antideutschen Wirkens mit seiner anti-emanzipatorischen Strahlkraft, die bis hinein in traditionsreiche publizistische Institutionen der internationalistischen Linken wie des *iz3w* reichte. Was sollte denn das von der Redaktion 2003 gepinselte Bild ›gute Demokraten kämpfen gegen bösen Diktatoren‹ anderes gewesen sein, als extrem simplifiziert, verdinglicht und personalisierend?

Folglich durfte man auch interessiert sein, wie die Redakteure in ihrer politischen Chronik rückblickend über ihre Kriegslegitimation von 2003 urteilen. Zwar rufen sie sich den Mai 2003 ins Gedächtnis, doch die eigene Kriegsapologetik hat man offensichtlich vergessen, dafür will die Redaktion einen zeitgenössischen Kritiker der damaligen Linie des Blattes vorführen: »Robert Kurz und die Krisis-Gruppe veröffentlichten ein vor Wut schäumendes Pamphlet gegen bellizistische Antideutsche, zu denen sie zur Verwunderung der Redaktion auch das iz3w zählen.«[72] Unschuldig verwundert zeigen sich die Chronisten in eigener Sache, weil die *iz3w*-Redaktion in ihrer Bedächtigkeit doch von den richti-

70 Christian Stock, Christian Neven-du Mont (Red.) für die Aktion Dritte Welt, 1968 – 2018. Politische Chronik: ADW – iz3w, Freiburg im Breisgau 2018, S. 34.

71 Haury, Zur Logik, a.a.O., S. 152.

72 Christian Stock, Chronik, a.a.O., S. 36.

gen Antideutschen der *Bahamas* ebenfalls in einem ›Pamphlet‹ stark attackiert worden sei. Demnach konnte man ja nur eine ausgewogene, ordentlich mittige Position damals zu Kriegszeiten eingenommen haben. Tatsächlich hatte das antideutsche Zirkular *Bahamas*, das in seiner K-Gruppenzeit staatsmännische Grußadressen zu formulieren gelernt hatte, unter der Überschrift »Bush – the Man of Peace!« einen anderen Zungenschlag als die *iz3w*-Redakteure gefunden und formulierte in einem vermutlich nicht abgeschickten Glückwunschtelegramm vom 10. April 2003:

> »Die Redaktion BAHAMAS beglückwünscht die Regierungen der Vereinigten Staaten von Amerika und Großbritanniens und ihre Verbündeten, besonders die Regierungen von Spanien, Portugal, Italien, Dänemark, Tschechien, Polen und Ungarn (...) zu ihrem schnellen Sieg über das irakische Baath-Regime. Mit Erleichterung nimmt die Redaktion zur Kenntnis, daß dieser erste antifaschistische Waffengang im neuen Jahrhundert auf Seiten der Alliierten und auch unter der irakischen Zivilbevölkerung weit weniger Opfer kostet, als angesichts der äußersten Bösartigkeit und Unmenschlichkeit des Saddam-Regimes zu befürchten war.«[73]

Von dem 2012 verstorbenen wertkritischen Marxisten Robert Kurz, der 1991 in Enzensbergers ›anderer Bibliothek‹ des Eichborn Verlag seine Erklärung für den Zusammenbruch des »Kasernenhofsozialismus« gab[74], stammt das auf die *Bahamas* gemünzte Bonmot »Jubelperser der Weltpolizei«.[75] Das war mehr als eine gelungene Polemik, tatsächlich gerierten sich die antideutschen Bush-Freunde nicht nur wie Claqueure hegemonial-imperialer Gewalt, sondern sie trieben auch den Sargnagel in alle Erkenntnisse, die mit der Entdeckung des Internationalismus und der Notwendigkeit einer Imperialismuskritik verbunden waren. Über die breite bellizistische Front des Jahres 2003 und die darin situierte Redaktion des *iz3w* urteilte der marxistische Franke:

> »Fehlen darf auch nicht das iz3w, jene Zeitschrift von austrocknenden Dritte-Welt-Initiativen, die sich nicht zwischen traditioneller Bewegungsorientierung

---

73 Redaktion Bahamas, Bush – The Man of Peace, 10.04.2003, online: http://redaktion-bahamas.org/aktuell/Bagdad.html

74 Robert Kurz, Der Kollaps der Modernisierung. Vom Zusammenbruch des Kasernensozialismus zur Krise der Weltökonomie, Frankfurt am Main 1991.

75 Robert Kurz, Die Jubelperser der Weltpolizei. Eine verschworene deutsche Gemeinschaft: die sogenannten Antideutschen von ›Bahamas‹/ISF Freiburg als Zeloten für ›freedom and democracy‹, online: http://www.trend.infopartisan.net/trd0602/t070602.html

und antideutschem Bewegungs-Bashing entscheiden kann. Bei einigen ihrer Autoren mischen sich offenbar die allmählich adaptierten antideutschen Hetzmotive mit dem vulgären Interesse von NGO-Lobbyisten des humanitär-industriellen Komplexes hinter den Fronten der imperialen Weltordnungskriege.«[76]

So unrecht hatte er mit dieser in der Tat wutschäumenden, aber durchaus treffenden Kritik nicht.

76 Zitiert nach: Christian Stock, Chronik, a.a.O., S. 36

Avantgarde und Renegaten

Der ordentliche Linke mag die Antideutschen nicht. »Sie haben die Linke verraten!«, tönt es oft in Hinblick auf die Genannten. Der Verräter zieht schon immer Verachtung und Hass auf sich. Es geht ja auch um große Themen, im Schnittbereich von Emotion, Identität und Politik – um Verrat an der Linken, Verrat an Aufklärung und Kommunismus. Und nicht zuletzt: man kennt oder kannte sich. Michael Koltan, aus Freiburg stammender Kritiker der Antideutschen, hatte eigene Hassgefühle gegenüber den Antideutschen noch augenzwinkernd und selbstironisch verbalisiert, kenntlich gemacht und als Absurdität gebannt[77], wo diese doch bis heute von Teilen der traditionellen und ML-orthodoxen Linken mit einiger Verstiegenheit und theoretischer Sublimierung kenntnisreich und kämpferisch gepflegt werden[78]. Sind die Antideutschen Renegaten der Linken? Nun ist die historische Figur des Renegaten als Abtrünniger einer Weltanschauung eine schillernde. Und nur dem hoffnungslos die Einigkeit der großen linken Familie Beschwörenden mag es vor dem Renegaten gruseln. Wer die Geschichte der Linken kennt, zumal ihre dogmatische, autoritäre, Partei-kommunistische, dem muss der Renegat – ein George Orwell, Arthur Koestler oder Manès Sperber – sympathisch sein. Ihre Distanz zur Linken – sowohl zu den linksliberalen Antifaschisten als Fellow-Travellers des Sowjetkommunismus wie zu den kommunistischen Funktionären und Mitläufern selbst – schöpfte schließlich aus der Terrorerfahrung der GPU, im Spanischen Bürgerkrieg oder auch in Russland selbst.[79] Gleichzeitig ist dem Renegaten immer eine gewisse Selbststilisierung zu eigen. Nach Michael Rohrwasser gehört zu den Stereotypen der Renegatenliteratur »die verdichtete Erinnerung an die Konfrontation des Einzelnen (des Renegaten) mit dem feindlichen Gegenüber, der Partei«[80]. So könnte man fragen, ob diese

77 Michael Koltan, Talking 'bout my Generation, in: Gerhard Hanloser, (Hrsg.), »Sie warn die Antideutschesten der deutschen Linken«. Zu Geschichte, Kritik und Zukunft antideutscher Politik, Münster 2004, S. 87-104, vor allem S. 88.

78 Vgl.: Susann Witt-Stahl, Michael Sommer (Hrsg.): »Antifa heißt Luftangriff!« Regression einer revolutionären Bewegung, Hamburg 2014.

79 Michael Rohrwasser, Der Stalinismus und die Renegaten. Die Literatur der Exkommunisten, Stuttgart 1991, S. 58ff.

80 Ebenda, S.273

Kennzeichnung nicht auf den frühen Henryk M. Broder in Konfrontation mit einem 70er/80er-Juste-Milieu, voller einfältig-doktrinärer Glaubensbekenntnisse und bestehend aus DKP, K-Gruppen und linken GRÜNEN, zutrifft. Argumentierte er nicht als einzelner voller Verve und Vehemenz gegen eine zukunftstrunkene Linke, die sich mit der deutschen Vergangenheit, mit Auschwitz und dem Antisemitismus gar nicht, fahrlässig oder bloß instrumentell beschäftigte?[81] Gewiss: Broders Weg in die Linke und aus der Linken ist dunkel. Schließlich bekundete er, niemals Teil der Linken gewesen zu sein, schrieb jahrelang als *Spiegel*-Autor für das größte »Magazin für Deutschland«, um dennoch von antideutschen Publizistinnen und Aktivisten gegen eine vermeintlich linksdeutsche Antisemitenmehrheit gerne ins Bündnis-Boot geholt zu werden.[82] Mit anti-muslimischer Propaganda und besudelndem Netz-Journalismus beim politischen Blog *Achse-des-Guten* begibt sich Broder heutzutage in die Nähe zu muslimfeindlichen Bewegungen wie PEGIDA, zu denen dennoch habituell Distanz gehalten wird, auch wenn es schon mal zu einer AfD-Umarmung kommen kann.[83] Broder selbst hatte schon in den 80er-Jahren dargelegt, dass er vor allem ein Antihumanist und ein Antilinker ist. Welcher Art die ›Kritik‹ Broders an der Linken ist, hatten bereits damals Zeitgenossen durchschaut, wenn sie die bis heute gültige, verabscheuungswürdige Methode Broders analysierten. So wenn Broders hämische Herabsetzung den linksradikalen und antizionistischen Schriftsteller Erich Fried treffen sollte:

> »Sehr viel öfter als auf die originalen Texte Frieds bezieht er sich auf Meinungen Dritter über Fried, und statt dessen Bücher zu lesen, hat er einen Stapel Pres-

81 Henryk M. Broder, Linke Tabus, Berlin 1976 und ders., Danke schön. Bis hierher und nicht weiter, Hamburg 1980.

82 Vgl.: Das antilinke Vorwort von Broder zum Reprint des Michael Landmann-Buches *Das Israelpseudos der Pseudolinken* des ça ira-Verlags oder auch der lokalpolitische Aktivismus der ISF gegen ein »Café Palestine«, das frei-lyrisch zu einem »Café Judenhass« umetikettiert wurde. Julia Littmann, Henryk-Broder-Veranstaltung: ›Café Judenhass‹ sorgt für Irritationen, Badische Zeitung 18.12.2013, http://www.badische-zeitung.de/freiburg/henryk-broder-veranstaltung-caf-judenhass-sorgt-fuer-irritationen--78604238.html

83 Eine treffende Kritik der AfD-Broder Begegnung lieferte Birgit Gärtner, die herausstellte, dass Broder nicht etwa scharfe Kritik an der AfD formulierte, sondern die Gemeinsamkeiten betonte, »Das tut man nicht, Herr Broder«, in: Telepolis 06. Februar 2019, online: https://www.heise.de/tp/features/Das-tut-man-nicht-Herr-Broder-4298543.html?seite=all

semeldungen gelesen, wie ihn jedes passable Ausschnittsbüro liefern könnte. Was er vorzubringen hat, ist mehr oder minder, daß Fried zu schnell und zu viel schreibe, für den Augenblick schreibe, die ›Mutter Teresa für den kritischen Studienrat mit SDS-Erfahrung‹ sei. Er sucht sich von ihm zu entfernen nicht durch die Auseinandersetzung mit dem, was Fried will und kann, sondern durch den zwiespältigen Eindruck, den Fried auf andere gemacht hat. Auf solche Weise gelingt es ihm, das zu tun, was er tun wollte: nicht den Autor Fried treffen, sondern den Menschen, auf den er es sehr viel mehr abgesehen hat als auf den Literaten.«[84]

Dieser Methode Broders liegt eine fundamentale Differenz zu jeder Art der materialistisch-linken Kritik zugrunde. Eine solche ist bemüht, die Fehlschlüsse des politischen Gegners in den Gesamtzusammenhang zu stellen, sie versucht sich zuweilen in immanenter Kritik und legt dar, dass die argumentative und diskursive Logik des Gegners Selbstwidersprüchlichkeiten aufweist, oder sie deckt eine interessegeleitete Ideologie auf. Nichts davon hat Broder jemals in seinen Kritiken geleistet. Eine zeitgenössische Buchbesprechung von Broders Polemik *Der ewige Antisemit* trifft den Kern:

»Eine historisch fundierte und zugleich aktualitätsbezogene, systematische Analyse des Antisemitismus-Problems hat Broder nicht geschrieben. Das Buch liest sich über weite Strecken mehr wie eine Zitatensammlung, eine Textmontage von teilweise sehr eigenwilligen Literaturkommentaren.«[85]

Im Tagesgeschäft zielt Broders Methode auf Skandalisierung, liefert stets Argumente *ad hominem* und *ad populum*. Im Kern ist seine Kritik sublimierter Narzissmus. Alles, was nicht er selbst ist, kann von seiner Polemik getroffen werden. Besonders deutlich wird das, wenn er andere Juden attackiert, die sich einem linken Universalismus verschrieben haben und eine marxistische oder sozialistische Antwort auf Judentum und eigene jüdische Identität geben. Broders Hass auf diese linken oder humanistischen Juden ziehen sich durch seine Biografie, von den Attacken auf Erich Fried bis zu jenen auf Evelyn Hecht-Galinski[86], »denn ein jüdischer Antizionist muß ihm schlimmer erscheinen als ein nichtjüdischer, und besonders schlimm, seit einiger Zeit, ein

84 Walter Boehlich, Broder versus Fried, in: Konkret 06/87, S. 38.

85 Peter Reichel, Ein beständiges Gefühl? Über Henryk M. Broders »Der ewige Antisemit«, aus: DIE ZEIT Nr. 41, 3. Oktober 1986.

86 Vgl.: Patrick Bahners, Rechtsstreit: Was darf eine Jüdin in Deutschland gegen Israel sagen? FAZ 21.8.2008 https://www.faz.net/aktuell/feuilleton/debatten/rechtsstreit-was-darf-eine-juedin-in-deutschland-gegen-israel-sagen-1681936.html

linker jüdischer Antizionist, der die Diaspora dem jüdischen Staate vorzieht«.[87]

Hermann L. Gremliza, langjähriger *Konkret*-Herausgeber, urteilte Anfang der 80er-Jahre durchaus zutreffend über Broder, als dieser behauptete Alice Schwarzer und die Frauenzeitschrift *Emma* führe mit einigen Israel-kritischen Artikeln die Arbeit von Adolf Eichmann fort:

> »[Der] Sohn von Nazis verfolgter und gequälter Eltern ... durfte das tun, so falsch, borniert und absurd es ist. Denn das ist diese im Hause Springer erfundene These, Kritik am Zionismus, Ablehnung der israelischen Politik und Solidarität mit den Palästinensern seien die Fortsetzung der nationalsozialistischen Judenverfolgung mit anderen Mitteln, ganz gewiß. Was für Broder ein subjektiv notwendiger Akt der Befreiung sein mag, bedeutet denen, die es ihm drucken, eine Chance zu reaktionärer Propaganda. Sie wollen darüber hinwegtäuschen, daß sich die besten deutschen Freunde der israelischen Politik aus dem Lager der dumpfsten NS-Mitläufer rekrutieren.«[88]

Lauthals vorgetragene Unterstellungen hatte Henryk M. Broder wiederholt angewandt, wenn er beispielsweise im Zusammenhang mit dem Fassbinder-Skandal in der *Süddeutschen Zeitung* verlautbaren ließ:

> »Einen Monat vor der geplanten Premiere erschien im Vorwärts, dem Organ der Sozialdemokratie, eine Geschichte über die Vorgeschichte der Aufführung unter der Überschrift ›Sind Juden niemals böse?‹ ... Die unschuldige Frage will gar keine Antwort haben, der Fragesteller möchte ein schlummerndes Ressentiment in einer zulässigen Form artikulieren. Wäre es nicht gesünder, einfach mit der Faust auf den Tisch zu schlagen und aus vollem Herzen ›Saujuden!‹ zu schrein? So etwas entspannt wenigstens richtig.«[89]

Broder konnte also bereits in den 80er-Jahren als jemand erkannt werden, der gegenüber der Linken »nichts als Unterstellungen eines vollkommen anders sozialisierten Menschen« zu bieten hat, eben »Denunziationen«, wie Walter Boehlich resümiert. Oder in den alten treffenden Worten des *Konkret*-Herausgebers: »reaktionäre Propaganda« für Israel. Diese durfte Broder unter Duldung des zum Prozionisten konvertierten Herausgebers im Februar 2013 auf Seite 3 der *Konkret* aller-

---

87 Walter Boehlich, a.a.O. Nach kurzem Umzug nach Israel befindet sich Broder nun wieder in der Diaspora. Dies scheint seine Wut auf israelkritische Juden allerdings nur zu befeuern.

88 Hermann L. Gremliza, Alice, geb. Eichmann?, in: Konkret 01/83, S. 6

89 Henryk M. Broder, Süddeutsche Zeitung 18. Januar 1986, zit. nach: Jakob Hessing, Zickzackgeschichte. Juden in der Bundesrepublik, Merkur, Nr. 728, Januar 2010, S. 112.

dings erneut betreiben, als er, durch eine affirmative Interviewführung angetrieben, darlegte, warum der *Spiegel*-Kolumnist Jakob Augstein unbedingt als drittgefährlichster Antisemit der Welt auf Listen wie jener des *Simon Wiesenthal Centers* geführt werden müsse.[90] Während des Golfkriegs 1991 kam dem Journalisten Broder bereits das zweifelhafte Verdienst zu, den linken GRÜNEN Christian Ströbele medienwirksam als ›Antisemiten‹ markiert zu haben. In einem Streitgespräch zwischen Broder und Ströbele hatte Letzterer erklärt, dass die irakischen Raketenangriffe auf Israel die logische, fast zwingende Konsequenz der israelischen Politik gegenüber den Palästinensern und den arabischen Staaten seien. Ströbele betonte später, er habe diese Formulierung, die er später bedauerte, nicht autorisiert. Kurz darauf wurde ihm von dem grünen Parteifreund Christian Vogt-Moykopf aus Tübingen noch die Aussage zugeschrieben: »Wenn ich eine Eskalation des Krieges damit verhindern könnte, daß eine Million Juden sterben müßten, würde ich das in Kauf nehmen«. Im Februar 1991 trat Ströbele vom Sprecheramt der GRÜNEN zurück, stellte allerdings klar: »Da der zitierte Satz«, gemeint ist der artikulierte Vernichtungswunsch bezüglich einer Million Juden, »von mir nicht gesagt wurde, habe ich gerichtliche Hilfe in Anspruch genommen.« Darüber hinaus merkte Ströbele an, dass es Broder »um sein persönliches Tribunal gegen die Friedensbewegung« gehe, wobei er »sich der Technik des Rufmordes nach dem Muster des US-Senators McCarthy im Kalten Krieg der fünfziger Jahre gegen sogenannte antiamerikanische Umtriebe« bediene.[91] In Hinblick auf den Renegaten-Begriff erscheint Broder so eher als ›Konvertit‹, der im besten Gewissen mit unlauteren denunziatorischen Mitteln gegen die Linke operiert:

> »Broders Weg führt von der radikalliberalen, antiautoritären Publizistik über eine – durchaus verständliche, wennzwar vielleicht an falschen Themen und Personen vollzogene – Abwehr von linkem Antisemitismus zu einem unermüdlichen Prediger gegen ein linkes Phantom-Bild.«[92]

90 In der Rubrik *Hier konkret*: Jakob Augstein, Spiegel-Online-Kolumnist und Verleger des Freitag, wurde in die Top Ten der »Anti-Semitic/Anti-Israel Slurs 2012« aufgenommen. *Konkret* sprach darüber mit Henryk M. Broder, in: Konkret, 2/2013, S. 3.

91 Hans-Christian Ströbele, Broders Spiegelfechtereien, in: SPIEGEL Nr. 21 vom 20.5.1991, S. 251-254. Den Hinweis, wie so viele andere, verdanke ich Markus Mohr, der die Affäre Broder-Ströbele bald en détail darstellen wird.

92 Georg Seeßlen, Renegaten, Verräter, Konvertiten, Überläufer oder Überzeugungstäter, in: getidan. Autoren über Kunst und Leben, 1.7.2017, online: http://www.getidan.

Der Begriff ›Renegat‹ als Synonym für Abweichler, der mehr als die denunziatorische Qualität der Verleumdung beinhaltet, trifft sicherlich auch auf den vereinzelt einzelnen Publizisten Wolfgang Pohrt in den 80er-Jahren zu. Dem Renegaten kommt auch eine kritische Funktion zu. Er ist unbequem und kratzt am Lack eines hegemonialen Blocks. Pohrt polemisierte tatsächlich gegen eine breite friedensbewegte Linke und ein alternatives Milieu, dem er Wehleidigkeit, Kitsch und Verdrängung vorwarf. Dabei ging es ihm lange noch um eine Profilierung radikal linker Politik. Der Friedensbewegung bescheinigte er in den 80er-Jahren, da sie »keine Parteien und Klassen mehr« kennen würde, »sondern nur noch Deutsche«, dass sie auch »nur einen Teilerfolg erringen« könne: »die endgültige Niederlage der Linken«.[93] Darin klang noch die linksradikale 60er-Kritik an den Ostermarschierer mit, die mit ihrem bürgerlichen oder christlichen Pazifismus als zu reformistisch attackiert wurden.[94] Die Idee der Ostermärsche kam aus England und wurde von der gewaltfreien Quäkerin Helga Stolle und ihrem Mann Konrad Tempel 1960 nach Norddeutschland gebracht. Pohrt wollte in Deutschland die Oster- und Friedensbewegung »Passionsspiele« aufführen sehen, die »mit der unwiderstehlichen Suggestivkraft des Genres die letzten Kriegsjahre nochmal erlebte und erlittene Realität werden lassen«.[95] Schon früh lieferte er damit das

de/gesellschaft/georg_seesslen/76722/renegaten-verraeter-konvertiten-ueberlaeufer-oder-ueberzeugungstaeter

93 Wolfgang Pohrt, »Ein Reich, ein Volk, ein Frieden«, in: ders., Endstation. Über die Wiedergeburt der Nation, Berlin 1983, S. 73

94 Zum Ostermarsch 1987 tauchte ein von Personen der späteren Kommune 1 verfasstes Flugblatt auf: »Ihr demonstriert für die Zukunft. In der Gegenwart paßt ihr euch an. Ihr protestiert gegen die Bombe. Selber wollt ihr keine legen. Die Bombe steckt im Detail! Was tut ihr, wenn der Schaffner kommt? *Bezahlen!* (...) Ostermärtyrer, wenigstens heute habt ihr euch ein Essen verdient: Ein teures Menü im nächsten Luxusrestaurant wartet heute abend auf uns alle. Wer es bezahlt, ist selbst dran schuld. Wer den Spießer nicht enteignet/ bleibt es selbst, auch wenn er's leugnet.« Später erklärten die Protagonisten: »Der putschistische Teil von uns ließ, mittels dieser obszönen Flugblätter, seine Wut an den armen Ostermärtyrern aus.« Vgl.: Lutz Schulenburg (Hg.), Das Leben ändern, die Welt verändern. 1968. Dokumente und Berichte, Hamburg 1998, S. 31f. und 459.

95 Wolfgang Pohrt, Playback, in: ders., Der 8. Mai. Die Unfähigkeit zu feiern, Frankfurt am Main 1985, anlässlich des 8. Mai 1995 wiederabgedruckt in dem Jour Fixe Programm der ISF: https://www.ca-ira.net/verein/jourfixe/jf-1995-1_vorwaerts/

Stichwort von der Friedensbewegung als »deutsch-nationaler Erweckungsbewegung«, das es 1981 bis in DIE ZEIT schaffte.[96]

1984 veröffentlichte er einen der besten deutschsprachigen Texte zum Israel-Palästina-Problem, das längst zu einem »Krieg zwischen zwei Bevölkerungsgruppen« wurde, »deren beider Ziel es ist, die jeweils andere von einem Stück Land zu vertreiben«. Ein solcher Krieg, wie er »zwischen Israel in der Rolle des vertriebenen Vertreibers und den Palästinensern in der Rolle der Vertriebenen seit Jahrzehnten geführt wird, hätte die Linksradikalen in ihrer Erkenntnis bestätigt, daß es für soziale Probleme keine nationale Lösung gibt, oder jedenfalls keine andere als endloses Blutvergießen«.[97] Damit stand Pohrt außerhalb des linken Pro-Palästina-Konsens, kündigte bald jedoch jeden linken Konsens auf: Nach Pohrt war der Westberliner Häuserkampf der »Instandbesetzer« ein »Aufstand der Heinzelmännchen, eine Mischung aus freiwilligem Arbeitsdienst und Rebellion«, die RAF erklärte er zu einer »ruinösen Fiktion«, den Feminismus zur »Gemeinschaftsideologie vereinsamter, isolierter Massenmenschen, die einander nicht mögen« und die Berliner *taz* zu einem »Blatt von Leuten, die ihre Zukunft hinter sich haben«. In einem kundigen Nachruf auf den Ende 2018 verstorbenen Publizisten wurde festgehalten:

> »Immerhin druckte die ›taz‹ 1983 seinen Aufsatz ›Volkssturm oder Emanzipationsbewegung‹, den die ›Zeit‹ zwar bestellt hatte, aber nicht haben wollte, weil er ›dem Ernst der Lage nicht angemessen‹ sei. Darin kritisierte Pohrt den Nationalismus der Friedensbewegung, die den Protest gegen die Stationierung neuer Mittelstreckenraketen zum ›Überlebenskampf eines Volkes gegen die ihm zugedachte physische Vernichtung‹ stilisierte – ein immer wiederkehrendes Motiv der deutschen Rechten.«[98]

Pohrt hatte dem Geschichtsbild der Friedensbewegung attestiert, dass dieses wie jenes der Konservativen und der Deutschnationalen verleugne,

96 Wolfgang Pohrt, Ein Volk, ein Reich, ein Frieden. Über die Friedensbewegung und das neue, alte Heimatgefühl, in: DIE ZEIT Nr. 45, 30. Oktober 1981, online: https://www.zeit.de/1981/45/ein-volk-ein-reich-ein-frieden

97 Wolfgang Pohrt, Linksradikalismus und nationaler Befreiungskampf, in: ders., Kreisverkehr, Wendepunkt. Über die Wechseljahre der Nation und die Linke im Widerstreit der Gefühle, Berlin 1984, S.18.

98 Christof Meueler, Nachruf auf Wolfgang Pohrt. Gegen den Applaus. Er war unerbittlich, brillant und auch noch lustig: zum Glück wurde seine Werkausgabe begonnen, in: Neues Deutschland, 22.12.2018.

»daß niemand anders als die Deutschen selbst Hitler an die Macht gebracht hat«, zu ihrem Geschichtsbild

> »gehört die Vorstellung, daß alles Schlechte in Deutschland auf den Deutschen wesensfremde, ausländische Mächte und Kräfte zurückzuführen sei: das Volk war gut, aber schlecht und verderblich war die Hitlerei, die Niederlage, die Marshallplanbestechung; schlecht waren der Bolschewismus, der Internationalismus, die oberflächliche, zersetzende westliche Zivilisation; und schlecht sind heute die Atomraketen der Supermächte.«[99]

Wie kein anderer formulierte Pohrt hier unbequeme und scheinbar von links kommende Kritik an der Linken, die zuweilen wenig Applaus bei der Milieu-Linken erheischte, dafür aber von dem rechtsliberalen Atlantizisten Josef Joffe ausgerechnet zum 57. Jahrestag der Machtübertragung an Adolf Hitler in der *Süddeutschen Zeitung* genüsslich rezensiert wurde. Schließlich bekämen nicht nur »Späth und Gauweiler, sondern Friedensfreunde, evangelische Theologen wie die ›Atom-Kassandra‹ Dorothee Sölle oder Grüne wie die ›auf die Rolle der verfolgenden Unschuld abonnierte‹ Jutta Dittfurth (!)« ihr Fett ab.[100]

Ab den 90er-Jahren nahm die Verzweiflung Pohrts angesichts der Entwicklung der Welt zu, vor allem wegen der zunehmenden rassistischen Alltagsgewalt in den »Fünf Neuen Bundesländern«. Er versuchte sie mit gesteigerter verbaler Aggressivität zu bannen. In einem eher vergessenen Aufsatz in der *Konkret* artikulierte er angesichts der rassistischen Übergriffe in der ehemaligen DDR den Wunsch, dass bundesrepublikanische »Sicherheits- und Strafverfolgungsbehörden« ihre Möglichkeiten nutzen sollten, »bevor empfindsame Menschen in ihrer hilflosen Wut der Gedanke kommt, es könnte nötig sein, ein paar von diesen Menschenschindern einfach abzuknallen«.[101] Die Menschenschinder von Pohrt sind der ostdeutsche ›Mob‹, eine Begrifflichkeit, die in den damaligen Debatten Konjunktur hatte. Die rassistische Gewalt der

---

99 Wolfgang Pohrt, Lebensschutz und Nationalpolitik. Motive, Ziele und Geschichtsbild der Ökologie- und Friedensbewegung, ursprünglich in: Kuckuck. Vierteljahreshefte für Kunst, Literatur, Kritik, Heft 18, wiederabgedruckt in: Initiative Sozialistisches Forum Freiburg, Frieden, je näher man hinschaut desto fremder schaut es zurück, Freiburg im Breisgau 1984, S.228-247, hier: S.233.

100 Josef Joffe, Gegen die Pharisäer und Phrasendrescher, Süddeutsche Zeitung, 30. Januar 1990.

101 Wolfgang Pohrt, Stop den Mob, Die SA-Praktiken in der Zone müssen aufhören, in: Konkret 05/91, S. 34.

Nachwiedervereinigungszeit wurde mit der intellektuellen Gewaltfantasie des ›Einfach-Abknallens‹ beantwortet. Diese trat an die Stelle der Distanzierungstechniken mittels Polemik und Zynismus, die das Objekt ja auf Abstand halten. In der Pohrt'schen Logik sollte der Staat im Auftrag des seine Gewalt- und Vernichtungsfantasien an ihn delegierenden intellektuellen Kritikers tätig werden. Der Mob, das ist die Bevölkerung in dem Zustand, in dem sie dem Staat bei der Ausübung von Gewalt Konkurrenz macht. Während der Staat jedoch als ideeller Gesamtkapitalist eine Vernunft repräsentiere, wenn auch nur die zweckrationale, kapitalistische Vernunft, so stehe auf der Seite des ›Mobs‹ die Gegenvernunft und das bloße Ressentiment. Hier tauchte zum ersten Mal die antideutsche ›Erkenntnis‹ auf, wonach es ja auch etwas Schlimmeres gebe als Staat und Kapital: den Mob. Und dass man gegen ihn, weil das größere und unberechenbare Übel, den Staat als Ordnungsmacht anrufen könne und müsse. Der im Dezember 2018 verstorbene Kritiker und Publizist hatte auch schon das Niederkartätschen der chinesischen Oppositionsbewegung auf dem Platz des Himmlischen Friedens im Juni 1989 begrüßt und zwei Jahre später einen Atombombenabwurf auf Bagdad herbeigesehnt, als praktischen Anti-Antisemitismus, wenn Saddam Hussein Raketen nach Israel schießen sollte. Am deutlichsten machte Pohrt seine Feindbestimmung in dem Artikel »Musik in meinen Ohren« in der *Konkret*:

> »Der Sadismus piepsstimmiger Erzieherinnen, Lehrerinnen und Mütter, die im Fernsehen erzählen, wie sie ihre Kinder mit dem Golfkrieg quälen, mag unter anderen Umständen ein Seminarthema sein. Derzeit verdient er Verachtung und Haß, wie dieser unverfrorene, krankhafte Egoismus, welcher etwa darin besteht, hier über die eigene Angst zu lamentieren, während Israel von einem Gasangriff bedroht ist. Man faßt es einfach nicht, daß in Israel Auschwitzüberlebende mit der Gasmaske nachts unter Sirenenalarm in den Schutzraum flüchten müssen, während die Kinder und Enkel der Massenmörder von einst hier gemütlich über das Verhältnis von erster und vierter Welt räsonieren oder sich fröhlich auf der Bonner Hofgartenwiese tummeln und nicht die Verteidigung der Bedrohten, sondern Frieden mit einem Aggressor fordern, der ohne jeden militärischen Sinn reine Bevölkerungszentren bombardiert, wie dies die Nazis in Rotterdam und Coventry taten.«[102]

102 Wolfgang Pohrt, Musik in meinen Ohren. Untertitelung: »Die Neuauflage der Friedensbewegung angesichts des Golfkrieges bedeutet, daß die hiesige Linke im weitesten und im engen Sinne wirklich für alle Zeiten moralisch erledigt ist«, in: Konkret 03/91, S. 14.

In den weißen Betttüchern, die Friedensbewegte vor und während des Golfkriegs 1991 aus den Fenstern hängten, wollte er Zeichen des »Ressentiment von Leuten« erkennen, »die es dem Weltpolizisten USA verübeln, daß er ihren Eltern per Krieg das friedliche Massenmorden in Auschwitz ausgetrieben« habe. Auch die Motivlage des radikalen Teils der Antikriegsbewegung wurde von Pohrt dahingehend durchschaut, dass »die Autonomen hier nocheinmal (!) unter der Nazi-Parole ›Kein Blut für Öl‹ den Zusammenhang von Militanz und völkischem Bewußtsein demonstrieren« würden. Habermas' 68er-Schelte, wonach Dutschke aufgrund seiner aktivistischen Überschreitung eines Seminarmarxismus und einer bloßen Wahrnehmung von Demonstrationsfreiheit einen »Linksfaschismus« befördere, griff Pohrt wieder auf:

> »Das Wort vom Linksfaschismus stellt sich als Untertreibung dar, weil man sich die Vorsilbe ›Links‹ sparen kann, und die Regel lautet: Je weiter links einer stand, ein desto engagierterer Nazi ist er nun, alle politischen Gliederungen sind erhalten geblieben, haben aber das Vorzeichen gewechselt, man braucht keine Phantasie mehr, um sich die Antiimpis oder die Autonomen als Volkssturmabteilungen der Hitlerjugend oder als Verbände der Aktion Werwolf vorzustellen.«[103]

Und der Kritiker gibt der Leserin tiefen Einblick in seine Gefühlslage, wenn er notiert, »der Staat« möge diejenigen, die die »vielen weißen Friedenstücher als Kapitulationserklärung« aus den Fenstern hängen, »das ganze Pack«, so offensichtlich für den Soziologen Pohrt die friedensbewegte Unterkategorie der Oberkategorie »Mob«, »hinter Gitter (...) verfrachten«.[104] Im nächsten Satz besinnt sich Pohrt kurz seines soeben in der Rage des Schreibens in Vergessenheit geratenen Linksseins und merkt an:

> »Ein offenes Wort unter Genossen: Die Fenster mit weißen Tüchern rufen alte Reflexe in mir wach, unruhig schweift mein Blick herum auf der Suche nach dem nächsten Pflasterstein. Zu gern würde ich den Friedenswillen, der dort oben herrscht, mal auf die Probe stellen, aber ich bin zu alt für diesen Spaß.«[105]

Der zur Golfkriegszeit 45 Jahre alte Pohrt oszillierte offensichtlich zwischen tiefer Verzweiflung, die auch vor autoritären Lösungen nicht zurückschreckt, und auftrumpfender Reminiszenz an militante bessere

103 Ebenda.

104 Ebenda.

105 Ebenda.

Zeiten. Als SDS-Aktivist und Bekannter des Frankfurter 68er-Theoretikers Hans Jürgen Krahl hatte er sich aufmüpfig und radikal mit der Universitätsleitung angelegt.[106] 1976 erschien seine im Geist des 70er-Jahre-Seminarmarxismus geschriebene, aber diesen geschichtsphilosophisch überbietende Dissertation mit dem Titel *Theorie des Gebrauchswerts oder über die Vergänglichkeit der historischen Voraussetzungen, unter denen allein das Kapital Gebrauchswert setzt.* Darin hatte er die Krahl'sche Kritik am Spätkapitalismus weitergetrieben, wonach man im Alltag bei der Auflösung des Widerspruchs von Gebrauchswert und Wert kaum noch erkennen könne, was sich mit den Dingen anderes anfangen ließe, als sie zu verkaufen, zu kaufen und wegzuschmeißen. Mitte der 70er war dies mit einer Reflexion der Verkehrsformen und den sexuellen wie anderweitigen »Wegwerfbeziehungen« in der Linken selbst verbunden.[107] Pohrt wurde damals attestiert, »dem Kreis von analytischer Denkschärfe und Resignation« nicht entkommen zu können.[108] Von 1974 bis 1980 war er Assistent am Lehrstuhl für Soziologie an der Hochschule Lüneburg. In dieser Zeit schrieb er zuweilen unter Pseudonym, so unter »Wolfgang Trakl« den kurzen Text »Arbeiter und Kleinbürger. Provisorische Zwischenbemerkungen zu einem immer schon geklärten Verhältnis«, in dem er als erste Aufgabe des »Hammerschlags der Revolution« definierte, die »physische Warenwelt zu zerklopfen. Diese Destruktionsarbeit wäre die einzige noch vorstellbare positive und sinnvolle«.[109] Wenn Pohrt hier seinen Hass auf die kleinbürgerlichen Verhältnisse artikuliert, denen er selbst entstammte, so greift er nicht nur auf die Traditionslinie des italienischen Neoleninismus namens Operaismus mit dessen Aufruf zu Sabotage und Arbeitsverweigerung zurück, sondern erhofft sich

---

106 Der Ruf nach der Polizei kann nur als späte Identifikation mit dem Aggressor gewertet werden, denn schließlich hatte Pohrt selbst die Polizeiknüppel kennengelernt, als er sich als linksradikaler Student handfest gegen die Ausweisung des persischen Kommilitonen Ahmad Taheri einsetzte.

107 Zusammen mit Michael Schwarz hatte er einen Aufsatz zu dem Kursbuch 35, das 1974 herauskam, zum Thema: *Verkehrsformen: Frauen, Männer, Linke* beigesteuert.

108 Peter Mosler, Über die Schwierigkeiten sozialer Emanzipation. »Wegwerfbeziehungen« und Fragen der Revolutionstheorie, aus: Diskus Heft 4/1974, nach: Redaktion diskus (Hg.), Küss den Boden der Freiheit – Texte der Neuen Linken, Berlin 1992, S. 165-170, hier: S. 166.

109 Wolfgang Trakl (d.i. Pohrt), Arbeiter und Kleinbürger. Provisorische Zwischenbemerkungen zu einem immer schon geklärten Verhältnis, in: diskus Heft 2-3/1974, nach: Redaktion diskus, a.a.O., S. 161-164, hier: S. 163.

auch vom Maoismus ein Ende kleinbürgerlicher Lebensgewohnheiten: »Daß keiner ungeschoren davon käme, weiß jeder, spätestens seit der Kulturrevolution.«[110] Die ›wirkliche Revolution‹ blieb aus und bis 1987 belieferte Pohrt als pointierter und polemisch alles Mögliche zerklopfender Essayist den Zeitschriftenmarkt von *Konkret* bis zum *Spiegel* und DIE ZEIT. Im Auftrag der *Hamburger Stiftung zur Förderung von Wissenschaft und Kultur*, die 1984 von Jan Philipp Reemtsma gegründet worden war, erforschte er Anfang der 90er unter dem Titel »Massenbewusstsein in der Umbruchsphase« die herrschenden Ideologien in der BRD nach dem Anschluss der DDR. Zuweilen wurde behauptet, die Studien stehe in der Tradition von *The Authoritarian Personality* von Theodor W. Adorno, Else Frenkel-Brunswik, Daniel Levinson und Nevitt Sanford, tatsächlich präsentierte sie aber vornehmlich einige aufgespießte und polemisch kommentierte Berichte aus der *Stuttgarter Zeitung*.[111]

Vielleicht färbte auf den vereinzelt einzelnen Ideologiekritiker, der von den Geldern Jan Philipp Reemtsmas abhängig war, die Ideologie seines Förderers ab.[112] Vielleicht hätte Pohrt 1991 anders geurteilt, wenn er verwandtschaftlich bedingten oder freundschaftlichen Kontakt zur Schülerinnenbewegung gegen den Krieg am Golf gehabt hätte. Vielleicht war der Ideologiekritiker auch bloß ein von Kapital und Imperialismus nicht mehr reden wollender »Dichter«, der nur »mit Geistesblitzen über die blutigsten Angelegenheiten« herfalle und sich selbst darstelle, »wenn etwas Bitterernstes zur Debatte« stehe, wie Karl Held vom marxistischen *GegenStandpunkt* auf dem *Konkret*-Kongress 1993

110 Ebenda, S. 164.

111 Wolfgang Pohrt, Der Weg zur inneren Einheit, Elemente des Massenbewußtseins BRD 1990, Hamburg 1991. Reemtsma verneigt sich in seiner Vorbemerkung tief, kommt aber nicht darum herum zu schreiben, die Studie von Adorno sei für Pohrt eher »Abkommpunkt für das eigene Vorhaben«, S. 10.

112 Reemtsma entstammte der Tradition der Moskau-kritischen unabhängigen Linken und schrieb in einem Diskussionen provozierenden Artikel als »bürgerlicher Intellektueller des Jahres 1990«, es gebe »einfach keine der Erwähnung werte politische Opposition, die ein irgendwie gearteter anti-kapitalistischer Konsens einte« mehr, geschweige denn eine eindeutige internationale Positionierung entlang der Achse Imperialismus. Vgl.: Jan Philipp Reemtsma, ... the bad and the ugly. Unterüberschrift: »In den Jahren 1989/90 hat die Linke ihren weltgeschichtlichen Bezugsrahmen verloren – das heißt: Es gibt sie nicht mehr«, in: Konkret 12/90, S. 26f.

leidenschaftlich einwarf.[113] Tatsächlich zeigte sich in den in Textform gegossenen Ausfällen Pohrts, dass er seiner kleinbürgerlich-provinziellen Herkunft offensichtlich nicht entkommen konnte, die er ja selbst kenntlich machte und die ihn, wie er selbst protokollierte, von einigen Größen des SDS unterschied.[114] Wenn er in seinem Aufsatz »Musik in meinen Ohren« autoritär nach der Polizei ruft, unironisch »eine moralisch so restlos erledigte und politisch führungslose Nation« in Hinblick auf die BRD 1991 diagnostiziert und seinen Text mit der zerstörerischen Michael-Kohlhaas-Geste beendete, es komme ein »nettes Hauen und Stechen (...) mit jeder Menge Wehgeschrei« auf uns zu, was er mit »Musik in meinen Ohren« kommentierte[115], so erkennt man darin den rabiaten, blindwütig um sich schlagenden Kleinbürger.

Doch Pohrts Dichtung gegen den deutschen ›Mob‹, nicht Helds Insistieren auf Imperialismus, Weltmarktkonkurrenz und Aggression gegenüber als überflüssig erachteten Ausländern im Inneren kapitalistischer Gesellschaften, wurde die vorherrschende Erklärung in *Konkret* und der antinationalen und antideutschen Linken. Es ist eine Fußnote der Geschichte der Linken, dass Wolfgang Pohrt im Jahre 1997 mit seiner Veröffentlichung *Brothers in Crime. Die Menschen im Zeitalter ihrer Überflüssigkeit. Über die Herkunft von Gruppen, Cliquen, Banden, Rackets, Gangs* an Horkheimers Theorie der Bandenherrschaft anknüpfen wollte und wenige Jahre später, zu Beginn des 21. Jahrhunderts, ein ganzes Milieu, ein Block von Rackets die misanthropen habituellen Distanzierungstechniken von Pohrt übernahm. Ausgerechnet untheoretische und mächtig identitär aufgeblasene Antifa-Gruppen orientierten sich an ihm. Dass Pohrt dies später auch nicht passte, spricht für ihn. 2003 kündigte diesen Antideutschen ihr Vordenker Wolfgang Pohrt, den sie zuweilen auch entgegen dessen Absicht und Begehrlichkeit zum Idol erhoben, die politische Freundschaft und er fragte sich, wie sich das Verhältnis seiner Golfkriegsbefürwortung von 1991 zu den um 2003 zirkulierenden Phrasen des antideutschen Milieus gestaltet. Das Ergebnis

113 Vgl.: den YouTube-Film: held gegen antideutsche dichter 1 / Ausschnitt vom konkret-Kongress (in Hamburg vom 11.6.-13.6.1993) online: https://www.youTube.com/watch?v=NwItwS2bG2s&feature=youtu.be

114 So sein Biograf Klaus Bittermann auf einer Veranstaltung im Berliner Laidak am 13.5.2019.

115 Wolfgang Pohrt, Musik in meinen Ohren, a.a.O.

lautete: »Damals war es ein Irrtum, heute ist es Ideologie geworden.«[116] War nicht, so drängt sich nicht nur Pohrt die Frage auf, die Renegatenposition im Jahre 2003 vakant geworden, wo in eigentümlicher Verkehrung *Bahamas*, *Jungle World*, *Konkret*, etliche Antifa-Gruppen die Reihen fest geschlossen hatten? Antideutsche Position war zur Partei geworden, die in stalinistischer Manier jegliche Kritik an Israel und dem Kriegskurs der USA mit harten Bandagen und moralischen Anklagen abwehrte. So wie dem Stalinisten aufgrund des antifaschistischen Schwurs die Sowjetunion heilig war, so wurde Israel den überall Antisemitismus verhindern wollenden Antideutschen zum Ersatz-Vaterland.

Tatsächlich ist das Abrücken von der einzig der Vernunft und der Wahrheit verpflichteten Renegatenposition und das Herausschälen eines politischen Blocks, der sich voller Leidenschaft ins Politische und damit auch ins Machiavellistische, Demagogische, Akklamation Erheischende, stürzte, der wohl erschreckendste Teil der antideutschen Misere innerhalb der Linken.

Dies lässt sich sehr deutlich an der Freiburger *Initiative Sozialistisches Forum* (ISF) zeigen, die schließlich mal ein Zusammenschluss kritischer Linksintellektueller war (die sich selbst als »Linkskommunisten« verstanden)[117], welche die Erkenntnisse von Marx, Adorno,

116 Wolfgang Pohrt, FAQ, Berlin 2004, S. 29 Seine antilinken Invektiven, denen zu folge linksradikale Autonomen als neue SA zu betrachten seien und Gruppen, »die sich selber als links verstehen, und die heute von der Kirche über die PDS, die Gewerkschaften und die SPD bis zur RAF reichen, derzeit nur die Wegbereiter einer faschistischen Massenbewegung sein« könnten, hat Pohrt allerdings nie zurückgenommen. Im Gegensatz dazu besaß Jürgen Habermas immerhin die Größe, seinen Linksfaschismusvorwurf gegen Dutschke und den SDS im Nachhinein zurückzunehmen. Das Zitat findet sich in: Wolfgang Pohrt, Golfkriegspazifismus. Friedensseliger Haß auf Israel und die USA, in: Wolfgang Pohrt, Das Jahr danach. Ein Bericht über die Vorkriegszeit, Berlin 1992, S. 33-150, hier: 127.

117 Aus einer Selbstdarstellung: »Die ISF besteht seit 1982. Sie ist ein Arbeits- und Aktionskreis unabhängiger Linkskommunisten, der sich an der kritischen Theorie orientiert und ein kategorisches Programm der Abschaffungen vertritt. Das heißt: Sie will helfen, einen gesellschaftlichen Zustand zu revolutionieren, in dem, wie früher alle Wege nach Rom, alle Wege zum Staat führen. Die ISF ist nicht positiv, konstruktiv oder gar akademisch gestimmt. Daher ist ihre Praxis die materialistische Kritik, insbesondere die Ideologiekritik, keineswegs die Politik. Die ISF weiß nicht, ob es besser wird, wenn es anders wird, aber sie weiß genau, daß es anders werden muß, soll es jemals besser werden. Die ISF gibt die gelegentlich erscheinende Zeitschrift *Kritik & Krise*. Materialien gegen Ökonomie und Politik heraus; ihre Positionen sind in dem Buch ›Das Ende des

Horkheimer und die frühen Polemiken von Wolfgang Pohrt zusammenführen wollten.

Die ISF als Avantgarde der Antideutschen verkörperte, tradierte und aktualisierte das Erbe Pohrts mit seiner Kritik der Linken. Als Renegatengruppe der Linken in den frühen 80er-Jahren hielt sie der Milieu-Linken vor, zu konformistisch, zu selbstgefällig, zu unkritisch – und zu sehr noch Teil der deutschen Zustände zu sein. Die Initiative unter Federführung des im Februar 2019 verstorbenen Kritikers Joachim Bruhn, der eine kurze Zeit seine Jugend in der leninistisch-maoistischen KPD/AO verbrachte, rezipierte theoretisch ambitioniert den westlichen Marxismus und vor allem die Schriften der Kritischen Theorie. Politischer Orientierungspunkt war in den 80er-Jahren für die Initiative das *Sozialistische Büro* (SB). Im eigenen Verlag namens ça ira, der als Bergungsunternehmen wichtiger kritischer Schriften vor dem Vergessen fungieren sollte, wurden Klassiker der 68er-Debatten wiederaufgelegt; hier erschien ab 1990 die Werkausgabe des linksradikalen italienischen Parlamentarismuskritikers Johannes Agnoli. Es entstanden im Umfeld der ISF anregende Schriften, allerdings mit gänzlich anderem Tenor und Impetus als der Sound ihrer späteren Veröffentlichungen. So kritisierte die Initiative Mitte der 80er-Jahre, dass sich aus der Friedensbewegung »seit 1979 keine innere Dynamik entfaltet« habe, »zur Wiederbelebung einer den falschen Verhältnissen angemessenen sozialistischen Opposition«: »Als soziale Emanzipationsbewegung hätte sie einen inneren Raum zur Verarbeitung der Widersprüche und Widerstände ihres Handelns, zumindest tendenziell, ausbilden müssen.« Enttäuscht und dennoch kämpferisch beendete sie den treffenden Text zum Elend der deutschen hilflos-braven Friedensbewegung mit dem sicherlich großspurig vorgetragenen, aber prinzipiell sympathischen Appell, das »Ende der Friedensbewegung nicht passiv abzuwarten, sondern es im Interesse wirksamer antimilitaristischer Opposition praktisch herbeizuführen«.[118] Und ein Flugblatt mit der Überschrift »Antizionismus – ein neuer An-

Sozialismus, die Zukunft der Revolution‹ und anderen Publikationen des ça ira-Verlags dokumentiert.«

118 Initiative Sozialistischer Forum, Stell dir vor, es gibt Kritik, und keiner hört hin, in: Initiative Sozialistisches Forum Freiburg (Hg.), Frieden – je näher man hinschaut desto fremder schaut es zurück. Zur Kritik einer deutschen Friedenbewegung, Freiburg im Breisgau 1984, S. 284-289, hier: S. 285 u. 289.

tisemitismus von links«, das von der ISF zusammen mit dem Archiv für soziale Bewegungen und dem linken Kabarettisten Matthias Deutschmann herausgebracht wurde und das die Fehlleistungen einer einseitigen Palästinasolidarität kritisierte, war noch mit der Unterüberschrift versehen: »Für eine andere Palästina-Solidarität!«.[119] Doch zum einen ist die ISF nicht die einzige Gruppe, bei der sich der anfängliche aufklärerische Impetus zu einer im Kern autoritären Veranstaltung verkehrte, wie auch die Geschichte anderer linksdeutscher Schwarzwälder Zirkel und Sekten[120] zeigt, wie beispielsweise die in den 70er-Jahren intellektuell hoch ambitionierte *Marxistisch-Reichistische Initiative*, die sich zum obskuren *Bund gegen Anpassung* transformierte und nun für Republikaner und gegen Migration trommelt.[121] Zum anderen war der Aufruf zur »praktischen« Herbeiführung einer antimilitaristischen Opposition lediglich ein Appell mit wenig bis keiner selbstverpflichtenden Aussagekraft und auch die konkrete Ausgestaltung einer »anderen« Palästinasolidarität blieb, nicht unerwartet, aus. Die ISF verharrte bereits in den 80er-Jahren in der Position der Kritikertruppe, die vornehmlich Radikale und Linke ins Korn ihrer beißenden, zuweilen treffenden Polemik nahm, die immer auch eine Portion situationistische Kritik beinhaltete, wie es deutlich wird in der Kritik an den Freiburger Autonomen, denen man nicht etwa einen ›Extremismus‹ vorhielt, sondern die offenen Flanken zum Konformismus:

> »Wer aber, wie die Autonomen, sein besonderes Interesse zum pluralistisch nicht mehr vermittelbaren Interesse erklärt, der hat es damit zum *allgemeinen Interesse*, zur *Wahrheit* erklärt. Es käme darauf an, diese Wahrheit negativ zu fassen, sie nicht abermals, nur um der Rolle des leicht verqueren Spinners zu entgehen, zum positiven Glaubenssatz und zum Dogma zu erheben und damit zur Phrase zu erniedrigen, die man glauben mag oder auch nicht. Wer sich, wie

119 Vgl.: Dokumentation: ISF, Antizionismus – ein neuer Antisemitismus von links, in: blätter des iz3w Nr.150, Juni 1988 S. 37f.

120 Mit einer ambitionierten kritisch theoretischen Sektenkritik trat die *Initiative Sozialistisches Forum* einst im Süden Deutschlands auf den Plan: ISF (Hg.), Diktatur der Freundlichkeit. Über Bhagwan, die kommende Psychokratie und Lieferanteneingänge zum wohltätigen Wahnsinn, Freiburg im Breisgau 1984. Fast scheint es, als hätten sich die Träger aufklärerischer Kritik zu treffenden Objekten der einstmaligen Analysen verwandelt.

121 Vgl. z.B.: Ketzerbriefe. Flaschenpost für unangepasste Gedanken Nr. 191, Frühjahr März 2015, in dieser Ausgabe bedauerte die Sekte, dass PEGIDA sich an der AfD und nicht an ihren »unangepassten Gedanken« orientierte und somit in ihren Augen »implodierte«.

> die Autonomen, auf die ordentliche Verfolgung der Interessen nicht einlassen mag, wer sich weigert, in den allgemeinen Schlachtruf des alternativen Biedermeier ›Kultur! Kultur!!‹ einzustimmen, wer eine vernünftige Aversion dagegen hat, zum Schmiermittel des politischen Betriebs zu werden, wer darauf beharrt, gegen Herrschaft und Ausbeutung außer Widerspruch auch Widerstand zu mobilisieren – der muß umso genauer darauf achten, daß er nicht wider Willen selber zum Bestandteil des Spektakels wird, nicht selber nur einen etwas aufregenderen Beitrag zur alternativen Kultur leistet.«[122]

Diese Polemik provozierte Gegenpolemiken und hob insgesamt auch das Niveau des innerlinken Streits. So lesen sich manche Schriften der ISF-Gegner aus der autonomen Linken zuweilen recht radikal, fröhlich und ideologiekritisch wie ein zeitgenössisches situationistisch-antiimperialistisch-autonom geprägtes und recht abseitiges Flugblatt gegen die ISF, in dem es damals hieß, auch

> »Joachim Bruhn und die ISF [seien] Erscheinungs- und Erkennungsformen des Roll-Back: Nicht die Veränderung der gesellschaftlichen Verhältnisse ist das Ziel, im Gegenteil – alle diesbezüglichen Ansätze müssen aufs Schärfste kritisch durchleuchtet und auf ihre Unzulänglichkeit hingewiesen werden. Da es bei der Tat immer Fehler gibt, ist diese abzulehnen. Der Reinheit des Geistes entgegenzustreben, das sei die Begier der Linken!«[123]

Als die radikale Linke sich noch bewegte, Häuser besetzte, Demonstrationen organisierte und Stadtteile in der Hand zu haben schien, konnte dem reinen Geist aus der ISF-Studierstuben-Flasche noch voller Selbstbewusstsein das Lachen der Subversion entgegenschallen.

Über den lokalen Rahmen hinausreichende Prominenz konnte die ISF erlangen, als die auf Breite, Kampf und tätige Subversion ausgelegte Hausbesetzungsbewegung der 80er-Jahre an äußerer Repression und Befriedungsstrategien sowie an den inneren Spaltungslinien sowie dem sozialen Druck der Verhältnisse implodierte.[124] Der Rückzug auf die Position der reinen Kritik an allem, was sich noch in Bewegung befand oder eine soziale Bewegung zu sein vorgab, konnte sich als radikaler und profunder ausgeben, das Scheitern einer ganzen Generation linker

122 ISF, Chaotische Gewalt, ordentlicher Zwang. Anmerkungen zu den Pfingst-Krawallen, Flugblatt 1987, online: http://www.ca-ira.net/isf/beitraege/isf-gewalt.zwang.php

123 Unbekannte Verfasser, Das Fragment von 1988, für 1991 zur Diskussion im Radiostreit wieder kopiert, Ordner »Antisemitismusstreit« im Archiv von RDL.

124 Dies zeigt äußerst eindrucksvoll der Dokumentarfilm »Diogenes in Freiburg. Politische Hintergründe der Häuserkämpfe in den 70ern und 80ern« von Siggi Held und Bodo Kaiser, Freiburg im Breisgau 2016.

Praxisversuche musste nicht in seiner ganzen Tragik reflektiert werden, wenn man sich der scheinbar tiefgreifenden kritischen Kritik anschloss. Bereits 1988 hatte sich die ISF mit einer polemischen Intervention gegen autonome Flugblattschreiber des mao-autonomen Zirkulars *Immer rebellieren!* positioniert, deren abgründige Haltung zu Israel sie zu »*dem* Antiimperialismus« stilisierte und propagiert, diesen müsse man möglichst radikal überwinden.

Die ISF brachte ein beachtliches Bündnis vom Kabarettisten Matthias Deutschmann bis zur sich *Stattzeitung* nennenden *Stadtzeitung für Freiburg* auf die Beine, suggerierte in ihrem Aktivismus jedoch, die antiimperialistischen Gruppen seien ohnehin aufklärungsresistent, weil antisemitisch präformiert. Und so bemerkt die *Anti-Nato-Gruppe* im Mai 1988 in Richtung ISF, dass ihre Argumentation nur durch Auslassung beim Zitieren aufrechterhalten werden kann.

> »Ansonsten greift ihr auf den dummen Trick des Psychologisierens zurück, sehr gut wissend, daß man sich gegen diese Art von Unterstellung nicht wehren kann. Wie soll man schon argumentieren auf (!) die Behauptung, die Solidarität mit dem palästinensischen Aufstand beruhe auf antiimperialistischem Verfolgungswahn und einer Verschwörungspsychose, auf der Sehnsucht nach einer nationalen Identität, auf Judenhaß nicht trotz, sondern wegen Auschwitz.«[125]

Anders als der ISF kommt tatsächlich dem *Kommunistischen Bund* aufseiten der Linken eine Schlüsselstellung in der Modifikation des antizionistischen Denkens zu: Der Staat Israel sollte nicht mehr als Ganzes negiert werden, sondern es sollte darum gehen, die zionistischen Strukturen des Staates zu bekämpfen. Interessant ist dabei, dass KB-Kritiker des geschichtslosen Antizionismus wie Knut Mellenthin nicht nur den autonomen und antiimperialistischen Szene-Gruppen ihre historische Arglosigkeit und Unwissenheit vorrechneten, sondern auch der frühantideutsch gestimmten Polemikertruppe der ISF. Mellenthin hält als erstes die Selbst- wie Fremdetikettierung als »Antizionist« für »ungebräuchlich und sie sei keineswegs »mit irgendeiner konkreten politischen Orientierung zu identifizieren«. Wenig später erklärt er dann doch, dass »›Antizionismus‹, so wie der Begriff verwendet wird, (...)

125 Anti-Nato-Gruppe Freiburg, Antwort auf die Aufforderung der ISF, ihre Stellungnahme und eine gleichlautende Veranstaltung mitzutragen. Flugblatt, Mai 1988, dokumentiert in: Redaktion Arbeiterkampf (Hg.) Ein unvermeidlicher Streit: Deutsche Linke zwischen Israel und Palästina, Hamburg 1988, S. 64-65, hier: S. 65.

nun einmal in erster Linie eine Strömung der extremen Linken« sei. Diese Strömung unumwunden mit dem Antisemitismus zu identifizieren sei die alte Methode von Broder, unscharf und polemisch genug, verdunkle sie bloß, »welche Art der Kritik am Zionismus und an Israel man mit diesem Etikett versehen will«.[126]

Des Weiteren kritisierte der Redakteur des *Arbeiterkampfs* des *Kommunistischen Bundes*, dass die ISF den Zionismus lediglich als jüdische Emanzipationsbewegung rezipiert und darstellt. Dabei werde verschwiegen, dass die Politik der Einwanderung von Juden aus aller Welt nach Israel eine dialektische Einheit bilde mit der Vertreibung der Palästinenser vom gleichen Territorium. Der Charakter Israels »als Teil des imperialistischen Eindringens in die Dritte Welt« werde negiert.[127]

Diese Kritik vollständig ignorierend sollte die ISF ihre Polemikstrategie 1991 während des Golfkriegs weiter zuspitzen.

126 Knut Mellenthin (KB), Zionismus ist die Theorie, Gaza und Westbank sind die Praxis. Anmerkungen zum Papier der Freiburger ISF ›Antizionismus – Ein neuer Antisemitismus von Links‹, in: Ein unvermeidlicher Streit, a.a.O., S. 68-74 hier: S. 69.

127 Ebenda, S. 70.

Als Kritiker von Antiimperialistinnen, Friedensbewegung, Hausbesetzerbewegung und Autonomen, also aller Linken, die sich noch bewegten oder in der Praxis versuchten, war auch der Linken-Kritiker stets auf diese Bewegungen als Resonanzraum angewiesen, kam jedoch nie in die Verlegenheit einer eigenen, anderen, besseren Praxis. Wer eine solche von den Kritikern einklagte, konnte sofort als intellektuellenfeindlich (und damit ›strukturell antisemitisch‹) geoutet werden. Dass eine auf Papier gedruckte kritisch-polemische Erledigung eines Gegenstandes etwas anderes ist als die Praxis in den Mühen der Ebene, die Versuche von Verbreiterung und Radikalisierung sozialer Kämpfe über die Ausdehnung von subkulturellen Freiräumen bis zur Vernetzung und Koordinierung widerständiger Strukturen, wollte und sollte dabei nicht ins vorgeblich kritische Bewusstsein vordringen. Mit allerhand ›Abgrenzungs- und Abstoßungstechniken‹ gegen soziale Bewegungen soll die Kritik nicht nur die handfeste Praxis, sondern auch noch die Theorie ersetzen, doch »solange ist die Wirklichkeit noch nicht begriffen, solange treten vielmehr Hilfskonstruktionen, Hilfsinstanzen in Gestalt von Besserwissern, Mythen auf den Plan«, wie eine frühe Kritik des antideutschen Kritikerhabitus passend erklärte.[128]

Wahrscheinlich begann das Verhängnis der antideutschen Polemik, die schließlich in die Legitimation der barbarischen Tendenzen der herrschenden Politik kippte, als die gegen den Golfkrieg sich formierende Friedens- und Antikriegsbewegung als etwas Schlimmeres wahrgenommen wurde als der Krieg selbst. Wenn die Friedensbewegung und der Antiimperialismus als Erbe des deutschen Faschismus erscheinen mussten, dann kümmerten die Zehntausende von Toten, die der US-Krieg 1991 produzierte, nicht mehr sonderlich. Bereits hier fand die erste Einübung in alle späteren Polemikmuster statt: Über den Gegenstand selbst, die Wirklichkeit am Golf, wurde nicht mehr weiter reflektiert, stattdessen wurde die Linke zum Hauptfeind auserkoren und die eigene Position zu

128 Ilse Bindseil stellte den Habitus des ›Ideologiekritikers‹ in Form von Wolfgang Pohrt treffend dar: Ilse Bindseil, Wolfgang Pohrts Ideologiekritik, in: Ilse Bindseil/ Monika Noll, Frauen 2. Polemik und Politik, Freiburg im Breisgau 1991, S. 113-156, hier: S.116, 118.

Deutschland überstrahlte alles. Das Absetzen vom »bösen Deutschen«, der interessanterweise immer unter den Linken gefunden wurde, war primärer Antrieb – auch wenn man diese Figur erst einmal konstruieren musste. So wurde ab den späten 80er-Jahren stark personalisierend nach dem ›linken Antisemiten‹ gefahndet, den man genüsslich wie die Sau durchs Dorf jagte. Damals konnte die ISF sich noch als einsamer, allein der Vernunft verpflichteter Rufer in der trüben alternativen oder antiimperialistischen Szene-Wüste gerieren, was ihr Denunziationsbedürfnis notdürftig kaschierte. Im Kontext des Golfkrieges 1991 nahm die ISF voller personalisierender Wut antiimperialistisch orientierte Radiomacher des *Freien Radios Dreyeckland* (RDL) aufs Korn, die mit wenig Feingefühl zu ›Radioten‹ erklärt wurden.[129] In zwei aufeinanderfolgenden Debatten-Sendungen zum Thema »Israel, Palästina und die BRD« war vonseiten der attackierten antiimperialistischen Nahost-Redaktion der Freiburger Physiker Helmut Spehl, ein privat publizierender Antisemit, eingeladen worden, weil die Nahost-Redaktion von RDL über eine Fußnote in einem Text des linken Antizionisten Mario Offenberg auf diesen gestoßen war. In der Sendung sahen sich die moderierenden Internationalisten nicht in der Lage, den Antisemitismus ihres Gesprächspartners zu erkennen und zu kritisieren. Deswegen intervenierten unter Federführung der ISF einige kritische Hörerinnen von RDL. In einem Antrag an die RDL-Mitgliedversammlung vom Mai 1991 forderten sie eine klare Distanzierung von Antisemitismus und eine Diskussion darüber, wie es im antiimperialistischen Milieu zu einer solchen Indifferenz gegenüber dem Antisemitismus kommen könne, wie sie die Nahost-Redaktion an den Tag gelegt habe. Damit solcherart Propaganda in Zukunft unterbleibe, müssten fünf Imperative beachtet werden:

> »In RDL dürfen bei der Kritik Israels keine Analogien zum Nazi-Faschismus gezogen werden ... Bei der Kritik an den rechtlichen, politischen, sozialen und ökonomischen Verhältnissen im Nahen Osten darf Israel nicht hervorgehoben werden ... Der Begriff Antizionismus ist fallenzulassen ... Bei jeder Kritik an der Politik Israels ist das Existenzrecht Israels in den Grenzen von 1948 als selbstverständlich vorauszusetzen ... Jede Kritik von Deutschen und in Deutschland

129 Vgl. den differenzierten und bereits damals wichtige Elemente antideutscher Antiaufklärung kritisierenden Beitrag von Klaus Holz zum Antisemitismusstreit rund um Radio Dreyeckland: Klaus Holz, Gibt es ein Drittes im Falschen? Was soll eine Kritik, die nicht auf die Einsicht der Kritisierten setzt? Eine Erwiderung auf den Artikel ›Radioten im Dreyeckland‹ (Konkret 8/91), in: Konkret 10/91, S. 54.

an Israel hat Israel als das zu begreifen, was es ist: als einen bürgerlich-kapitalistischen Staat unter besonderen historischen Bedingungen. Israel darf nicht auf eine zionistische Identität reduziert werden.«[130]

Doch bei diesen überfälligen Anregungen und Forderungen blieb es nicht. Die Radiomoderatoren wurden als ›Antisemiten‹ beschimpft und eine ganze Reihe von darüber hinausgehenden ›Imperativen‹ wurde plötzlich erhoben. Der RDL-Geschäftsführer merkte in einem Brief an, die RDL-Kritiker agierten mit Methoden der Abschottung von Diskussion und autoritären Behauptungen: »...den Kritikern zionistischer Strukturen in Israel und deren Forderung nach Dezionisierung wird umstandslos die ›gedankliche Vorwegnahme von Judenverfolgung und -vernichtung‹« zugeordnet. Ein Antrag würde sich an den nächsten reihen, die nationalen Befreiungsbewegungen und ihre Unterstützer würden plötzlich auch vor die deutsche Kulisse des ›Antisemitismus‹ geschoben, dies sei eine »bewußtlose Kraut-und-Rüben-Kritik, aber vor allem gegen jegliche Auseinandersetzung ›wasserdicht‹ immunisiert«. Der Brief des RDL-Geschäftsführers endet mit der im Geiste der freien Radio-Szene gehaltenen libertären Aufforderung zur Diskussion unter Genossinnen:

»Im übrigen laden wir Euch ... zu einer kontroversen Studiodiskusion ein. Nach unseren Erfahrungen mit Euren Praktiken werdet ihr sicher Verständnis haben, daß wir uns Eure Überrumplungs- und Herrschaftsmethoden nicht mehr gefallen lassen. Ein Verlesen von irgendwelchen Texten wird nicht stattfinden, ihr müßt Euer inhaltliches Gestammel schon frei vortragen. Angesichts Eurer fortentwickelten Positionen – Erweiterung der Kritik an zionistischer Strukturkritik / BefreiungsNationalismus – solltet Ihr Euch deshalb vorher den Kopf zerbrechen, wenn ihr die Stütze schriftlich stimmig tönend scheinender (!) Positionen nicht mehr habt. Aber mündliche Argumentation kann ja auch spannend sein. Dies gilt im übrigen auch für Eure ›Militär- und Kriegsführungsdoktrin‹ oder der Behauptung eines Teils von Euch die Antikriegsbewegung sei eine Pro Saddam Bewegung gewesen.«[131]

Durch diese Dokumente scheint der damalige Konflikt durch. Auch in der Stellungnahme einer eher autonom-antiimperialistischen Türkei-Kurdistan-Gruppe, die den »Stil« der ISF anprangert und bezweifelt, dass die ISF bei »derart persönlichen Diffamierungen« überhaupt eine

130 Antrag an die RDL-Mitgliederversammlung am 15.5.1991, Ordner ›Antisemitismusstreit‹ im Archiv von RDL.

131 Michael Menzel, RDL, Offener Brief vom 10.6.1991, Ordner ›Antisemitismusstreit‹ im Archiv von RDL.

politische Auseinandersetzung führen wolle, wird deutlich, welcher Art die vorgebrachte Kritik und Gegenkritik war. Die Türkei-Kurdistan-Gruppe endet mit der Aufforderung:

> »Die Debatte um den Antisemitismus ist wichtig. Sie sollte nicht zu einer direkten oder indirekten Unterstützung der israelischen Politik mißbraucht werden. Einer Politik, die schon lange nicht mehr dem Schutz, sondern der Erweiterung Israels dient.«

Unter der Überschrift: »Ist die Staatsideologie eine Nebensache« fragt die Gruppe weiter: »Warum muß das palästinensische Volk den israelischen Staat anerkennen, wenn der israelische Staat das palästinensische Volk nicht als gleichberechtigtes Volk anerkennt?« Mit dieser rhetorischen Frage gibt die Türkei-Kurdistan-Gruppe die Essenz des linken Antizionismus dieser Jahre wieder und ihr Text endet in der klaren (etwas paternalistisch vorgetragenen) Absicht, die »Juden-raus/Juden-rein«-Dialektik von Antisemitismus und Zionismus praktisch zu durchbrechen:

> »Es gibt auch Fälle, in denen wir hier in Deutschland direkt gefordert sind, etwas für jüdische Menschen zu tun. Wo bleibt die Forderung der deutschen Linken nach freier Einreise von Jüdinnen und Juden aus der Sowjetunion? Was tut die Linke für die über Israel nach Berlin eingereisten Jüdinnen und Juden? Oder wollen ausgerechnet wir anfangen vorzuschreiben, wo sie leben wollen?«[132]

Die kritisierte internationalistische Redaktion selbst machte schließlich in einer impliziten Selbstkritik deutlich, dass die »Äusserungen von Herrn Spehl ... mit linkem politischem Verständnis genausowenig zu tun haben wie der Pro-Zionismus und die Kriegstreiberei eines W. Pohrt, M. Enzensberger oder J. Bruhn«. Der Zionismus, so wird allerdings weitschweifig dargestellt, sei eine »europäische-kolonialistische Bewegung«, der »nationale Befreiungskampf der PLO bzw. palästinensischer Menschen« dahingegen ein »antikolonialer und antiimperialistischer Kampf«. Der Antisemitismus müsse als »besondere Form des Rassismus« und »integraler Bestandteil von Kapitalismus und Patriarchat« begriffen werden.

> »Dieser alte/neue Antisemitismus äussert sich auf verschiedenen konkreten Ebenen, u.a. in Schändungen jüdischer Friedhöfe und Propaganda neo-nazistischer Gruppen; in der Abschottungs- und Abschiebepolitik der BRD-Behörden

132 Türkei-Kurdistan-Gruppe, Stellungnahme zur Art der Vorwürfe gegen Radio Dreyeckland, Ordner ›Antisemitismusstreit‹ im Archiv von RDL.

> gegenüber jüdischen Flüchtlingen; in Äusserungen verschiedener Presseorgane, z.b. Spiegel (Zur Entwicklung in der DDR) ›Gysi, der Drahtzieher‹ oder BILD vom 21.2.90, in der kolportiert wird, Gysi, der Kommunist und Jude habe an das Weltjudentum appelliert, die Wiedervereinigung Deutschlands zu verhindern oder zu verzögern,... Soweit nur einige wenige Hinweise.«[133]

Die als antisemitisch attackierte Nahost-Redaktion artikulierte hiermit den linken Konsens von '68 bis '89. Dem folgend wies sie darauf hin, dass es eine Kontinuität gebe von den Wiedergutmachungszahlungen der BRD als Abschlagszahlungen auf den Holocaust bis zu den zeitgenössischen von Helmut Kohl gegebenen Versprechen, Israel bei seiner militärischen Verteidigung zu helfen und Waffen zu liefern. Außerdem, so kritisierten die Antiimperialisten, wollten die bundesdeutschen Herrschenden die kritischen jüdischen Stimmen besänftigen, die sich gegen ein größer werdendes Deutschland aussprachen und vor einem ›Vierten Reich‹ warnten. Sie verwiesen darauf, dass die Regierung Rabin den Anschluss der DDR akzeptierte und dies den versprochenen Wirtschaftskooperationen und Militärhilfen geschuldet sei.[134] In diesem Sinne positionierte sich dieser Antiimperialismus auch außenpolitisch antideutscher, als man es ihm heute unterstellt. Doch die noch nicht antideutsch, sondern ideologiekritisch genannten Attacken der ISF scherten sich nicht um Außenpolitik. Linkenkritik war ihr Geschäft und sie bündelte das intellektuelle Ressentiment gegenüber den Resten des verendenden praktischen Antiimperialismus. Die Polemiken gingen über jedes sinnvolle und adäquate Maß an Kritik hinaus, schließlich meinten die Ideologiekritiker, die »linken Antisemiten schwimmen im alternativen Milieu wie die Fische im Wasser«.[135] Dementsprechend durfte man auch ›ideologiekritisch‹-verbale Bomben in den Tümpel schmeißen. Mit dem Ergebnis, dass die Attackierten – ohnehin schon welthistorisch mit dem Rücken zur Wand – dem Polemiker nur mit der Gegenanklage

---

133 Nahost Redaktion, Sendungsabschrift 15-5-91, Ordner ›Antisemitismusstreit‹ im Archiv von RDL. Dass in der BILD solch antisemitische Diktion (»Weltjudentum«) gepflegt worden sei, entspricht wohl eher dem Wunsch des antiimperialistischen Verfassers, der gerne den Antisemitismus der deutschen Rechten und der Springer-Presse zuschreiben will. Das Zitat ist allerdings, im Gegensatz zu der antisemitischen Spiegel-Invektive, nicht verbürgt und auch eher unwahrscheinlich.

134 Ebenda.

135 Initiative Sozialistisches Forum, Radioten im Dreyeckland, in: Konkret 08/91, S. 40.

»Staatsschutzlinker!« begegnen konnten, bevor sie schließlich vollständig verstummten, weil das ganze antiimperialistische Bezugssystem mit Sowjetunion, Befreiungsbewegungen, Revolutionären Zellen und RAF abhandengekommen war.[136] Beim Sichten der Tonnen von angefallenen Erklärungen, Positionspapieren, Kommuniqués aus der Zeit des Golfkrieges und dieses Antisemitismusstreits im freien Radio der Breisgau-Metropole wird deutlich, dass in der Entgrenzung der Vorwürfe die Ideologiekritiker-Seite bald keinen Halt mehr kannte, was Unterstellungen und eine Kultur des Vorwurfs anbelangt, wogegen die antiimperialistisch gestimmten Diskutantinnen entweder noch an die Kraft des besseren Arguments glaubten, auch wenn sie es nicht immer besaßen, oder an die linke Solidarität appellierten, die aber bereits eine im Niedergang begriffene Kategorie war.

Auffallend ist der Hang zum Autoritarismus und zur Ablehnung jeglicher offenen Debatte, die den Kritikstil der ›Ideologiekritiker‹ kennzeichnete. Doch bei all ihrem Sektierertum und ihrem Dogmatismus war die Kritik an der antiimperialistischen Linken anfällig für den Mainstream. Die Ideologiekritiker der ISF spielten die Rolle desjenigen, der die Abgründe der Linken scheinbar kennen würde und diese als antisemitisch, antiamerikanisch, völkisch, prodeutsch, antisemitisch zu decouvrieren hätte – und formulierte dabei nur das, was im Propagandaarsenal der antilinken und neoliberalen Ideologie ein Götz Aly später viel besser und publikumswirksamer artikulieren konnte und mittlerweile der Common Sense der Berliner Republik ist: vom Verfassungsschutzbericht über den 68er-Forscher Wolfgang Kraushaar bis zu Thomas Assheuer von der ZEIT, die allesamt den linken Extremismus mit seinem angeblichen Antisemitismus und Anti-Amerikanismus auf dem Kieker haben und den Zustand der übriggebliebenen Restlinken völlig verzeichnen.[137] Die hilflose zeitgenössische Gegenanklage der An-

---

136 Eine neuere Publikation, die implizit dem Verenden des militanten Antiimperialismus und Antizionismus nachgeht, ist: Markus Mohr (Hg.), Legenden um Entebbe. Ein Akt der Luftpiraterie und seine Dimensionen in der politischen Diskussion, Münster 2016.

137 Vgl.: Götz Aly, Unser Kampf – ein irritierter Blick zurück, Frankfurt am Main 2008; Wolfgang Kraushaar, »Wann endlich beginnt bei Euch der Kampf gegen die heilige Kuh Israel?« München 1970: über die antisemitischen Wurzeln des deutschen Terrorismus. Reinbek 2013; Thomas Assheuer, Linker Antisemitismus. Sie können es nicht lassen, DIE ZEIT Nr. 12/2019, 14. März 2019.

tiimps, die die ISF »Staatsschutzlinke« nannten, erhaschte durchaus einen Schimmer der historischen Wahrheit. Auch die damals manchem absurd erscheinende Behauptung, die ISF stelle eine pro-zionistische und pro-imperialistische Gruppe dar, liest sich heute anders, wenn man im Ohr hat, dass ihr oberster Theoretiker Joachim Bruhn 2003 erklärte: »Es kann keine Kritik am Staat Israel geben, die nicht antisemitisch ist«[138] und man sich daran erinnert, dass die ISF den Irakkrieg 2003 im Verbund mit der zwischenzeitlich mit ihr assoziierten *Bahamas* heftig beklatschte. Gemeinsam bildeten sie ab den 90ern bis vor Kurzem eine recht geschlossene Front der Bellizisten.[139] Dass es angeblich eine dringliche Notwendigkeit gebe, den ›linksdeutschen Mob‹ zu provozieren und bedingungslos hinter Israel zu stehen, darin war man sich stets einig, wobei sich sämtliche Behauptungen und Unterstellungen der vermeintlichen Ideologiekritiker mitsamt ihres Geraunes vom ›linken Antisemiten‹ als Ensemble niederträchtiger Unterstellungen entpuppte. In der ISF zuckte man mit den Schultern und erklärte: Warum sachlich, wenn's polemisch geht? Da die ISF eine teilweise am Rätekommunismus geschulte Stalinismuskritik vertrat[140] und den politischen Gegner aus dem antiimperialistischen Lager beständig als ›Stalinisten‹ attackierte, fiel den meisten Zeitgenossen die stalinistische Anklage- und Zitiertechnik der ISF-Gruppe selbst gar nicht auf. Nur im fernen Hamburg merkte einer bereits 1988 auf: Der Redakteur vom *Arbeiterkampf* des KB, Knut Mellenthin, bezeichnete die ISF-Behauptung, »›die Antiimperialisten‹ trachteten ›jedem greifbaren Juden‹ nach dem Leben« als »Demagogie von der übelsten Sorte«. Es scheine, »daß die ISF-Autoren zum *zwang-*

138 Vgl.: »Jede Kritik am Staat Israel ist antisemitisch«. Interview mit Joachim Bruhn (ISF), in: Antifa Duisburg (Hg.), T-34. Informationen für das westliche Ruhrgebiet, Juli/August 2003.

139 Erste Irritationen in der Allianz traten auf, weil Bruhn neben USA- und Israel-Fahnen auch rote Fahnen auf antideutschen Demonstrationen sehen wollte und er seine Solidarisierung mit Israel als »Subversion« und nicht als »Politik« begriff, sehr im Gegensatz zu dem Berliner Justus Wertmüller. Vgl.: Joachim Bruhn, Kritik, Polemik, Dampframme. Kurze Replik auf Justus Wertmüller, in: Antifa Duisburg (Hg.), T-34. Informationen für das westliche Ruhrgebiet, Oktober 2003, online: https://www.ca-ira.net/wp-content/uploads/2018/06/bruhn-dampframme.pdf

140 Vgl. z.B.: Initiative Sozialistisches Forum, Ulrike Meinhof, Stalin und die Juden. Die (Neue) Linke als Trauerspiel, in: Initiative Sozialistisches Forum, Das Ende des Sozialismus, die Zukunft der Revolution. Analysen und Polemiken. Freiburg im Breisgau 1990, S. 119-166.

haften Verfälschen neigen, sobald Kritik an Israel« geäußert werde.[141] Der Ehrentitel des Renegaten oder der Dissidentin muss den Frühantideutschen also verwehrt bleiben. Schließlich artikulierte der 30er- und 40er-Jahre Renegat in dem historischen Augenblick der stalinistischen Konterrevolution als Einzelner eine unhintergehbare Wahrheit der Erfahrung und Erkenntnis und stemmte sich gegen einen Machtblock, den stalinistischen, an, der ihn verleumdete. Der Renegat des stalinisierten Sozialismus war in der Regel kein Fälscher. Seine Zeugnisse vom Schrecken waren wahr, der stalinistische Machtblock konnte ihm nur zwanghaft demagogisch begegnen, zum Schutze des Staates. Welcher höheren Wahrheit meinten aber die ›Ideologiekritiker‹ verpflichtet zu sein, dass sie ein derartiges strategisches Verhältnis zu Wirklichkeit und Tatsachen meinten einnehmen zu müssen?[142]

---

141 Knut Mellenthin (KB), Zionismus ist die Theorie, a.a.O., S. 74.

142 Die antideutsche Anfeindung traf auch auf den Verfasser dieser Zeilen als Herausgeber des Sammelbandes *Sie warn die Antideutschesten der deutschen Linken*; so urteilte Joachim Bruhn in altbekannter argumentativer Redlichkeit, dieses Buch von 2004 stehe »nicht in der Kontinuität wie immer irriger, doch materialistischer Selbstreflexion, sondern, gerade in seinem massiv ins Antisemitische spielenden Affekt gegen Adorno und Genossen, im selben Regal mit Bücher wie Max Schelers *Die Ursache des Deutschenhasses. Eine nationalpädagogische Erörterung* (Leipzig 1917) oder Rolf Kosieks *Die Frankfurter Schule und ihre zersetzenden Auswirkungen* (Tübingen, Hohenrain-Verlag, 5. Auflage 2004)«, vgl.: Joachim Bruhn, Liturgie der Pro-Deutschen oder Auf dem Weg zum ›emanzipatorischen Antizionismus‹: eine Buchbesprechung, in: konkret 8/2005, S. 53. In einem breit gestreuten Flugblatt der ISF wurde gefragt, was »diese linken Gegner antideutscher Kritik (...) eigentlich noch von rechter deutscher Ideologie, wie sie sich zum Beispiel im NPD-Organ ›Deutsche Stimme‹« artikuliere, unterscheide. Vgl.: ISF, »Die Pro-Deutschen sind da! Zur Präsentation des Buches ›Sie warn die Antideutschesten der deutschen Linken. Zu Geschichte, Kritik und Zukunft antideutscher Politik‹ (Münster 2004) am 18. Dezember 2004 in der Freiburger KTS, online: https://www.ca-ira.net/verein/positionen-und-texte/isf-prodeutsche/

Lieber Krieg als Friedensbewegung

Der Golfkrieg war Erweckungszeit.[143] Der irakische Diktator Saddam Hussein, der bereits in der Vergangenheit Kurden mit Giftgas aus deutscher Produktion angegriffen hatte, überfiel nach diplomatischer Rückversicherung bei den USA den ölreichen und schwächeren Nachbarstaat Kuwait im August 1990. Als der Überfall und die Annexion Kuwaits von der internationalen Gemeinschaft scharf attackiert wurden, mobilisierten Hussein und seine Baath-Partei mit Islam und Palästinafrage gegen den Westen und drohten, das völlig unbeteiligte Israel mit Raketen anzugreifen, was schließlich im Verlaufe des ab Januar 1991 einsetzenden Irakkrieges, der durch eine UNO-Resolution legitimiert war, auch geschah. Nicht allein Henryk M. Broder hatte im *Spiegel* unter dem Titel »Unser Kampf« die »zweite Endlösung der Judenfrage« als Gefahr an die Wand gemalt[144]. Den Startschuss gab Wolf Biermann, der in der ZEIT kundtat, er habe Antiamerikanismus, modische Palästinensertücher und kein Wort für Israel in der Friedensbewegung gehört und gesehen, und somit seinen Artikel frech und unmissverständlich eröffnete: »Damit wir uns richtig mißverstehn: Ich bin für diesen Krieg am Golf«. Dann folgte Hans Magnus Enzensbergers Diktatorenschau von »Hitlers Wiedergänger« Saddam Hussein im *Spiegel*. Die *Frankfurter Rundschau* präsentierte ernsthafter gestimmt einen Aufruf von Historikern wie Hans-Ulrich Wehler, Fritz Fischer, Eberhard Jäckel, Karl-Dietrich Bracher, Hans Mommsen, Immanuel Geiss, Manfred Messerschmidt, Julius Schoeps, Heinrich-August Winkler, die sich zu einem Krieg bekannten, wenn Israel einer Gefährdung ausgesetzt sein sollte.[145] Auch

143 Vgl. zur Darstellung und Kritik das auf hohem Niveau und konzise argumentierende Buch von: Klaus Schönberger/ Claus Köstler, Der freie Westen, der vernünftige Krieg, seine linken Liebhaber und ihr okzidentaler Rassismus, oder: wie hierzulande die Herrschaft der ›neuen Weltordnung‹ als ›Krieg in den Köpfen‹ begonnen hat, Marbach 1992.

144 Henryk M. Broder, Unser Kampf, in: Der Spiegel 18 vom 29.4.1991. Diese Formulierung benutzte er übrigens 2013 ein weiteres Mal, um sie Jakob Augstein als Intention zu unterstellen.

145 Den »wohlsituierten Professoren der bundesdeutschen Geschichtswissenschaft« widersprach der linke Historiker Karl Heinz Roth: »Endlich können verdrängte Selbstvorwürfe, der Verstrickung der eigen Eltern- und Lehrergeneration in den Völkermord an den Juden keine einzige größere Forschungsarbeit gewidmet und aus ihren Ergeb-

Jürgen Habermas fand staatstragende wie vergangenheitsbewußte und bedächtige Worte darüber, wann Krieg legitim sei, und trug sie Mitte Februar in der ZEIT vor. Gemessen daran zog die *Konkret* erst spät im März 1991 nach, im Kern mit ähnlichen Begründungen wie die führenden Intellektuellen der BRD, aber diese kritisch-polemisch überbietend.

Der Tatsache, dass die USA nicht wegen, sondern trotz der von Saddam Hussein angekündigten Einbeziehung Israels in den Golfkonflikt die Bombardierung des Iraks begannen und so eine mögliche Eskalation bewusst einkalkulierten, verkehrte sich in ihr Gegenteil. Die dialektische Wendung der Kriegsbefürworter koinzidierte in der berühmt gewordenen Formulierung Hermann L. Gremlizas, dass im Irak »das Schreckliche, das jetzt geschieht, das Richtige ist«.[146] In diesem Licht betrachtet, liefere auch die Friedensbewegung lediglich den Beweis für die ungebrochene Kontinuität der ›Volksgemeinschaft‹: Die kuriose Unterstellung, die nicht nur Wolfgang Pohrt, sondern auch der *Konkret*-Herausgeber Wolfgang Schneider artikulierte, lautete, sie identifiziere sich mit der irakischen Bevölkerung, um sich mit einem Führer, diesmal eben Saddam Hussein, identifizieren zu können, gleichzeitig wurde den Friedensfreunden Ignoranz gegenüber der Bedrohung der israelischen Bevölkerung zugesprochen. Ihre Aktivitäten erschienen als fortgesetzter Hass auf die Alliierten und als latenter Antisemitismus.[147]

Ilse Bindseil konstatierte bereits zu dieser Zeit polemisch und das Empfinden der von ihr attackierten Bellizisten zutreffend karikierend:

---

nissen Konsequenzen gezogen zu haben, beruhigt werden. Denn ein zweiter Hitler ist aufgetaucht, dem man diesmal nach seinen Vernichtungsdrohungen gegen Israel umso nachhaltiger das Handwerk legen kann. (...) Er lädt die Kinder der Täter zur Übertragung ureigener Schuldgefühle nachgerade ein. (...) Auch so werden die qualvollen Schuldgefühle wegen der unaufgearbeiteten Völkermorde des Faschismus beschwichtigt (...) Der Einwand (...), daß der von ihnen gutgeheißene Krieg Abertausende von unbeteiligten Zivilisten das Leben gekostet hat, wird in der Erklärung der Historiker noch nicht einmal erwogen. Auch die banalste aller Schlussfolgerungen, nämlich die Forderung nach der Enteignung und Liquidierung der heutigen Exportunternehmen des Todes, ist ihnen nicht eingefallen.« Karl Heinz Roth, Their Wonderful War – Jenseits der Schmerzgrenze intellektueller Arroganz, in: 1999. Zeitschrift für Sozialgeschichte des 20. und 21. Jahrhunderts, Heft 3/1991, S. 96-111, hier S. 100.

146 Hermann L. Gremliza, Richtig falsch, a.a.O.

147 So z.B. in der Darstellung von: Wolfgang Schneider, »Lazarett Deutschland«, in: Konkret 3/1991. Wiederabgedruckt in: Bittermann, Liebesgrüße ... a.a.O., S. 62-73.

> »Im Grunde ist ungeniert kapitalistisch, ›amerikanisch‹, zu sein, sogar verläßlicher, als links zu sein, zumal bei Deutschen (und antiamerikanisch zu sein deshalb schon so gut wie antisemitisch), da links zu sein mit dem Faschismus ja den verhängnisvollen, bei Deutschen geradezu verheerenden antikapitalistischen Affekt gemeinsam hat.«[148]

Nicht nur dieser Kritikerin, die aparter Weise im ISF-Verlag ça ira publizierte, fiel hier recht hellsichtig auf, wohin die Reise der Früh-Antideutschen gehen sollte. Interessanterweise, aber kaum überraschend, waren es die antiautoritären, libertären und in der Tradition des Anarchismus stehenden linken Zeitschriftenprojekte, die nicht nur den antimilitaristischen Geist in den Zeiten der Verwirrung hochhielten, sondern auch die ehemals linken Intellektuellen mit ihrem Pro-Bellizismus und ihrer Staatsaffirmation scharf attackierten. So präsentierte die anarchistische Vierteljahresschrift für Lust und Freiheit *Schwarzer Faden* einen Beitrag, der unter dem Titel »Die Maskenbildner des Krieges« nicht nur das Frankfurter Milieu »grün-konvertierter KBW-Kader« attackiert, sondern auch intellektuelle und aus der Linken kommende Irakkriegsbefürworter wie Dan Diner, Wolfgang Pohrt und Hermann L. Gremliza, denen er vorhält, »das Böse im *Barbar* zu verorten, der nachts mit der Scut-Rakete blitzt ...«.[149] In einer Herausgeber-Glosse wundert sich der nach Eigenangaben bei 2.200 Abonnenten liegende Schwarze Faden, warum die *Konkret* noch immer 14.800 Abonnentinnen habe. »Es kann schwerlich an Gremlizas Kehrtwendungen liegen, die Ausgabe für Ausgabe neues Kopfschütteln hervorrufen.« Außerdem spiele mit Wolfgang Pohrt ein Autor eine prominente Rolle, der für eine völlige Abkehr von linken Inhalten, immer »tief in das scheinbar progressive Mäntelchen des ›Tabubrechens‹ eingemummelt« stehe. Der »Reemtsma-gläubige« Herausgeber Gremliza, der für seinen Pro-Kriegs-Kurs nach eigenen Angaben 4.000 Abos eingebüßt habe, antworte hilflos darauf, indem »KritikerInnen am neuen Kurs als ›antisemitisch‹ abgetan werden«. Schließlich urteilt die anarchistische Redaktion: »Gremlizas Herumtasten nach neuen Sicherheiten verdeutlicht die politische Orientierungslosigkeit ehemals marxistischer Linker, die ohne einen

148 Ilse Bindseil, Wolfgang Pohrts Ideologiekritik, a.a.O., S. 145.

149 Autonome LUPUS-Gruppe, Die Maskenbilder des Krieges, in: Schwarzer Faden Nr. 12, 3/1991, S. 29-41, hier: S.29 und 40.

festen politischen Übervater nicht auszukommen scheinen.«[150] Die im Geiste von Franz Pfemfert agierende Hamburger Zeitschrift *Die Aktion* formulierte es noch deutlicher: »Nach diesem Krieg am Golf, nach dem Zusammenbruch im Osten, ist ein Innehalten geboten. Zeit, um festzuhalten, wovon wir weiterhin ausgehen können und was wir scharf zurückweisen müssen.« Es habe sich eine scharfe Bruchlinie zu einem Teil der Intelligenz aufgetan, denn nun, »nachdem sich eine Bereitschaft in der Intelligenz gezeigt hat, mit den Absichten der Regierungen konform zu gehen, kann es mit diesen Leuten keine Verbindung mehr geben«. Man blicke in einen »Abgrund ungebremster Anpassung«. Im Folgenden fallen wieder die Namen: Christian Semler, Bernd Ulrich, Udo Knapp, Hans Magnus Enzensberger, Hermann L. Gremliza und Wolfgang Pohrt.[151]

Die klare Kriegsablehnung im libertär-anarchistischen Milieu sollte nicht verwundern, schließlich ist die prinzipielle Ablehnung von Krieg und Militarismus ein *Essential* der nicht-marxistischen, herrschaftskritischen Linken. Und so könnte man auch die auf den 1. Weltkrieg gemünzten Worte der großen Ahnherrin des Anarchismus den kriegsbegeisterten Staatsintellektuellen ins Stammbuch schreiben:

»Heute sind viele, die den Krieg unterstützt haben, zur Einsicht gekommen, daß diejenigen unter uns, die sich von der allgemeinen Kriegswut nicht mitreißen ließen, im Recht waren, daß der Krieg von Scharlatanen und ihren Gimpeln zugunsten der Kriegsherren begonnen, unterstützt und finanziert wurde. Der Krieg für die Demokratie‹,

---

150 Glosse, Schwarzer Faden Nr. 12, 3/1991, S. 2.

151 Die Aktion. Zeitschrift für Politik, Literatur, Kunst »Wider die einstürzende Intelligenz«: Einsprüche gegen die linken Kriegspatrioten, Heft 76/78, Hamburg Mitte April 1991, S.1217ff. Zu der Politik linker Publikationen muss gesagt werden, dass die Zeitschriften, die eine gewisse radikale Invarianz an den Tag legten wie der Schwarze Faden oder Die Aktion im Laufe des hier behandelten Zeitabschnitts an Bedeutung verloren und nun gar nicht mehr existieren. Eine andere wichtige Zeitschrift, die den globalen Klassenkampf in den Mittelpunkt stellt, die Wildcat, wird kaum noch wahrgenommen. Dagegen konnte sich die Konkret trotz heftiger Denunziation, Kriegskurs, Faschismus- und Antisemitismusvorwürfen in schlimmster Stalinismustradition und anderen Unappetitlichkeiten auf dem linken Publikationsmarkt behaupten. Flexibilität und politische Kapriolen haben dies offensichtlich ermöglicht. Dass über Jahre beständige und gern gesehene Autoren des eigenen Blattes wie Robert Kurz oder Werner Pirker plötzlich als Antisemiten und Nationalbolschewisten ausgetrieben werden, gehört wohl zum Geschäft, genauso wie ein gewisses Maß an zweifelhafter Beständigkeit: die Verteidigung Israels als ewiges Sowjetunionsurrogat.

der Krieg zur Beendigung des Krieges‹ hat die Welt in eine wahre Hölle umgewandelt.«[152]

1991 war ein solches Wissen auch noch in der Freiburger ISF präsent. Der Anarchismus und die Staatskritik galten neben Marx, Adorno, Krahl und Pohrt schließlich als Referenz. So hatte dieser linksintellektuelle Freiburger Zirkel im November des Jahres 1987 noch eine ganz vom anarchistischen Geiste Emma Goldmans getragene Veranstaltungsreihe zur Russischen Revolution ausgerichtet, in der ausnahmslos undogmatisch linke, linksradikale und anarchistische Protagonisten auftraten wie Hans-Manfred Bock, Arthur Lehning oder Jakob Moneta.[153] Darüber hinaus prägte ein libertärer Traditionsstrang des Antimilitarismus die ISF in ihrer Konstitutionsphase.[154] Auch die unmittelbaren Interventionen der ISF zu Golfkriegszeiten standen in dieser Tradition und waren keinesfalls von einer Hinwendung zum ›Westen‹, zur Nato, zu den USA, zum angeblich kleineren Übel oder zu Israel als Surrogat der ›antifaschistischen Sowjetunion‹ geprägt. In ihrem gemeinsam mit den *Autonomen Studenten* und der *Frauengruppe ZOFF* verfassten Flugblatt führten sie zu Beginn aus, dass Soldaten mitnichten einfache Mörder, sondern als »Werkzeuge der Souveränität« von keinem eigenen Motiv motiviert und damit schlimmeres als Mörder seien. Im nun sich anbahnenden Konflikt zwischen »Weltpolizist und Ruhestörer« könne man keine Partei ergreifen. Die Friedensbewegung wurde mit ihrem Hang zum »Kirchentagsmotto« scharf kritisiert, in Pohrt'scher Manier wurden ihr »Infantilität«, Nationalismus und das Interesse an bürgerlich-friedensseliger Wohlstandssicherheit attestiert. Das Ende des Flugblatts ist jedoch eher von einer radikalen Äquidistanz zu allen Akteuren geprägt und ist sogar von der Sorge um eine kriegerische Eskalation, besonders in Hinblick auf den Nahostkonflikt, geprägt:

> »Ganz egal wie und wann der Krieg beendet sein wird, eines ist sicher: Es wird nur Verlierer geben. Der nahöstliche ›Krisenherd‹ wird nicht erkalten, sondern

152 Emma Goldman, Niedergang der Russischen Revolution, Berlin 1987, S.18f.

153 ISF (Hg.), Roter Oktober – 70 Jahre Russische Revolution, Zeitschrift zur Veranstaltungsreihe (14.11.-22.11.1987), Freiburg im Breisgau 1987.

154 Ein frühes Mitglied der ISF, Ulrich Bröckling, brachte beispielsweise folgende Schrift heraus und kommentierte sie: Wiederveröffentlichung von Texten anarchistischer Soldatenagitation aus dem Deutschen Kaiserreich: Nieder mit der Disziplin! Hoch die Rebellion! Anarchistische Soldatenagitation im Deutschen Kaiserreich, Berlin 1988.

> weiter aufgeheizt, und das betrifft vor allem Israel. Die sich zwischen den Juden und Arabern seit gut fünfzig Jahren hochschraubende Spirale gegenseitigen Hasses und der Aggression dürfte eine weitere unheilvolle Verschärfung erfahren. Die Antwort der Palästinenser auf die ›neuerliche Demütigung der arabischen Nation‹ wird die Fortsetzung ihrer von Verzweiflung inspirierten Gewalt sein und eine Hinwendung zum islamischen Integralismus bedeuten. Israels Besatzungspolitik kann sich vor diesem Hintergrund nur verschärfen. Die einzige Möglichkeit für Israelis wie Palästinenser, im Rahmen eines bürgerlichen Staates das zu verwirklichen, was man mit Karl Marx die Vorstufe der menschlichen Emanzipation nennen könnte, ist, dem jeweiligen Nachbarn dasselbe Recht zuzubilligen – was weniger zu erwarten steht denn je.«[155]

Das war einem aus der ISF wohl zu wenig pointiert und positioniert und so schrieb Joachim Bruhn in einer anderen Veröffentlichung:

> »Die Interessen der USA und ihrer Verbündeten mögen so imperialistisch und verabscheuungswürdig sein, wie sie es auf jeden Fall sind – solange und insoweit diese Interessen die Verteidigung Israels gegen Angriffe mit deutschem Giftgas implizieren, stehen sie außerhalb jeder Kritik.«[156]

Es sei nun an der Zeit, bedingungslose Solidarität mit Israel zu üben: »Der Nationalstaat widerspricht der Idee der ›freien Assoziation‹ (Kant) prinzipiell – aber unter den Nationalstaaten ist Israel der einzige nach Lage der Dinge und dem Zustand der Geschichte vernünftige (...).«[157] Mit diesen Ausführungen, die mehrere Stränge miteinander versöhnten, nämlich die Vorstellung eines gerechten Krieges und die Identifikation mit einem ›gerechten Staat‹, formulierte der vermeintlich ›linkskommunistische‹ und radikale Kritiker aber keineswegs eine Minderheitenposition, sondern fand Anschluss an die publizistischen Zugpferde Habermas, Enzensberger und Broder. Kein geringerer als der radikale Linke Thomas Ebermann hielt in einem Streitgespräch mit Joachim Bruhn diesem auch treffend vor, nicht nur jegliche Reflexion auf im Krieg sich zeigende imperialistische Interessen zu unterlassen, sondern mit dem, was als »Fundamentalkritik« verkauft werde, in »schnöde Demagogie« um-

155 Autonome Studenten, Frauengruppe ZOFF, Initiative Sozialistisches Forum, Giftgas und Pazifismus – Weltpolizist und Störenfried, Flugblatt, dokumentiert in: doc-Team, AstA Uni Freiburg (Hg.), dokumentation der antikriegsbewegung in freiburg. september 1990 bis juni 1991, Freiburg im Breisgau im Mai 1991, S. 138-143, hier: S. 143.

156 Joachim Bruhn, Giftgas und Pazifismus, in: Klaus Bittermann (Hg.), Liebesgrüße aus Bagdad. Die »edlen Seelen« der Friedensbewegung und der Krieg am Golf, Berlin 1991, S. 136.

157 Ebenda, 135.

zufallen: »An deiner Argumentation ist ja zunächst einmal auffällig, daß du ein fast unbemerktes absolut realpolitisches Resümée ziehst. Warum fällt Fundamentalkritik immer wieder in Realpolitik um?«[158]

Folgerichtig findet sich der bellizistische Text von Joachim Bruhn auch in einer bemerkenswerten Veröffentlichung aus dem Jahre 1991, die eine regelrechte antideutsch-kriegsbejahende publizistische ›Querfront‹ dokumentiert: Das von Klaus Bittermann herausgegebene Buch *Liebesgrüße aus Bagdad. Die ›edlen Seelen‹ der Friedensbewegung und der Krieg am Golf* schäumte schier über vor Aggression gegenüber Friedensbewegung und Antiimperialistinnen und lieferte geistige Lockerungsübungen zur Mobilmachung für den Krieg am Golf. Die illustre Runde bestand neben Joachim Bruhn aus Henryk M. Broder, Hans Magnus Enzensberger, dem *Konkret*-Herausgeber Wolfgang Schneider, Eike Geisel, Klaus Bittermann, Amos Oz, Ralph Giordano, Cora Stephan, Jörg Friedrich und Bernd Siegler.

Der Bruch mit einer alten Traditionslinie der Staats-, Kriegs- und Militärkritik hätte nicht deutlicher ausfallen können. Allerdings stellte damit der ISF-Autor keine Ausnahme dar. Schließlich war bereits der libertäre 68er Hans Magnus Enzensberger, der dem spanischen Anarchisten Buenaventura Durruti ein literarisches Denkmal gesetzt hatte, zum Bellizisten mutiert. Aus typisch deutscher Furcht vor dem Chaos. Denn nach der Wiedervereinigung und dem Zerfall der Sowjetunion kochte nicht nur bei den Frühantideutschen das Gefühl hoch, einer weltweiten Barbarei ausgesetzt zu sein. Der Hintergrund der seismografisch sensiblen Gefühlsschwingungen der Linken und Ex-Linken, die 1991 zum ersten Mal mit der Zustimmung zum Krieg der Herrschenden sichtbar wurden, lässt sich im Lichte einer späteren Veröffentlichung erhellen. In seiner Schrift *Aussichten auf den Bürgerkrieg* fand der ehemalige libertär-antiautoritäre Publizist Enzensberger durchaus lobende Worte für den ›gehegten Krieg‹, also den auf regulierte Weise mit Truppen geführten Krieg zwischen Nationen, der eine vorübergegangene Zivilisationsleistung der vergangenen zwei Jahrhunderte darstelle.[159] Nun sei an seine

158 Joachim Bruhn/ Thomas Ebermann, Der Golfkrieg, die Linke und der Tod. Ein Streitgespräch über Imperialismus, Antisemitismus und staatlich organisierte Gesellschaften, in: ak Nr. 331, 3.6.1991, S.34-36, hier: S. 34.

159 Hans Magnus Enzensberger, Aussichten auf den Bürgerkrieg, Frankfurt am Main 1993.

Stelle der an Thomas Hobbes erinnernde Krieg aller gegen alle getreten, der gegenwärtig als Bandenkrieg und als Rassenkrieg in den Städten, als Bürgerkrieg in der Dritten Welt und als Nachbarschaftskrieg in U-Bahnen, Supermärkten und Hausgemeinschaften stattfinden würde. Entstanden ist diese Streitschrift unter dem Eindruck des Bosnienkrieges und der neonazistischen Anschläge in Mölln und Hoyerswerda. Anarchie und Chaos sollten nun gebannt werden. In dem Essay von Enzensberger, der auch in gekürzter Fassung im *Spiegel* erschien, werden auch die nationalen Befreiungsbewegungen als Teil einer neuen mörderischen Bandenformierung betrachtet:

> »Alle diese selbsternannten Befreiungsarmeen, Volksbewegungen und Fronten sind zu marodierenden Banden degeneriert, die von ihren Gegenspielern kaum zu unterscheiden sind. Das wirre Alphabet, mit dem sie sich schmücken, FNLA oder FLNS, MPLA oder FMLN, kann nicht darüber hinwegtäuschen, daß sie kein Ziel, kein Projekt, keine Idee zusammenhält, sondern eine Strategie, die diesen Namen kaum verdient, denn sie heißt: Raub, Mord und Plünderung.«[160]

Auch für die Vordenker des Antideutschtums konnte zur gleichen Zeit der klassische Antiimperialismus mit seiner Unterstützung von ›unterdrückten Völkern‹ – von Palästina über das Baskenland bis Nordirland – nur eine Facette im völkischen Wahn darstellen. Tatsächlich geriet den »antideutschen Propheten« (Robert Kurz) mit schon damals kulturrassistisch eingefärbtem Blick die ganze Welt zu *Bloodlands* des Völkischen. An der Eröffnung der irrsten und gleichzeitig amüsantesten und vielsagenden Veröffentlichung eines Antideutschen ist dies abzulesen:

> »Der Nationalwahn, der eine Zeitlang nur am Rockzipfel von Abendland und NATO ganz hinten in der Türkei sich austoben konnte, die Leidenschaftlichkeit der Volksstämme, die sich bislang in bestenfalls folkloristisch relevante Reservate von Armenien übers Amselfeld bis Irland und vom Baskenland über Tirol und Schlesien bis nach Litauen abgeschoben fühlte – Wahn und Volk haben ihr organisches Zentrum, ihre leibliche Mitte wiedergefunden: die Wüstenei um das Brandenburger Tor und den Reichstag, eine Gegend, die immer so öde und so leer aussieht, wie sie, aller Wahrscheinlichkeit nach, schon bald wieder sein wird.«[161]

---

160 Hans Magnus Enzensberger, Aussicht auf den Bürgerkrieg, a.a.O., S.17f., auch als Vorabdruck in: Der Spiegel 25/1993, vom 21.06.1993, online: https://www.spiegel.de/spiegel/print/d-13683377.html

161 Joachim Bruhn, Was deutsch ist. Zur kritischen Theorie der Nation, Freiburg im Breisgau 1994, S. 7.

Man muss bei aller Absurdität dieser impressionistischen Beschreibung aus Joachim Bruhns Buch *Was deutsch ist* das darin artikulierte Gefühl der Angst durchaus ernst nehmen – als ein Gefühl der Bedrohung durch global wirkende völkische Dunkelmänner, die nun auch nach der neuen Hauptstadt und nach Deutschland ausgreifen.

Der (nicht)identitäre Adorno

Mochte die ISF in den 80er-Jahren noch an einer rätekommunistischen Überwindung der Sowjetunion und des autoritären Sozialismus mitwirken[162], so sah man sich nach dem Zusammenbruch der Sowjetunion eher einer ›völkischen Barbarei‹ ausgesetzt, die sämtliche Parameter der Gesellschaftskritik verrutschen und verzerren ließ. Insofern sich die Frühantideutschen als Marxisten und Kommunistinnen ausweisen wollten, musste sich ihre Marx-Interpretation auch derart gestalten, dass sie eine Antwort auf das Scheitern emanzipatorischer Bewegungen gab und statt hoffnungstrunkenem Geschichtsoptimismus eher philosophisch verbrämten Katzenjammer präsentierte. Hierfür eignete sich eine Marx-Lektüre durch die Brille Adornos und der Kritischen Theorie.[163] Diese reichte als Form des westlichen Marxismus bis in die Zeit des Faschismus zurück und hatte mit den geschichtsoptimistischen Prämissen des parteioffiziellen Marxismus, sei er sozialdemokratischer oder kommunistischer Provenienz, gebrochen. Marx wird hier als Kritiker der vorherrschenden gesellschaftlichen Formen und Inhalte gelesen, zuweilen als radikaler Kritiker der Arbeit, als Anti-Utopist und negativer Hegelianer. Darin stand diese Lektüre immer in Opposition zur Postmoderne, die Marx als positiv gestimmten Geschichtsphilosophen in der Optik von Kojève

---

162 Nicht ohne Grund wurden im Jahre 1991 die wichtigsten Schriften des Rätekommunismus von der ISF bei ça ira wieder aufgelegt, vgl.: Anton Pannekoek, Paul Mattick u.a., Marxistischer Antileninismus, Freiburg im Breisgau 1991. Es ist nicht die einzige Veröffentlichung, die als Dokument des alten linksradikalen Interesses in die spätere Verlagspolitik hineinragte und sie konterkarierte, in der man mit »Djihad und Judenhass«, »Ein Gläschen Yarden-Wein auf dem israelischen Golan« und »Feindaufklärung und Reeducation« auf Kriegskurs eingeschwenkt war – für »Amerika« (alles Titel aus dem ça ira-Verlag). Mittlerweile scheint sich ça ira wieder verstärkt den Klassikern des westlichen Marxismus mit Schriften von Friedrich Pollock oder Alfred Sohn-Rethel zuzuwenden.

163 Nicht ohne Grund, aber ohne Nachhaltigkeit, wurden deshalb Theorieklassiker der 68er-Revolte, die sich mit dem Verhältnis von Adorno zu Marx auseinandersetzten im hauseigenen ISF-Verlag ça ira wiederaufgelegt, wie: Frank Böckelmann , Über Marx und Adorno. Schwierigkeiten der spätmarxistischen Theorie, Freiburg im Breisgau 1998 (ursprünglich 1972), wichtiger schien die entpolitisierte, aber an Adorno geschulte Marxlektüre der philosophierenden Sozialdemokraten Hans-Georg Backhaus und Helmut Reichelt, die der Dialektik der Wertform, der logischen Struktur des Kapitalbegriffs und der Geltung Marx'scher Begriffe nachgingen.

liest und deswegen in Gänze verwirft, aber auch zu Jürgen Habermas, der Arbeit auch in ihrer Form als Lohnarbeit zur anthropologischen Konstante zu erklären schien und die Kommunikation zum lebensweltlichen Refugium gegen die Dominanz des Systems erhob. Mit Habermas' Ignoranz gegenüber einer klassenmäßigen Überformung der bürgerlichen Gesellschaft und der Annahme, dass Geld ein neutrales Medium sei, entpuppte sich dieser selbsterklärte Nachfolger der ›Kritischen Theorie‹ in den Augen orthodoxer Anhänger ebendieser als Ideologe der herrschenden Verhältnisse.[164] Radikale Gesellschaftskritik musste sich an der alten Kritischen Theorie, die noch dem Marxismus verpflichtet war, an Adorno, Horkheimer, Benjamin, Sohn-Rethel orientieren, um radikal zu bleiben. Ebenso hatte sie sich zu erweitern: um Kulturkritik und Psychoanalyse, um der Verstrickung der Mehrheit gewahr zu werden und ihre oft freiwillige Unterwerfung unters Vorgegebene zu durchschauen. Die fundamentale Kritik des Kapitals als gesellschaftliches Verhältnis sollte vor allem die Denkformen der ihm unterworfenen Subjekte mitkritisieren. Wie bereits die jüngere Revolt-Generation um 1968 entdeckten die Frühantideutschen die *Dialektik der Aufklärung* von Horkheimer und Adorno. Diese wurde weniger als umfassende Herrschaftskritik angesehen, in deren Zentrum die Anklage einer Vergewaltigung innerer und äußerer Natur im Spätkapitalismus steht, vielmehr schlug dieses Werk für die Frühantideutschen jeden Marxismus schließlich aus dem Feld. Die Dialektik von Produktionsweise und Produktivkräften, wie sie in den Marx'schen Skizzen vorliegt, die zur *Deutschen Ideologie* zusammengefasst sind, wird aufgegeben, auch eine Dialektik der Entwicklung und Befreiung eines »General Intellect« aus den *Grundrissen*, wie sie der italienische Operaismus oder Herbert Marcuse rezipierten, wird gestrichen. Von Klassenkämpfen, gelungenen wie geschlagenen, schweigt sich die Sammlung von Essays von Horkheimer und Adorno aus dem Jahr 1944 aus. Die *Dialektik der Aufklärung* endet zwar ambivalent, dennoch überragt die »negative Dialektik« als Verstrickungsbewegung und »Ontologie des falschen Zustands« alle Formen und Inhalte des Kapitalismus beziehungsweise der modernen Welt. Lediglich ein ominöses »Nichtidentisches«, das sich auch den begrifflichen Zugriffen der »verwalteten Welt« entzöge, scheint als Bezugspunkt übrig zu bleiben.

---

164 Vgl.: Gerhard Bolte (Hg.), Unkritische Theorie. Gegen Habermas, Lüneburg 1989.

1968 hielten die revoltierenden Adorno-Schüler ihrem Lehrer vor, er entwerfe bloß eine wirklichkeitsfremde Philosophie der Nichtidentität, die sich im Gegensatz zum falschen ›Ganzen‹ befinde. Damit wolle er in Theorie und Philosophie überwintern und sehe von negierender Praxis ab. Der Widerstand des kritischen Subjekts werde zufällig, löse sich von Produktion und Ausbeutungserfahrung, könne sich nur noch darauf stützen, »dass noch eine *Negative Dialektik* geschrieben wird, daß sie noch gelesen wird, darauf, daß einzelne von den Einflüsterungen der Kulturindustrie (noch) nicht abhängig sind«.[165] Reale Veränderung sei aber keineswegs verbaut, wie Frank Böckelmann oder Hans Jürgen Krahl und andere klassenkämpferisch und kritisch theoretisch gestimmte 68er-Theoretiker unter Rückgriff auf Marx beweisen wollten. In der Optik des Frankfurter SDS-Aktivisten Krahl spielte aufgrund der historischen Faschismuserfahrung bei Adorno und Horkheimer der soziale Antagonismus und der Klassenkampf nur noch eine untergeordnete Rolle. Resignation führe den Kritischen Theoretikern das Wort. Stattdessen gelte es, einen Klassenbegriff auf der Höhe der Zeit zu entfalten.[166] Die antideutsche Adorno-und-Marx-Lektüre wollte dahingegen die Unmöglichkeit von verändernder Praxis gerade erhärten.[167] Die Ohnmacht des (linken) Subjekts schien übermächtig. Klasse schien seit ›Wir sind das Volk!‹ suspendiert – und hatte nicht Adorno so treffend geschrieben: »Das Volk ist Opium fürs Volk«[168]? Marx durfte für die Antideutschen keine Instanz des Einspruchs gegen Adorno mehr sein. Die Ausführungen zum Klassencharakter des Kapitals als sozialem Verhältnis bei Marx und Engels wurden beflissentlich übergangen. Historische Ausführungen wie zur Entwicklung der großen Industrie wurden nur unvollständig wahrgenommen. Der spezifische kapitalistische Tausch der arbeitsteilig und in der Fabrik kooperativ erstellten Produkte, die als Waren sich verwerten müssen, wird nicht erkannt. Von Marx wird das Fetischkapitel

165 Frank Böckelmann , Über Marx und Adorno, a.a.O., S.206.

166 Hans Jürgen Krahl, Konstitution und Klassenkampf. Zur historischen Dialektik von bürgerlicher Emanzipation und proletarischer Revolution. Schriften, Reden und Entwürfe aus den Jahren 1966-1970. Frankfurt am Main 2008.

167 Vgl. den erhellenden Aufsatz von Michael Koltan, Adorno gegen seine Liebhaber verteidigen, in: Jour Fixe Initiative Berlin (Hg.), Kritische Theorie und Poststrukturalismus. Theoretische Lockerungsübung, Hamburg 1999, S. 14-29.

168 Theodor W. Adorno, Dissonanzen. Musik in der verwalteten Welt, Göttingen 1991, S. 61.

am Anfang des Kapitals als Schlüsselkapitel übernommen, alle folgenden Bestimmungen seien bloß daraus abgeleitet. Die Kategorie des Tauschverhältnisses und eine ominöse »Wertvergesellschaftung« schienen als marxistische Schlüsselbegriffe alles zu erklären. In vagem und oft parolenhaft verkürztem Anschluss an Alfred Sohn-Rethels theoretischem Versuch, die Denkform auf die Warenform zurückzuführen, propagierte die ISF, alle würden dem umfassenden Fetisch aufsitzen. Auf den Möglichkeitsgrund der eigenen Kritik, die imstande ist, dem Ganzen der Herrschaft Paroli zu leisten, wurde dabei nicht reflektiert. Man kann es, weil man Kritiker ist, so die tautologische und idealistische Haltung. Somit hat sich die antideutsche Marx-Aneignung mit Adorno einen überschreitenden Praxisbegriff, der auf den gesellschaftlichen Antagonismus reflektiert, verbaut und privilegierte im Grunde ›die Theorie‹, die nach Marx auch bloß Teil einer breiter zu fassenden Praxis ist. Damit wiederholt diese Marx-Lektüre die Fehler der junghegelianischen Position von Bruno Bauer: Der Kritiker macht die Geschichte. Abgeschnitten von einer realen Bewegung, letztlich auf sich selbst verwiesen, musste sich diese Kritik in einen ewigen Überbietungswettbewerb zu anderen Kritiken und zur Theorie selbst begeben.[169] Stellte Adorno am Anfang der *Negativen Dialektik* bereits die Behauptung auf, Praxis sei gescheitert, so baute sich bei ihm wie bei seinen antideutschen Rezipienten die Figur des »versäumten Augenblicks« und der »verlorenen Hoffnung« auf. Adorno kannte zwei positive Orte als Gegen-Orte zur Jetzt-Zeit: Die Phase des Liberalismus und utopische, plötzliche Erkenntnisse in dem Zwangszusammenhang von Ausbeutung und Herrschaft. Marx hätte noch kohärent auf den Liberalismus antworten können, in dessen Phase sich noch ein Subjekt herausgebildet hätte, das nun, im Zeitalter der großen Monopole, der Kulturindustrie und der Suspendierung der Zirkulationssphäre, verschwunden sei: das bürgerliche Subjekt, zwar verstrickt in Ideologie, aber noch mit dem Versprechen auf Autonomie ausgerüstet. Zum anderen sollten aufgrund des gestiegenen gesellschaftlichen Drucks plötzlich Einsichten ins Klassenverhältnis um sich greifen

169 Davon zeugen vor allem die wenig ertragreichen, weil auch mit haltlosen Unterstellungen operierenden Debatten mit Vertreterinnen der Dekonstruktion, vgl. z.B. das Dossier der Jungle World unter dem Titel: »Fasten your seat belts, Dekonstruktivismus und/oder Gesellschaftskritik« von Egon Müller als Einführung und den Text der ISF »Heideggerisierung der Linken«, in: *Jungle World* Nr. 7, 12.2.1998.

können und Einspruch in der Tradition der marxistischen Klassentheorie Gehör finden. Zwar verlor sich Adorno im Angesicht des Faschismus in seinen »Reflexionen zur Klassentheorie« in selbstwidersprüchlichen Bestimmungen von einer »klassenlosen Klassengesellschaft« und behauptete, dass die »Pseudomorphose der Klassengesellschaft an die klassenlose« so gelungen sei, »daß zwar die Unterdrückten aufgesaugt sind, alle Unterdrückung aber manifest überflüssig geworden ist«.[170] 1965 schrieb Adorno allerdings den Soziologen der »nivellierten Mittelstandsgesellschaft« wiederum kritisch ins Stammbuch:

> »Auch subjektiv ist das Klassenverhältnis nicht so durchaus beseitigt, wie es der herrschenden Ideologie gefiele. Die jüngste empirische Sozialforschung vermag wesentliche Differenzen von Grundanschauungen der nach gröbsten statistischen Merkmalen als Oberklasse und Unterklasse Bezeichneten herauszuarbeiten. Die minder illusionären, minder ›idealistischen‹ sind die der Unterklasse. Das werfen dieser die *happy few* als Materialismus vor. Die Arbeiter sehen nach wie vor die Gesellschaft als gespalten nach oben und unten. Bekannt ist, daß der formalen Gleichheit der Bildungschancen keineswegs etwa der Anteil der Arbeiterkinder an der Studentenschaft entspricht. Subjektiv verschleiert, wächst objektiv der Klassenunterschied vermöge der unaufhaltsam fortschreitenden Konzentration des Kapitals an. Real wirkt er in die Existenz der einzelnen Menschen entscheidend hinein; sonst allerdings wäre der Klassenbegriff ein Fetisch.«[171]

Hieran, an diesem empirisch gesättigten wie theoretisch noch lange nicht zu verabschiedenden Klassenbegriff, setzte die kritische Adorno-Lektüre der 68er an. Sie sollte, wie die gesamte marxistische Seite von Adorno durch die Antideutschen vollständig kassiert werden. Was blieb übrig? Eine Geste des Leidens an der allgegenwärtigen Verdinglichung, elitäre Selbststilisierung, qua Kritikerhaltung dem allumfassenden ›Verblendungszusammenhang‹ enthoben zu sein. Privilegierung von Bewusstseinskritik und eine idealistische Vorstellung von Autonomie des kritischen Denkens rückten an die Stelle der Kritik der Politischen Ökonomie.[172] Der Begriff des ›Nichtidentischen‹ wurde als probater,

---

170 Theodor W. Adorno, Reflexionen zur Klassentheorie (1942), in: Gesellschaftstheorie und Kulturkritik, Frankfurt am Main 1975, S. 7-25, hier: S. 25.

171 Theodor W. Adorno, Gesellschaft (1965), in: Soziologische Schriften I, Frankfurt am Main 1979, S. 9-19, hier: 15.

172 Eine Kritikschrift, die diese Fragen auch berührt, ist: Karl Reitter/Gerhard Hanloser, Der bewegte Marx. Eine einführende Kritik des Zirkulationsmarxismus, Münster 2008; interessanterweise findet sich eine ähnlich gelagerte Kritik der Adornitischen Marx-Interpretation auch in Veröffentlichungen aus dem ça ira-Verlag der ISF: Kornelia Hafner,

aber gezielt ominös und vage gehaltener Platzhalter für das, was inmitten des Bestehenden die Verhältnisse von innen her sprengen könnte, affirmiert.[173] Damit hatte die antideutsche Marx-Lektüre nicht nur die Debatten und Erkenntnisse von 1968 unterboten, sondern exakt zu der elitären Philosophiehaltung eingeladen, die heutzutage einen nationalliberalen Autoren wie Matthias Matussek Adorno entdecken lässt. Der AfD-Sympathisant, der gemeinsam mit Thilo Sarrazin, Henryk M. Broder und Uwe Tellkamp die sogenannte »Gemeinsame Erklärung 2018« unterzeichnete, in der die Beschädigung Deutschlands durch »illegale Masseneinwanderung« behauptet wird, erinnert an einen Briefwechsel von Adorno und Gehlen und möchte Adorno einem ganz speziellen Klientel schmackhaft machen. Schließlich sei dieser im Gegensatz zu den Marxisten »nicht fortschrittsgläubig, sondern mindestens ebenso pessimistisch gestimmt wie Gehlen«. Adorno habe sich gegen Ende seines Lebens »insgeheim bewegt«, nach rechts natürlich, »angesichts der bildungsfernen Rabauken in den Hörsälen«. Mit Gehlen habe es eine gegenseitige Befruchtung gegeben, so könne nun niemand anderes als die rechtsradikale Identitäre Bewegung sich seiner bemächtigen, denn diese stelle »eine intelligente und kreative Jugend-APO« dar, »die nicht den Umsturz der Verhältnisse, sondern ihre Erhaltung zum Ziel hat«. Wie Adorno würden die Identitären »die Verdinglichung des Menschen« beklagen und zur »Störung des Konsens« tendieren. Die Identitären also erscheinen Matussek als konkrete Füllung des Nichtidentischen bei Adorno. Früher galt Adorno der Rechten als Agent der antifaschistischen *Re-education*, der das deutsche Volk zersetzen wolle.[174] Galt er mit seinem Imperativ, die Vergangenheit aufzuarbeiten, der Linken als theoretische Referenz, den Anfängen zu wehren und gegen den vorherrschenden autoritären deutschen Charakter eine Erziehung zur Mündigkeit auszuüben, so soll nach Matussek Adorno mit einer Ideologie

›Daß der Bann sich löse‹. Annäherungen an Adornos Marx-Rezeption, in: Schriften der Marx Gesellschaft (Hg.), Materialistische Theorie und Praxis. Zum Verhältnis von Kritischer Theorie und Kritik der Politischen Ökonomie, Freiburg im Breisgau 2005, S. 129-155.

173 Vgl.: Clemens Nachtmann, Adornos Orthodoxie. Das Fortbestehen der Revolutionstheorie, in: Bahamas 22/1997, online: http://www.comlink.de/cl-hh/m.blumentritt/adorno.html

174 Rolf Kosieks, Die Frankfurter Schule und ihre zersetzenden Auswirkungen, Tübingen 2004.

versöhnt werden, die »auf Grenzen und auf ethnopluralistischer Identität« beharrt. Im Anwalt des Nichtidentischen könne man durchaus einen »reumütige(n) Vorreiter der identitären Bewegung« sehen, die sich in einem »Abwehrkampf gegen die Islamisierung des Abendlandes« befände.[175] Kann die antideutsche Adorno-Aneignung dem überhaupt noch inhaltlich widersprechen? Sicherlich, wenn man nur Adorno selbst zur Hand nähme, der beispielsweise erklärte:

> »Aktuell aber ist der Nationalismus insofern, als allein die überlieferte und psychologisch eminent besetzte Idee der Nation, stets noch Ausdruck der Interessengemeinschaft in der internationalen Wirtschaft, Kraft genug hat, Hunderte von Millionen für Zwecke einzuspannen, die sie nicht unmittelbar als die ihren betrachten können. Der Nationalismus glaubt sich selbst nicht ganz mehr und wird doch politisch benötigt als wirksamstes Mittel, die Menschen zur Insistenz auf objektiv veraltete Verhältnisse zu bringen.«[176]

Mit dem *Bahamas*-Autoren Clemens Nachtmann gelingt die Rettung des Antinazis und sublimierten Marxisten Adorno vor der Beschlagnahmung durch Rechte nicht, wenn er in philosophischer ›Querfront‹ mit Matussek behauptet:

> »Es waren die Achtundsechziger-Linken und es sind ihre heutigen Nachfahren, nicht irgendwelche Rechten, die das nazistische Erbe zukunftsträchtig weiterbewirtschaften: indem sie mit progressiver Gesinnung und im Namen von Antifaschismus und ›Kultursensibilität‹ mit dem Islam fraternisieren und den jüdischen Staat delegitimieren.«[177]

Die recht lauen Einspruchsinstanzen gegen das Bestehende sind für Nachtmann folglich: Israelverteidigung, Islamkritik, aber keinesfalls der Geist der 68er.

175 Matthias Matussek, »In kontrapunktischer Freundschaft«, in: Tichys Einblick, 3/19, S.78-81, alle Zitate: S. 81.

176 Theodor W. Adorno, Was bedeutet: Aufarbeitung der Vergangenheit, in: ders. Eingriffe. Neun kritische Modelle, Frankfurt am Main 1963, S. 125-146, hier: S.138.

177 Clement Nachtmann, Militanter Aufklärer. Nachruf auf Joachim Bruhn. Sein Denken war ›antideutsch‹ im besten Sinne, noch bevor die Parole geprägt wurde, in: Jungle World, 7.3.2019.

Insgesamt stellte die antideutsche Marx-Lektüre drei von Marx und Adorno übernommene Begriffe ins Zentrum ihrer Theorie und Kritik: Fetisch, allseitiger Verblendungszusammenhang und Kapital als automatisches Subjekt.[178] Die sich an einer operaistisch-klassenkämpferischen Marx-Lektüre orientierende Gruppe *Wildcat* formulierte ihre darauf reflektierende Kritik folgendermaßen:

> »Jede Zeit der anschwellenden Kritik am Kapitalismus und des Widerstands gegen seine Zumutungen hat ihre eigene Marxlektüre; und sie ist jedesmal gleichermaßen Ausdruck des Zeitgeistes wie seine kritische Überwindung. In den 90er-Jahren haben wir vor allem die Marxlektüre des Zeitgeistes erlebt – die Neue Deutsche Wertkritik.«

Diese sei nach wie vor in die Ideologien der Selbstpräsentation des Kapitals verstrickt und wirke nicht entmystifizierend, weil sie bloß die Darstellungsweise des Kapitals selbst nachzeichne:

> »1) Die Ideologie der Ware: alles soll zur Ware werden, soll ohne Rücksicht auf gesellschaftliche Bedürfnisse oder staatliche Regulierung frei gehandelt werden. Das nackte Verkäufer-Käufer-Verhältnis, der freie Markt wird als die allein seligmachende Medizin gepredigt.
>
> 2) Das Kapital betont seine okkulte Qualität der Selbstverwertung: es vermehrt sich von selbst, das Geld muss nur an die Börse getragen werden. Der Aktienboom und ähnliche Pyramidenspiele suggerierten eine Welt der ständig steigenden Profite ganz ohne Fabriken oder ArbeiterInnen. (...)
>
> 3) Dementsprechend verschwanden die ArbeiterInnen und die Fabriken aus der öffentlichen Wahrnehmung – sie wurden für die neue geniale Art des Profitmachens nicht mehr gebraucht. In den modischen Beschreibungen der nun ausgerufenen Epoche des ›Postfordismus‹ sind Fabriken und Fließbänder ohnehin schon längst verschwunden. Eigentlich wird auch gar nicht mehr gearbeitet – die neuen Kreativen der ›Internet-Ökonomie‹ spielen doch nur ein bißchen an ihren Computern und feiern ganz flexibel ihre Selbstverwirklichung. Diesem Zeitgeist musste die erneute Marxlektüre Rechnung tragen, um auf der Höhe

---

178 Die wohl unübertroffene Kritik des zwischenzeitlich zu einer Fetischfigur der antideutschen Szene geronnenen Begriffs des »automatischen Subjekts« haben vorgenommen: Jürgen Behre, Thomas Gehrig, Nadja Rakowitz, Thomas Schweier, Ideologie der antideutschen Avantgarde. Eine Kritik theoretischer Voraussetzungen und politischer Implikationen der Position der ISF, in: Hanloser (Hg.), »Sie warn die Antideutschesten ...«, a.a.O., S. 247-274.

der Zeit zu sein – womit die Gefahr verbunden ist, sich von ihm blenden zu lassen. Wer mit einem Gegner streitet, läuft immer Gefahr, lediglich seine Bewertung der Verhältnisse zu bestreiten, dabei aber dessen Bild von den Verhältnissen zu übernehmen. Wenn der Priester sagt, Gott ist gut, sagt der Rebell, nein, Gott ist böse – und teilt so mit dem Priester den Glauben an Gott. Ähnlich ergeht es der Wertkritik: sie teilt mit dem neoliberalistischen Credo den Glauben an die Allmacht der Ware, an die Selbstverwertung des Kapitals und an die Bedeutungslosigkeit von Arbeit und Ausbeutung. Sie verurteilt nur all das, was der Zeitgeist lobt.«[179]

Und so rückt die neoliberale Feier der Selbstverwertung des Kapitals als Ausdruck seiner Allmacht in den kritischen Fokus der neuen deutschen Wertkritik: Das Kapital sei ein ›automatisches Subjekt‹, das sich wie ein göttliches Wesen allein aus sich heraus bewegt und unangreifbar über die Menschen herrscht. Damit wurde aber auch die Marx'sche Erkenntnis suspendiert, dass das Kapital als soziales Verhältnis eine spezifische gesellschaftliche Vermittlungsform ist, die die lebendige Arbeit benötigt und sie in der Mehrwertproduktion ausbeutet, um sich profitgetrieben zu reproduzieren. Ohne Zugriff und Verwertung der lebendigen Arbeit keine Kapitalbewegung; ohne Proletarisierte keine Ausbeutungsordnung, so könnte man etwas altbacken formulieren. Doch genau diese Erinnerung an und Einsicht in die Klassenstruktur des Kapitalismus wollten ja die antideutschen und wertkritischen Neomarxisten verabschieden.

Allzu lange wurde ein mythologischer Begriff von Klasse in der marxistisch-leninistischen Linken gepflegt, der längst nicht mehr zur Realität passte. Zumindest die Wohlfahrtsstaaten USA und Westdeutschland hatten es den Nachkriegsmarxisten, die an einem, am liebsten natürlich revolutionären, Klassenbegriff interessiert waren, nicht leicht gemacht. Hier schien die Arbeiterklasse ins System eingebaut zu sein, ihr Interesse kaum den keynesianischen Nachfragehorizont zu überschreiten. Die Arbeiter wirkten schlicht zufrieden mit den gewerkschaftlich ›erkämpften‹ Lohnsteigerungen. Selbst für den Rätekommunisten Paul Mattick, der den Klassenbegriff mit Zähnen und Klauen verteidigte, weil einzig er Sprengung des Kapitalismus vom Inneren seines Motors aus verhieß, waren die amerikanischen Arbeiter deshalb »Arschlöcher«, nur daran

179 Wildcat (und die Freiburger Gruppe Sowot), Zum Elend der Neuen Deutschen Linken: Kritik als Spektakel – Krieg als Praxisersatz, Flugblatt und Veranstaltungsankündigung, März 2002, online: http://www.wildcat-www.de/aktuell/flugwert.pdf

interessiert, aus ihrer beschränkten Lebenszeit das Beste zu machen, was auch der Grund ihres Reformismus sei.[180] In Westdeutschland und Berlin kulminierte das ›Arbeiterinteresse‹ und proletarische Begehren oft nur im Zugriff auf den eigenen Audi oder den gebrauchten BMW und das 1A-Grillgut. Der ganze Spott der neoanarchistischen 60er-Linken ergoss sich so über Gewerkschaften, SPD und sich klassenlos wähnende Wohlstandsbürger. Revolutionäre Impulse könnten in der eindimensional planierten Gesellschaft nur noch von den Rändern ausgehen, dachten viele mit Herbert Marcuse.[181] Und ebenso befeuerten die Einsichten in das globale Wohlstandsgefälle die antiimperialistische Szene, die ihren Hoffnungsort des Umsturzes im damals so genannten Trikont vermutete.

Ein wenig klang der klassenlose Marxismus der Wertkritik wie eine Zuspitzung dieser Bekundungen, dass radikale Kritik der Verhältnisse auch einen »Abschied vom Proletariat« (André Gorz) gebiete. Je nach Ausrichtung der Wertkritik, ob antideutsch oder wie in der Nürnberger Tradition der *Krisis*, wird diese prinzipielle Identität von Kapital und Ausgebeuteten entweder wie bei Robert Kurz und der *Krisis*-Gruppe als Korruption und ›Verhausschweinung‹ der Arbeiterbewegung seit dem 19. Jahrhundert gefasst[182], in der antideutschen Variante als Übergang in die klassenlose ›deutsche Volksgemeinschaft‹ im Nationalsozialismus oder philosophisch als Subsumtionsbewegung des Kapitals, an deren Ende alles Kapital ist[183]. Das Kapital lasse die Arbeiterinnen und Arbeiter nur noch als entmenschte ›Arbeitskraftbehälter‹ zurück und habe sie sich vollständig als »variables Kapital« einverleibt. Laut Wertkritik hatte man es allerdings nicht mehr mit einer »klassenlosen Klassengesellschaft« zu tun, was als Aufforderung zu verstehen ist, den nicht ins Bewusstsein vordringenden Klassencharakter dieser Gesellschaft kenntlich zu machen; sondern als »klassenlose Kapitalgesellschaft« jenseits jeglicher objektiven Klassenstruktur und Ausbeutungsordnung. Der Wa-

180 Paul Mattick, Die Revolution war für mich ein großes Abenteuer. Herausgegeben, eingeleitet und kommentiert von Christoph Plutte und Marc Geoffroy, Münster 2013, S. 91f.

181 Herbert Marcuse, Der eindimensionale Mensch. Studien zur Ideologie der fortgeschrittenen Industriegesellschaft. Übersetzt von Alfred Schmidt. Neuwied 1967.

182 Vgl.: Robert Kurz, Schwarzbuch Kapitalismus. Ein Abgesang auf die Marktwirtschaft, Berlin 2001.

183 Stefan Breuer, Aspekte totaler Vergesellschaftung, Freiburg im Breisgau 1985.

renfetisch und das totalitäre Spektakel würden alles beherrschen.[184] Und wer noch am Klassencharakter und am Klassenkampfdenken festhielt, wurde zuweilen von den Cheftheoretikern der Antideutschen abgekanzelt, das »radikalste Festhalten am Klassencharakter der Gesellschaft vermag weder: auf der Ebene der bürgerlichen Gesellschaft im allgemeinen, noch: in Anbetracht der postfaschistischen Gesellschaft der Deutschen im besonderen, zum Funken von Subversion, Revolte oder revolutionärer Emanzipation« taugen. Stattdessen, so behauptete Joachim Bruhn in irrwitziger Überdrehung, produziere »die Insistenz auf diesem Klassencharakter ... ganz wie von selbst den Antisemitismus der Scheidung von ›raffendem‹ versus ›schaffendem Kapital‹«.[185] Hier gingen also sämtliche Erkenntnisse über den Antisemitismus als auch über die Geschichte der Arbeiter- auf der einen wie der Antisemitenbewegung auf der anderen Seite vollständig in die Binsen. Sollte man dem Vordenker der Antideutschen etwa erklären müssen, dass die Antisemiten des 19. und 20. Jahrhunderts nichts so sehr hassten wie den gemeinschaftszerstörenden Klassenkampf und die Antisemiten ihrerseits sich gerade als klassenübergreifende Bewegung imaginierten?[186]

Bei diesen Kapriolen zeigt sich, dass die Behauptung der antideutschen Kritiker, das Kapital sei automatisches Subjekt und als solches »nicht-intelligibel«, im theoretischen Delirium enden musste. Der

---

184 Diese wertkritischen Annahmen nehmen auch rechte Ideologen gerne auf und füllen ihre Bibliografie, wenn sie dieses Konstrukt eines klassenkampflosen Marx ihrer Neuen Rechten Marxlektüre zuführen. Vgl.: Benedikt Kaiser/ Alain de Benoist/ Diego Fusaro, Marx von rechts, im Dresdener Jungeuropa Verlag 2018. Wenn Felix Schilk in einer Besprechung in der Jungle World berechtigterweise auf die Leerstelle Psychoanalyse im »Marx von rechts« hinweist, stimmt dies genauso wie seine Feststellung: »Die rechte Marxlektüre lehnt es ab, aus dem historischen Scheitern der linken Revolutionshoffnung zu lernen, weil dieses Scheitern aus ihrer Sicht keine Tragödie ist.« Für die geschlagenen Kämpfe der Arbeiterinnen und Arbeiter, revolutionärer Kommunistinnen wie Anarchisten hatten sich die geschichtslosen Antideutschen allerdings ebenfalls nie nachhaltig interessiert.

185 Nachwort von Joachim Bruhn, Avantgarde und Ideologie. Nachbemerkung zum Rätekommunismus, in: Willy Huhn, Der Etatismus der Sozialdemokratie. Zur Vorgeschichte des Nazifaschismus. Textauswahl mit einem Vorwort von Clemens Nachtmann und einem angehängten Text von Joachim Bruhn. Freiburg im Breisgau 2003, S. 197-208, hier: S.204.

186 Vgl.: Helmut Berding, Moderner Antisemitismus in Deutschland, Frankfurt am Main 1988.

ökonomische Antisemitismus in Alltagsverstand, Belletristik[187] und reaktionärer Politik, der den Juden die Vormachtstellung im Geld- und Zinsgeschäft vorhält, kann aber marxistisch gar nicht anders entkräftet werden als durch das Lüften des Geheimnisses des Mehrwerts, von dem der Zins nach Marx auch bloß ein abgeleitetes Phänomen darstellt. Die antideutsche Marxlektüre, die nur noch vom Kapital als automatischem Subjekt und der Bedeutungslosigkeit der Mehrwertproduktion schwadronierte, konnte folglich gar keine rationalen Antworten mehr auf den Kapitalfetisch oder das Rätsel des fiktiven Kapitals geben. Nach Marx im dritten Band des Kapitals liegt der Kapitalfetisch in drei miteinander zusammenhängenden Formen vor: als Fetischcharakter des Mehrwerts, des Zinskapitals und des Arbeitslohns. In der zweiten Form, als G-G', liegt die vertrackteste Form des Fetischs vor, weil mit dem Zins nicht mehr der Zusammenhang seiner Entstehung aus dem Mehrwert erkannt wird. Hier erscheint das Geld als sich selbst vermehrendes Geld, das die Produktion, die Vernutzung lebendiger Arbeit, die Produktion von sinnlichen Gebrauchswerten umgeht, wohlgemerkt: es *erscheint* nur als solches. Denn in der Krise wird das Kapital daran erinnert, dass es der Ausbeutungsebene, der Ebene der lebendigen Arbeit, nicht entfliehen kann.[188] Marx knüpfte daran seine Hoffnung, dass die Krise auch entschleiernd und entfetischisierend wirken würde und die Sicht der Klasse auf das Kapital- und Ausbeutungsverhältnis klar wird. Historisch blieb diese Entschleierung in den großen Kriseneinbrüchen des Kapitalismus aus und antisemitische Ideologien, die ›den Juden‹ mit der Sphäre des Geldes und der Finanzen wie der Börse identifizierte, griffen um sich.[189] Doch der antideutschen Marx-Verhunzung folgend rückt der Zusammenhang von stockender Mehrwertproduktion, Krise, Oberflächenerscheinungen und ihrer Verarbeitungen im Alltagsverstand ins Unverständliche.[190]

187 Eine sowohl germanistisch kenntnisreiche als auch historisch und marxistisch informierte Schrift stellt dar: Gerhard Scheit, Verborgener Staat, lebendiges Geld. Zur Dramaturgie des Antisemitismus, Freiburg im Breisgau 1999.

188 In diese Richtung hatte John Holloway argumentiert, in: Die Welt verändern, ohne die Macht zu übernehmen, Münster 2002.

189 Vgl.: Gerhard Hanloser, Krise und Antisemitismus. Eine Geschichte in drei Stationen von der Gründerzeit über die Weltwirtschaftskrise bis heute, Münster 2003.

190 Vielleicht musste das Geschrei über ›regressiven Antikapitalismus‹ bei den Antideutschen so laut ausfallen, weil man sich selbst und seiner Urteilskraft nicht mehr

Ursprünglich hatte Joachim Bruhn als intellektueller Vordenker dieser Szene im Kontext seiner Beschäftigung mit der geistespolitisch begründeten ›nationalsozialistischen Arbeitsidee‹ den hohen Grad an Ideologisierung von Arbeit und Betrieb im Nationalsozialismus herausgearbeitet.[191] Davon ausgehend entwickelte er die Vorstellung, dass es dem Nationalsozialismus gelungen sei, die Arbeiterklasse zu integrieren, dass der Nationalsozialismus eine im doppelten Sinne »kapitalentsprungene« neue Ordnung darstellte, in der das Verhältnis von Kapital und Arbeit kein antagonistisches mehr sein konnte, weil die deutschen Arbeiter zu volksgemeinschaftlichen Judenmördern gemacht wurden und diesen Auftrag willig exekutierten. Demnach wurde der Klassenkampf und der nach Marx prinzipiell im Kapitalismus existierende Grundwiderspruch zwischen Kapital und Arbeit durch die deutsche Form des Kapitalismus aus dem Feld geschlagen. Diese bestehe darin, dass

> »der Staat von Anfang an als Treuhänder von Kapital und Arbeit zugleich auftritt. Es ist dieser Staat, der sich, im Verein mit einer etatistischen Arbeiterbewegung, die den Klassenkampf von 1848 an nur im höheren Interesse des sozialen Friedens und der recht verstandenen Staatsidee führte, über den Sozialstaat zum Staat der Volksgemeinschaft entwickelte. Darin sind Kapital und Arbeit unter der Ägide des Staates zum Block verschmolzen, und darin wird die Lohnarbeit sich ihres Status als ›variables Kapital‹ bewußt, als Fleisch vom Fleische. Die Massenvernichtung ratifiziert diese Verschmelzung; sie ist das kollektive und klassenübergreifende Geschichtsverbrechen, das den ›Grundwiderspruch von Kapital und Arbeit‹ definitiv zum systemimmanenten Motor der Akkumulation transformiert.«[192]

Mit diesen Thesen schloss Bruhn an die Arbeiten des Marxisten Ulrich Enderwitz an.[193] In diesen wird ein sehr bruchloses Übergleiten der

---

traute. Vielleicht musste allerorten so vehement und inflationär ein Antisemit und ein ›struktureller Antisemitismus‹ entdeckt werden, weil man letzten Endes selbst nicht mehr angeben konnte, was und wer als wirklich zu bekämpfende Struktur(en) und Personifizierung(en) dieser Gesellschaft zu betrachten sind. Wenn der ökonomische Antisemit die kapitalistischen Verhältnisse nicht zu durchschauen in der Lage ist, der antideutsche Kritiker aber auch bloß von verrückten, unverstehbaren Formen und Kategorien des Kapitalismus raunt, musste Letzter sich in ein unsouveränes Gerangel mit den tatsächlichen oder vermeintlichen ökonomischen Antisemiten begeben – gleichermaßen als Blinder unter Blinden.

191 Joachim Bruhn, Thesen zum nationalsozialistischen Arbeitsbegriff, seinem historischen Umfeld und seinen Konsequenzen, in: Archiv für die Geschichte des Widerstands und der Arbeit, Nr. 5, Berlin 1980, S. 57-72.

192 Joachim Bruhn, Was deutsch ist, a.a.O., S.153.

193 Ulrich Enderwitz, Antisemitismus und Volksstaat, Freiburg im Breisgau 1991.

Klassenkampforganisationen in den Volksstaat behauptet. Terror und Widerstand erscheinen nicht mal mehr als Marginalie, sondern sind inexistent. Nun sind kritische Reflexionen über die wenig offensive Geschichte der Arbeiterklasse und ihrer Organisationen in Deutschland nichts Neues und die Entpotenzierung der deutschen Arbeiter als revolutionäres Subjekt stellt keine neue Erkenntnis dar. Hinweise auf die weitgehend pazifizierte deutsche Arbeiterklasse im Nationalsozialismus hatten sich im Bewusstsein der Linken verankert.[194] Doch die an Marx und einer Sozialgeschichte von unten sich orientierenden Radikalen nahm dies nicht zum Anlass, das Denken im Antagonismus von Kapital und Arbeit vollständig aufzugeben, wie es die Antideutschen propagierten.[195] Wenn Teile der Arbeiterklasse über verschiedene politische Maßnahmen wie Integration, Bestechung, Terror und Drohung ins System eingebaut worden sind, so gälte es – wie 1975 der Aktivist und Historiker Karl Heinz Roth in seinem Buch *Die ›andere‹ Arbeiterbewegung* propagierte – ein Neuverständnis der Klassengeschichte in Deutschland zu entwerfen.[196] Die antikapitalistische Linke müsse sich auf die Kämpfe der ausländischen, niedrig bis unqualifizierten Arbeite-

194 Vgl.: Bereits Dutschke ging davon in seinen frühen Schriften aus, der bundesrepublikanische Antiimperialismus schöpfte genau aus dieser Erkenntnis und der Freiburger SDSler Erhard Lucas bilanzierte den Zerfall der Arbeiterorganisationen: Vom Scheitern der deutschen Arbeiterbewegung. Basel, Frankfurt am Main 1983.

195 Von diesen Auseinandersetzungen waren zum Beispiel die Debatten im Freiburger Bündnis gegen Arbeit geprägt, das zu einer Konferenz unter dem Titel »Terror der Ökonomie – Elend der Politik« vom 24. bis 26. April 1998 einlud. Zwei »Revolutionäre 1. Mai-Demonstration. Gegen Arbeit und Nation – soziale Revolution« wurden ausgerichtet, im selben Jahr und 1999. An diesem Bündnis hatte die ISF genauso Anteil wie sozialrevolutionäre Linksradikale in operaistischer Tradition. Auf der Konferenz erstaunte der eingeladene Hauptreferent Johannes Agnoli seine Gastgeber, indem er zu Beginn seines Vortrags erläuterte, dass gegen Arbeit und Nation zu sein, das Programm und die Praxis des neoliberalisierten Kapitalismus darstelle und folglich keine Parole von Kommunisten sein könne. Zum »Kongreß gegen Sozialreformismus« des Bündnis gegen Arbeit siehe: https://www.ca-ira.net/verein/positionen-und-texte/buendnis-gegen-arbeit-terror-oekonomie/

196 Karl Heinz Roth, Die andere Arbeiterbewegung und die Entwicklung der kapitalistischen Repression von 1880 bis zur Gegenwart. Ein Beitrag zum Neuverständnis der Klassengeschichte in Deutschland, München 1974. Widerspruch durch: Erhard Lucas, Zum Entstehungsprozeß und zum Ansatz der Untersuchung »Zwei Formen von Radikalismus in der deutschen Arbeiterbewegung«, in: Erhard Lucas, James Wickham, Karl Heinz Roth, Arbeiterradikalismus und die ›andere‹ Arbeiterbewegung. Zur Diskussion der Massenarbeiterthese. Bochum, ohne Jz.

rinnen beziehen. Schließlich kam es Mitte der 70er-Jahre bundesweit zu wilden Streiks, an denen sich eine Viertel Million Arbeiterinnen und Arbeiter aus dreihundert Betrieben beteiligten. Diese wurden mehrheitlich von unqualifizierten, nicht-deutschen Lohnabhängigen getragen. Neben der Forderung nach Lohnerhöhung stand vor allem auch die Arbeit selbst im Mittelpunkt dieser praktischen Kritik. Das verhasste Fließband wurde teilweise auch offen sabotiert – durch sogenannte ›Gastarbeiter‹, die der ordentliche Deutsche lieber in Demutshaltung gesehen hätte. Die Zerschlagung des wilden Streiks bei Ford in Köln 1973 mit Werkschutz, Polizei und deutschen Gewerkschaften wurde die nächsten Jahre flankiert von einem abgestuften Einwanderungsstopp. Dennoch waren die 70er-Jahre von immer wieder aufflackernden Arbeitskämpfen gekennzeichnet und bis in die 80er-Jahre konnten sich Basisgewerkschaftlerinnen und dissidente Betriebsgruppen in Betrieben halten und einiges an kleineren und größeren Erfolgen verbuchen und für eine Alltagssubversion im Betriebsablauf sorgen.[197] Gleichzeitig machten sich radikale Intellektuelle auf die Suche nach dissidenten Strömungen des Sozialismus und Kommunismus, die sich nicht an der Pazifizierung der Arbeiterinnen und Verstaatlichung der Arbeiterbewegung beteiligt hatten. Dafür stand beispielsweise der Rätekommunismus. Die älteren Kader der antideutschen Szene, deren Traum von einer rebellischen Arbeiterklasse spätestens 1990 geplatzt war, hatten zu diesen Bewegungen und Theorien anfangs noch ein ambivalentes Verhältnis, das zwischen Faszination, partiellem Einverständnis und Abstoßung pendelte.[198]

Den zur antideutschen Szene später Dazugestoßenen waren diese Debatten, Erfahrungen und Auseinandersetzungen völlig unbekannt. Ein in mehrfacher Hinsicht erhellendes Dokument stellt ein Interview dar, das mit Joachim Bruhn im November 2010 geführt wurde, der sich lieber als ›Linksradikaler‹ und ›Kommunist‹ denn als ›Antideutscher‹ angesprochen sehen wollte. Darin unterbreitete er ei-

197 Vgl. z.B. die biografische Skizze des Arbeitswissenschaftler Wolfgang Hien im Gespräch mit Peter Birke, Gegen die Zerstörung von Herz und Hirn. »68« und das Ringen um menschenwürdige Arbeit, Hamburg 2018.

198 Das zeigt u.a. eine Veröffentlichung wie: Willy Huhn, Der Etatismus der Sozialdemokratie, a.a.O.; aber auch: Cajo Brendel, Anton Pannekoek. Denker der Revolution, Freiburg im Breisgau 2001.

nem weitgehend erschreckend ahnungslosen und intellektuell offensichtlich unterbelichteten Interviewer der Sendung *Transmitter* des *Freien Senderkombinats Hamburg* (FSK) das kleine Einmaleins des antideutschen Kommunismus. Er kritisiert darin den fortschrittsoptimistischen Marxismus, der nicht umsonst in der Sozialdemokratie mündete, bezieht sich unter der Hand positiv auf eine anarchistisch-libertäre Kritik der Staatsvergessenheit bzw. -versessenheit des Marxismus und verweist auf rätekommunistische Schriften, die bereits in ihrer Zeit den offiziellen Marxismus kritisierten. Nebenbei offeriert das Gespräch auch einige sehr schöne persönliche Offenbarungen, wenn Bruhn unbequem den in Ehrfurcht erstarrten Interviewer maßregelt und an ihn herangetragene Bauchpinseleien abwehrt sowie den neurotisch bedingten wie gleichermaßen akademische Reputation verweigernden Antrieb seiner eigenen Kritikproduktion kenntlich macht und sich absetzt von den antideutschen Parteikarrieristinnen und -karrieristen rund um BAK Schalom und den universitären Antisemitismusforschern.[199] Im Kern wird in diesem Gespräch deutlich, dass für den Kritiker Bruhn der deutsche Faschismus und Auschwitz alle bisherigen Prämissen marxistischer Gesellschaftskritik hat schal werden lassen. Doch damit rückte das Bekenntnis zum ›Kommunismus‹ auch in die bloße Proklamation. Bereits zu Beginn hatte also die antideutsche Kritik mit Marx und dem kommunistischen Fluchtpunkt nichts im Sinn.

Die scheinbar an Marx orientierte Kritik der Antideutschen, die zuweilen noch voller heiligem Ernst und fußnotengesättigt vorgeführt und immanent kritisiert wurde, entpuppte sich gar bei näherer Betrachtung bloß als aufgeblasener Nonsens.[200] So behaupteten die ISF-Autoren beispielsweise in ihrer Polemik *Der Theoretiker ist der Wert* über ihre eigene Methode der Kritik:

---

199 Das Antideutsche im Kommunismus und die mangelnde Universalität im Marxismus. Gespräch mit Joachim Bruhn mit dem FSK, 02.11.2010, YouTube, https://www.youTube.com/watch?v=Fxiccxlkbow. Insgesamt ist auch erschütternd, wie sehr das Gespräch das Auseinandertreten von Gang- und Szeneverhalten (Interviewer) und einsamem Intellektuellem (Bruhn) widerspiegelt.

200 Selbst der seinerseits tief im antideutschen Denken versunkene Ingo Elbe von der Roten-Ruhr-Uni musste dies erkennen und an seinen Freunden kritisieren: Ingo Elbe, Marxismus-Mystizismus. Oder: die Verwandlung der Marxschen Theorie in deutsche Ideologie, in: Prodomo. Zeitschrift in eigener Sache, Nr. 5/2007, S. 11-18.

»Die Kritik ist ein Zirkulationsphänomen, denn die blanke Logik, die sie gegen die negative Dialektik des Kapitals ins Feld führen möchte, ist Ausgeburt des Tausches. Ihre Begriffe sind nur die Formen, in denen das Kapital im Verstand erscheint«.[201]

Diese Publikation der ISF, die sich mit der Krisentheorie der *Krisis*-Gruppe auseinanderzusetzen vorgibt, ist vollständig selbstwidersprüchlich und voller unmarxistischer Bestimmungen, die dennoch als orthodoxer Marxismus ausgegeben werden – aber schlicht unverständlich sind.[202] Marxistisch und philosophisch klingende Phrasen wurden begriffliche Blendgranaten fürs eigene autoritätshörige Milieu, die gegenüber der marxistischen Linken lustvoll gezündet wurden, um den Preis der Zerstörung marxistischer Vernunft. Einzig eines wird deutlich: Der Fluchtpunkt der gedanklichen Anstrengungen ist nicht mehr Revolution und Aufhebung des Kapitalismus, sondern die Beschwörung, es drohe bei jedem Aufhebungsversuch des Bestehenden noch viel Schlimmeres.

Die sich so bezeichnende antideutsche ›Wertkritik‹, so kritisierte *Wildcat*,

»behauptet, der Kapitalismus bringe notwendigerweise Antisemitismus hervor. Die Möglichkeit des Antisemitismus wird nicht mehr empirisch und historisch untersucht, sondern als Unabdingbarkeit beschworen. Ihrer Lesart zur Folge werde der Wert notwendigerweise im Juden personifiziert und angegriffen. Um dieser Personifizierung, diesem ›verkürzten Antikapitalismus‹ – wie man in antideutschen Kreisen gerne sagt – nicht zu folgen, nimmt man lieber vornehmen Abstand von jeglichem Versuch, diese Verhältnisse umzuwälzen. Die panische Angst vor einem Umkippen des Kapitalverhältnisses in antisemitische ›Barbarei‹ führt zur Unterstützung der bestehenden Barbarei. Bewegungen gegen die bestehenden Verhältnisse werden von vornherein entweder ignoriert oder gleich denunziert. So ist für die *Bahamas* der Aufstand

---

201 ISF, Der Theoretiker ist der Wert. Eine ideologiekritische Skizze der Wert- und Krisentheorie der Krisis-Gruppe, Freiburg im Breisgau 2000, S. 113f. Interessanterweise könnte man solchen haltlosen Publikationen mit Texten von Marxistinnen und Marxisten widerlegen, die in dem ISF-Verlag ça ira publiziert wurden. Z.B.: Joseph Fracchia, Die körperliche Tiefe des Marxschen Verelendungsbegriffs: Der kapitalistische Arbeitsprozeß und der körperliche Schmerz, in: Christine Kirchhoff et al (Hg.), Gesellschaft als Verkehrung. Perspektiven einer neuen Marx-Lektüre, Freiburg im Breisgau 2004, S. 219-248.

202 Ähnlich ernsthaft und vergeblich wie Elbe war auch Felix Baum um eine Kritik der ISF-Metaphysik bemüht: Unkritische Theorie. Zur falschen Überwindung des ›traditionellen Marxismus‹, in: Phase 2. Magazin für die linksradikale Bewegung, Nr.11/2004, www.phase2.nadir.org/index.php?artikel=194&print

> in Argentinien mit dem Hinweis erledigt, es hätte dort zur gleichen Zeit antisemitische Friedhofsschändungen gegeben.«[203]

Der Antisemitismus schlug also folglich den Klassenkampf, die Aufstandshoffnung und Revolutionserwartung aus dem Feld. Kommt dem Marxismus in fast allen seinen Spielarten die Rolle zu, als kritische Methode die Historizität des aktuellen Gesellschaftsmodells, des Kapitalismus, also die Produziertheit und Veränderbarkeit der sozialen Verhältnisse zu betonen, so endet die antideutsche Pirouette um Marx in der Behauptung: Veränderung kann es nicht mehr geben und wenn, dann zum Schlechteren und Schlimmsten. Wie aber sollte es dann um den Kommunismus bestellt sein, den die Antideutschen noch für sich reklamierten? Und wie ist es um den Staat bestellt als Hüter der marktwirtschaftlich-ausbeuterischen Ordnung einerseits und der liberalen Grund- und Menschenrechte andererseits? Dies konnte 2003 in einer Flugschrift der ISF mit der Überschrift »Israel und der Kommunismus« nachgelesen werden. Revolution und Kommunismus kulminierten im Bekenntnis zu Israel. Hier durfte dann auch auf bürgerliche Verkehrsformen verzichtet werden und in guter K-Gruppen-Tradition auf Grund- und Menschenrechte sowieso:

> »Für den Staat Israel haben die üblichen Muster der bürgerlichen Rollenverteilung keinerlei Geltung, denn die spezifische Qualität dieses Staates realisiert sich in einer Einheit von Staat und Regierung im Übergang von einem unerträglichen Alten (die Vernichtungsdrohung) zum noch nicht erreichten Neuen (der herrschaftslosen Gesellschaft). Ariel Scharon führt den antifaschistischen Kampf als eine Art israelische Ausgabe des Buenaventura Durruti.«[204]

So wird noch in alter Nostalgie das Wissen von den vergangenen Revolutionen heranzitiert, um schließlich mit der Behauptung zu enden, Israel sei der bewaffnete Versuch der Juden, den Kommunismus noch lebend zu erreichen: »[...] und so nimmt heute die militante Aufklärung die Gestalt Ariel Scharons und der Panzer der israelischen Armee an«.[205]
In dieser Zeit meldete sich der vormals ISF-Assoziierter und Autor der theoretisch ambitionierten ISF-Zeitschrift *Kritik & Krise*, Bodo Schulze,

---

203 Wildcat, Kritik als Spektakel, a.a.O.

204 ISF, Der Kommunismus und Israel. Einladungstext zum jour fixe im Sommer 2002, online: http://www.isf-freiburg.org/beitraege/ISF_KommunismusIsrael.htm
Durruti war ein bekannter anarchistischer Kämpfer aus der Zeit des Spanischen Bürgerkriegs.

205 Ebenda.

in einem Brief an die ISF zu Wort. Der Brief wird eröffnet mit »Liebe Leute, seit einiger Zeit bin ich mit Eurer Ideologiekritik nicht mehr einverstanden ...«. 1991 habe man in der ISF noch den Spagat zu schaffen versucht, einerseits den imperialistischen Krieg noch zu verurteilen, andererseits die unbedingte Notwendigkeit propagiert, Israel zu verteidigen. Das »Einerseits« sei seit den Anschlägen vom 11.September völlig weggerutscht und Israel avanciere zum Vorschein des Kommunismus im Stande seiner Unmöglichkeit.

> »Wie ist es möglich, daß Kommunisten einen kapitalistischen Staat zum Platzhalter ihrer Utopie erklären? Möglich ist dies nur durch die Vertauschung von Substanz und Akzidenz. Nur indem das Attribut ›jüdisch‹ zur Substanz erklärt wird – was ja auch die Antisemiten tun –, kann der Staat, an dem es haftet, zum Vorbeispielenden erklärt und für Umdeutungen ins Kommunistische verfügbar gemacht werden. Da solche Verkehrungen von Gegenstand und Eigenschaft an sich gegen alle Regeln der Vernunft, erst recht des Verstandes verstoßen und Euch die Kritik solcher Verkehrungen geläufig ist, stellt sich die Frage, aus welchem Grund Ihr Euch gleichwohl dazu bereitfindet.«

In einer längeren Nachzeichnung der Konjunkturen der innerhalb der ISF gepflegten Faschismus- und NS-Analysen – von Max Horkheimer über Alfred Sohn-Rethel bis zu der sprichwörtlichen Formulierung, der NS sei eine zwar ›kapitalgeborene‹, aber doch im doppelten Wortsinn ›kapitalentsprungende‹ Gesellschaft – wird extrapoliert, dass nun Faschismus und Kapitalismus im Denken der ISF Gegensätze sind und dass die ISF eine neue Geschichtsphilosophie entworfen habe, an deren Ende nicht – wie in der kommunistischen Tradition – die Revolution oder gar der Kommunismus stehe, sondern die faschistische Barbarei.

> »An die Stelle des Grand Soir des Proletariats tritt die finstere Nacht der Judenvernichtung. Sie ist das Telos des Kapitals, nicht der Kommunismus. Und jetzt, liebe Leute, wird mir ganz schwummrig, wie sich eins zum anderen fügt und Eure radikale Kapital- und Denkformkritik wie ein gigantisches Ablenkungsmanöver erscheint oder vielmehr als typisch intellektueller Umweg, um daraus die einzig mögliche Konsequenz zu ziehen: Wenn am Ende der Geschichte der staatlich organisierte Antisemitismus droht und wenn dies als das Andere des Kapitals imaginiert wird, wie anders wäre darauf zu reagieren, als durch die Verteidigung des Bestehenden gegen das Drohende? Nun aber freilich nicht in der generellen linksbürgerlichen Form des Demokratismus-Antirassismus-Antiantisemitismus, sondern in der spezifisch antideutschen Form der Verteidigung des Staates derer, die dem Ende der Geschichte zum ›Opfer‹ fallen würden. Daß Ihr damit wohl den perfidesten Weg zur Versöhnung mit dieser Gesellschaft geht – den Weg über die ermordeten Juden –, mag ja noch angehen, schließlich sind die Toten tot, ihnen kann's egal sein. Aber die daraus folgende

Hartherzigkeit, die ihr allen Menschen gegenüber zeigt, die den angeblichen Rettungsmanövern für Israel zum ›Opfer‹ fallen, ist schon starker Tobak ...«

Gegen Ende seines Briefes bemerkt der Autor das Fehlen einer Kritik der politischen Ökonomie, die völlige Leerstelle eines »Kolonialismus-, Imperialismus- oder Neokolonialismusbegriffs«. Die sogenannte strukturale Kapitalanalyse, die aber hauptsächlich feuilletonistische Ideologiekritik darstelle, reiche der ISF wohl aus. Dem Hyperstrukturalismus der ISF werde schließlich alles eins, wodurch als Ausdruck deutschen Größenwahns überall Kategorien angelegt werden, die aus einer aparten Analyse der deutschen Geschichte gewonnen wurden. »Habt Ihr schon mal versucht, einem Kommunisten aus einem anderen Land diese Sichtweise nahezubringen? Und wenn ja, kamt Ihr euch dabei nicht saublöd vor. War es euch zumindest ein bisschen peinlich? Ich hoffe ja. Beste Grüße ...«[206]

206 Bodo Schulze, Brief an die ISF, Oktober 2002, Ordner Antideutsche, einzusehen im Archiv »Papiertiger« in Berlin.

Post(one)-Marxismus

In diesem theoretischen Pessimismus unterscheidet sich der antideutsche Marxismus‹ auch eklatant von einer wichtigen im ça ira-Verlag verlegten Schrift, die eine Re-Lektüre und Neuinterpretation von Marx darstellt, das Werk *Zeit, Arbeit und gesellschaftliche Herrschaft* des Chicagoer Soziologen und Marxisten Moishe Postone. Das Werk ist eine im Kern geschichtsoptimistische Darlegung, dass dem Kapital die Arbeit ausgehe und sich so eine höhere Gesellschaftsstufe rein immanent aufgrund der Produktivkraftentwicklung von selbst ergeben würde. Postone insistierte wie andere westliche Neomarxisten wie Herbert Marcuse, dass der Kommunismus nicht die Befreiung der Arbeit vom parasitären Kapital, sondern ein anzustrebender Zustand ist, in dem die Gesellschaft von fremdbestimmter Arbeit befreit ist. Damit bricht er mit der Vorstellungswelt des Marxismus-Leninismus. Im offensichtlichen Widerspruch nicht nur zum Marxismus-Leninismus, sondern zu Marx selbst behauptet Postone in seinem erstmalig 1993 auf Englisch erschienenem Werk aber, dass in der »Marxschen Analyse (...) dem Proletariat also weiterhin eine strukturell wichtige Funktion für den Kapitalismus« zukomme: »Quelle des Werts zu sein, nicht jedoch Quelle des stofflichen Reichtums«.[207] Der stoffliche Reichtum käme weitgehend aus den automatisierten industriellen Produktionsprozessen und -anlagen und in einer derartigen Gesellschaft seien praktisch »Wert und proletarische Arbeit« abgeschafft, woraus sich die »Möglichkeit einer Lebensweise, in der Arbeit keine gesellschaftlich vermittelnde Rolle spielt«, ergäbe[208]. Dergestalt sei nicht nur proletarische Arbeit als Quelle stofflichen Reichtums zunehmend bedeutungslos, sondern man müsse auch gar nicht mehr von einem revolutionären Bruch ausgehen, den diejenigen zu bewerkstelligen hätten, die unter den Verhältnissen der Ausbeutung leiden und gleichzeitig diese reproduzieren. Für Postone kann die Überwindung der kapitalistischen Gesellschaft keinesfalls Ergebnis einer Revolution oder einer Bewegung der Ausgebeuteten sein: Der Klassenstandpunkt

207 Moishe Postone, Zeit, Arbeit und gesellschaftliche Herrschaft. Eine neue Interpretation der kritischen Theorie von Marx, Freiburg im Breisgau 2003, S. 535.

208 Ebenda, S. 540ff.

sei als antagonistische Kraft zum Kapital suspendiert. Die Arbeit selbst und die konkreten Arbeiter und Arbeiterinnen werden allesamt von Postone identitätslogisch zusammengeführt, begrifflich identisch gesetzt und als irrelevant für eine Aufhebungsperspektive deklariert. Soweit bedient diese Sichtweise auch jene der Antideutschen. Allerdings verkennt er, dass bei Marx sehr wohl das Proletariat als Produzent des gesellschaftlichen Reichtums fungiert. Als Trägerinnen der lebendigen Arbeit unterliegen die Proletarierinnen einer vom Kapitalisten organisierten Mehrwertauspressung. Damit stellen sie auch die potenzielle negative Kraft mit dem Vermögen der Aufhebung des Kapitalverhältnisses dar. Der autonome Marxismus, der aus Italien kam, nannte dies Produzentenmacht. Postone kannte diese Debatten und hatte als radikaler Linker eine andere Position, wie ein klassenkampforientierter Aufsatz, den er zusammen mit Helmut Reinicke in den 70er-Jahren verfasste, zeigt.[209]

An diese wilde, militante Zeit wollte Postone erkenntnistheoretisch nicht mehr anknüpfen, sondern er präsentierte einen klassenkampflosen Marx als wahren Marx. Das hoffnungsfrohe Bild einer automatischen Aufhebung des Kapitalismus musste für Postone natürlich auch mit einer Abwertung der Kritischen Theorie und ihres Pessimismus in den 30er- und 40er-Jahren kombiniert werden. Denn für Adorno und Horkheimer war zwar politisch ebenfalls die Klasse als negative Kraft vorerst suspendiert. Doch dass nun die Emanzipationshoffnung in Form eines Automatismus bestehe und in die Entwicklung der Produktivkräfte gelegt werden könne, auf diese Idee wären die beiden Kritischen Theoretiker beim besten Willen nicht gekommen. Stattdessen sahen sie eine Phase der barbarischen neuen Ordnung auf die Menschheit zukommen. Postone klagte dies als Frankfurter Pessimismus an. In einer eher unbekannten Veröffentlichung hält er zusammen mit seiner Co-Autorin Adorno und Horkheimer berechtigterweise ein mangelhaftes zirkulationsfixiertes Ökonomieverständnis vor. Und sie notieren auch nebenbei das grundlegende Problem der Kritischen Theorie, das aber ihre Attraktivität für die Antideutschen gerade ausmachte: »Theorie wird nicht mehr als Teil des gesellschaftlichen Ganzen verstanden, in dem sie existiert, sondern

209 Moishe Postone/ Helmut Reinicke, Dialektik und Proletariat, Zur ökonomiekritischen Analyse des Diamat, in: Claudio Pozolli (Hg.), Faschismus und Kapitalismus, Jahrbuch für Arbeiterbewegung, Band 4, Frankfurt am Main 1976, S. 259-284.

behauptet eine scheinbar unabhängige Position.«[210] Das ist, wenn man so will, die orthodoxe Marx'sche Kritik an der Kritischen Theorie. Dennoch hat sie im Angesicht des Nazi-Faschismus etwas Schales. Vielleicht musste Horkheimer und jeder, der noch frei denken wollte, eine irrwitzige Autonomie postulieren, die Horkheimer'sche Disjunktion von Begriff und Realität, da eine immanente Kritik am Geschehen – und eine Verkörperung eines kritischen Potenzials, zumal im Proletariat, außer Kraft gesetzt schien. Das will Postone jedoch nicht gelten lassen. Es ist durchaus zu vermuten, »dass ihm der Aufschrei des frühen Horkheimer, der gegen die vollständig okkupierte Gesellschaft des ›autoritären Staates‹ die revolutionäre Tat hochhielt, nicht passt«.[211]

Politisch konnten zwar die Antideutschen mit dem klassenlosen Marxismus Postones eine Menge anfangen. Da sie sich kritisch-theoretisch ausweisen wollten oder sich angesichts des Nationalsozialismus eher existenzialistisch positionierten, verstörte dieser hoffnungsvolle Evolutionsmarxismus dann aber doch.

Postone war für die Antideutschen weniger als Marxist denn als politischer Aktivist von Interesse. Weitgehend unbekannt war dieser, als er 1985 einen offenen Brief an die »westdeutsche Linke« verfasst hatte. Auslöser war das Treffen von Bundeskanzler Helmut Kohl und US-Präsident Ronald Reagan auf dem Soldatenfriedhof in Bitburg, ein Beispiel neuer deutscher revisionistischer Gelüste, sich unter die Opfernationen des Zweiten Weltkrieges einzuordnen. Moishe Postone schrieb in seinem Brief, Bitburg präsentiere die »Vision einer ehrhaften Versöhnung mit der Nazi-Vergangenheit«. Dies sei kaum auf den Aufmerksamkeitsschirm der radikalen Linken gerückt, stattdessen betreibe die autonome und antiimperialistische Linke Kampagnen gegen die NATO:

> »Die Bewegung gegen die NATO kann nur dann progressiv sein, wenn sie gleichzeitig mit dem Versuch gekoppelt ist, ein neues, anderes Deutschland zu schaffen. Wenn dies nicht geschieht, wird die historische Rolle der Linken in diesem kritischen Augenblick eine verheerende gewesen sein. Das Ergebnis wäre die Schlechteste aller möglichen Welten: eine Ablehnung der NATO; nicht aufgrund ihres Militarismus,

---

210 Sowohl in seinem Marx-Buch, aber noch prominenter hier: Barbara Brick/ Moishe Postone, Kritischer Pessimismus und die Grenzen des traditionellen Marxismus, in: Wolfgang Bonß/ Axel Honneth, Sozialforschung als Kritik. Zum sozialwissenschaftlichen Potential der Kritischen Theorie, Frankfurt am Main 1982, S. 179-239, hier: S. 228.

211 Gerhard Hanloser, Den echten Marx lesen. Moishe Postone beraubt die Marxsche Theorie um die Klassen und das Proletariat, in: Jungle World, Nr. 27, 30.6.2004.

sondern als Teil einer traditionellen deutschen Ablehnung des Westens, einhergehend mit der Rückkehr zu jenen teutonischen Tugenden, die Deutschland in der Vergangenheit zur Geißel der Erde gemacht haben.«[212]

Mehr noch als diese, erst später rezipierte Intervention begeisterte die antideutsche Linke ein Aufsatz, den Postone noch früher in seiner linksradikalen Zeit für die Frankfurter Sponti-Szene geschrieben hatte. Dieser Text erfuhr eine fast beispiellose Rezeptionsgeschichte und nahm für unterschiedliche Milieus eine wichtige Bedeutung ein: »Antisemitismus und Nationalsozialismus«.[213] Hierin findet sich theoretisch, sprachlich, politisch und habituell alles, was den Antideutschen bislang fehlte: eine geschlossene Theorie, die nicht nur Erkenntnis, sondern auch Verortung verspricht. Im Jahre 1991 wurde der Aufsatz so auch in der Zeitschrift *Kritik & Krise* der *Initiative Sozialistisches Forum* wieder abgedruckt. Darin behauptete Postone, dass bereits in den Basisstrukturen des Kapitalismus, der Ware, das antisemitische Denken angelegt sei, dass der NS-Antisemitismus aus einer »antikapitalistischen Revolte« resultiere, dass ›Auschwitz‹ eine grotesk verzerrte Form einer Fabrik darstelle, die bloß vernichte und nichts produziere – und die Juden als Statthalter des unbegriffenen und abstrakten ›Werts‹, der Basiskategorie des Kapitalismus, vernichtet worden seien. So kurz, so kurios. Und doch: Solche scheinbaren komplexitätsreduzierende Theorieevidenzen waren aus der marxistischen Staatsableitungsdebatte ab den 70er-Jahren bekannt.

Postone beginnt mit einer richtigen Beobachtung: Der moderne Antisemit begeistert sich zuweilen für das Konkrete, Natürliche, Organische und setzt dem eine Welt des Negativen, Abstrakten, Unnatürlichen entgegen, die im ›Juden‹ personifiziert wird. Diese bereits von Jean Paul Sartre vorgenommene Beobachtung möchte Postone nun mit einer eigenwilligen Darbietung Marx'scher Theorie kombinieren. Der Text ist sprachlich in der Tradition westlich-marxistischer Ideologiekritik verfasst mit ihrem Hauptaugenmerk auf Ideologie, Verdinglichung und Entfremdung. Außerdem hat er eine die hegemoniale Linke herausfordernde Erklärung des Antisemitismus anzubieten: Dieser stelle eine

212 Moishe Postone, Bitburg: 5. Mai 1985 und danach. Ein Brief an die westdeutsche Linke, in Moishe Postone, Deutschland, die Linke und der Holocaust. Politische Interventionen, Freiburg im Breisgau 2005, S. 51-58, hier: S. 58.

213 Moishe Postone, Antisemitismus und Nationalsozialismus, in: Autonomie. Materialien gegen die Fabrikgesellschaft Nr. 14 Alte Folge, 1979, Nr. 19, S. 58-67.

»antikapitalistische Revolte« dar, eine Revolte gegen das Abstrakte im Interesse des Konkreten. Mit Antikapitalismus und Revolte waren außerdem zwei Begriffe notiert, die bislang von der undogmatischen Linken positiv besetzt waren. Zu guter Letzt formulierte der Text von 1979 eine tatsächlich bedenkenswerte Kritik der antiimperialistischen und antizionistischen radikalen Linken, besonders ihrer kritiklosen Übernahme »antizionistischer« Phrasen. Über zehn Jahre später, als diese Linke ohnehin im Untergang begriffen war, entdeckten die Antideutschen diesen Text und erhoben ihn zu einem Kulttext, der scheinbar alles erklärt.[214]

Postone gibt vor, eine Marx'sche Fetischismuskritik zu präsentieren und auf den Antisemitismus zu beziehen. Die fetischisierten und damit verdinglichten und undurchschauten Verhältnisse würden den ihnen unterworfenen Menschen als Gegensatz von Konkretem und Abstraktem erscheinen. Nun hat dies mit dem Marx'schen Fetischbegriff im *Kapital* wenig zu tun. Marx geht es darin um die realen ideologischen Verstellungen der Wirklichkeit, in der die Produziertheit der materiellen und sozialen Welt den Menschen nicht mehr gewahr wird und ihnen als äußerliche und ihrer Souveränität enthobene erscheint. Wir produzieren die Welt und doch tritt sie uns als eine der Sachzwänge gegenüber. Über ein Zerfallen der erscheinenden Welt in zwei getrennte Bereiche des Konkreten und Abstrakten findet sich im Fetischkapitel, wie in der gesamten Marx'schen Waren-, Geld- und Kapitaltheorie, nichts. Unter der Hand verschob der Artikel von Postone den Fokus der Marx'schen Kritik, die darin besteht, den Widerspruch von gesellschaftlicher Arbeit und Privatarbeit herauszustellen, dahingehend, Kapitalismus nur noch als fetischisiertes Verhältnis von Abstraktem und Konkretem zu begreifen. Damit lud er dazu ein, sich als vermeintlich profunder Kritiker des Kapitalismus nur auf das Beschwören der Abstraktheit der Verhältnisse zu beschränken. Eine konkrete Kritik der Verhältnisse erschien manchen Rezipienten von Postone bereits als »strukturell antisemitisch«.[215]

214 Zur Kritik: Gerhard Hanloser, Deutscher Vernichtungsantisemitismus – eine von ›Antikapitalismus‹ angetriebene ›Revolte‹? in: Gerhard Hanloser (Hg.) Deutschland. Kritik, Münster 2015 S.64-101.

215 Gerhard Hanloser, Attac, Globalisierungskritik und »struktureller Antisemitismus«, in: Grundrisse – Zeitschrift für linke Theorie und Debatte, Frühjahr 2005, S. 4-10.

»Verkürzter Antikapitalismus« wurde mit Postone zu einem geflügelten Wort, das allen unterschoben und vorgehalten werden konnte, die nicht die eigene Wahrnehmung und politische Selbstverortung teilten.

Bereits 1990 hatte die SDS- und KB-Aktivistin Bettina Hoeltje, die 1989 zu den Initiatorinnen der Kampagne »Nie wieder Deutschland« gehörte, auf Postone verwiesen. Von ihm stamme der entscheidende Text, der die Defizite in der linken Analyse des deutschen Faschismus beheben könne. Letztlich forderte sie ein, dass eine Untersuchung der Funktion des Antisemitismus nicht nur für die Herrschenden, »sondern auch für den eigenen Seelenhaushalt« zu leisten sei.[216] Nun wollte Postone aber gerade nicht psychische Elemente des Antisemitismus erhellen, ein Rückgriff auf psychoanalytische Theorie blieb ausgespart, sondern der marxistische Theoretiker gab nichts weniger vor, als eine Erklärung für den Holocaust und die antisemitisch motivierte Vernichtung der europäischen Juden zu geben. Tatsächlich verdunkelt Postones theoretischer Versuch die nationalsozialistische Dynamik des Rasse- und Vernichtungskriegs, der im Holocaust kulminierte. Besonders die dem Text zugrunde liegende Idee, wonach aus der Warenstruktur des Kapitalismus sich der Antisemitismus erhebe und dieser irgendwie über eine Aufspaltung in ›konkret‹ und ›abstrakt‹ in Auschwitz kulminiere, kann aufgrund der ahistorischen und unempirischen Beweisführung nicht überzeugen. Die theoretischen wie empirischen Auslassungen ließen dann auch die Frage offen, wann und für welche Schichten und Subjekte sich »antikapitalistische Sehnsüchte« tatsächlich antisemitisch artikulierten und wann und weshalb manche Revolte sich nicht gegen die Herrschaft allgemein, sondern als konformistische und autoritäre Revolte gegen eine meist vom Staat angebotene Minderheit ausagierte. Darüber hinaus stellte sich die Frage, ob sich der im Krieg durchgeführte

216 Bettina Hoeltje, Zu einigen Problemen der linken Analyse des deutschen Faschismus, in: Kongreß der radikalen Linken. Reden und Diskussionsbeiträge zum Kongreß an Pfingsten 1990 und auf der Demo ›Nie wieder Deutschland‹ am 12.5.1990 in Frankfurt am Main, Frankfurt am Main 1990, S. 174-186, hier: S.184 Laut Wikipedia zog sich Hoeltje aus der Politik zurück, wurde als promovierte Diplom-Psychologin wissenschaftliche Mitarbeiterin der Universität Bremen und arbeitete zudem in einer psychotherapeutischen Praxis in Hamburg. Antisemitismusbeschäftigung als Innenschau zu betreiben, wurde ab den 90er-Jahren in einem kleinen Teil der Linken attraktiv. Ein Buchprojekt, das dies dokumentiert: Willi Bischoff, Irit Neidhardt (Hg.), Wir sind die Guten. Antisemitismus in der radikalen Linken, Münster 2000.

und staatlich organisierte Vernichtungsfeldzug gegen die Juden im Zweiten Weltkrieg überhaupt noch in der Logik eines Revolt-Antisemitismus des 19. und frühen 20. Jahrhunderts bewegte.[217]

Allerdings war auch in der antideutschen Szene selbst dieser an Postone orientierte Ableitungsmarxismus umstritten, so urteilten Günther Jacob und andere Autorinnen, dass Postones »strukturalistische Ableitung aus der Verdinglichung und Versubjektivierung des gesellschaftlichen Verhältnisses, insbesondere aus der Mystifikation von kommerziellem Profit und Zins« wenig Erklärungskraft habe, und beziehen sich positiv auf Daniel Goldhagens Untersuchung über *Hitlers willige Vollstrecker*.[218] Mit dem Zweigespann Postone und/oder Goldhagen hatte die Linke jedoch weder einen adäquaten historischen noch analytischen Rahmen, um den Nationalsozialismus und die im Krieg radikalisierte und ideologisch in der rassistischen Logik der Vernichtung sich bewegende NS-Politik des eliminatorischen Antisemitismus zu erklären, die nicht mehr aus wie auch immer gearteter antisemitischer Kultur oder Diskursen, wie Goldhagen behauptete, oder etwa aus dem Wert und den Abstraktionen der kapitalistischen Gesellschaft, wie Postone orakelte, sich erklären lassen. Mit Franz Neumann, Eugen Kogon oder Raul Hilberg war die linke Opposition schon mal weiter. Wesentlich genauere, weil geschichtswissenschaftlich fundierte, Beiträge lieferte ebenfalls die Debatte um Götz Alys und Susanne Heims funktionalistischen Ansatz der »Ökonomie der Endlösung«, dem eine Vielzahl von historischen Einsprüchen folgte, die allesamt in den Jahren 1989 bis 1990 in *Konkret* dokumentiert wurden.[219]

Doch nicht nur auf der Ebene der NS- und Faschismusforschung unterboten die Antideutschen alles Bisherige. Auch die Debatte um das Erbe von Marx gestaltete sich obskurantistisch. Der mit »antideut-

217 Kritisiert hatte dies bereits Detlev Claussen, Grenzen der Aufklärung. Die gesellschaftliche Genese des modernen Antisemitismus, Frankfurt am Main 1994, besonders seine Kritik an Postone auf S. 146.

218 Regina Behrendt, Werner Fleischer, Günther Jacob und Nicola Meißner: Goldhagen und die antinationale Linke, in: Jungle World Nr. 3, 8.1.1998 online: http://jungle-world.com/artikel/1998/02/37461.html

219 Vgl.: Wolfgang Schneider (Hg.): »Vernichtungspolitik«. Eine Debatte über den Zusammenhang von Sozialpolitik und Genozid im nationalsozialistischen Deutschland, Hamburg 1991. Vielleicht war dies sogar eine der wichtigsten und sinnvollsten Debatten auf Jahre, die durch die Konkret-Redaktion beispielhaft organisiert wurde.

sche Wertarbeit« betitelte Kongress der ISF vom 29.-31. März 2002 in Freiburg zeigte, dass die einer Marx-Exegese verpflichteten Diskutanten wie Michael Heinrich oder Nadja Rakowitz und andere kaum eine gemeinsame Sprache fanden, um den antideutschen Verdrehungen beizukommen.[220] Das politische Interesse der Veranstalter machte Manfred Dahlmann von der ISF im Regionalblatt *Badische Zeitung* unter der Rubrik »Menschen & Meinungen« deutlich: »Der Klassenkampf ist schon lange vorbei. Mit Leuten, die einzelne Gewalttaten als Widerstand bezeichnen, haben wir nichts zu tun.« Man wolle sich gegen eine bestimmte »deutsche Form des Kapitalismus« aussprechen:

> »Charakteristisch ist vor allem, dass die Lösungsstrategie in Krisensituationen Konkurrenz ausschließen – im Gegensatz zum amerikanischen ›Jeder gegen jeden‹. Da schwingt die völkische Tradition mit. Wir stellen uns demgegenüber auch einen Kommunismus ohne Gemeinschaftsgedusel vor.«[221]

Mit dem Abgesang auf den Klassenkampf haben die antideutschen Vordenker sich wieder unter diejenigen eingereiht, die seit dem Auftauchen der Neuen Linken und ihres Neomarxismus nichts so sehr herausforderte wie der Klassengedanke.[222] Wusste nicht auch schon Arnold Gehlen: »... die Figur des Kapitalisten als des greifbaren Gegners ist verschwunden«[223]? Allerdings stellt ein klassenkampfloser, in Krisenzeiten die Losung »Jeder-gegen-jeden« ausgebender ›Kommunismus‹, der FdGO-treu weiß, von welchen Leuten er sich abgrenzen muss, eine wahrlich traurige Figur des Denkens dar, die sich recht verkrampft und allzu offensichtlich vom einst selbst vertretenen 70er-Jahre-Arbeiterbewegungsmarxismus absetzen muss. In den Verfallsformen dieser scheinbaren Marx-Aneignung erscheint schon jede die Personifikationen gesellschaftlicher Verhältnisse, jede Namen und Adressen angebende und soziale Figuren und Träger benennende Sozialkritik als ›strukturell antisemitisch‹. Selbst der antideutsche ›Mar-

---

220 Vgl.: ISF (Hg.), Antideutsche Wertarbeit. Der Wert – Das Kapital – Die Kritik. Kongressreader, Freiburg im Breisgau 2002.

221 »Klassenkampf ist vorbei«. BZ-Interview mit Manfred Dahlmann über den Kongress »Antideutsche Wertarbeit«, Badische Zeitung, Mittwoch, 3. April 2002.

222 Deswegen auch die ganzen Anstrengungen, diesen zu widerlegen: z.B.: Eugen Kogon, Klassen und Revolution im Denken der ›neuen Linken‹, in: Erwin K. Scheuch (Hg.) Die Wiedertäufer der Wohlstandsgesellschaft, Köln 1968, S. 83-103.

223 Arnold Gehlen, Anthropologische Forschung. Zur Selbstbegegnung und Selbstentdeckung des Menschen, Reinbeck bei Hamburg 1961, S.131.

xist‹ der Roten Ruhr Uni, Ingo Elbe, sieht nur noch »Klassenverschwörungstheorie« am Werk, wenn den Trägern, Akteurinnen und Profiteuren von Kapitalstrategien nachgegangen wird. Damit zeigt er den Fluchtpunkt des antideutschen ›Marxismus‹ auf: Kapitalismus darf nur noch als System struktureller Zwänge und Mystifikationen angeklagt werden, aber als Ausbeutungsordnung, von der soziale Klassen profitieren bzw. die ihr unterliegen, nicht mehr benannt werden.[224] Ein solcher Klasseninteressen und Ausbeutungsstrategien nicht mehr benennen wollender ›Marxismus‹ wurde ausgerechnet in einer Zeit verkündet, in der mit Agenda 2010 und Hartz IV das klare Programm eines Klassenkampfs von oben für jeden, nur nicht für die Antideutschen, ersichtlich war.

Für die klassischen Linken war die Revolution noch ein Zukunftsprogramm, eine Vision, die mit der Vorgeschichte bricht. Deswegen las man Marx und versuchte seiner Theorie, seiner Kritik und seiner Strategie etwas für heute zu entnehmen. Spätestens nach 1989 übernahmen der Faschismus und Auschwitz die zentrale Rolle, die einst die Revolution spielte. Auschwitz ist für die antideutschen Publizisten dabei jedoch bloß instrumentalisierbare Vergangenheit. Zogen die der Revolution verpflichteten Linken und darin auch die Antiimperialisten ihren eigenen Lebenssinn aus der Zukunft und der Versprechung nach einem besseren, einem herrschaftsfreien Leben, so beziehen die Antideutschen den eigenen Lebenssinn aus dem Tod anderer: die Juden traten als Heilsobjekt an die Stelle des alten Heilsobjekts ›Proletariat‹ beziehungsweise ›unterdrücktes Volk des Trikonts‹. Der Arbeiterbewegungsmarxismus musste in großen Gesten verabschiedet werden. Doch um welchen Preis? Manfred Dahlmann von der ISF machte es in einer, die Kerngedanken von Postone nicht einmal streifenden Rezension für die *Jungle World* deutlich: »Es geht um nichts Geringeres als die Möglichkeit einer zumindest gedanklichen Restitution des Bürgers auch unter den aktuellen Bedingungen.«[225] Einst sollte marxistische Theorie sich »hauptsächlich für die innerhalb des kapitalistischen Systems bemerkbaren Risse

224 Zur Kritik: Karl Reitter, Die Antideutsche Ideologie, Wien im Herbst 2018, https://www.youTube.com/watch?v=c_p8oOMALMk

225 Manfred Dahlmann, Die Arbeit der Kritik. Eine Annäherung an die Thesen Moishe Postones, in: Jungle World, 26.05.2004, online: https://Jungle World/artikel/2004/22/die-arbeit-der-kritik

und Spalten« interessieren, um diese »dunklen brüchigen und labilen Stellen« ins Bewusstsein zu heben »als praktische Einbruchstellen in das Gefüge dieser Gesellschaft«, wie es Karl Korsch in seinem zentralen Aufsatz »Warum ich Marxist bin« formulierte.[226] Damit sollte Schluss sein. Marx und Marxismus wurden nicht nur zur gedanklichen Erbauung verhohnepiepelt, sondern Dahlmann und seine antideutschen Mitstreiter führten diese kritische Theorie einem ihr gänzlich fremden Zweck zu: der Wiederherstellung des Bürgers. Als hätte dieser als Besitzbürger je ausgedient.

226 Karl Korsch, Warum ich Marxist bin, in: Sozialistisches Jahrbuch 2 (Hg. von Wolfgang Dreßen) Berlin 1970, S. 7-17, hier: S. 16.

Eliminatorische Deutsche im Kosovo

Was sich 1991 noch im Nimbus der Feindschaft gegen das ›eigene Land‹ und die *angeblich* geschichtsvergessene Friedensbewegung gerierte, avancierte zum hegemonialen Propaganda-Arsenal der folgenden Kriege: Wo Auschwitz droht, muss Krieg geführt werden. Allerdings zogen die praktischen Konsequenzen aus dieser Lehre vorerst nicht die marginalen ›Antideutschen‹, sondern, wie sich in Folge der Bosnien- und Kosovo-Kriege zeigte, die zu Macht und Verantwortung gekommene Regierungslinke der SPD und der GRÜNEN. Die Verhinderung eines ›Kosovocaust‹ wurde 1999 zur rot-grünen Kriegslegitimation der Bundesregierung. Exekutierte die offen Krieg gegen Serbien führende Regierung unter Gerhard Schröder und dem grünen Außenminister Joschka Fischer nun nicht das, was die bellizistischen Linken bereits zu Golfkriegszeiten forderten? Spätestens jetzt ist der vereinfachende Antiimperialismus nicht mehr die zu überwindende Schwachstelle im linken Denken, sondern der Imperialismus mit seinen militärischen Organen wird zum gefragten Komplizen, um Schlimmeres zu verhindern. So sah es die realpolitische Pro-Wiedervereinigungs-Linke von den GRÜNEN und der Sozialdemokratie, die unter nahezu den gleichen Parolen zu ihrem Krieg aufrief wie 8 Jahre davor die linken Golfkriegsbefürworter. Hatten Letztere Saddam zu Hitler erklärt, ist es Milosevic für Erstere. In den moralisch-historisierenden Attacken auf die Friedensbewegung und in ihrer Behauptung, es gebe schlimmeres als Krieg, nämlich Auschwitz, sind sie sich gleich. Doch die antideutsche Anti-Wiedervereinigungs-Linke stand noch nicht Gewehr bei Fuß. 1999 war sie temporärer Gegner eines deutschen Kriegseinsatzes. Allerdings gerierte sie sich in Form der Hamburger *Konkret* ab 1991 keinesfalls wie prinzipielle Kriegsgegner und Antinationalisten. Der Pohrt'schen, Gremliza'schen und Schneider'schen Kriegslogik folgend musste sie in den Jugoslawischen Zerfallskriegen Kombattant sein, diskursiv auf serbischer Seite. Deutschland als »Viertes Reich« habe, so der Herausgeber Gremliza, »ein deutsches Recht auf slowenisch-kroatische Selbstbestimmung« reklamiert[227], wogegen man nun aufseiten der jugoslawischen Bundes-

227 Hermann L. Gremliza, Serbien muß sterbien, in: Konkret 08/91, S. 8.

armee Partei zu ergreifen habe. Dies übernahm der als Militärstratege bewährte Wolfgang Pohrt, der im September 1991 voller Lob für die serbische Seite war: »Vermutlich zum ersten Mal in der Militärgeschichte nahm eine in Bedrängnis geratene reguläre Armee lieber eigene Verluste hin, als im Kampf gegen paramilitärische Verbände rücksichtslos ihre schweren Waffen einzusetzen.«[228] Ewige Negativfolie vor der man die eigene Position zum sich anbahnenden Krieg und den Konflikten in Jugoslawien bezog, waren Ausführungen von Johann Georg Reißmüller, der sich als FAZ-Redakteur nachdrücklich für die völkerrechtliche Anerkennung von Kroatien und Slowenien einsetzte, wofür ihm 1995 die Ehrendoktorwürde der Universität Zagreb verliehen wurde. Die Logik des »Der Feind-meines-Feindes-ist-mein Freund« kulminierte sogar in dem Abdruck einer Rede Slobodan Milosevics in *Konkret*, der durch die Redaktion beschieden wird, »in ihrer Klarheit und Vernünftigkeit verstehen« zu lassen, »warum die Deutschen mit ihrer antiserbischen Hetze so alleine dastehen«. Die besten Gegenreden fanden sich mal wieder, wie bereits zu Golfkriegszeiten, auf den Seiten der Leserbriefe:

> »Mit dem unkommentierten Abdruck der Propagandarede des serbischen Präsidenten Milosevic habt ihr der kritischen Debatte um die Krise in Jugoslawien einen denkbar schlechten Dienst erwiesen. So erlaubt ihr dem erzreaktionären Nationalisten Milosevic, sich in der linken Öffentlichkeit als Beschützer nationaler Minderheiten darzustellen, demselben Politiker, der seit Jahren die Albaner im Kosovo unterdrückt und die Selbstverwaltung der Vielvölkerprovinz Vojvodina zerschlug. Eine fundierte Darstellung chauvinistischer Politik in Serbien, Kroatien und anderen Republiken sucht man in KONKRET vergebens, obwohl diese bereits seit mehreren Jahren feststellbar ist. In Belgrad ist derzeit ein promovierter Marxist Führer einer der antikommunistischen und nationalistischen Cetnikgruppen, die ihre Rambo-Killer über die Grenzen nach Kroatien schicken. Die Präsidenten Kroatiens und Serbiens verhandelten wiederum vor ein paar Wochen bei einem Geheimtreffen über die Aufteilung der Nachbarrepublik Bosnien-Herzegowina – alles nachlesbar in der kritischen Zeitschrift ›Vreme‹ aus Belgrad! 100.000 Serben auf der Flucht – nur sie? Was ist mit den Zehntausenden flüchtender Kroaten? Wer vertreibt, nur die kroatischen Ustaschi bzw. Nationalgardisten – was tun die Cetniks und die Volksarmisten? Eure Behandlung des Problems Jugoslawiens ist eine Bankrotterklärung für linken Journalismus, keine Analyse, keine Informationsvermittlung, nur polemisches Gelaber. Es drängt sich der Verdacht auf, daß die KONKRET-Redaktion das

228 Wolfgang Pohrt, Entscheidung in Jugoslawien. Von der anti-serbischen zur profaschistischen Kampagne: Beschreibung und Analyse der Verlaufsform des deutschen publizistischen und politischen Engagements im jugoslawischen Bürgerkrieg, in: Konkret 09/91, S. 31f.

Thema letztlich nur instrumentalisiert auf der Suche nach dem deutschen Imperialismus. Damit dürftet ihr euch dann letztlich selbst als gute Doitsche enttarnt haben, die sich eigentlich nur für sich selbst interessieren.«[229]

Tatsächlich schien *Konkret* seit den frühen 90ern, das ›kommunistisch‹-chauvinistische Großserbien als letzte sozialistische Perspektive in Europa zu bejubeln und verabschiedete sich damit voller (anti)deutschem Positionierungswahn von einer dringend geforderten antinationalistischen und anti-chauvinistischen Grundhaltung angesichts der nationalistischen Gemetzel und der Logik der völkischen und ethnischen Vertreibungen an den Rändern Europas.

Doch in ihrer Fixierung auf deutsche Osteuropa-Pläne und mögliche neuerliche Griffe, wenn nicht zur Weltmacht, so doch nach Osteuropa, verbanden sich die Antideutschen zwischenzeitlich mit Traditionsantifaschisten, Antiimperialistinnen und orthodoxen Kommunisten in den Jahren 1991 bis 1999. Dabei wurde nicht nur auf die deutsche Minderheitenpolitik, die im Verbund mit Österreich und dem Vatikan betriebene Anerkennungspolitik gegenüber Slowenien und Kroatien und die antiserbischen Unter- und Obertöne in der deutschen Medienlandschaft abgestellt. Man wollte auch ein politisches Gegenprojekt über die Projektion der Zweiten Weltkriegskonstellation herausbilden. In einem Aufruf zu einem antinationalen Aktionswochenende am 6./7. Mai 1995 in Berlin gingen die aufrufenden Gruppen aus dem norddeutschen Raum davon aus, dass »zentrale Elemente deutscher Politik aus Nationalsozialismus und Kaiserreich heute unübersehbar neu zur Entfaltung kommen«. Die deutsche Außenpolitik richte sich in ihrer Aggressivität nicht nur gegenüber dem Osten, »sondern zunehmend auch gegenüber dem Westen« aus. Das deutsche Staatsbürgerrecht, das dem *jus sanguinis*, also der Herleitung der Staatsangehörigkeit über sogenannte ›Blutseigenschaften‹, folgt, »hatte den Bruch von 1945 faktisch unversehrt überstanden«, und nun, so schlussfolgern die diese Erklärung tragenden Gruppen, käme diese Festlegung »erst heute, nach Wiedererlangung der vollen deutschen Souveränität, wieder in Gänze zur Geltung«. Darüber hinaus gingen die *antinationale FrauenLesbengruppe* Hamburg, das *Antinationale Plenum Detmold*, *Gruppe K* aus Berlin und Hamburg und die Gruppe *Ratio Rausch Revolution*, die wie die *Jour-Fixe-Initiative*

229 Leserbrief an Konkret, abgedruckt in: Konkret 11/91, S. 6.

Berlin neben der *Redaktion Bahamas* zu den ›ErstunterzeichnerInnen‹ zählte, von einer Reaktivierung der an Carl Schmitt orientierten Großraumkonzeption aus.[230] Darüber hinaus gehe es um die Frage »links oder deutsch«, eine positive Bezugnahme auf die Bevölkerung und deren ›eigentliche‹ Interessen sei abzulehnen:

»Entweder willentlicher Anschluß an die Volksgemeinschaft, und sei es auf der Basis von Blütentraum und Illusion, oder willentlicher Bruch mit ihr. Antinationale Politik ist linksradikale Politik und hat die Rekonstruktion revolutionärer Politik zum Ziel«.

Diese habe sich abzugrenzen von einem »Großteil der deutschen Linken«, die sich weigere »Deutschland als neuen Hauptfeind in Europa ins Visier zu nehmen«. Der Aufruf, den die Oldenburger DKP-Politikerin Ruth Rieß als einzige namentlich unterschrieb, schließt definitorisch:

»›Antinational‹ bezeichnet keinen neuen linken Glauben und ist keine Lösung zur Überwindung der linken Isolierung, ist aber Bedingung jeden Versuchs, den herrschenden Konsens aufzubrechen. ›Antideutsch‹ definiert politische Aufgaben in zweierlei Weise: Es gilt, gegen den völkischen Massenkonsens anzugehen, der zunehmend im deutschen Bekenntnis kulminiert, und das Wiedererstehen einer deutschen Großmacht mit expansiver Politik zu bekämpfen, die Bedrohung Nichtdeutscher ist.«[231]

Die Antideutschen agierten durchaus ihrem Namen entsprechend. Sie spitzten die aus der Politik des *Kommunistischen Bundes* bekannte Faschisierungsthese zu und kombinierten diese mit einem auf ›Großdeutschland‹ bezogenen Antiimperialismus. Ihr Gegner war die reformistische und ›Verantwortung‹ tragende Staatslinke, die man als Trägerin des großdeutschen Projekts ausmachte.

»Als eine zentrale ideologische Stütze hatte sich in dieser Hinsicht das grünalternative Milieu bewährt, dessen SprecherInnen mit sicherem Instinkt die Losung ›*Serbien muss sterbien*‹ popularisierte und das ehemalige Jugoslawien als Schauplatz des ersten großen Bundeswehreinsatzes sich ausgesucht haben.«[232]

Nun waren tatsächlich nach dem Ende der DDR in den »Verteidigungspolitischen Richtlinien« von 1992 der Bundeswehr eine offen proklamierte neue Rolle imperialistischer Interessensicherung zugedacht wor-

230 Kampagnenzeitung mit Aufruf »Kein Frieden mit Deutschland. Gegen die Kollaboration mit der Nation«. Antinationales Aktionswochenende 6./7. Mai 1995 in Berlin, als »UnterstützerInnen dieser Stellungnahme« fungierte ak kassiber berlin.

231 Ebenda, S. 14f.

232 Ebenda, S. 9.

den. Als rohstoffarmes Land sei der Bundesrepublik unter anderem an einer Sicherheit internationaler Transportwege gelegen. In diesem Sinne gestalteten sich die ersten Auslandseinsätze der Bundeswehr so zielsicher wie unverfänglich: die Einsätze in Somalia oder 1995 als Teil der UN-Blauhelmtruppen im Bosnien-Konflikt waren noch vom UN-Sicherheitsrat gedeckt. Bis zum 50-jährigen Jubiläum der NATO im Jahre 1999 wurde allerdings eine diskursive Alarm- und Drohkulisse aufgebaut, die schließlich den von keinem UN-Mandat gedeckten Angriffskrieg gegen Restjugoslawien legitimieren sollte.

Die bekannte Erste-Weltkriegs-Parole »Serbien muss sterbien« war allerdings gerade nicht die vorherrschende Kriegslegitimation. Stattdessen bedienten sich die grün-alternativen Kosovokriegsapologetinnen von 1999 aus dem gleichen diskursiven Arsenal der Faschismusanalogien wie ihre antideutschen Feinde. »Deutschland denken heißt Auschwitz denken«, schien rot-grüne Kriegsbefürworter wie antinational-antideutsche Kriegsgegnerinnen zu verbinden, wenn auch mit diametral unterschiedlichem Ergebnis. Erstere skizzierten Auschwitz-ähnliche Szenarien, um eine Kriegshandlung von außen möglich zu machen. Und darin folgten sie auch keinem spezifisch deutschen Sonderweg, wie ein Blick auf globale Debatten verdeutlicht hätte. Der Holocaust drohte zu einem universalisierbaren Symbol zu werden, und so hatten Elie Wiesel und der *American Jewish Congress* bereits 1993 die Regierung Clinton unter Verweis auf die Erinnerung von Holocaustüberlebenden darauf gedrängt, angesichts des Bosnienkrieges und den dort stattfindenden Massakern militärisch in die jugoslawischen Zerfallskriege einzugreifen.[233] Die internationale Dimension dieser Kampagne wurde übersehen, vielmehr ging ein großer Teil der deutschen Linken davon aus, diese Auschwitz und den Holocaust beschwörenden Anklagen erfolgten nur in Deutschland und stellten eine neue Form des Sonderwegs dar, der eingeschlagen wurde, um die NS-Vergangenheit zu verdrängen.

Diese recht beschränkte Fehlwahrnehmung und die Ignoranz gegenüber globalen erinnerungspolitischen Debatten und Diskursstrategien überkreuzten sich im antideutschen Milieu mit der Suche nach einer neuen theoretischen Erklärung des Nationalsozialismus, der nicht

233 Vgl.: Daniel Levy/ Natan Sznaider, Erinnerung im globalen Zeitalter: Der Holocaust, Frankfurt am Main 2001, S.182.

mehr – wie in der alten und Vor-Wiedervereinigungs-Linken – als Form bürgerlicher Herrschaft oder als industriefreundliches Projekt der herrschenden Klasse begriffen werden sollte. Angesichts der Suche nach etwas spezifisch Deutschem und dem Fokus auf Antisemitismus wurde die Sonderwegsthese für die angemessenste Form der Analyse des Nationalsozialismus angesehen. Mit der Nie-wieder-Sonderwegs-Doktrin war jedoch eine im Kern bürgerliche Erklärung formuliert, warum es ausgerechnet in Deutschland zum NS-Faschismus kam. Die keineswegs linken oder radikal gesellschaftskritischen Soziologen Norbert Elias oder Helmut Plessner hatten in dem Fehlen eines entwickelten Bürgertums den Grund der Faschisierung Deutschlands erblickt. Die prominenten linken Publizisten Matthias Küntzel und Jürgen Elsässer machten sich dennoch dafür stark, den marxistischen Rahmen zu überschreiten. In einer komprimierten, aber durchaus textkundigen Darstellung von Sonderwegsthese und ihren Kritikern, beschreibt Elsässer die Herausbildung des deutschen Obrigkeitsstaates. Die Besonderheit der deutschen Entwicklung analysiert er mit Hannah Arendt als ein Zusammentreffen einer bestimmten Ideologie, nämlich des völkischen Nationalismus, und einer bestimmten Ökonomie, dem zu spät gekommenen Imperialismus. Der Staat habe von Anfang an »anstelle der Bourgeoisie die Durchsetzung und den Aufbau kapitalistischer Strukturen geleitet. Die frühbürgerlichen Tugenden des Individualismus, der Toleranz und des Liberalismus, die in Staaten wie England und Frankreich konstitutiv für die Nationenbildung waren und ein Gegengewicht gegen die Herausbildung eines totalen Staates blieben, fehlten also in Deutschland völlig.«[234]

So hätte sich auch der ideologische Kern des Nazismus, der moderne Antisemitismus, als »Resultat des Übergangs vom Frühkapitalismus zum entwickelten Kapitalismus« als Staatsaktion durchsetzen können. Zu guter Letzt schreibt Elsässer unter Verweis auf Max Weber, dass »die ›Weltbilder‹, welche durch ›Ideen‹ geschaffen werden (...) sehr oft als Weichensteller die Bahnen bestimmen, in denen die Dynamik der Interessen das Handeln« bestimme. Dunkel und wie eine Neuauflage der KB-Faschisierungsthese liest sich dann das Ende:

234 Jürgen Elsässer, Über den deutschen Sonderweg. Eine Positionsbestimmung, in: junge Welt 3.Mai 1995, S.13

»Wenn heute das positive Bekenntnis zur deutschen Geschichte wieder die öffentliche Diskussion bestimmt und das Andenken an Adenauer nicht weniger demontiert wird als das an die sozialliberale Ostpolitik, muß man sich nicht wundern, wenn dieses Gedankengut auch die Kommandohöhen von Politik und Wirtschaft erfaßt.«[235]

Doch ein nazistisch oder völkisch motiviertes Abrücken von Adenauers Westbindung war weder politisch noch wirtschaftlich, geschweige denn in der offiziellen Gedenk- und Geschichtspolitik der Bundesrepublik Deutschland vorgesehen, was den Antideutschen wie Elsässer allerdings entging.

Eine probate Neuauflage der Sonderwegtheorie wurde just zu diesem Zeitpunkt in Deutschland veröffentlicht: *Hitlers willige Vollstrecker* vom US-amerikanischen Soziologen Daniel Goldhagen, das von den frisch gebackenen linken Sonderwegkritikern euphorisch aufgenommen wurde. Neben Elsässer spielte jetzt Matthias Küntzel eine herausragende Rolle. Letzterer wurde einer breiteren Öffentlichkeit mit dem 1997 beim Verlag Elefanten Press herausgegebenen Buch *Goldhagen und die deutsche Linke oder: Die Gegenwart des Holocaust* bekannt. »Die Goldhagen-Debatte war für alle spannend und hatte eine Art Initiationscharakter«, resümierte die Kultur-Redakteurin der *Jungle World,* Heike Runge, rückblickend.[236] Im Nachhinein ist die Goldhagen-Debatte in der deutschen Öffentlichkeit vielseitiger ausgefallen, als die damalige antinationale und antideutsche Linke es wahrnehmen wollte. Tatsächlich bestand das fraglos Neue an Goldhagens Bestseller in einer dichten Beschreibung der deutschen Mordaktionen und dem Konstatieren, dass die antisemitischen Auffassungen der Deutschen die zentrale Triebkraft für den Holocaust darstellten. Ganz gewöhnliche Deutsche hatten ohne Not einen Vernichtungseifer an den Tag gelegt, der jeder Entlastungsthese Hohn spottet. Da die Vernichtung der europäischen Juden ein »nationales Projekt« gewesen sei, würde die Aussage gelten: »keine Deutschen, kein Holocaust«.[237]

---

235 Ebenda.

236 Jungle World. Redaktionsgespräch im Dossier: Überleben im Dschungel. Jungle World wird drei Jahre alt. In diesem Alter sollte man langsam wissen, was man ist. Gespräch zwischen Bernd Beier, Anton Landgraf, Ferdinand Muggenthaler, Heike Runge, Maik Söhler und Ralf Schröder, Jungle World Nr. 32, 2.8.2000, online: http://jungle-world.com/artikel/2000/31/27196.html

237 Daniel Goldhagen, Hitlers willige Vollstrecker. Ganz gewöhnliche Deutsche und der Holocaust, Berlin 1996, S. 474 und S. 19.

Bei Historikern des NS fanden Goldhagens Zuspitzungen wenig Zustimmung. Die zuweilen scharfe Abwehr von Goldhagens Thesen in führenden deutschen Leitmedien durch Historiker ist gut dokumentiert. Besonders die klassischen linken Vertreter einer marxistischen Faschismustheorie zeigten sich angesichts der verqueren, tatsächlich eine Kollektivschuld konstruierenden Hauptlinie in Goldhagens Werk als vollkommen unfähig, auf den Kern und das Irritierende von Goldhagens Intervention angemessen zu reagieren. Denn Goldhagen hatte zumindest Antworten auf das spezifisch Deutsche des Holocaust geben wollen und er hatte eine Marxisten eher fremde Forschungsperspektive eingenommen: eine Täterforschung. Dem hielten orthodoxe Marxisten entgegen: Nicht *die* Deutschen waren verantwortlich für den Holocaust, sondern das ›Monopolkapital‹, Hauptfeind der Nazis sei die deutsche Arbeiterbewegung gewesen. Goldhagen hätte die 12 Millionen Wähler von SPD und KPD des März 1933 unterschlagen, womit unterstellt war, diese wären *per se* in irgendeiner Form anti-antisemitisch imprägniert.[238] Doch fernab dieser eher randständigen, kommunistischen Stimmen in der breiten Abwehrfront gegen Goldhagen griffen Teile der deutschen Öffentlichkeit Goldhagens »Ihr Deutsche«-Anklage auf und verkehrten sie in ein fast stolzes »Wir Deutsche«-Bekenntnis. Wer Goldhagen zustimmt, so notierte der Kritische Theoretiker Detlev Claussen, »kann sich selbst als mutiger Nonkonformist vorkommen, ohne auf das Gefühl nationaler Geborgenheit verzichten zu müssen«.[239] Doch es ging um weit mehr, es ging um eine Läuterung: Wir Deutschen waren einmal völkisch, barbarisch und eliminatorisch, doch wir sind es nicht mehr; jetzt, so lautete das öffentliche Bekenntnis in Deutschland, sind wir republikanisch-demokratisch-zivilisiert. Der linksradikale Bürokratiekritiker Norman G. Finkelstein erklärte in einem Interview recht treffend:

> »Die Reaktion auf Goldhagen – eine Mischung aus Rockkonzert und religiöser Erweckung – war für mich ein Zeichen dafür, dass das Verhältnis der Deutschen

---

238 Vgl.: Reinhard Kühnl, Kampf ums Geschichtsbild, in: junge Welt, 24.6.1996 und Emil Carlebach, Nicht Antisemitismus, sondern Profitgier und Kadavergehorsam, in: Unsere Zeit, 26.7.1996.

239 Detlev Claussen, Viel Lärm um Goldhagen. Vorläufige Bilanz einer desaströsen Debatte, in: Ders., Aspekte der Alltagsreligion. Ideologiekritik unter veränderten gesellschaftlichen Verhältnissen, Frankfurt am Main 2000, S. 61.

zu ihrer Vergangenheit und zu den Juden immer noch weit entfernt von Normalität ist: Da kommt ein Mann aus den USA, sagt den Deutschen, eure Eltern und Großeltern sind pathologische, mörderische Antisemiten, und die Menschen gehen in die Öffentlichkeit, schlagen sich vor die Brust und sagen, ja das stimmt. Das ist nicht rational, das ist ein Passionsspiel.«[240]

In der antideutschen Linken ermögliche die Rezeption von *Hitlers willige Vollstrecker* eine weitere Abkehr vom Marxismus, den man als zu schematisch argumentierend empfand, was auf Autoren wie Reinhard Kühnl und Emil Carlebach ja auch zutraf. Goldhagen konnte die in dem antinationalen Milieu gerade neu gewonnenen Einsichten eines deutschen Sonderwegs mit historischem Material unterfüttern, er identifizierte schließlich ›die Deutschen‹ als Täter, nicht die SS, die Wehrmacht, ganz normale Männer oder die Nazis. Und er sah von Luther und der katholischen Kirche bis zu den Einsatzgruppen an der Ostfront einen spezifisch deutschen eliminatorischen Antisemitismus wirken.

Doch, was im Kontext der Kriegsfrage noch entscheidender war: Goldhagen hatte sich früh gegen eine Entdämonisierung des Nazismus ausgesprochen und Ernst Nolte und Arno Mayer vorgeworfen, sie würden »zur Umwandlung von Nazis in ein brutales Regime unter anderen« beitragen.[241] Sein Geschichtswerk arbeitete die Singularität des Holocaust heraus und schien so den tagespolitischen Proklamationen, Eingreifen sei gegen allerhand Auschwitz-ähnliche Kriegssituationen und Massaker geboten, entschieden zu widersprechen. Aber: So war es nicht.

Der US-amerikanische Soziologie nahm nämlich bezüglich des Kosovokrieges und Serbien eine Position ein, die seine antideutschen Freunde alles andere als entzückte. Er revidierte zwar nicht vollständig seine Singularitätsbehauptung und setzte Milosevic auch nicht mit Hitler gleich, aber er betonte die Grausamkeit beider:

»Trotzdem haben die Serben ihr Schlimmstes getan, um die Welt an den Holocaust zu erinnern ... Und die erschreckende Folge ist, daß all die toten Zivilisten – ob wir es nun Genozid nennen oder nicht – genauso tot sind wie die ermordeten Juden, Polen, Russen, Schwulen zu Hitlers Zeiten ... Die serbi-

240 »Den Holocaut missbraucht?«, Interview mit Norman G. Finkelstein, in: Badische Zeitung, 1.September 2000, S.12

241 Vgl.: Levy/ Sznaider, a.a.O., S.187.

schen Schreckenstaten unterscheiden sich von denen der Nazis grundsätzlich nur durch die geringere Dimension.«[242]

Folgerichtig machte er sich für eine »deutsche Lösung für den Balkan« stark – womit er eine permanente Besatzung durch die NATO meinte, im Rückgriff auf die Nachkriegssituation des besetzten Deutschland. Um einen Völkermord zu beenden, forderte er, müsse die NATO Serbien besiegen, besetzen und umerziehen. 1999 machte Goldhagen seine Position auf einer Konferenz der Heinrich-Böll-Stiftung unter dem Titel »Die Goldhagen-Debatte: Bilanz und Perspektiven« deutlich – und kassierte an diesem Punkt deutliche Widerworte von Elsässer und Küntzel, der die Veranstaltung ausgerichtet hatte.[243]

Denn die von Daniel Goldhagen, aber auch auf dem Kongress von Andrei S. Markovits geäußerten Positionen zum Jugoslawien-Krieg waren ein Schlag ins Gesicht der diese US-Liberalen hofierenden Antideutschen. Auf antideutscher Seite wünschte man als Letztes eine deutsche Lösung für den Kosovo. Und die Einschätzung dessen, wem die Verursacher- und wem die Opferrolle in den jugoslawischen Zerfallskriegen zukommt, verlief genau andersherum.

Für geschichtspolitisch informierte Antifaschisten und die Antideutschen verkörperten die Serben in der Zeit des Zweiten Weltkrieges die Seite der Guten, die Juden vor Kroaten und Albanern retteten. Letzte erschienen dahingegen als willige Hilfsvölker einer deutschen Großmachtssucht. Für den antideutschen Publizisten Matthias Küntzel war der Kosovo-Krieg ein deutscher Krieg, um völkische Ambitionen zu stärken, vor allem jene der albanischen Minderheit. So übertrug er eine antifaschistisch-antideutsche Passage des Schriftstellers Thomas Mann auf den aktuellen Konflikt in Ex-Jugoslawien:

> »Der albanische Freiheitsbegriff war immer nach außen gerichtet; er meinte das Recht, albanisch zu sein, nur albanisch und nichts anderes, nichts darüber hinaus, er war ein protestierender Begriff selbstzentrierter Abwehr gegen alles, was den völkischen Egoismus bedingt und einschränken, ihn zähmen und ... zum Menschheitsdienst anhalten wollte.«

242 Daniel Goldhagen, Süddeutsche Zeitung vom 30. April 1999, zitiert nach: Levy/ Sznaider, a.a.O., S. 188.

243 Dokumentiert in: Jürgen Elsässer/ Andrei S. Markovits (Hg.), ›Die Fratze der eigenen Geschichte‹. Von der Goldhagen-Debatte zum Jugoslawien-Krieg, Berlin 1999.

In der Fußnote zu dieser verwirrenden Passage gibt der Autor an: »Im Originaltext gehört das Adjektiv ›albanisch‹ jeweils durch das Adjektiv ›deutsch‹ ersetzt. Vgl. Thomas Mann, Deutschland und die Deutschen ...«[244]

In dieser anti-albanischen Haltung wird eine erste Projektion deutlich, die fortan antideutsche Polemik begleitete und sich zunehmend anti-muslimisch auflud: »Der Nazi-Deutsche« mutierte in den Augen des ›Antideutschen‹ zu einem vorgeblich muslimischen, den völkischen »Wahn« verfolgenden Mitglied eines »Volksstammes«. Selbst wichtige Bestandteile des Wissens um den Faschismus mussten für diese rassistische Volte verdrängt werden, denn schließlich waren Albanerinnen und Albaner historisch auch den Attacken des faschistischen deutschen Verbündeten Italien ausgesetzt. Die Auslieferung der Juden an die Nazis während der Okkupation Jugoslawiens ist sowohl albanischen, serbischen wie kroatischen Nationalisten anzulasten und es gab durchaus etliche kosovo-albanische Judenretter, die den bedrängten Jüdinnen und Juden ihre Flucht nach Albanien ermöglichten, wo diese Gastfreundschaft genossen. Auch wenn in den 80er-Jahren der kosovo-albanische Nationalismus nicht zuletzt wegen des Drucks von serbischer Seite aufbrandete, so waren die bosnischen Muslime in den 90ern der jugoslawischen Vielvölkerstaatsidee am Weitesten verbunden und widersetzten sich der nationalen und ethnisierenden Logik weitgehend. Tatsächlich erfasste die negative Dynamik der »Ethnisierung des Sozialen« Akteure in allen Teilrepubliken Jugoslawiens.[245]

Auch die kosovarische Befreiungsarmee UÇK und die offiziellen Vertreter der Kosovaren agierten als nationalistische Kräfte des Reaktionären. Ein Zeithistoriker, der für einige wenige Artikel in *Konkret* gewonnen wurde, kritisierte die offizielle kosovarische Befreiungsbewegung unter dem Politiker und Schriftsteller Ibrahim Rugova durchaus angemessen:

244 Matthias Küntzel, Der Weg in den Krieg. Deutschland, die NATO und das Kosovo, Berlin 2000, S. 203 und 237.

245 Vgl. die zwei adäquaten zeitgenössischen Analysen des jugoslawischen Zerfalls, aus Sicht der radikalen Linken: Materialien für einen neuen Antiimperialismus Nr. 6 Ethnisierung des Sozialen. Die Transformation der jugoslawischen Gesellschaft im Medium des Krieges, Göttingen 1993; Ex-Anti-NATO-Gruppe, Der Osten bleibt rot. Vom Staatskapitalismus in die Barbarei? Texte zum Zusammenbruch des »Sozialismus« und zum Krieg in Jugoslawien, Freiburg im Breisgau 1993.

»Nie hat Rugova versucht, für eine Verbesserung der Lage der Albaner Unterstützung innerhalb der serbischen Gesellschaft zu suchen, wie dies etwa der südafrikanische ANC, die PLO und selbst die kurdische PKK in ihren jeweiligen Ländern getan haben. Nicht die Serben, sondern die Nato waren der Ansprechpartner Rugovas.«[246]

Für einige mit den Antideutschen verbündeten Autoren wie den hier zitierten Karl Lorenz waren also linke Befreiungsbewegungen noch ein positiver Referenzpunkt, um sich von der prowestlichen kosovoalbanischen Unabhängigkeitsbewegung, deren Nationalismus sich vollständig verselbstständigt hatte, abzugrenzen. Tatsächlich war im Umfeld der UÇK, zu der Rugova gute Kontakte unterhielt, nationalistische Logik, mafiöse Strukturen und Gewalt nicht scheuende kriminelle Energie ein bis heute wirkendes Gemisch. Verbrechen wie Entführungen, Folter, sexueller Missbrauch, Vertreibung und Ermordung von Roma, serbischen und albanischen Zivilistinnen sowie Organhandel sind bis heute nicht verfolgt worden, das Kriegsverbrechertribunal für Ex-Jugoslawien sieht sich nicht als zuständig an. Antideutsche Kommentatoren hatten bereits zur Zeit der Konflikte auf diese gerne in bundesdeutschen Medien verschwiegene Seite des Kosovo hingewiesen. Ihre Analysen dieser Region als vom Weltmarkt abgehängter Gegend mit einem hohen Anteil an überflüssiger Arbeitskraft, einem sogenannten »Surplus-Proletariat«, sprengten zuweilen einen materialistischen Rahmen und einige antideutsche Kommentatoren ergingen sich bevölkerungspolitisch gestimmt darin, »den Kosovo-Albaner« als Teil eines reproduktiv überaktiven »sexuellen Proletariats« auszumachen.[247] An anderer Stelle weitete *Bahamas*-Autor Thomas Becker seine Kritik der UÇK bis zu Enver Hoxha aus. Der die Sozialistische Volksrepublik Albanien von 1944 bis 1985 diktatorisch regierende Nationalkommunist hatte schon, so weist Becker anhand einzelner Hoxha-Zitate nach, »der ›formal-juristischen Fetischisierung‹ der jugoslawischen Verfassung mit dem ›gesunden Geist‹ des albanischen Volkes zu Leibe« rücken wollen.[248] Die generelle

246 Karl Lorenz, Pulverfass Kosovo. Warum der Titoismus am albanischen Nationalismus scheiterte, in: Jürgen Elsässer (Hg.), Nie wieder Krieg ohne uns, Hamburg 1999, S. 25-36, hier: S. 36.

247 Thomas Becker, Die Helden von Pristina proben auch den Aufstand des sexuellen Proletariats. Eine kursorische Geschichte der UÇK, in: Bahamas 28/1999

248 Thomas Becker, Enver Hodschas letztes Aufgebot. Die Geschichte der Volksbefreiungsarmee UÇK – Kurzer Lehrgang, in: Jürgen Elsässer (Hg.), Nie wieder, a.a.O., S.

Marschrichtung im antideutsch-antifaschistischen Milieu lautete: Die Kosovo-Albaner, so Jürgen Elsässer, orientierten und definierten sich völkisch am deutschen Blutsprinzip, während dem serbischen Nationalismus in der Nachfolge Jugoslawiens ein republikanisches Staatsbürgerverständnis zugrunde liegen würde – Serbien läge als Staatsbürgernation folglich mit »Blutsvölkern« wie den Albanern im Krieg.[249]

Dieser Darstellung, die nazistische muslimische Hilfsvölker albanischer Provenienz konstruierte und in Serbien den jugoslawisch-antifaschistischen Statthalter sehen wollte, trat die Setzung Deutschlands als von völkischen Bedürfnissen getriebene faschistische Nation zur Seite. Verbunden war dies mit der Behauptung, Deutschland verfolge einen ewigen Sonderweg – bis ins Jahr 1999 unter der rot-grünen Bundesregierung. So meinte Matthias Küntzel eine besondere völkische Logik in der deutschen Politik ausmachen zu können:

> »Während die USA auf den ersten Blick bei den Angriffen auf Jugoslawien der Hauptkriegstreiber zu sein scheint (!), macht die genauere Analyse deutlich, daß die Initiatoren der derzeitigen Zerschlagung Jugoslawiens nicht in Washington, sondern in Bonn oder Berlin zu finden sind. Während die USA ihre nationale Interessen ebenso nüchtern wie brutal formulieren und diskutieren, basiert die deutsche Kriegs- und Interessenspolitik auf einer völkischen Ideologie und der wahnhaften Projektion von ›KZ‹- und ›Auschwitz‹-Phantasien auf den jeweiligen Feind.«[250]

Andere Kommentatoren aus der traditionellen Linken sahen die Politik der Bundesrepublik – deutlich angemessener – als ein westliches neoimperialistisches Projekt, das auch mit dem geopolitischen Interesse verbunden war, Russland als Verbündeten von Serbien zu schwächen und einen menschenrechtlich legitimierten Völkerrechtsnihilismus hoffähig zu machen. So formulierte der Balkan- und Russland-Kenner Werner Pirker zwei Tage nach Beginn des NATO-Bombenkrieges gegen Jugoslawien, dass es darum gehe, »mißliebige Staaten unter Ausnutzung innerer

37-42, hier: S. 40. Das konnte auch noch ein Nachklapp aus der K-Gruppen-Zeit sein, denn der KB, aus dem Becker kam, hatte im Gegensatz zu der *KPD/Marxisten Leninisten* um Ernst Aust, für die lange dunkle Jahre Albanien Projektionsfläche ihrer maoistischen Träume war, mit dem Hoxha-Kult nie etwas im Sinn.

249 Jürgen Elsässer, »Aufstand der Stämme«, in: Konkret, Nr. 12/1999, S. 18-22.

250 Matthias Küntzel, Die Initiatoren des Krieges gegen Jugoslawien sitzen in Bonn, nicht in Washington, in. Jungle World, April 1999, online: http://www.matthiaskuentzel.de/contents/die-initiatoren-des-krieges-gegen-jugoslawien-sitzen-in-bonn-nicht-inwashington

Widersprüche ihrer Souveränitätsrechte zu berauben«. Die kriegsführende Seite kennzeichnet er vollkommen zurecht als westlichen Block einer militarisierten Sozialdemokratie:

> »Der Menschenrechtsimperialismus hat die ihm entsprechenden Repräsentanten gefunden: Einen als Sozialreformer souverän gescheiterten US-Präsidenten und einen Labour-Chef als dessen britisches Pendant. Einen NATO-Generalsekretär aus der SP Spaniens, der seine pazifistischen Jugendträume militärisch realisieren will. Und schließlich noch die Schröders und Fischers, die kein deutscher Sonderweg von der Linie der internationalen Sozialdemokratie zur Verteidigung des abendländischen Vaterlandes abbringen kann.«[251]

Tatsächlich war der Kosovo-Krieg 1999 kein deutscher Krieg, sondern ein westlicher Krieg der Ex-Linken, vom ehemaligen Kriegsdienstverweigerer Clinton, dem ehemaligen NATO-Gegner Solana und dem Anti-Raketen-Demonstranten Rudolf Scharping. Es war auch ein Krieg der sozialistischen Internationale, ein Krieg der ehemals spontaneistischen Linken wie Joschka Fischer und Daniel Cohn-Bendit, die den Marsch durch die Institutionen an die Spitze des Staates sehr erfolgreich absolviert hatten. Fast scheint es so, als hätten Fischer und Cohn-Bendit die Aufforderung von Moishe Postone aus dem Jahre 1985, ein besseres neues Deutschland aufzubauen und von Anti-NATO-Aktivitäten die Finger zu lassen, also sehr beherzigt. Zu diesem Krieg der ehemals Linken gehört, dass er nicht in der Kontinuität des traditionellen Serbenhasses geführt wurde, dass er nicht mit Bezug auf 1914 und 1941 geführt wurde. Er wurde in offensichtlicher Abgrenzung zu dieser Geschichte geführt und er wurde geführt und unterstützt von Leuten, denen ein deutsch-völkisches Interesse ziemlich fremd ist. Auf den ersten Blick konnte man diesen Krieg mitsamt Fischers medienaufmerksamer Begründung, dass er auf den Grundsätzen stehe: *nie wieder Krieg, nie wieder Auschwitz, nie wieder Völkermord, nie wieder Faschismus* als einen weiteren deutschen Sonderweg verstehen. Tatsächlich stand diese ›besondere deutsche Verantwor-

251 Werner Pirker, Verbrannte Erde. Es herrscht Krieg in Europa – warum?, in: junge Welt, 26. März 1999. Der ehemalige Moskaukorrespondent des Zentralorgans der Kommunistischen Partei Österreichs (KPÖ), Volksstimme, zeigte in den Kommentaren zum Zerteilen und Zerfall Jugoslawiens wie kein anderer seine Osteuropakenntnisse. Dass er später zum Nahen Osten und speziell dem Iran in simple antiimperialistische Reflexe verfiel, ist so tragisch wie die von der Jungle World gepflegte Feindschaft, die diesen Kommunisten aus Denkfaulheit schlicht zur »personifizierten Antithese« ihrer Meinungen erhob, lächerlich und entlarvend.

tung‹ »plötzlich im Einklang mit der westlichen, demokratischen Weltgemeinschaft«, wie in der Sache korrekt, in der Wortwahl und Bewertung recht apologetisch Daniel Levy und Natan Sznaider feststellen.[252] Und auch von den alten Vorhaltungen von konservativer Seite, wonach man »die Partei der Grünen als die parteipolitische beziehungsweise parlamentarische Organisation des Antiamerikanismus in der Bundesrepublik Deutschland verstehen« müsse[253], entpuppten sich als demagogischer Blödsinn. Schließlich hatte die neue rot-grüne Bundesregierung unter dem Druck Washingtons sich genötigt gefühlt, jeden Schatten eines Zweifels an der Bündnistreue auszuräumen: »Die Berliner Newcomer sahen die Kriegsbeteiligung ohne UNO-Mandat als eine Art Mutprobe, die sie vor den Nato-Realpolitikern zu bestehen hatten.«[254] Zwischen Außenministerin Madeleine Albright und ihrem Amtskollegen Fischer herrschte 1999 nicht nur punktuell große Einigkeit, sondern es entspannte sich eine regelrechte geschäftstüchtige Freundschaft, die Fischer Jahre später einen gut dotierten Job in der Beratungsfirma Albrights einbrachte. Kein Antiamerikanismus stand ihm dabei im Wege, stattdessen brachte sich Fischer bald schon in einen transatlantischen Dialog zwischen europäischen und US-amerikanischen ›Realisten‹ ein.[255] Nicht die Friedensbewegung hatte sich hier zur Agentin des neuen deutschen Interventionismus aufgeschwungen, sondern die prinzipiell pro-westliche »Adenauer-Linke«, zu der »früh Intellektuelle wie Dan Diner, der in der Zeitschrift des Sozialistischen Büros *links* eine ›Lanze für die NATO‹ brach« zu zählen seien, aber auch der Generalsekretär der SPD, Peter Glotz, und nicht zuletzt der zum Atlantiker bekehrte Realpolitiker und ehemalige Militante Joschka Fischer.[256]

---

252 Levy/Sznaiser, a.a.O., S. 190.

253 Emil-Peter Müller. Antiamerikanismus in Deutschland. Zwischen Care-Paket und Cruise Missile. Köln 1986, S. 125.

254 Niels Kadritzke, Der rot-grüne Sündenfall, Le monde diplomatique vom 11. April 2019, S. 24.

255 Joschka Fischer, Die Rückkehr der Geschichte. Die Welt nach dem 11. September und die Erneuerung des Westens, Köln 2005.

256 So durchaus treffend in einem affirmativen Artikel Claus Leggewie, Wie man zur Adenauer-Linken werden konnte, in: der Freitag. Das Meinungsmedium, vom 19.04.2017, online: https://www.freitag.de/autoren/der-freitag/wie-man-zum-adenauer-linken-werden-konnte

Der Antideutsche Tjark Kunstreich japste in reichlich uninformiert-naiven Sätzen, die die Überforderung der Antideutschen durch die neuen Kriege und ihre Legitimationen anzeigten: »Schon allein der Verweis auf Auschwitz zeigt, daß es ein deutscher Krieg ist«, und: »Eigentlich ist es schon allein deswegen ein deutscher Krieg, weil nun eine solche Energie entfaltet wird, um nachzuweisen, dass es sich nicht um einen deutschen Krieg handelt.«[257] Den Antideutschen war offensichtlich schwindelig geworden, wie schnell ein erklärter Atlantiker aus der Linken wie Fischer die antideutsche Parole »Deutschland denken, heißt Auschwitz denken« aus der Zeiten der Wiedervereinigung derart transformieren konnte, dass Deutschland nun militärisch aktiv werden solle. Man hatte sich doch so sehr auf den angeblich manifesten Nationalismus in der Friedensbewegung, das »Blabla vom Vaterland« im Pazifismus eingeschossen[258], dass man die in Wirklichkeit pro-westlichen, proamerikanischen Nato-hörigen Kriegstreiber von Rot-Grün gar nicht mehr erkennen konnte, die ihre Verantwortung vor der Welt gerade antinationalistisch und antideutsch begründeten. Fischer nahm in seiner Kriegsbefürwortung ja ein gegen die Friedensbewegung gerichtetes Argument sowohl der politischen atlantizistischen Rechten auf, das eben auch beständig die Antideutschen im Munde führen: Pazifismus habe Auschwitz erst möglich gemacht.

Die irrige antideutsche Positionierung war nicht nur dem außenpolitisch-strategischen, allerdings schielenden Blick linker Großmeister und ewig auf den Zweiten Weltkrieg festgefrorener Antifaschisten geschuldet, sondern es mischte sich ein recht eigentümliches Bedürfnis nach deutscher Entschuldung dazu, das letzten Endes dazu tendierte, die Realität vollkommen auf den Kopf zu stellen. Insbesondere bei Jürgen Elsässer zeigte sich, dass er nur dadurch in der Lage war, einen eigenen politischen Standpunkt zu markieren, indem er in permanenter Bezogenheit auf den politischen Gegner eine Anti-Haltung einnahm. Ist dies aber alleiniger Bezugspunkt, ist von der reflexhaften Inversion zur Konversion jede denkbare Haltung möglich. Damals positionierte sich Elsässer gegen einen halluzinierten und lediglich in der Gedankenwelt des publikums-

---

257 So zwei zeitgenössische Aussagen auf Podien und in der Schrift: Tjark Kunstreich, Ein deutscher Krieg, Freiburg im Breisgau 1999.

258 Initiative Sozialistisches Forum, Um Sarajewo: Der Krieg der Pazifisten, Jour Fixe Programm Herbst/Winter 1995.

süchtigen Publizisten existenten antiamerikanischen grün-alternativ-völkischen Kriegsbefürworter, der in deutscher Tradition die Serben hassen und unterjochen wollte. Dass hier Reflexe diktierten und nicht politische Erkenntnisse oder empirische Untersuchung das Urteil formten, machte er selbst deutlich: »Es ist für mich ein antifaschistischer Reflex, auf der Seite der Israelis und Juden wie der Jugoslawen und Serben zu stehen.« Auch die Ablehnung des Nato-Krieges durch den israelischen Außenminister Scharon fand Elsässers Gefallen.[259] Markovits, der mit dem damaligen Elsässer vor allem in den Attacken auf eine *angeblich* antiamerikanische Linke einig war, antworte darauf schulterklopfend:

> »Sie sind ein World-War-II-guy; das ist mir im Prinzip sympathisch, ich bin eigentlich auch einer. Dennoch: Sie sind verkrustet in den Konstellationen von 1939 bis 1945. Wenn Sie die bundesdeutsche Politik immer auf dieser Folie rezipieren, muß sie Ihnen immer vorkommen wie die Nazi-Politik. Immerhin bewahrt Sie Ihre Verkrustung vor den verhängnisvollen anti-amerikanischen Motiven, in denen die meisten anderen – rechte wie linke – Kriegsgegner gefangen sind.«[260]

Die Verkrustung ist mit den Jahren abgeblättert – der »World-War-II-guy« tritt nun als Hauptredner auf rechten Demonstrationen mit lupenrein antiamerikanischen und mit dem Antisemitismus spielenden Propagandareden auf, die bei den wenigen linken Kriegsgegnern 1999 im Gegensatz zu den Behauptungen Markovits abwesend waren.[261] 2019 lädt niemand anderes als Elsässer zu einer *Compact*-Geschichtskonferenz unter dem Titel »Freispruch für Deutschland!« ein, die fordert:

---

259 Jürgen Elsässer, Die Falle von Rambouillet. Wie Deutschland die USA in den Kosovo-Krieg gezogen hat, in: Konkret, Nr. 5/1999, S.52. Die Ablehnung des Kosovokrieges durch die israelische Rechte verdeutlichen Levy und Sznaider: »Wenn Kosovaren Anspruch auf Selbstbestimmung erheben, nur weil sie eine ethnische Minderheit bilden, dann haben auch Palästinenser ein Selbstbestimmungsrecht ... Wenn die NATO heute Serbien bombardiert, kann sie morgen Israel bombardieren, so das Argument der besorgten Rechten.« in: Levy/ Sznaider, Erinnerung, a.a.O., S. 197.

260 Jürgen Elsässer/ Andrei S. Markovits, Ein deutsches Coming-out? Streitgespräch: Die Linke, der Krieg und mögliche Verkürzungen in Goldhagens Holocaust-Analyse, in: Elsässer/ Markovits, Die Fratze ..., a.a.O., S. 198.

261 Markovits hatte bereits 1991 zum Golfkrieg in der ZEIT und der Frankfurter Rundschau einen hegemonialen deutschen Friedensblock mit jahrzehntelanger Tradition von Antiisraelismus und Antiamerikanismus konstruiert: Vgl.: Andrei S. Markovits, Eine ernüchternde Erfahrung. Die Friedensbewegung aus der Sicht eines amerikanischen Juden, DIE ZEIT vom 15. Februar 1991, online: https://www.zeit.de/1991/08/eine-ernuechternde-erfahrung/komplettansicht

» – Schluss mit der Dämonisierung der Deutschen zum ›Tätervolk‹ (Goldhagen); – Schluss mit der Kollektivschuldlüge, die alle Deutschen für die Verbrechen der Nationalsozialisten in Geiselhaft nimmt – und sogar noch die Nachgeborenen ins Büßerhemd zwingt«.[262]

Fast scheint es so, als habe Elsässer 1999 als Antideutscher eine Position in der Öffentlichkeit lanciert, um sie nun zwanzig Jahre später als Rechtsradikaler bekämpfen zu können. Bei so vielen Verdrehungen, Reflexen, Divergenzen und Projektionen kann manch einem schwindlig werden. Über die antideutsche Haltung während der Jugoslawien-Kriege muss man allerdings festhalten: Der aggressive Nationalismus auf serbischer Seite wurde schlichtweg geleugnet, die dort bestehende reale ›Querfront‹ zwischen der regierenden, sich sozialistisch nennenden Partei unter Milosevic mit faschistischen Tschetniks einfach übersehen. Zuweilen wurden sogar die Ausmaße der serbischen Massaker wie in Srebrenica geleugnet und mittels pseudo-positivistischer Argumente kleingezeichnet, sodass es selbst Markovits gegenüber dem damals um Anerkennung im liberalen Milieu buhlenden, antideutschen Elsässer entfährt: »An diesem Punkt unterscheiden Sie sich in meiner Sicht überhaupt nicht von den Holocaust-Leugnern wie David Irving und Robert Fourisson«.[263] Serbische Nationalisten als Täter störten einfach in dem propagandistischen Bild, das man sich von den jugoslawischen Zerfallskriegen machen wollte, um als korrekter deutsch-antideutscher World-War-II-guy reüssieren zu können.

Der verästelte biografische Werdegang der Antideutschen startete nun und führte den einen ins Milieu der neokonservativen antikommunistischen Bürger (Matthias Küntzel), den anderen ins Lager der antimuslimischen Verteidiger des ›Abendlandes‹ (Jürgen Elsässer). Vom Kommunismus des Kommunistischen Bundes, in dem beide bis in die frühen 90er organisiert waren, haben sie sich weit wegbewegt, um nun in die ihnen angemessen erscheinende Rolle des ›guten Deutschen‹ zu schlüpfen. Der eine bekämpft als Vertreter der anderen, westlich orientierten Querfront den eliminatorischen Antisemitismus der Araber[264],

262 Vgl.: die Konferenzankündigung »Compact Konferenz. Unsere Geschichte, unser Erbe, unser Stolz. Freispruch für Deutschland! Magdeburg, 9. Juni 2019, online: https://www.compact-online.de/9-juni-gerechtigkeit-fuer-deutschland-nicht-ueber-und-nicht-unter-andern-voelkern-wolln-wir-sein-brecht/

263 Elsässer/ Markovits, Ein deutsches Coming-out?, a.a.O., S.191.

264 Vgl. das im ça ira-Verlag herausgegebene Buch: Djihad und Judenhass – Über den neuen antijüdischen Krieg, Freiburg im Breisgau 2002 und auf der Höhe seines akade-

der andere als Kämpfer gegen die Islamisierung Deutschlands in Form von Migrationsbewegungen und als Chefredakteur des rechtsradikalen *Compact*-Magazins. Elsässer ist sich als Vertreter der slawophilen Querfront in der Frage des Kosovokrieges treu geblieben: Ein Kriegsgegner, ein Fürsprecher des serbischen Souveränismus, ein Kleinzeichner der ethnizistischen Morde. Der Hass auf die »links-grün-versiffte« Republik der Kosovokriegstreiber ist Kontinuität. Ein *Compact*-Sonderheft widmet sich anlässlich des zwanzigsten Jahrestages des Kosovokrieges dem »Krieg der Grünen«, nur dass es diesmal kein »deutscher Krieg«, sondern »der erste Antifa-Krieg« gewesen sein soll, bei dem »die Grünen Deutschland in den Krieg gegen Jugoslawien trieben« vor dem Hintergrund eines »fiktiven Völkermords« an Albanern.[265]

Der ehemalige antideutsche World-War-II-guy Elsässer beklagt nun als rechter Demagoge einen »Antifa-Krieg«, wo er vor 20 Jahren noch als Antideutscher diesen angeblich »völkisch« motivierten Krieg Deutschlands ablehnte. Elsässer hat seinen Sonderweg in Richtung Souveränismus, Ethnopluralismus, dem Hofieren von serbischem wie deutschem Nationalismus eingeschlagen. Die Mehrheit der Antideutschen folgte ihm hier nicht. Allerdings übte man sich im antideutschen Milieu ein in die konstruierte Frontstellung: barbarische rückschrittliche »Volksstämme«, die eine völkische Strategie verfolgen würden und dabei vom Zentrum der völkischen Logik, dem neuen Deutschland, unterstützt würden, versus westlich-aufgeklärter Welt.

mischen Erfolges: Matthias Küntzel, Islamischer Antisemitismus als Forschungsgebiet, in: Marc Grimm/Bodo Kahmann (Hrsg.), Antisemitismus im 21. Jahrhundert. Virulenz einer alten Feindschaft in Zeiten von Islamismus und Terror, Berlin/Boston 2018, S. 135-155.

265 Jürgen Elsässer, Der Krieg der Grünen. Bomben für den Islam, Compact-Spezial, online: https://www.compact-online.de/1999-der-erste-antifa-krieg-wie-die-gruenen-deutschland-in-den-krieg-gegen-jugoslawien-trieben/

Durchschlagend: 9/11

Im antideutschen Milieu lösten die Anschläge in New York am 11. September 2001 Schock wie Bestätigung gleichermaßen aus. Darin standen sie dem Mainstream recht nahe, denn in der öffentlichen Wahrnehmung hatte ebenfalls die Barbarei im Herzen der Zivilisation zugeschlagen. Eine gesellschaftskritische Analyse des politisch-religiösen Terrorismus betonte dahingegen, dass Al-Qaida als Fraktion des reaktionären und antiwestlichen Fundamentalismus zuerst, wie andere islamistische Phänomene, vonseiten des Westens im Kampf gegen die Sowjetunion aufgebaut worden war und nun ihrerseits die Dominanz der USA attackierte. Kritische Kommentatorinnen verwiesen auf ein Zauberlehrlingsphänomen: In ihrem Kampf mit der Sowjetunion und gegen deren zeitweilige Dominanz über Afghanistan griff sogar der US-Geheimdienst CIA aktiv ein, rekrutierte Dschihad-Kämpfer und bildete sie für den Terrorkampf aus. Die finanzielle Unterstützung ermöglichte die pakistanische Bank *Bank of Credit and Commerce International* (BCCI) und Waffenlieferungen erfolgten in enger Kooperation zwischen CIA und Pakistans *Inter Services Intelligence* (ISI). »Die Quellen des privatisierten und globalisierten Terrorismus in der Welt von heute, die internationalen Dschihads, sind die wahren ideologischen Kinder von Reagans Kreuzzug gegen das ›Reich des Bösen‹«, so die treffende Bemerkung des Politikwissenschaftlers Mahmood Mamdani.[266] Die Anwesenheit der Truppen der USA auf dem Gebiet des saudischen Königreichs nach dem Golfkrieg 1991, das Embargo gegen den Irak und ein instrumenteller Bezug auf den sich seit 2000 zuspitzenden Israel-Palästina-Konflikt führten schließlich zu der Attacke.[267] Doch eine solche Analyse klang den Antideutschen zu antiimperialistisch. Tatsächlich löste der Anschlag bei ihnen einen verdreht-antifaschistischen und prowestlichen Reflex gegen einen nur militärisch zu bekämpfenden und durch die USA zu besiegenden ›Islamofaschismus‹ aus, ein Begriff, der dem *war on terror* seine geschichtspolitischen und historischen Weihen angedei-

266 Mahmood Mamdani, Guter Moslem, böser Moslem. Amerika und die Wurzeln des Terrors, Hamburg 2004, S.131-191, hier: 191.

267 So die bis heute erhellende Darstellung des libanesischen Marxisten Gilbert Achcar, Der Schock der Barbarei. Der 11. September und die ›neue Weltordnung‹, Köln 2002.

hen ließ. Plötzlich schien die Konstellation ganz deutlich zu sein: Der freie Westen wird von einer islamistischen Gruppe attackiert, die sich durch antisemitische Agitation auszeichnet. Und was Elsässer bereits während des Kosovo-Krieges ankündigte, vollzogen seine antideutschen Freunde von *Jungle World* und *Bahamas*: »Wenn die USA endlich gegen die bisher von ihnen gehätschelten Taliban-Terroristen in Afghanistan vorgingen, wäre ich der letzte, der protestierte. Aber genau das wird ja nicht passieren.«[268] Es passierte und die Antideutschen wollten nicht nur nicht protestieren, sondern deutlich den *war on terror* beklatschen. Der antiimperialistische Deutungsansatz erschien angesichts des neuen Terrorismus mit islamistischem Hintergrund als unterkomplex, viele ehemalige Linke wollten auch gleich gar nicht mehr etwaige imperialistische oder imperiale Interessen der USA untersuchen. Einige aus der Linken stammende Intellektuelle waren für die Terrorangst besonders empfänglich und kombinierten diese mit dem Aufruf zu praktischem Antifaschismus, der allerdings auf kriegerische publizistische Selbstertüchtigung setzte und den Gewaltsouverän anrief.

Wildcat urteilte über die Haltung der Antideutschen nach 9/11, hier zeige sich, dass ihre vermeintlich radikale Kritik am Bestehenden nicht mehr auf ein gesellschaftliches Verhältnis abzielen würde, »das weltweite Ungleichzeitigkeit, Hunger, Elend und Ausbeutung produziert«. Die antideutsche »Kritik« spricht zwar von

> » [...] Totalität, reißt aber den weltweiten Zusammenhang auseinander und meint, ›Zivilisation‹ und ›Barbarei‹ voneinander trennen zu können. Den Unterschied zwischen ›Zivilisation‹ und ›Barbarei‹ buchstabiert sie dabei genauso aus, wie die kapitalistischen Demokratien nach dem 2. Weltkrieg: entweder normale kapitalistische Demokratie oder barbarischer Faschismus. Das ist eine propagandistische Gegenüberstellung, mit der auch die neuen Kriege nach 89/90 begründet werden. Dabei ignorieren die antideutschen Wertkritiker den sozialen Gehalt und die materiellen Hintergründe des aktuellen Krieges. Bei dem ›langen Krieg gegen den Terror‹ geht es nicht einfach nur um Öl, oder um die Verhinderung von Anschlägen, oder um das Austragen von Konkurrenz zwischen Industriestaaten, diese einzelnen Momente stehen im Zusammenhang mit den Perspektiven des Kapitalismus als einem globalen System. Die Verwertung steckt in einer Krise und zugleich verliert sie als ›einzig mögliche‹ Form unseres gesellschaftlichen Zusammenhangs an Glaubwürdigkeit. Die Kontrolle der sozialen Gegensätze hat nie ohne einen äußeren Feind, ohne die positive

268 Jürgen Elsässer/ Andrei S. Markovits, Ein deutsches Coming-out? Streitgespräch: Die Linke, der Krieg und mögliche Verkürzungen in Goldhagens Holocaust-Analyse, in: Elsässer/ Markovits, Die Fratze ..., a.a.O., S.198f.

Selbstbespiegelung dieser Gesellschaftsform in anderen, ›minderen‹, ›barbarischen‹ existieren können. Die ganze Debatte um ›Zivilisation‹ und ›Barbarei‹ wird in Kategorien geführt, die gerade aus der deutschen Geschichte zu vertraut sind: die Russenphobie in der deutschen Sozialdemokratie, die ›zivilisatorische Mission‹, mit der die Nazis über Osteuropa herfielen. Aber diese Debatte folgt auch den nach 89 vorgegebenen propagandistischen Konstrukten: ›Der Kampf der Kulturen‹, Huntingtons Auftragsarbeit für den CIA, bot sich als ein neues Raster nach dem Wegfall des Kalten Krieges an, möglicherweise ohne zu wissen, wie erfolgreich es werden könnte.«[269]

Besonders die Texte in der antideutschen Zeitschrift »*Bahamas*«, deren Genese Bernhard Schmid nachzeichnete[270], waren Dokumente dieser aggressiven Angstreaktion und wenig aufklärerischen Feindbestimmung. In dieser Szene übte man einen eigentümlichen Blick auf die palästinensischen Gebiete ein, wenn man von der »judenmordenden Volksgemeinschaft Palästina« sprach. Hier wurde der Anschlag auf das WTC als »bisheriger Gipfelpunkt der antizivilisatorischen Aggression« bezeichnet[271], was zu einer lautstarken Bejahung des Afghanistan-Kriegs als auch des daran anschließenden Irak-Kriegs führte. Die Taliban müssten ebenso geschlagen werden, wie Al-Qaida vernichtet und das »faschistische Baath-Regime im Irak« zur »Verteidigung der Zivilisation« kriegerisch zum Verschwinden gebracht werden.[272] Denn nichts weniger als ein antifaschistischer Kampf stand in den Augen der Antideutschen an. Als Ausgangspunkt der nach den Anschlägen einsetzenden Versuche, Gemeinsamkeiten zwischen nationalsozialistischer Ideologie und Islamismus herauszuarbeiten, diente dabei in Anlehnung an Goldhagen der Begriff des »eliminatorischen Antisemitismus«, der als zentraler ideologischer Gehalt des Islamismus angesehen wurde. Aufgrund dieser angeblichen Übereinstimmung konnte

269 Wildcat, Kritik als Spektakel, a.a.O.

270 Bernhard Schmid, Deutschlandreise auf die ›Bahamas‹. Vom Produkt der Linken zur neo-autoritären Sekte, in: Hanloser (Hg.), »Sie warn die Antideutschesten ...«, a.a.O., S. 15-64

271 Beide Zitate stammen aus der programmatischen Erklärung »Krieg dem Baath-Regime. Waffen für Israel« der Bahamas-Redaktion, in: Bahamas 39/2002. Unter dem Abschnitt ›Irak und Islamfaschismus‹ heißt es: »Diese Zuversicht (gemeint ist die der Islamisten, d. A.) hat erst da merklich Schaden genommen, als die USA nach dem bisherigen Gipfelpunkt der antizivilisatorischen Aggression, anders als Europa (mit der Ausnahme Großbritanniens) das tun würde, höchst selbstbewußt auf ihre Souveränität setzten und im Fall al-Qaida und Afghanistan nachhaltig deutlich machten, daß es nicht mit gutem Zureden sein Bewenden haben würde.«

272 Redaktion Bahamas, »Zur Verteidigung der Zivilisation«, in: Bahamas, 37/2002.

auch von den unterschiedlichen historischen Voraussetzungen zwischen Nazideutschland und den gesamten Staaten des Nahen Ostens, in denen der Islamismus angesiedelt ist, abstrahiert werden:

> »Der Islamismus ist die moslemfaschistische Reprise des Nationalsozialismus unter den Bedingungen einer an sich selbst gescheiterten nachholenden Entwicklung in den islamisch geprägten Regionen der Weltmarktperipherie.«[273]

Mit der Aktualisierung des Nationalsozialismus in Gestalt des Islamismus ging die Beschwörung der Gefahr eines neuen Auschwitz – exekutiert am Staat Israel – durch die Wirkungsmacht islamistischer Gruppierungen einher:

> »Für Juden ist die mit der Chiffre Shoa belegte Massenvernichtung das einschneidende Ereignis, in dem der, mit der Herausbildung des industriellen Kapitalismus sich entwickelnde moderne Antisemitismus sein genuines Anliegen – Vernichtung aller Juden – erstmals in gigantischem Ausmaß umsetzte und – das zeigen nicht zuletzt die islamistischen Aktivitäten – mit der vorzeitigen Beendigung seines Projekts durch Deutschlands Kriegsgegner seinen Vernichtungswillen längst nicht eingebüßt hat.«[274]

Als Beleg für das Vernichtungspotenzial des Islamismus von Al-Qaida galt dem *Bahamas*-Autorengespann Kunstreich und Pankow der Anschlag auf das WTC selbst. Da das WTC als Zentrum des Finanzkapitals angegriffen wurde, sei der Angriff antisemitisch motiviert, außerdem müsse man ihn als Fortsetzung der in Israel verübten Selbstmordanschläge der Hamas verstehen. Doch es reichte auch nicht, dem Anschlag eine antijüdische Logik vor dem Hintergrund der arabisch-muslimischen Geschichte zu attestieren. Der Vergleichsmaßstab durfte nichts Geringeres als die deutsche Massenvernichtung sein: »Es stimmt: Die heutigen Islamisten sind noch nicht so weit. Am 11. September 2001 wurden ›erst‹ knapp ein Promille – vielleicht weniger – der von den Nazis ermordeten Juden umgebracht.«[275]

Die existenzialistisch aufgeladene Forderung nach einer »bewaffnete(n) Selbstverteidigung Israels als Kristallisationspunkt ei-

273 Clemens Nachtmann, Kapitulation des Intellekts, in: Bahamas, 37/2002. In dieser Auffassung wird der 11.9. zum »ersten generalstabsmäßig geplanten und durchgeführten antisemitisch motivierten Massenmord seit den Nazis.« Ebd.

274 Horst Pankow/ Tjark Kunstreich, Vernichtung als Selbstzweck ist eine Gemeinsamkeit von nationalsozialistischem und islamistischem Judenhass, in: Bahamas, 37/2002, S.21-24, hier: 22.

275 Ebenda.

nes weltweiten Kampfes gegen den barbarischen Antikapitalismus« schien der *Bahamas* nun dringlich geboten; und zwar in Analogie zur faschistischen Aggression gegen die Republik in Spanien 1936:

> »An einem Wendepunkt, der durchaus nicht unverwandt ist mit dem, den die faschistische Aggression gegen die spanische Republik 1936 bedeutete und der die Entscheidung verlangte, für diese Republik als Symbol des Widerstandes gegen den Nationalsozialismus und seine spanischen und italienischen Verbündeten zu kämpfen, wird man sich entscheiden müssen: Für die bewaffnete Selbstverteidigung Israels als Kristallisationspunkt eines weltweiten Kampfes gegen den barbarischen Antikapitalismus.«[276]

Der Text schließt mit dem programmatischen Aufruf zur bedingungslosen Solidarität mit Israel und den USA in ihrem Kampf gegen die »faschistisch-islamistische Internationale« und endet mit der Forderung »Waffen für Israel!«[277].

Der Bezug auf den Spanischen Bürgerkrieg ist interessant und zeigt, dass die *Bahamas* ihre damalige Pro-Kriegsposition unter Zuhilfenahme und Anrufung antifaschistischer Gemeinplätze vornahm. Warum Spanien? 1936 fand in Spanien tatsächlich eine für Europa entscheidende Schlacht zwischen Faschismus und den Gegenkräften statt. Es gab im Bürgerkrieg eine soziale Revolution, die sowohl durch die Neutralitätshaltung Frankreichs (unter der Volksfrontregierung Blums) und Englands, dem konterrevolutionären Wirken der Volksfront-Kommunisten mit ihren stalinistischen Folterschergen der GPU und vor allem durch die brutale militärische Intervention Mussolinis und Hitlers aufgerieben wurde.[278] Allein Moskau lieferte Waffen über Mexiko, wachte allerdings darüber, welche Fraktion diese erhielt, und ließ sich die Lieferung teuer bezahlen. »Waffen für Spanien« hieß damals in der Linken, für eine bewaffnete Unterstützung der bedrängten Republik zu werben oder Gelder für Waffenkäufe zu sammeln, die der jeweiligen linken Fraktion und ihren Milizen, die man unterstützte, zugutekommen sollten. Unter-

---

276 Redaktion Bahamas, Krieg dem Baath-Regime, Waffen für Israel, a.a.O.

277 Ebenda.

278 Vgl.: Walther L. Bernecker, Anarchismus und Bürgerkrieg. Zur Geschichte der sozialen Revolution in Spanien 1936-1939, Hamburg 1978. Als historisches Dokument und Kontrapunkt gegen diese Geschichtsvergessenheit sei auf einen Aufsatz des Rätekommunisten Paul Matticks verwiesen: Paul Mattick, The barricades must be torn down. Moscow-Fascism in Spain, International Communist Correspondance, Nr. 7/8, August 1937, http://www.marxists.org.uk/archive/mattick-paul/1937/spain.htm

stützung erfahren konnten internationalistische Kommunistinnen der POUM, Anarchisten rund um die anarchosyndikalistische CNT oder auch die meist von der KP Spaniens dirigierten internationalen Brigaden. Es ging nie darum, einen bereits waffenstarrenden Staat zu unterstützen wie in der antideutschen Parole »Waffen für Israel«. Auch die durch die Antideutschen vorgenommene Gegnerbestimmung musste vor dem Hintergrund der Spanien-Analogie eigenartig erscheinen. Einen sogenannten »barbarischen Antikapitalismus« abwehren wollten nämlich in den 30ern eher die Feudalaristokraten und die oft klerikalwie militärfaschistisch imprägnierten Landadeligen, die mit wilden Landenteignungen und Kollektivierungen, die die spanischen Anarchistinnen vornahmen, konfrontiert waren. Der revolutionär-anarchistische Antiklerikalismus, der sich nicht alleine in Kirchenenteignungen ausdrückte, ist der spanischen Rechten wohl als ›barbarisch‹ erschienen. Antikapitalistinnen kämpften 1936 auf der Seite der Republik oder traten für eine sofortige soziale Revolution ein. 2001 und 2002 gegen einen »barbarischen Antikapitalismus« Waffen für Israel zu fordern, war kurios. Aber die verquere historische Analogie und die Verwirrung der Sprache ist antideutsche Methode, denn es ging um nichts anderes als um Geschichtsenteignung.

»Waffen für ...« hatte die internationalistische Linke das letzte Mal für die FMLN in El Salvador gefordert und im Geiste des Internationalismus und Antiimperialismus Geld für Gewehre für eine Guerilla gesammelt. Nachdem 1990 die Sandinisten in Nicaragua die Wahlen verloren, die Solidaritätsbewegung für Zentralamerika zerfiel und ein Friedensschluss in El Salvador in Aussicht stand, wurde die Waffenkampagne endgültig für beendet erklärt. Schon davor gab es breite linke Diskussionen über den Mythos des bewaffneten Kampfes und über El Salvador und Nicaragua als Orte der linken Befreiungsprojektionen. Sollte die emanzipatorische Kritik und Aufhebung des Antiimperialismus, die die Antideutschen geleistet haben wollen, also nun darin bestehen, dass nicht mehr einer Bäuerinnenguerilla Geld für ihre Waffen zur Absetzung einer Militärdiktatur und der Verteidigung gegen antikommunistische Killer zugedacht wird, sondern einem gut gerüsteten Militärstaat mit siedlerkolonialistischer Prägung und Verfügung über die Atombombe?

Einer der wenigen interessanten Texte zur antideutschen Misere hat Daniel Dockerill 2003 vorgelegt, in dem er schließt:

»Vor dem Zweiten Weltkrieg ... und währenddessen stand mit dem Tun und Lassen der Linken wirklich etwas auf dem Spiel. Die Gedankengänge und Entscheidungen ihrer divergierenden Tendenzen spiegelten das Ringen sozialer Kräfte, die nach Millionen zählten und wirkten ihrerseits darauf ein. Ob etwa die Kommunistische Partei Frankreichs eine unabhängige Klassenlinie verfocht oder diese im ängstlichen Manövrieren zwischen Burgfrieden und Pazifismus verspielte, davon hing in nicht unbeträchtlichem Maße Verlauf und Ausgang des großen Krieges ab. Gar nicht zu reden von der Sowjetunion, deren Agieren nicht wenig Verantwortung für Hitlers anfänglichen triumphalen Siegeszug trägt, die aber dann auch, gezwungenermaßen und viel zu spät, den bei weitem größten Beitrag zu seiner schließlichen Niederringung leistete. Das war das Trauerspiel. Die heutige Linke dahingegen, von der so gut wie gar nichts mehr abhängt, völlig losgelöst in die alten Kostüme schlüpfend, ohne überhaupt das Textbuch richtig zu kennen, bringt höchstens noch eine belanglose Farce auf die Bühne.«[279]

Denn wie sollte sich eine marginalisierte kommunistische Linke überhaupt positionieren? An welches Erbe des Kommunismus oder des sozialistischen Antifaschismus konnte man anknüpfen? Bereits 1995 meldeten sich anlässlich des 8.-Mai-Jubiläums wohl unter den Pseudonymen Rosha Rosenblüt und Nathan Blaireau zwei Linkskommunistinnen in der ostdeutschen Dissidentenzeitschrift *telegraph* zu Wort mit einem »weiteren Versuch, der fortdauernden Kampagne der ›Antinationalen-Antideutschen‹ zu entgegnen«. Unter Bezugnahme auf den italienischen Linkskommunisten Amadeo Bordiga und im Ton der *Situationistischen Internationale* schrieben sie:

»Die politische Klasse der großen Demokratien verfügt über ein diffuses Arsenal des Spektakels. Wenn das diffuse Spektakel zu uns spricht, ist alles verdreht – den Abschlachtungen folgen Lügen und Zynismus. Die proletarisierten Menschen sollen glauben, daß es fundamentale Unterschiede zwischen den Ver-

279 Daniel Dockerill, Petition the Lord with prayer. Amerika führt Krieg und die Linke in Deutschland sucht weiterhin ihren Frieden, in: Trend Onlinezeitung 01/03, http://www.trend.infopartisan.net/trd0103/t050103.html Leider kommt dieser anregende Text auch nicht ohne großsprecherischen Gestus aus: »Aber das ist wohl der Unterschied zwischen der Linken und dem Kommunismus: Jene inszeniert immer wieder von neuem das erbärmliche Theater einer über allen Parteien thronenden Gerechtigkeit, vor der dann auch die Mächtigen dieser Welt sich zu verantworten hätten. Dieser dagegen (soweit er es fertigbringt, sich von der Linken zu trennen) begreift sich selber als die eine, auf nichts als sich selbst gestellte Partei, die die bestehenden Machtverhältnisse vollständig umzustürzen, ihrerseits also eine Macht zu werden und zu diesem Zweck natürlich das Tun und Lassen aller zu stürzenden Mächte in Rechnung zu stellen hat.« Hier geriert sich der Autor als die Inkarnation des Kommunismus, gewillt, sich von der Linken zu trennen und nur so rein denklogisch als Kommunist existent. Kein halbes Dutzend Jahre später ist er Mitglied von DIE LINKE Schleswig-Holstein.

brechen des Faschismus, des Stalinismus und der Demokratie gibt. Das Spektakel sagt: *Auschwitz ist unübertroffen und einmalig.* Glaub' ihnen nicht! Wir sagen Dir: *Jeder Verrat und jedes Verbrechen an einem Menschen ist einmalig und für das Opfer unübertroffen.* «

Auch der staatliche ›Antifaschismus‹ habe sich mit seinen Massenbombardements von Großstädten eines Massakers schuldig gemacht, die Alliierten hätten sich nicht »aus edler Menschenliebe gegen Hitler gewandt, sondern weil sie fürchteten, daß ihnen selbst die Felle davonschwimmen. Es galt, die imperialistische Macht in Europa neu zu verteilen, die Karten am Spieltisch des Welt-Monopoly neu zu mischen«. Zu guter Letzt hätten sich die »demokratischen Imperialisten« auch nicht an der Existenz der faschistischen Konzentrationslager gestoßen. Demnach solle man sich der Feier eines »sauberen Imperialismus« verweigern, der zuletzt während des Golfkriegs 1991 »200.000 irakische Zivilisten und 250.000 irakische Soldaten« getötet habe. Das Motto laute folglich: »Zurückweisung auch jeder Art von Sozialchauvinismus und Burgfriedenspolitik. Denn das moderne Proletariat hat kein Vaterland!«[280]

Dies musste marginale Position in der Linken bleiben, die im Ganzen den Antifaschismus als Erbe aufnahm und den hier vorgestellten Text als unanständig und revisionistisch empfinden musste, auch wenn er es nicht war, sondern schlicht eine maximalistische revolutionäre Position vertrat. Für die Antideutschen, die die Erfahrungen des Faschismus zum Nonplusultra der eigenen Positionsfindung erklärten und sich dennoch als ›Kommunisten‹ empfanden, stellte sich allerdings auch die schwierige Frage nach dem historischen Erbe. Wenn sich nach 9/11 tatsächlich abermals die Position des Antifaschismus aufdrängte, welche historische Analyse von Kommunisten zur Zeit des Zweiten Weltkriegs konnte handlungsweisend sein? Sollte man sich am Rätekommunismus, den ja einige Antideutsche als Antidot zum Leninismus entdeckt hatten, ein Vorbild nehmen? Dann müsste man aber alle herrschaftlichen Formen, Islamismus wie US-Imperium, als gleichermaßen verdammenswert erklären, überall Klassenkampf, Streiks und Subversion jenseits und gegen nationalistische Kriegslogiken propagieren; so wie in den Augen der Rä-

280 Rosha Rosenblüt/ Nathan Blaireau, Scherben im Spiegelkabinett. Ein weiterer Versuch, der fortdauernden Kampagne der ›Antinationalen-Antideutschen‹ zu entgegnen, in: telegraph. 3/1995, S. 45-49.

tekommunisten Mattick, Korsch und Pannekoek Nationalsozialismus, Faschismus, Stalinismus und New-Deal-Amerika gleichermaßen totalitäre Formen der Klassenherrschaft darstellten. Damit wäre man Bordiga und den linksradikalen Demokratiekritikerinnen nahegekommen und man hätte sich rasch vom Antideutschtum als radikalisiertem Antifaschismus verabschieden müssen. Das war für die Antideutschen so wenig eine Option wie eine Wiederaufnahme trotzkistischer Positionen. Der Trotzkismus hatte bekanntlich zum Kampf gegen die Hitlerbarbarei aufgerufen, notfalls an der Seite der Alliierten, aber dort in den Armeeeinheiten den beständigen Kampf gegen Kolonialismus und Kolonialrassismus propagiert. Was blieb übrig? Etwa die Strategie des Stalinismus vor und nach dem Hitler-Stalin-Pakt? Sein Volksfrontantifaschismus hatte Mitte der 30er-Jahre möglichst breite Bündnisse auch mit dem Bürgertum angestrebt. Dabei sollte die antifaschistische Mobilisierung mit allem, was damals heilig war und die Anständigen begeisterte, betrieben werden: Volk, Familie, Arbeit und Vaterland. Kein Streik, keine autonome Aktion der Klasse und auch nicht die Eigentumsfrage, wie von Bertolt Brecht auf dem Schriftstellerkongress von 1935 in Paris thematisiert, dürfte dieses Bündnis gefährden. Zum Großen Vaterländischen Krieg konnten die antifaschistischen Antideutschen in der Tradition des Moskauer Staatsantifaschismus wohl ebenfalls nicht aufrufen. So mobilisierte man am ehesten mit dem, was dem postmodernen Bewusstsein heilig ist: *Fanta statt Fatwa* und *pursuit of happiness*.[281] Aber Kommunist war man damit eben nicht mehr.

Naheliegend aufgrund der antideutschen Begeisterung für die Kritische Theorie war noch eine Aktualisierung der Position von Herbert Marcuse, der sich wie Franz Neumann und andere als intellektueller Kämpfer dem US-amerikanischen Geheimdienst OSS zur Verfügung gestellt hatte.[282] Er erforschte im amerikanischen Exil die deutsche Mentalität, um den USA einen klaren und schnellen Sieg über Deutschland

281 So zwei wichtige, nach 9/11 ausgegebene Parolen der Jungle World, vgl.: Andrea Albertini, »Fanta statt Fatwa«, in: Jungle World, Nr. 42/2001, S. 5 und das im situationistischen Gestus vorgetragene Umspielen eines zu rettenden bürgerlichen Glücksversprechens: Carlos Kunze, »Viva la muerte«, in: Jungle World, Nr. 39/2001, S. 5.

282 Vgl.: Raffaele Laudani (Hg.) Franz Neumann, Herbert Marcuse, Otto Kirchheim. Im Kampf gegen Nazideutschland. Berichte für den amerikanischen Geheimdienst 1943-1949, Frankfurt am Main/ New York 2016.

zu ermöglichen. In den 50er- und 60er-Jahren entdeckte der im Kalten Krieg kaltgestellte Marcuse allerdings genau jene privatistischen und korrumpierenden Elemente, die er auch für die relative Stabilität der faschistischen Gesellschaftsformation verantwortlich machte, in den USA und wurde damit zum Vordenker der Revolte der 60er.[283] Als Freund und Genosse von Angela Davis war er auch ein wichtiger Bote des ›anderen Amerika‹ – der schwarzen Kämpfe, der Frauenkämpfe, der unteren unangepassten Klassen. Doch als Orientierungspunkt schied eine solche Haltung für die Antideutschen ebenfalls aus, da sie die Kämpfe der Klasse ja als vollständig unerheblich, wenn nicht sogar gegenaufklärerisch abwerteten. Die einzige Schrift, die als ein Hinweis auf die antifaschistische Traditionsbildung der Antideutschen zu deuten ist, stellt die sehr informative Schriftensammlung von Jan Gerber und Anja Worm dar, die Texte der englischen Exilsozialdemokraten namens *Fight for Freedom* präsentieren. Deren Protagonisten, wie der ehemalige USPDler Curt Geyer, wurden – zusammen mit 5 anderen SPD-Mitgliedern – aus der *Union deutscher sozialistischer Organisationen* in Großbritannien ausgeschlossen. *Fight for Freedom* war eine Verlagsgesellschaft, die unter der Führung von Walter Loeb antideutsche Texte der 40er-Jahre, vornehmlich aus dem dissidenten sozialistischen Lager, veröffentlichte. Loeb stand in dieser Zeit dem Gedankengut von Robert Gilbert Vansittart nahe.[284] Dieser Unterstaatssekretär im britischen Außenministerium und Gegner der Appeasementpolitik vertrat eine Theorie der deutschen Kollektivschuld und ging nicht nur davon aus, dass es in Deutschland keinen nennenswerten Widerstand gegen den Nationalsozialismus mehr gäbe, sondern dass der Deutsche an sich der Feind der Menschenfreundlichkeit, des Liberalismus und der christlichen Zivilisation sei. Indem somit die »Hunnen« und »Germanen« als jenseits der zivilisatorischen Welt stehend imaginiert wurden, kappten diese vansittartistischen Bezüge auch den Zusammenhang von Kapitalismus, Imperialismus und spezifisch deutschem Kriegsfuror, um lediglich jenen der westlichen Kriegsallianz im Sinne des späten Thomas Mann zu legitimieren.

283 Vgl.: Gerhard Hanloser, Marcuse verabschieden? – »Begehren als Kraft der Subversion?«, in: Klaus-Jürgen Bruder, Christoph Bialluch, Bernd Leuterer, Jürgen Günther (Hg.) Paralyse der Kritik – Gesellschaft ohne Opposition, Gießen 2019, S. 129-139.

284 Jan Gerber, Anja Worm (Hg.): Curt Geyer, Walter Loeb u. a.: »Fight for Freedom!« Die Legende vom »anderen Deutschland«, Freiburg im Breisgau 2009.

Als Ausdruck eines sich links, revolutionär oder antifaschistisch ausweisenden Bellizismus gestalteten sich die *Bahamas*-Parolen mit ihren Bezügen zu Spanien 1936 tatsächlich farcehaft, vollständig uninformiert und ideologisch behaftet. Ihre Wirkung war aber durchaus folgenreich und deshalb alles andere als belanglos. Das Autorinnenkollektiv *Wildcat* warf den Antideutschen eine Verdrängung der Erkenntnisse der Faschismustheorien vor und eine Übernahme der Optik der Kriegsführenden:

> »Der dem Islamismus eingeschriebene Hass auf die Juden wird parallelisiert mit dem Vernichtungsantisemitismus des NS: aus der rechten These von Auschwitz als ›asiatischer Tat‹ wird bei den Antideutschen nun die ›orientalische Tat‹. Dass die Vernichtung der europäischen Juden ohne imperialistischen Krieg, Großraumwirtschaft, dem Fordismus angemessene Bürokratie und die Leidenschaftslosigkeit moderner Menschen nicht erfolgt wäre, ist vergessen.«

Außerdem würden in ihrer »Verehrung der Siegermächte (...) die Kämpfe für die soziale Revolution und gegen die Faschisten in Spanien, die Streiks, Klassenkämpfe und Aufstände ein zweites Mal geschlagen. Geschichte wird von oben, aus der Luke eines B-52-Bombers betrachtet. Die Einfühlung in die vergangenen Sieger kommt den jeweils Herrschenden allemal zugute.«[285]

Zwar kann man über die Parallele von Islamismus und faschistischer Gewalt lange diskutieren – und Detlef Hartmann verweist auf die gewalttätigen Säuberungs- und Reinigungsphantasien des totalitären Islamismus des Islamischen Staates (IS), die an jene der faschistischen Gruppen ab den 20er und 30ern erinnern.[286] Fünfzehn Jahre später muss man den *Bahamas*-Autoren zumindest zugestehen, dass sie die Gefahr des weltweiten Islamismus mitsamt seines brutalen Herrschaftsanspruchs ernster nahmen als so mancher Linker, der bloß das ›Feindbild Islam‹ beklagt(e).[287] Wobei sich die Antideutschen genau von jenen Kräften ›des Westens‹ kriegerische Eindämmung erhofften, die maßgeblich den

285 Wildcat, Kritik als Spektakel, a.a.O.

286 Detlef Hartmann, 1914 – 2014 – ? Deutschlands Offensive im weltweiten Umbruch, in: Hanloser (Hg.), Deutschland.Kritik, a.a.O., S. 35-61, hierzu: 55f.

287 Und es ist mehr als ärgerlich, wenn sich Traditionslinke lediglich auf das Anklagen eines ›Feindbilds Islam‹ kaprizieren und kein Wort über die tatsächliche anti-emanzipatorische Seite sowohl des Islam als Religion wie des Islamismus als politischer Bewegung verlieren können, ein Beispiel: Petra Wild, Lieblingsfeind Islam. Historische, politische und sozialpsychologische Aspekte des antimuslimischen Rassismus, Wien 2018.

Auftrieb islamistischer Terrorgangs beförderten.[288] Der *war on terror* führte keineswegs zu einer Eindämmung, sondern beflügelte die Aggressivität islamistischer Gruppen. Umso irritierender stellt sich das Schweigen der ehemaligen Antideutschen dar, nicht nur angesichts der Verheerungen der von ihnen heftig beklatschten westlichen Kriegspolitik im nahöstlichen Raum, sondern auch angesichts der Anstrengungen der kurdischen Kämpferinnen und Kämpfer Nordsyriens, den Vormarsch des Islamischen Staates (IS) zu stoppen. Linke Traditionsmarxistinnen, Antiimperialisten und Anarchistinnen riefen schließlich zur Unterstützung der PKK und YPG rund um Kobane auf. Dabei operierten sie zuweilen in den Jahren 2014/15 ebenfalls mit Analogien zum Spanischen Bürgerkrieg, die allerdings im Gegensatz zu jenen Analogien, die den Bellizismus rund um 9/11 oder die gewaltsame Absetzung Gaddafis in Libyen legitimieren sollten, auf reale Prozesse von Autonomie, Selbstverteidigung und Selbstorganisation und der in Rojava erwünschten internationalen Solidarität Bezug nehmen konnten.[289] Dass es nicht die Antideutschen sind, die in einem praktischen Kampf gegen den Islamismus eintreten, war beispielsweise bereits 2002 der *Wildcat* bewusst, die kritisierte, dass ihr bloß kommentierender Zugang zur Wirklichkeit eine Konstante sei.

> »Man wird lange warten können, bis Bahamas und ISF Brigaden aufstellt, um auch selbst tätig zu werden und um die ›islamistischen Faschisten‹ zu bekämpfen. Das risikolose Ja zum Krieg ist ihr Praxisersatz und damit Praxis, die mit Kritik nichts zu tun hat.«[290]

Seit dem Ersten Weltkrieg 1914 und dem Einschwenken der Sozialdemokratie auf Krieg und Nationalismus gilt Bellizismus in der radikalen Linken als zentrales Moment der Konterrevolution. Das ›Ja zum Krieg‹

288 Einige populärwissenschaftliche Skizzen, die dennoch in groben Zügen zutreffen, sind: Marcell Pott, Der Westen in der islamischen Falle. Von Jerusalem bis Teheran. Der neue Nahe Osten, Köln 2009; Michael Lüders, Wer den Wind sät. Was westliche Politik im Orient anrichtet, München 2015; besser: »9/11 – Die Welt danach«. Dokumentarfilm von Ilan Ziv, Frankreich 2015, Arte-Produktion; erhellend: Mahmood Mamdani, Guter Moslem, böser Moslem, a.a.O.

289 Vgl.: Gerhard Hanloser, Welche Waffen? Welche Kritik?, in: Jungle World Nr. 46 vom 13.11.2014, online: http://jungle-world.com/artikel/2014/46/50916.html, zu den schiefen Analogien bezüglich des Libyen-Krieges vgl: Gerhard Hanloser, Linke Neusortierung, In. Jungle World Nr. 16 vom 21.4.2011, online: http://jungle-world.com/artikel/2011/16/43047.html

290 *Wildcat*, Kritik als Spektakel, a.a.O.

und der Glaube an das Militär als heilbringende Institution mussten deshalb in einer beispiellosen Verschiebungsleistung verdrängt und kaschiert werden, wenn man Kriegsfreund war und sich dennoch radikal links fühlen wollte. So griff der Chef vom Dienst der antideutschen Berliner Wochenzeitung *Jungle World* zur beliebten Parallele zwischen dem nationalistischen Rausch 1914, dem kriegerischen »Augusterlebnis« auf der einen, und der Friedensbewegung als Ereignis, das vor allem stets neuere Generationen von Schülerinnen und Schülern mobilisiert auf der anderen Seite.[291] Krieg ist Frieden und Frieden ist Krieg, Orwell hätte an dieser *Jungle-World*-Verdrehung seine Freude gehabt.

Eine Erklärung für diese Verdrehung lieferte der marxistische Publizist Robert Kurz. In einer 2003 veröffentlichten Fundamentalkritik am Antideutschen-Syndrom zeigte Kurz vieles auf, was auch andere bei den Antideutschen bemerkten: ihren Rassismus, ihre Kriegsbegeisterung, ihre Affirmation des Kapitalismus. Und er lieferte eine plausible Analyse der Methodik der antideutschen Ideologie, die mittels Identitätslogik sich in denunziatorischen Zuschreibungen gefällt:

> »Die Nazis waren antiamerikanisch, die Friedensbewegung ist antiamerikanisch, also ist die Friedensbewegung eine Nazi-Bewegung. Das ist ein klassischer logischer Fehler, ein Fehler im Syllogismus, etwa nach dem Beispiel zahlloser Logik-Lehrbücher: Sokrates ist sterblich, Ochsen sind sterblich, also ist Sokrates ein Ochse. Beliebige einzelne Merkmale können nicht zur Conclusio des Syllogismus kombiniert werden. In Bezug auf den Krieg ist es zum Beispiel ein wesentlicher Unterschied zwischen Nazis und Friedensbewegung, daß letztere eben einem moralischen grundsätzlichen Pazifismus folgt, was man von den Nazis beim besten Willen nicht behaupten konnte.«[292]

Mit einer solchen Erkenntnis katapultierte sich der in den 90er-Jahren vielgefragte Publizist Robert Kurz ins publizistische Aus. Im Zuge der Auseinandersetzungen um den 11.September und den Irakkrieg kündigte er seine Mitarbeit bei *Jungle World*, *Konkret*, *iz3w* und der aus den akademischen Antifa-Gruppen hervorgegangenen *Phase 2* auf.[293] Dies

291 Vgl.: Bernd Beier: ›Den deutschen Sozialismus von Marx befreien‹. Über die Weltfriedensmacht Deutschland, in: Thomas Uwer, Thomas von der Osten-Sacken, Andrea Woeldike (Hg.), Amerika. Der »War on Terror« und der Aufstand der Alten Welt, Freiburg im Breisgau 2003.

292 Robert Kurz, Die antideutsche Ideologie. Vom Antifaschismus zum Krisenimperialismus: Kritik des neuesten linksdeutschen Sektenwesens in seinen theoretischen Propheten, Münster 2003, hier: S.277.

293 Kurz, Antideutsche Ideologie, a.a.O., S. 2.

zeigt noch einmal wie weitgehend die publizistische Linke Anfang des 21. Jahrhunderts von der antideutschen Ideologie geprägt war.[294]

So darf es auch nicht verwundern, dass die Antideutschen rückblickend entweder ihre Begeisterung für den Irakkrieg 2003 legitimieren[295] oder kein Sterbenswörtchen darüber verlieren. Dieser Bellizismus ist nahezu tabuisiert, wo man doch weiß, dass dieser Krieg zusammen mit dem Libyenkrieg in katastrophaler Art und Weise erst die chaotischen Räume öffnete und das Vordringen des dschihadistischen IS ermöglichte. Es scheint so, dass die tatsächlichen Fragen von Überleben, Aufrechterhaltung zivilisatorischer Standards und notwendigen Kämpfen gegen Unterdrückung und Herrschaft den Antideutschen herzlich egal sind. Die publizistische Positionierung an der Seite der USA und Israel reicht diesem politischen Milieu als gedankliche Selbstverortung anscheinend vollends aus, womit sie sich aber auch bloß in den gleichen weltpolitischen Koordinaten bewegen wie Generationen wohlstandsgesättigter und vom Marshallplan partizipierender Bundesbürger.

294 Kurz musste auch etliche persönliche Anfeindungen wegen seiner treffenden Kritik über sich ergehen lassen. Die demagogischste Attacke stellt diese dar, die bereits im Titel projektiv ausspricht, was sie darstellt: Joachim Bruhn, Die niedere Kunst der Demagogie. Ein letztes Standbild aus dem Leben des Theoretikers Robert Kurz, in: Konkret Nr. 6/2003, S. 38.

295 Stefan Grigat sprach 2012 noch voller Hochachtung von der »alliierten Militärintervention zur Befreiung des Irak von der faschistischen Diktatur von Saddam Hussein«, vgl.: blackandredflag1, Stefan Grigat über Antiamerikanismus, 17.07.2012, online: https://www.youTube.com/watch?v=O1FNvXTN9vw

Globale linke Krieger

Angesichts dieser antideutschen Verlautbarungen und ihrem Trommeln für den *war on terror* konstatierte Ulrich Enderwitz in der Schrift *Konsum, Terror und Gesellschaftskritik – eine Tour d'Horizon* einen Hang der Antideutschen zur intellektuellen Identifikation mit dem weltpolitisch führenden Aggressor und stellte die einfache Frage, wie selbsternannte Kritiker auf das einfach arrangierte Spektakel des Antiterrorismus hereinfallen können. Enderwitz hält fest, dass »ungeachtet all ihrer praktischen Marginalität und politischen Bedeutungslosigkeit die Reaktion jener versprengten Intellektuellengruppe nützliche Einblicke bietet, genauer gesagt, Aufschluss über die Funktionsweise einer Konsumentenreflektion gibt, die sich zwischen lebenspraktisch gebotener Affirmation und erkenntnistheoretisch geforderter Kritik in der Klemme sieht und nach einem ebenso sehr für ihr intellektuelles Gewissen theoretisch akzeptablen wie mit ihren Lebensumständen praktisch kompatiblen Ausweg sucht«[296] – nämlich in den Faschismus-Analogien. Enderwitz will nachweisen, dass die antideutschen Publizisten, die er etwas unbegründet als »Kritische Theoretiker« bezeichnet, sich letzten Endes affirmativ zum kapitalistischen System stellen und das Bild der bekämpfenswerten faschistischen Volksgemeinschaft durchaus konformistisch auf den islamistischen Terroristen verschieben. Er sieht darin einen »Sonderweg deutscher Intellektueller«.[297] Dies ist richtig und falsch zugleich. Die von den Antideutschen konstruierte Diskursanlage entstammt einem typisch deutschen Bedürfnis, sich des NS-Faschismus mittels einer schiefen und kulturrassistisch unterfütterten Faschisierungstheorie ein für alle Mal zu entledigen und ihn zu entsorgen. Gleichzeitig finden sich jedoch in anderen Generationen der globalen Linken ähnlich gelagerte Absetzbewegungen von der Linken und Hinwendungen zum Bellizismus, denen in diesem Exkurs nachgegangen wird.

Im Zuge der unilateralen Politik der USA nach dem 11.September 2001 wurde des Öfteren auf eine einflussreiche Strömung innerhalb des US-Establishment hingewiesen: die Neokonservativen. Im Kern ist der

296 Ulrich Enderwitz, Konsum, Terror und Gesellschaftskritik – eine Tour d'Horizon, Münster 2005, S.46.

297 Ebenda, S. 62.

Neokonservativismus eine Kalte-Kriegs-Ideologie, die sich in der Konfrontation mit US-amerikanischen Liberalen entwickelte, welche Stalin mit einer Politik der Zurückhaltung und des Verständnisses gegenübertreten wollten. Dagegen skandalisierte die neokonservative Kritik eine ihres Erachtens zu prosowjetische Ausrichtung des Präsident Franklin D. Roosevelt. Dieser setzte tatsächlich auf eine Kooperation mit der Sowjetunion und wollte Stalins autoritärem und pathologischem Sicherheitsbedürfnis welt- und sicherheitspolitisch Rechnung tragen. Außerdem versuchte er seit den Dreißigern, mit seinem ›New Deal‹ die Arbeiterklasse nach der großen Krise von 1929 in den Staat einzubinden und damit unerwünschten Radikalisierungen vorzubeugen. Das keynesianische Programm verfing allerdings erst durch die militärische Ausgabenpolitik, sollte aber nach dem Willen Roosevelts und mehr noch seiner sozialreformerischen Ehefrau auch nach dem Krieg vertieft und ausgeweitet werden, um den freien Markt für die Arbeitskraft einzuschränken und die Macht der großen Monopole zurückzudrängen. Zwei wichtige Sprecher der Neokonservativen, die gegen eine solche reformerische und pro-sowjetische Politik Front machten, kamen aus dem City College in New York (CCNY): Irving Kristol und Irving Howe. Kristol war ein paar Jahre trotzkistischer Aktivist. Eine weitere wichtige Schlüsselfigur des Neokonservativismus ist Norman Podhoretz. Er ist Herausgeber des monatlichen Magazins *American Jewish Comitee Commentary*, das sich zu einer der lautesten Stimmen des Neokonservativismus entwickelt hat.[298] Als weiteres einflussreiches Organ dieser Strömung wird die zuerst dezidiert trotzkistisch argumentierende, später aber antikommunistisch auftretende, antistalinistische Intellektuellenzeitschrift *Partisan Review* genannt. Vor diesem Hintergrund kam der Autor Chalmers Johnson zu folgendem Urteil: »Die meisten Neokonservativen haben ihre Wurzeln in der Linken, nicht in der Rechten. Sie entstammen dem einflussreichen jüdisch-amerikanischen Sektor der trotzkistischen Bewegung im Amerika der 30er und 40er Jahre.«[299] Der Vorwurf, dass die Neokonservativen, die erheblichen Einfluss auf George W. Bush nach dem 11.September und vor allem bezüglich der Irak-Politik 2003 aus-

298 Vgl.: Bill King, Neoconservatives and Trotskyism, 22.3.2004, in: http://www.enterstageright.com/archive/articles/0304/0304neocontrotp1.htm

299 Chalmers Johnson, Der Selbstmord der amerikanischen Demokratie, München 2003, S.97.

übten, eine Spielart des ›Trotzkismus‹ darstellen würden, wurde vor allem durch eher isolationistisch geprägte Konservative oder Liberale, die den Irak-Krieg ablehnten, erhoben. Doch dieser Vorwurf ist umstritten. Zum einen scheint sich in den Diskurs über die trotzkistischen Wurzeln des Neokonservativismus ein unverhohlener Antisemitismus eingeschlichen zu haben. Trotzki ist als Jude, Bolschewik und Internationalist im häufiger antisemitisch grundierten Diskurs der Konservativen eine gerne herangezogene Figur. Außerdem scheint die ›trotzkistische Wurzel‹ des Neokonservativismus stark überbetont zu sein. Obwohl Irving Kristol sein autobiografisches Essay *Memoiren eines Trotzkisten* genannt hat, finden sich bei Trotzki selbst eher harsche Worte zu der Strömung, der die genannten und andere spätere Konservative und Neokonservative in den USA anhingen.[300] Des Weiteren durchliefen lediglich vier Gründer des Neokonservativismus trotzkistische Parteien und dies auch nur in einer kurzen Phase ihrer Jugend.

Wichtiger sind die französischen Neuen Philosophen wie André Glucksmann und Bernard-Henri Lévy, die sich mit ähnlich antifaschistischer Begründung für einen regelrechten Menschenrechtsinterventionismus in Permanenz aussprachen und noch immer werben.[301] Ursprünglich waren diese mit ihrer *nouvelle philosophie* angetreten, um mit den Rigorismen und Verblendungen von marxistisch-leninistisch-stalinistischen Weltverbesserungsstrategien zu brechen. Doch mit den Jahren kippte die Intervention der streitlustigen Franzosen selbst ins Rigorose und Wahnwitzige. So ging Glucksmann 2003 scharf mit den »Heuchlern« der »Friedenskoalition« ins Gericht; er erinnerte an den Krieg Wladimir Putins in Tschetschenien, an das Massaker auf dem Platz des himmlischen Friedens in China, er klagte Joschka Fischer an, seine Lehre »Nie wieder Auschwitz« aus dem Jahre 1999 vergessen zu haben

300 Vgl. Trotzkis Aussage: »Erst kürzlich bezeichnete sich Shachtman in der Presse selbst als ›Trotzkist‹. Wenn das Trotzkismus ist, dann bin ich wenigstens kein Trotzkist. Mit den gegenwärtigen Ideen Shachtmans, ganz zu schweigen von Burnham, habe ich nichts gemein«, in: Leo Trotzki, Verteidigung des Marxismus, Über die »Workers Party«, online: http://www.marxists.org/deutsch/archiv/trotzki/1940/04/vdm-moral.html

301 Analysiert hat dies Timo Lammer in seiner 2006 eingereichten Dissertation an der Universität Freiburg: »›Wehrhafter Antifaschismus‹. Über die Funktion einer permanenten Beschwörung«, die leider unveröffentlicht blieb und hier in diese Betrachtung eingeht.

und bezichtigte Jacques Chirac, mit seiner Inkonsequenz »die Entwaffnung eines berüchtigten Kriegstreibers verhindert« zu haben:

»Ich klage meinen Freund Joschka Fischer an, der vor einigen Jahren den Mut hatte, die Grünen auf einen neuen Kurs zu bringen. Damals erklärte er: ›Schlimmer noch als der Krieg ist Auschwitz.‹ Mit Auschwitz meinte er nicht die genaue Wiederholung des nationalsozialistischen Massenmords, sondern den endlosen Terror und die Knechtschaft. Daraus schloss er, dass es notwendig sei, die Eskalation der Unmenschlichkeit im Keim zu ersticken, also den Diktator in Belgrad mit militärischen Mitteln zu stoppen. Glaubt Fischer, nunmehr Minister geworden, dass Saddam menschlicher und weniger gefährlich ist als Milosevic?«[302]

Auch der Ex-Maoist Glucksmann nahm für 9/11 die Auschwitz-Metapher auf. Er beschreibt, dass nach dem Anschlag den Amerikanern weltweites Mitleid galt, was schnell gekippt sei in eine Haltung, die verkündete, dass die Amerikaner für ihre »Sünden gestraft« worden seien, »für ihre ›Arroganz‹, für ihren ›Imperialismus‹«.

»Sie bekommen es in gleicher Münze heimgezahlt. Das Muster ist bekannt. Das Opfer muss auf geheimnisvolle Weise schuldig sein: Die Amerikaner haben es heraufbeschworen, sie sind es, die den Weltfrieden gefährden. Es gibt kein Rauch ohne Feuer, pflegte man den aus den Todeslagern geretteten Juden mit gewollter Mehrdeutigkeit vorzuhalten.«[303]

André Glucksmann und Bernard-Henri Lévy sprachen sich bis zum prominent durch Letzteren herbeipalaverten Libyenkrieg immer wieder für kriegerische Intervention des Westens im Interesse der Emanzipation und zur Verhinderung eines »neuen Auschwitz« aus und zeigten sich bislang wenig beeindruckt von den wenig emanzipatorischen Folgen eben dieser im Kern imperialistischen und neokolonialistischen Kriege.[304]

Eine weitere aus der Linken kommende Kriegslegitimation stellt das recht vielbeachtete Buch *Terror und Liberalismus* von Paul Berman dar. Er folgt über weite Strecken den Ausführungen von André Glucksmann, von dem er auch die meisten Gedankengänge übernimmt. Er selbst gibt vor, die Warnungen des Historikers Christopher Lasch zu berücksichtigen, der in seinem Werk über den Neuen Radikalismus der US-ameri-

---

302 Andre Glucksmann, Europa – ein Vogel Strauß, in: Die Welt vom 12.April 2003.

303 Ebenda.

304 Vgl. zu Bernard-Henri Lévy: Jürg Altwegg, Er wollte den Krieg, und er bekam ihn, in: FAZ vom 12.7.2018.

kanischen Intellektuellen unter anderem den von allerhand Jargon wie ›Freiheit‹ und ›Totalitarismus‹ begleiteten *antitotalitarian turn* ehemaliger Linker und Liberaler nachzeichnet. Der Antitotalitarismus von Berman solle nicht in einem neuerlichen »Sprung nach Indochina« enden.[305] Dennoch ist das Buch ein einziges Bekenntnis, einen antifaschistisch-idealistisch begründeten Krieg gegen den »neuen Totalitarismus« zu führen. Dabei propagiert Berman seinen antifaschistischen Krieg, ohne überhaupt die Existenz eines Faschismus nachweisen zu können – vielmehr orientiert er sich an seinem antitotalitären Philosophenübervater Glucksmann, der eine Linie des Nihilismus von Madame Bovary über russische Anarchisten bis zu Putin und Al-Qaida konstruiert – alles wird unter dem Begriff des ›Bösen‹ subsumiert, der als Schlüsselbegriff wie als politischer Kampfbegriff dienen soll und auch noch die von der Bush-Administration konstruierte ›Achse des Bösen‹ zur philosophischen Kategorie erhebt. Berman zitiert vornehmlich aus den Randbereichen der populären Islamwissenschaft. So fasst er über den Baathismus zusammen, dass dieser eine »in einigen Punkten vom Nazismus beeinflusste rassistische Weltsicht« aufgenommen habe, sie mit »ein paar Tupfern Ultralinks« mixte und im Übrigen voller Begeisterung für »Stalins anregendes Beispiel« gewesen sei.[306] Anhand des Schriftstellers Sayyid Qutb stellt Berman dann den »muslimischen Totalitarismus« vor, den die Baath Partei wie Islamisten gleichermaßen verkörperten und die sich in die recht weit gefasste Tradition des von Europa ausgehenden Faschismus einreihen würden.[307] Er plädiert in Richtung europäische Regierungslinke, gegen den Totalitarismus im arabischen Raum, also die ›Schurkenstaaten‹ wie den Iran oder den Irak, gemeinsam vorzugehen. Voller Bedauern ist Berman, dass Bush nicht idealistisch-antitotalitär für einen Krieg gegen den Irak geworben habe, was er sich im Geiste eines *new wilsonism* gewünscht hätte, sondern hauptsächlich mit der falschen Begründung, Massenvernichtungswaffen in den Händen Saddam Husseins verhindern zu wollen. Fischers Ablehnung des Irak-Krieges, die sich in seinem medienwirksamen »I'm not convinced« gegenüber Verteidigungsminister Donald Rumsfeld auf der Münchner Sicherheits-

305 Paul Berman, Terror und Liberalismus, Hamburg 2004, S. 266.

306 Ebenda, S.81.

307 Ebenda, S.87ff.

konferenz 2003 ausdrückte, findet Bermans Unterstützung nicht. Er sieht in dieser Position ein Abrücken Fischers von dem antitotalitären Grundkonsens, der sich 1999 im gemeinsamen Krieg des Westens gegen Serbien ausgedrückt habe. Eigentlich hätte Fischer aus den gleichen Gründen, mit denen die antitotalitären Ex-68er Milosevic angegriffen haben, auch Saddam Hussein bekämpfen müssen, so Berman. *Resistant* oder *collabo,* ist die Frage, die Berman bei jedem von ihm oder den Neuen Philosophen entdeckten Faschismus stellt.[308]

Ex-Linke, die ihre diskursiven *Skills* in die neuen Kriegsanordnungen einspeisen konnten, gab es also nicht nur in Deutschland, sondern auch in den USA oder Frankreich. Die auf Bellizismus geeichten ehemaligen Linken konnten neben dem antifaschistischen Begründungszusammenhang noch weitere, eigene Ideen in das Arsenal der Kriegsbefürwortung einspeisen: die Marx'sche Idee der Befreiungskriege beispielsweise. Nach Marx und Engels, die im Gegensatz zu den Anarchisten keine prinzipiellen Antimilitaristen waren und deren politische Positionen aus der jakobinischen Tradition schöpften, konnte ein Krieg gegen ein als reaktionär erachtetes Land wie Russland fortschrittlich sein und musste unterstützt werden. In dieser Tradition rief eine Assoziation Antideutscher Kommunisten auch folgendes Wissen auf: »So mußte Napoleon zum Beispiel gen Rußland ziehen, den Hort der feudalen Konterrevolution. Das war weder legal noch illegal, sondern jenseits dieses Gegensatzpaars.«[309]

Auch ehemalige Maoisten konnten mit dem großen Steuermann wissen:

> »Alle Kriege, die dem Fortschritt dienen, sind gerecht, und alle Kriege, die den Fortschritt behindern, sind ungerecht. Wir Kommunisten sind gegen alle den Fortschritt behindernden, ungerechten Kriege, jedoch nicht gegen fortschrittliche, gerechte Kriege.«[310]

Und damit wären die Antideutschen keinesfalls ehrbare ›Renegaten‹ der autoritären Linken, auch keine kritischen Theoretiker, sondern schlicht an die herrschenden Verhältnisse sich anpassende, gewendete

---

308 Soweit die Zusammenfassung der Kerngedanken seines Buches: Paul Berman, Idealisten an der Macht. Die Passion des Joschka Fischer, München 2006.

309 Assoziation Antideutscher Kommunisten, Antideutscher Katechismus, Freiburg im Breisgau 2003, S.10.

310 Mao Tsetung, Über den langwierigen Krieg, zitiert nach: Willi Dickhut, Sammelband des Marxismus-Leninismus, K-L, Band 3, Essen 2017, S.358.

Ex-Linke voller unterdrücktem Hass auf ihre eigenen vormaligen Ideale, Werte und politischen Einstellungen. Gleichzeitig flossen noch die fortschrittstrunkenen und bürgerlichen Elemente des Marxismus in ihre neuen Legitimationstheorien mit ein und sollten diese als ›kritisch‹ ausweisen. Wesentliche zu kritisierende Elemente des marxistisch-leninistischen Antiimperialismus wie der Glaube an die soziale Befreiung durch militärische Eroberung oder das unkritische Entwicklungs- und Fortschrittsparadigma schleppte der ex-linke Bellizismus nicht nur mit, sondern radikalisierte ihn und entkleidete ihn seines sozialen Gehalts. Befreiung sollte fortan nur noch von oben, nie mehr von unten kommen.

Karrieren I: Der Antifaschist

Dass eine bescheidene akademische und journalistische Karriere mit Kernbestandteilen antideutschen Denkens möglich ist, zeigt der Werdegang des bereits erwähnten KB-Aktivisten und Politikwissenschaftlers Matthias Küntzel, der Faschismus-Analogien zur Beschreibung des Phänomens des Islamismus besonders intensiv nutzt. Seine publizistisch-wissenschaftliche Leistung trug ihm den vom Direktor der *Anti-Defamation League*, Abraham Foxman, verliehenen Ehrlich-Schwerin-Menschenrechtspreis ein. Seine Dankesrede von Mitte Februar 2011 in Palm Beach, Florida, anlässlich der Preisverleihung lässt einige biografische Rückschlüsse zu. So gesteht Küntzel vor einem rechten, konservativen und republikanischen Milieu, er habe Anteil an antizionistischen Überzeichnungen Israels in den frühen 80er-Jahren in der Zeitung *Arbeiterkampf* des Kommunistischen Bundes. Und er schildert eine Begegnung, die ihn erschreckt habe:

> »Sie glauben nicht, was für einen Schock ich empfand, als ich erstmals in meinem Leben eine jüdische Person traf. Im Sommer 1983 saß ich in einem Bus in New York zufällig neben einer jungen und sehr schönen Frau. Auf meine Bemerkung ›Ich bin aus Deutschland‹ erwiderte sie: ›Ich bin jüdisch‹. Dieser Satz muss mich wie ein Schlag getroffen haben. Das einzige, was ich nach einigem Schweigen herausbrachte, war die Frage, warum Israel die Palästinenser so grauenvoll behandele. Erst Jahre später wurde mir klar, was sich in jenen Sekunden in mir abgespielt haben muss. Ich empfand es offenkundig als eine Aggression, von jener Begleiterin aus heiterem Himmel mit meinem virulenten Schuldgefühl konfrontiert zu werden und inszenierte reflexhaft den Gegenangriff.«[311]

Hier liegt ein Narrativ vor, das Bekenntnis, Geständnis und Läuterung in einem präsentiert. Naiv, unschuldig und rührend ist das, was der Ehrengast von sich gibt, und doch zeigt es, dass Küntzel seine Läuterungsgeschichte sogar um den Preis der Selbstpräsentation als vormals von Schuldabwehr getriebenen Deutschen darbietet. Künzel war – will man seiner Erzählung folgen – trotz linker und antifaschistischer Biografie so sehr von nichtreflektierten Schuldgefühlen getrieben, die – sobald sie

311 Matthias Küntzel, Dankesrede aus Anlass der Verleihung des Paul Ehrlich–Günther K.Schwerin-Menschenrechtspreises der ADL am 11. Februar 2011 in Palm Beach, Florida, online: http://www.matthiaskuentzel.de/contents/ueber-die-verleihung-des-adl-menschenrechtspreises-2011.

ins Bewusstsein treten wollten – abgewehrt werden mussten, dass eine Begegnung mit Juden, einer Jüdin zudem, misslang. Folgerichtig kann Küntzel als ein Prototyp des vielbeschworenen linken ›sekundären Antisemitismus‹ gelten. Diese Begrifflichkeit, die den Kritisierten eine aus Erinnerungsabwehr geborene feindliche Haltung gegenüber Juden attestiert, geht zurück auf eine Studie von Peter Schönbach[312] und Bemerkungen von Theodor W. Adorno[313]. Demnach seien stereotype Argumentationsmuster bei sich mit ihren Nazieltern identisch fühlenden Kindern folgendermaßen gelagert: als Täter-Opfer-Verkehrung, mittels Verdrängung oder einer Schlussstrich-Mentalität beziehungsweise als Sehnsucht nach ›Normalität‹.[314] Mit ›sekundärem Antisemitismus‹ ist meist die legitimatorische Haltung ehemaliger aktiver und überzeugter Nazis und ihre Übertragung auf mit ihnen sich verbunden fühlenden Kindern gemeint. Ob diese strenge Definition auf Küntzel zutrifft, muss offen bleiben. Küntzel konstruiert eine Erzählung, auf deren spezifisch sexistische Unterfütterung man ebenfalls eingehen könnte. Sie zirkuliert jedoch vollends um den deutschen Schuldkomplex, ohne ihn wirklich zu begreifen oder aufheben zu können. Während der 68er-Antizionist Dieter Kunzelmann bekanntermaßen den »Judenknax« beschwor, Zionismus eine faschistische Ideologie nannte, um sich voller Einfachheit und »eindeutiger Solidarität mit AL FATAH« auf der einen Seite des Nahostkonflikts zu positionieren[315], treibt Küntzel die vermeintliche Einsicht in die Schuldverstrickung auf die Seite Israels und gegen den »neuen islamistischen Faschismus«. In der Darstellung seiner Beweggründe macht er genau die psychologischen Prozesse kenntlich, die die Israel-solidarischen Antideutschen bis heute bewegen. Kunzelmann und Küntzel sind demnach gleichermaßen von einem deutschen Schuldgefühl angetriebene, sich negativ spiegelnde Kontrastfiguren. Der Nahostkonflikt wird ihnen zum Objekt ihrer eigenen deutschen Konfliktbewältigung. Landete Kunzelmann beim antiimperialistischen kämpferischen

312 Peter Schönbach, Reaktionen auf die antisemitische Welle im Winter 1959/60, Frankfurt am Main 1961.

313 Theodor W. Adorno, Zur Bekämpfung des Antisemitismus heute, in: ders.: Gesammelte Schriften, Band 20.1, Darmstadt 1962, S. 360-383, hier S. 362.

314 Erkennbar in Aussagen wie: »die Juden sind ja auch selbst (mit) schuld«, »die Juden hatten zu viel Macht«, »das mit Auschwitz haben wir nicht gewusst« usw.

315 Dieter Kunzelmann, Brief aus Amman, in: Agit 883, Nr. 42, 27.11.1969, S. 5.

Weltgefühl für die Schwachen, so endet Küntzel in kriegerisch gestimmten globalen Lehren aus dem Holocaust. »In beiden Fällen«, so Matthias Küntzel, sowohl in Form seines propalästinensischen Antizionismus als auch in der konkreten Begegnung mit der jungen Jüdin im Bus, »machte ich Fehler, weil ich mich mit dem Holocaust in eigener Anstrengung nicht befasst hatte, weil es keine ›Holocaust-Awareness‹ gab.« Diese habe er nun gewonnen und deshalb gelte es, überall dem Antisemitismus wehrhaft entgegenzutreten. »Viele meiner deutschen Mitstreiter und Freunde freuen sich über diesen Preis«, schließt Küntzel. Sein Dank gehe an »meine guten Freunde von der ›Stop the Bomb‹-Kampagne gegen Ahmadinejads Iran sowie an all meine lieben Kolleginnen und Kollegen in den USA und anderswo, die mit mir die Leidenschaft teilen, den Antisemitismus nicht nur erforschen, sondern auch überwinden zu wollen. Ich danke Ihnen vielmals.«[316] Ein Rührstück wahrlich, in dem das rechtskonservative Publikum der Anti-Defamation League dem reuigen Deutschen quasi die Beichte abnahm. Statt drei Ave-Maria sollte auch das Versprechen reichen, als Botschafter US-amerikanischer Kriege den Antisemitismus in Form von Ahmadinejads Iran zu bekämpfen und auszutreiben. Für Abraham Foxman und die meisten Zuhörer mag dies eine gelungen und glaubhafte Überwindung des ›sekundären Antisemitismus‹ darstellen. Der Endpunkt der politischen Entwicklung ist dem eines Joschka Fischer oder der unzähligen ehemaligen Linksradikalen ähnlich, lediglich die Karrierechancen unterscheiden sich, zum Außenminister reicht es eben dann doch nicht mehr – auch wenn der große Gestus der Läuterung und der Abwendung von der als antisemitisch erkannten Linken bereitwillig wiederholt wurde.[317] Küntzel fand als Autor den Zugang zum *Spiegel* und zur *Welt* oder beim viel gelesenen *perlentaucher*-Portal. Jährliche Verdienste finden sich auf seiner Homepage detailliert dokumentiert, der beispielsweise zu entnehmen ist, dass er sich im Jahre 2016 »für die globale Ächtung von Selbstmordattentaten« einsetzte.[318] Das ist eine Leistung. In einem kurz nach den Anschlä-

316 Matthias Küntzel, Dankesrede, a.a.O.

317 Fast scheint es so, als neiden die Antideutschen Joschka Fischer sein ›Entebbe‹-Erlebnis, vgl.: Markus Mohr, Joschka Fischer: Entebbe als Damaskuserlebnis?, in: Ders. (Hg.), Legenden um Entebbe, a.a.O., S. 339-375.

318 Vgl.: Matthias Küntzels Selbstbeschreibung auf seiner Homepage, online auf: http://www.matthiaskuentzel.de/contents/ueber-den-autor

gen des 9/11 in der Zeitschrift *Konkret* veröffentlichten Artikel forderte er Unterstützung des US-Krieges gegen Afghanistan und attackierte die pazifistische und antimilitaristische Linke, indem er eine Veränderung des »Paradigmas antikapitalistischer Kritik« konstatierte:

> »Selbstverständlich müssen die amerikanische und die britische Politik weiterhin kritisiert werden. Jedoch nicht deshalb, weil sie die Djihadisten verfolgt, sondern weil sie diese nicht zielgenau und konsequent genug verfolgt.«[319]

An dieses Bekenntnis schließt sich eine speziell auf eine linke und linksradikale Geschichtsbetrachtung abzielende und zur kritischen Reflexion der kommunistischen Politik während des Zweiten Weltkrieges aufrufende Fußnote an. Die taktische, nach den jeweiligen außenpolitischen Interessen Stalins geprägte KP-Linie wird nicht in erster Linie als dezidiertes Mittel zur Verhinderung autonomer Prozesse und als nationale und imperiale Hegemonialpolitik verstanden, sondern für die Inkonsequenz in der Unterstützung des bürgerlichen Lagers im Kampf gegen den Nationalsozialismus kritisiert:

> »Hätte nicht besser der jeweils eigene Imperialismus vorrangig aufgrund seiner Halbherzigkeit, Inkonsequenz und strukturellen Unfähigkeit im Kampf gegen Nazi-Deutschland denunziert werden müssen?«[320]

Küntzels Vorschläge münden in einer Aufforderung an die Bundesregierung, militärisch aktiver gegen die zum antifaschistischen Hauptfeind stilisierten Djihadisten vorzugehen und er votierte somit für eine aggressivere Kriegsbeteiligung der BRD:

> »Immerhin haben Washington und London damit begonnen, die antisemitischen Netzwerke Bin Ladens zu zerstören, was von der Berliner Republik, die besonders deshalb zu kritisieren ist, kaum behauptet werden kann.«[321]

Nun hatte aber der SPD-Kanzler Gerhard Schröder nüchtern mit dem Bündnisfall und der ›gestiegenen Verantwortung der BRD‹ die Teilnahme der Bundeswehr am Afghanistan-Krieg begründet. Im Kosovo-Krieg hatte sich die militärische Normalisierung der BRD im atlantizistischen Anschluss an westliche Kriegspolitik vollzogen. Dass von einem *angeblich* Sonderwege verfolgenden »völkischen Deutschland« wenig zu sehen war, hätte bei den Antideutschen zu einer kognitiven Disso-

319 Matthias Küntzel, Das Fanal, in: Konkret, 11/2001.

320 Ebenda.

321 Ebenda.

nanz führen müssen. Doch dieses Spektrum versuchte dies mit immer vehementeren NS-Analogien und wirklichkeitsfremderen Behauptungen zu überblenden. Hegemoniale deutsche Politik musste in den Augen der Antideutschen einem ›völkischen‹ Paradigma gehorchen und konnte sich per se nicht in die atlantisch-westliche ›Sicherheitsarchitektur‹ einfügen.

Während in der Anfangszeit der Antideutschen noch die Friedensbewegung provoziert werden sollte, erfolgte die Akzeptanz eines als eher ›westlich‹ ausgemachten Nationalismus serbischer Provenienz[322] während der Jugoslawienkriege und eine Einfühlung in die serbische Kriegspartei. Nach 9/11 gingen kleine Zirkel der antideutschen Linken dazu über, sich im Ausüben der Staatsgewalt zu imaginieren. Im vermeintlich kritischen Jargon reproduzierten und legitimierten sie die US-Kriegspropaganda des Anti-Terror-Krieges. Moralisch konnte das Ja zum Krieg mit der an Daniel Goldhagen geschulten Erkenntnis, man müsse »eliminatorischen Antisemitismus« mit allen Mitteln bekämpfen, veredelt werden. War man zu einer deutschen Lösung für den Balkan im Sinne Goldhagens nicht bereit, so sollte es nun aber eine amerikanische 45er-Lösung für Bagdad geben.

Elemente des alten Antifaschismus hielten sich in ihren Verlautbarungen, so formulierte Küntzel im *Spiegel* nach der kurzzeitigen militärischen Konfrontation im Juni 2006 zwischen Israel und der im Libanon ansässigen Hisbollah:

> »Die Schlußfolgerung aus Hitlers Vernichtungskrieg – ›Nie wieder Faschismus! Nie wieder Krieg!‹ – wurde einst gezogen, damit ein antisemitischer Krieg nie wieder möglich wird. Was heute davon übrig geblieben ist – ›Nie wieder Krieg gegen Faschismus!‹ – stellt die historische Erfahrung auf den Kopf. Israel darf im Krieg gegen die Hisbollah nicht zum Einlenken gezwungen werden, sondern muß ihn gewinnen. So wie die Hisbollah ihren Krieg stellvertretend für den Iran führt, so bekämpft Israel den genozidalen Islamismus stellvertretend für die westliche Welt.«[323]

Hier präsentiert sich die klare moralische Botschaft, die das Auschwitzgedenken nahezulegen scheint: »Wir erkennen das ›Böse‹, wenn wir es

322 Während beispielsweise der Schriftsteller Peter Handke in der Wahrnehmung angemessener einen antiwestlichen, östlich-romantizistischen Zug im serbischen Nationalismus entdeckte und affirmierte.

323 Matthias Küntzel, Warum Israel richtig reagiert. Spiegel-online, 23.Juli 2006, http://www.spiegel.de/politik/debatte/0,1518,428093,00.html.

sehen, und wenn wir es nicht stoppen, dann nur aufgrund unseres moralischen Versagens«[324]. Ein Einlenken darf es laut Zweiter-Weltkriegs-Lehre nicht geben, geboten sei *unconditional surrender.* Dies war zum einen Staatsantifaschismus auf der Höhe der Zeit, auch wenn die Anti-Hitler-Koalition der ›großen Drei‹ mit all ihren Folgen längst Makulatur geworden war.[325] An deren Stelle trat nun die israelische Regierung, deren Kriegsführung zu einem ›gerechten Krieg‹ mutierte, ja Israel selbst als imaginiertes und entwirklichtes antifaschistisches Opfer- und Heldenkollektiv die Rolle übernahm, die lange Zeit in der dogmatisch-moskaufixierten Linken die Sowjetunion spielte. Die Aufforderung, mit Krieg einen Genozid zu verhindern, folgte zum anderen der global zu beobachtenden Logik eines Teils der herrschenden Eliten seit dem Kosovokrieg, das Holocaustgedenken historisch zu entkernen, zu universalisieren und als diskursive Strategie der moralischen Kriegslegitimation der Öffentlichkeit anzubieten.

Damit fanden einige der antideutschen Publizisten tatsächlich Zugang zu den ideologischen Staatsapparaten, wo sie ihr neokonservativ-kriegerisches Geschäft in der Regel unter Umgehung einer ›radikal kritischen‹ oder gar ›kommunistischen‹ Selbstetikettierung weiterbetrieben.

---

324 Levy/ Sznaider, Erinnerung im globalen Zeitalter: Der Holocaust, a.a.O., S.180.

325 Tatsächlich entdeckten ja die Antideutschen die Potsdamer-Konstellation von 1945, als Stalin, Truman (in der Nachfolge Roosevelts) und Churchill tatsächlich Deutschlands Souveränität beschneiden und seine Aggressivität zügeln wollte, erst in einem Moment, als mit dem 2+4-Vertrag alle Reste dieser ohnehin rasch im Kalten Krieg ausgehöhlten Konstellation beendet wurden.

Um die derart als Notwendigkeit ausgegebenen und antifaschistisch geadelten ›gerechten Kriege‹ nicht mehr auf ein etwaiges materielles Interesse zu befragen, das ihnen zugrunde liegen könnte, mussten neue Argumentationsfiguren gefunden oder ältere modernisiert werden. Bereits in den 80er-Jahren hatte ein konservativer Sachbuchautor verlautbaren lassen: »Mit dem Eintritt der Vereinigten Staaten in die Weltpolitik erst treten Ressentiments gegen die Hegemonialmacht vorwiegend, jedoch nicht ausschließlich, der politischen Linken zutage.«[326] Unter der Hand war somit anti-hegemonialer Aktivismus im kapitalistischen Weltsystem und linker Antiimperialismus zum »Ressentiment gegen die Hegemonialmacht« umdefiniert worden.

Unmittelbar nach dem 11. September griff Henryk M. Broder im *Spiegel* auf einen alten Vorwurf zurück, um die Friedensbewegung und ihre Ablehnung eines Krieges gegen Afghanistan herabzusetzen:

> »Was steckt hinter dieser Pose? Der gute alte Anti-Amerikanismus, wie er sich in den Kampfrufen gegen den Krieg in Vietnam artikulierte (›USA-SA-SS‹) und wie er heute auf den Plakaten der militanten deutschen Friedensfreunde wieder aufscheint (›Terror is coming home‹)?«[327]

Während Broder in seiner Polemik vor allem die linke Friedensbewegung attackierte, fasste der Historiker Dan Diner unter dem Stichwort ›Antiamerikanismus‹ bereits 1993 ganz unterschiedliche Strömungen des politischen Spektrums zusammen. Dabei merkte er an, er wolle mittels seines Sachbuchs zum Thema sein Lesepublikum wappnen für »die große Auseinandersetzung zwischen der politischen Kultur des Westens und der seiner Feinde«.[328] Er stellte die Diagnose:

> »Genaugenommen gehört der sowohl auf Seiten der extremen Linken, wie auch auf der Rechten historisch virulente Antiamerikanismus zum Kerngehalt jener national und gegenuniversalistisch eingefärbten Tendenz, die sich nunmehr anschickt, das gegenwärtig herrschende und voraussichtlich noch zunehmende politische Deutungsvakuum aufzufüllen.«

326 Emil-Peter Müller. Antiamerikanismus in Deutschland, a.a.O., S. 78.

327 Henryk M. Broder, Die Arroganz der Demut, in: Spiegel 47/2001.

328 Dan Diner, Verkehrte Welten. Antiamerikanismus in Deutschland. Ein historischer Essay, Frankfurt am Main 1993, S. 172.

Wenn Diner das »Gegenuniversalistische« des Antiamerikanismus geißelt, bleibt doch ausgespart, welchen Universalismus Diner unter der Hand als unantastbar gelten lassen will. Der italienische Marxist Gramsci hat darauf aufmerksam gemacht, dass die neue Produktionsweise, in der die Fertigungsabläufe mittels Fließbänder enorm beschleunigt werden konnten, ihren Geburtsort in den USA hat. Die fordistische Produktionsweise, die in den Schlachthöfen und Automobilfabriken der USA ihren Ausgang nahm, bezeichnet er als »Amerikanismus«.[329] Von diesem ging eine starke Faszination aus, der sich auch die unterschiedlichen totalitären Bewegungen der Zwischenkriegszeit wie der deutsche Faschismus oder der spätere Bolschewismus nicht verschließen konnten, schließlich waren ihnen auch starke Modernisierungsimpulse inhärent.[330] Gleichzeitig artikulierte sich auch ein antikapitalistisches und romantizistisches Leiden an dieser als seelenlos empfundenen neuen Produktionsweise, die alle Lebensbereiche zu formen vermochte. Daraus resultierte eine stark ambivalente Haltung beispielsweise des Nationalsozialismus gegenüber dem Amerikanismus. Zum einen verfolgte gerade der frühe Bewegungsfaschismus antibürgerliche, antikapitalistische Motive, zum anderen war er aber auch eine Form der reaktionären Modernisierung, die Elemente der kapitalistischen Moderne wie neue Arbeitsmethoden mit Völkisch-Reaktionärem kombinierte. Die Rezeption des Amerikanismus in der Weimarer Republik wies bereits eine ähnliche Ambivalenz auf. Dem positiven Bezug auf die Durchsetzung der fordistischen Produktionsweise und ihrer wissenschaftlichen Betriebsführung stand gleichzeitig der Kampf gegen die mit dem Begriff ›Amerikanismus‹ assoziierten kulturellen ›Verwerfungen‹ gegenüber. Deshalb wurde der amerikanischen ›oberflächlichen‹ ›Zivilisation‹ auch die deutsche ›Tiefe‹ der ›Kultur‹ entgegengehalten.[331] Schließlich entwickelte sich

329 Vgl.: Giorgio Baratta, »Die Hegemonie geht aus der Fabrik hervor«. Gramsci zu Amerikanismus und Sozialismus, in: Uwe Hirschfeld/Werner Rügemer (Hg.), Utopie und Zivilgesellschaft. Rekonstruktionen, Thesen und Informationen zu Antonio Gramsci, Berlin 1990, S. 157-171 Dem leninistisch-produktivistischen Erbe verpflichtet beurteilt Gramsci die Möglichkeiten einer Symbiose aus Sozialismus und Fordismus sehr positiv.

330 Hierzu: Robin Murray, Fordismus und sozialistische Entwicklung, in: Prokla 81, »Macht und Ökonomie«, Dez. 1990, S. 91-122, S. 93ff.

331 Zum Fordismusdikurs der Weimarer Republik: vgl. Egbert Klautke, Amerikanisierung in Deutschland und Frankreich, 1900-1933, Stuttgart 2003.

mit dem Kriegseintritt der USA im Zweiten Weltkrieg in der NS-Propaganda ein besonders vehementer und antisemitisch aufgeladener Hass auf den Kriegsgegner USA. Die mit ›Amerikanismus‹ verbundene Produktionsweise selbst sah sich allerdings keinen durchschlagenden Attacken vonseiten der Nazis ausgesetzt.

Viele heutige Kritiker des ›Antiamerikanismus‹ beschwören bloß einen monolithischen Block reaktionärer Politik, in der sich Antiamerikanismus und Antisemitismus schlicht die Hand reichen.[332] Schließlich verwischen sie systematisch in ihren Darstellungen, was als Amerikanismus beschrieben und kritisiert wird: Ist es die Kultur und wenn ja, welche? Wird ein bestimmtes Modell der Zivilisation abgelehnt, und wenn ja, welches wird ihm entgegengesetzt? Oder wird eine spezifische Produktionsweise beziehungsweise imperiale oder imperialistische Politik kritisiert? Es scheint diesen Antiamerikanismus-Kritiken egal zu sein, ob ›Amerika‹ als Chiffre für Sitten- und Kulturverfall angesehen wird oder die herrschende Politik und Ökonomie, die von den USA als Hegemonialmacht nach dem Ersten wie Zweiten Weltkrieg ausgehen, kritisiert werden. Hinter den verschiedenen Kritiken wird eine einzige Logik vermutet: das Ressentiment.

Bei den Antiamerikanismus-Kritikerinnen aus dem antideutschen-wertkritischen Milieu wird ›Amerika‹ spiegelverkehrt zum Antiamerikanismus als positives Symbol gehandelt. Die kuriose Begründung orientierte sich an Postones Bestimmung von Kapitalismus als Wertvergesellschaftung, die in abstrakt und konkret auseinanderfalle. Die Amerikaner hätten, so der philoamerikanische antideutsche Diskurs, einfach besser gelernt, mit den abstrakten Verhältnissen des Kapitalismus klar zu kommen.

> »In den USA sieht man nicht nur die stets wiederkehrenden Befreier vom Faschismus. Auch will man in ›Amerika‹ die reinste und klarste Form des Werts erblicken. Was den Antiamerikanern ein Greuel ist (Dekadenz, Liberalismus, Entfesslung der Finanzmärkte) ist den antideutschen Wertkritikern im Vergleich zum spießigen, staatshörigen ›Deutschen‹ immer noch das kleinere Übel. Dabei betreibt man billige Völkerpsychologie: ›In den USA liegt offen zutage, was den Kapitalismus konstitutiv ausmacht ... Es besteht in den USA einfach kein Grund, den Krisen- und Katastrophencharakter des Kapitals zu exterritorialisieren und entsprechend personalisiert nach außen zu projizieren‹

332 Ähnlich wie Diner argumentiert: Andrei S. Markovits, Amerika, dich haßt sich's besser. Antiamerikanismus und Antisemitismus in Europa, Hamburg 2005.

(*bahamas* Nr. 37) Das ist reine Ideologie, die sich nicht mit der Wirklichkeit US-amerikanischer Geschichte konfrontieren will. Vergessen ist, daß der Boom der 50er Jahre ohne Koreakrieg und die dazugehörige Angst vor der ›gelben Gefahr‹ nicht denkbar ist, die beginnende Krise in den 60er Jahren einen Vietnamkrieg brauchte – und heute ›Schurkenstaaten‹ und die ›Achse des Bösen‹ zum Krisenmanagement der Rezession in den USA gehören.«[333]

Derart vom deutschen Diskursraum geprägt und irgendwelche Ressentiments schlicht umstülpend erscheint Dan Diner und seinen antideutschen Adepten ›Amerika‹ angesichts von jahrhundertelangem, vor allem reaktionären Antiamerikanismus in Deutschland vorbehaltlos im strahlenden Licht. Ein empirischer Blick in die Geschichte der USA würde zu anderen Ergebnissen kommen. Bereits zu Beginn des 20. Jahrhunderts wurde mit der Etikettierung ›unamerican‹ eine spezifische nationale Formierungsleistung bewerkstelligt. Die Durchsetzung des *americanism* unter Präsident Wilson ging einher mit der Zerschlagung der militantesten Segmente des amerikanischen Proletariats, den *Industrial Workers of the World* (IWW), und war untrennbar mit dem Eintritt der USA in den Ersten Weltkrieg verbunden.[334] Zeitgleich formierte sich in den USA eine fordistische Kriegsproduktion, die im Zweiten Weltkrieg weitergeführt werden sollte. Pazifismus und Streiks galten zu Zeiten der beiden Weltkriege als unpatriotisch und antiamerikanisch. ›Antiamerikanismus‹ war auch nach dem Zweiten Weltkrieg in den USA ein geläufiger Begriff und weckt ungute Assoziationen an die paranoide Kommunistenhatz der Ära McCarthy mit ihren Ausschüssen zur Untersuchung unamerikanischer Umtriebe.[335]

Durch die bloße Skandalisierung eines Antiamerikanismus wird ein tabuisierender Bannstrahl über die realen Interessen der USA gelegt. Identifiziert der klassische Antiamerikaner Amerika mit bestimmten, von ihm verschmähten Motiven des Kapitalismus, so kombinieren Antiamerikanismus-Kritiker wie Dan Diner ihre historischen Analysen des deutschen Antiamerikanismus mit einer affirmativen Sichtweise auf den ›American Way‹ und die in der Tradition des Wilsonianismus stehen-

333 Wildcat, Kritik als Spektakel, a.a.O.

334 Vgl.: Detlef Hartmann, ›Unamerican‹. Die Funktion des Antiamerikanismusdiskurses in der neuen Etappe des Klassenkampfes, in: Hanloser (Hg.) »Sie warn die Antideutschesten …«, a.a.O. S.131-160.

335 Vgl.: Richard Hofstadter, The Paranoid Style in American Politics and Other Essays. Cambridge 1996.

den US-amerikanischen Ordnungsvorstellungen. Diese gerinnt ihm zu einer überhistorischen Entität. Diners Polemik lebt vor allem von der Übertragung der sehr spezifischen US-amerikanischen Konstellation zur Zeit der beiden Weltkriege auf die Gegenwart. Heraus kommt dabei eine merkwürdig vereinfachte Darstellung der US-amerikanischen Außenpolitik: Interventionismus und neue Weltordnung sind mit den Namen von Wilson, Franklin D. Roosevelt und Bush senior verbunden. Der in dieser Aufzählung fehlende und keine Erwähnung findende Ronald Reagan hätte von Diner eigentlich auch genannt werden müssen. Denn auch bei ihm finden sich Spuren von idealistischem Interventionismus gegen das ›Reich des Bösen‹. Die Reihung selbst erscheint keinesfalls plausibel. Der französisch-libanesische marxistische Politologe Gilbert Achcar sieht bei Bush und Franklin D. Roosevelt sogar zwei vollkommen gegensätzliche US-amerikanische Konzeptionen von Weltordnung vorliegen. Ein imperialistischer Interventionismus von William McKinley über Theodor Roosevelt und Ronald Reagan bis Bill Clinton und George W. Bush auf der einen und ein Ausnahmepräsident wie Franklin D. Roosevelt (1882-1945) auf der anderen Seite. Letzterer habe als aufgeklärter Liberaler die liberale Tradition keynesianisch-reformistisch unterfüttern wollen, um Krisenprozessen im eigenen Land zu begegnen, aber auch anstelle der *Big Stick Policy* auf dem amerikanischen Kontinent eine *Good Neighbour Policy* anvisiert. Schließlich habe er mit seinen propagierten »vier Freiheiten«, zu denen die Freiheit von Not gehörte, eine globale sozialreformerische Vision entworfen, die allerdings aufgrund des einsetzenden Kalten Krieges keine Umsetzung erfuhr.[336] Für diese Feinheiten interessiert sich eine Geschichtsschreibung wohl nicht, die lediglich US-amerikanischen ›Isolationismus‹ gegen ›Internationalismus‹ zu stellen vermag.

Darüber hinaus werden mittels Psychologisierung oder logischer Fehlschlüsse aus Deutschland stammende Kritiker der US-Politik als urdeutsch-antiamerikanisch diffamiert. Aus der Feststellung, dass der Nationalsozialismus in seiner ideologischen Ausrichtung antiamerikanisch war[337], wird im Umkehrschluss jede Kritik an den USA und ihrer Politik

336 Gilbert Achcar, , Der Schock, a.a.O. S. 123f.

337 An Hitlers Amerikabild ließe sich allerdings zeigen, dass im Gegensatz zum Antisemitismus als wesentlichem Antrieb seiner ideologischen Auffassungen ein spezifischer ›Antiamerikanismus‹ nicht eindeutig auszumachen ist.

in die Nähe des Nazismus gerückt. Mehr als eine Assoziationskette des diese Verbindungen konstruierenden ›Analytikers‹ stellen diese Unterstellungen freilich nicht dar. Die Kritik an der Politik der USA als imperialistisch, wird seitens der Kriegsapologeten in eine lineare Kontinuität mit einer völkisch-antisemitisch motivierten Amerikakritik gestellt:

> »Aus dem deutsch-nationalistischen Kolonialneid hat sich ein Antiamerikanismus entwickelt, der nichts anderes als ein Antiimperialismus der dummen Kerls geworden ist. Ein Antiimperialismus, der keine vernünftige Alternative zum gesellschaftlichen System anbieten kann, verkümmert zum nationalistischen Ressentiment der Zukurzgekommenen.«[338]

Zu fragen wäre Detlev Claussen hier gewesen, welchen Kolonialneid die 1991 protestierenden Schülerinnen denn verspürt haben sollen, deren Friedenssehnsucht er hier mit aller Verve aufzuspießen trachtete.

Von einigem Gewicht ist die Interpretation der während der beiden Irak-Kriege 1991 und 2003 populären Antikriegsparole ›Kein Blut für Öl‹. Die aus der amerikanischen Antikriegsbewegung übernommene Parole fungierte bei einigen Kritikern als Beispiel einer Verbindung zwischen Antiamerikanismus und Nazismus, da die diskursive Entgegenstellung von Blut und Öl altbekannte Synonyme der Opposition »von wohlmeinender politischer Moral und blankem, menschenfeindlichen Materialismus« wären, in letzter Konsequenz dem antisemitisch konnotierten Antagonismus zwischen der völkischen Metapher ›Blut‹ und Öl als Synonym für materielles Gewinnstreben das Wort reden würden.[339] Nicht jeder, der in einzelnen Formulierungen und Behauptungen dasselbe sagt, bezweckt damit das gleiche und verfolgt den gleichen Sinn. Diner rückt aber die Parole in die Nähe des 1939 erschienen populären Buches *Der Ölkrieg* von Anton Zischka und dessen Anprangerung des »Dollar-Imperialismus«.[340] In dieselbe Kerbe schlug so auch ein rechtzeitig zum Irak-Krieg 2003 veröffentlichter Bericht in der *Süddeutschen Zeitung*, der den aktuellen Slogan ›Blut für Öl‹ in eine dunkle, faschistische Geschichte einreihte. Hier wird abermals Bezug genommen auf Anton Zischkas *Der Ölkrieg*, das in der faschistischen Diktion der damaligen Zeit die »Plutokratien« und

---

338 Detlev Claussen, Tertium datur. Bellizisten und Pazifisten müssen in die Logik der Politik zurückkehren, in: taz vom 4.2.1991.

339 Dan Diner, Der Krieg der Erinnerungen und die Ordnung der Welt, Berlin 1991, S. 66.

340 Diner, Verkehrte Welten. a.a.O., S.160ff.

ihre »Gier nach Öl« attackierte.[341] Aufmerksam machte der Artikel auf eine in der Tat virulente Begriffsdichotomie in der NS-Ideologie, wonach Deutschland dem Blut und Boden verpflichtet sei, der ›jüdisch-plutokratische‹ Westen dagegen lediglich dem Geld und dem Öl – sprich: dem schnöden Mammon. Diese Tradition ist alt und hier verschränken sich in der Tat antisemitische und antiamerikanische Motive. Doch wenn aus diesem Zusammenhang einzelne Motive herausgelöst werden, schleichen sich analytische Fehler ein. Der für sich stehenden Behauptung, den westlichen Metropolen ginge es lediglich um Geld und Öl, kann noch keine antisemitische Stoßrichtung unterstellt werden. Des Weiteren ignorieren der Autor der *Süddeutschen* und der Historiker Diner beflissentlich die Frage, ob die Nazis jenseits ihrer anti-plutokratisch und antiimperialistischen Propaganda nicht auch eine auf Verfügungsmacht über das Öl abzielende Politik verfolgt haben.[342] Niemand, der sich ernsthaft mit den Inhalten der nationalsozialistischen Expansionspolitik auseinander gesetzt hat, würde auf die Idee kommen, die Propaganda für bare Münze zu halten. Materialistisch im umgangssprachlichen Sinn, also der Mehrung von Geld, Profit und Reichtum verpflichtet, war auch die NS Politik. Diners Betrachtungen fallen rein oberflächlich-diskursanalytisch aus. Er betreibt damit eine als ›Ideologiekritik‹ ausgegebene Ideologieproduktion, die von einer materialistischen Beschreibung der Wirklichkeit absieht und somit hinter die von Marx und Engels in der *Deutschen Ideologie* angemahnte Verpflichtung des Kritikers auf Empirie zurückfällt.

Naiv könnte man fragen, wie vor einer solchen von Diner hohepriesterlich errichteten Diskurslandschaft überhaupt noch von etwaigen Ölinteressen der USA – und ihrer europäischen Verbündeten – gesprochen werden könne, ohne in den Verdacht zu kommen, »tradierte politische Metaphorik«[343] zu benutzen. Dabei ist dies genau Zweck der Übung. Jede Kritik einer möglichen interessegeleiteten (US-)Politik soll ins Jenseits der Diskursfähigkeit katapultiert und moralisch

341 Volker Breidecker, Halt rein unsren Saft. Der aktuelle Slogan »Blut für Öl« hat eine dunkle Geschichte, in: Süddeutsche Zeitung, 24.1.03.

342 Zu welchen absurden Versuchen das Scheitern der deutschen Kriegsanstrengungen, Zugang zu den rumänischen Ölquellen zu erlangen, führte, zeigt detailliert: Michael Grandt, Unternehmen Wüste. Hitlers letzte Hoffnung. Das NS-Ölschieferprogramm auf der Schwäbischen Alb. Tübingen 2002.

343 Diner, Verkehrte Welten, a.a.O. S. 156 bzw. S. 161.

mit Antisemitismus- oder Faschismusvorwürfen ins Schmuddeleck der Geschichte verbannt werden.[344]

Dass die offizielle Schelte des angeblichen linken Antiamerikanismus stets im Bekenntnis zum Atlantizismus mündete, ist wenig verwunderlich. Der Antiamerikanismus-Vorwurf war immer höhere ideologische Begleitmusik zur Luftbrückenbegeisterung des *MoPo*-Lesers, ein Bekenntnis zur westlichen Wertschöpfungsgemeinschaft, Identifikation mit dem Starken, dem Welthegemon. Darüber hinaus war die Vermeidung von ›antiamerikanischen Ressentiments‹ immer offiziöses Regierungsprogramm im Kalten Krieg und wird es solange sein, wie Deutschland und die USA sicherheitsstrategisch, außenpolitisch wie ökonomisch aufeinander angewiesen sind. Wo heute Deutschland und Europa von den USA abdriften und das westliche Bündnis schwer angeschlagen ist, darf sogar in Springers *Morgenpost* zuweilen der »Kampfbegriff Antiamerikanismus« angegriffen werden, schließlich gehe es um die Frage, »wer welchen Anteil der Erträge der gemeinsamen Arbeit erhält«. Der Chefredakteur der englischsprachigen Zeitung *The German Times* trägt larmoyant vor, dass es für Gegnerschaft auch rationale Gründe geben könne und ob »wir unter Partnern dann nicht wenigstens versuchen, über die Vorwürfe zu sprechen«.[345] Wie schrill die Töne auf der Skala Amerikanismus – Antiamerikanismus angeschlagen werden, ist demnach eine Frage der Aushandlung von Geschäftsbeziehungen unter weltwirtschaftlichen Partnern, die sich im ausbeuterischen Interesse stets einig sind.

---

344 Im Kern trifft das ›Öl-Argument‹ für die Irak-Kriege von 1991 und 2003 nicht zu: »Irak besitzt nach Saudi-Arabien die zweitgrößten nachgewiesenen Ölvorkommen. Doch das Öl erklärt nicht alles, es ist nicht einmal als Hauptgrund einleuchtend. Genau wie 1991 der Irak als Beispiel für die Bestrafung herhalten musste, die einem Regime drohen kann, das es wagt, sich außerhalb des Rahmens einer von den USA definierten Allianz zu bewegen, so kommt dem Irak nach dem 11.September 2001 ebenfalls eine zusätzliche Bedeutung zu. Die Bush-Regierung erhoffte sich, als sie den Irak angriff, mehr als nur einen Regimewechsel: Der Irak eröffnete eine weitere Gelegenheit, die politische Landkarte der gesamten Region neu zu entwerfen – wie es die Vereinigten Staaten schon mehrfach versucht haben.« Mahmood Mamdani, Guter Moslem, böser Moslem, a.a.O., S. 217.

345 Peter Köpf, Im Namen der Freiheit. Der Vorwurf des Antiamerikanismus ist ein unpolitischer Kampfbegriff, er dient dazu, Debatten zu verhindern, in: Berliner Morgenpost, 9.3.2019, online: https://www.morgenpost.de/politik/article216625677/Im-Namen-der-Freiheit.html

Doch bei den Antideutschen wird ihrem intellektuellen Ahnherren Diner folgend nicht bloß von materiellen Interessen abstrahiert, vielmehr erscheint die Verfolgung schnöder Geld- und Profitinteressen als einzig probate Möglichkeit, Barbarei, zumal völkische, zu bannen. Im Gegensatz zum Antifaschismus klassischer linker Provenienz, der dem Horkheimer'schen Diktum, wonach vom Faschismus schweigen solle, wer vom Kapitalismus nicht reden will, verpflichtet ist, erschien den Antideutschen der Kapitalismus selbst als vor dem Faschismus schützenswert. Auf einmal war nicht mehr der Kapitalismus eine verdammenswerte Veranstaltung, sondern seine Strukturen und die ihm angepassten wie eingeübten Habitusformen gerieten zum Bollwerk gegen die Gegen-Aufklärung. Mochte Brecht noch festgestellt haben, dass man im Bürger den potenziellen Nazi entdecken kann, so rettetet für die antideutschen Intellektuellen nur gelungene Bürgerlichkeit vor Faschismus.[346] Völkisches Denken und nationalsozialistische Bewegung wurden als ›verkürzter Antikapitalismus‹ rezipiert und diesen Antikapitalismus galt es laut antideutschen Intellektuellen und ihrer Fangemeinde international zu schlagen – natürlich stellte hierfür Postones Text zu Antisemitismus und Nationalsozialismus einen wichtigen theoretischen Bezugspunkt dar. Die Verlierer dieser Erde, die mit ihren Systemen und Staaten in eins gesetzt werden, tendierten – so wird behauptet – in ihrer Kritik des Kapitalismus zum Völkischen und zum Antisemitismus. Auch dem irakischen Baath-Regime und Al-Qaida wurde das Schlagwort ›Antikapitalismus‹ angehängt. Diese Haltung, die über ›Antikapitalismus‹ dergestalt einen antitotalitären Bannstrahl verhängte, verabschiedete sich auch von der alten Kritischen Theorie: »Fast scheint es so, als müsse das Diktum Horkheimers, vom Faschismus solle schweigen, wer vom Kapitalismus nicht reden wolle, erweitert werden: Vom Kapitalismus solle ebenso schweigen, wer vom Antikapitalismus nicht reden wolle«, formulierten die NGO-Lobbyisten und Autoren der *Jungle World,* Thomas Uwer und Thomas von der Osten-Sacken, in einem Buch des

346 Dies legte Holger Schatz dar: ›Die Welt aushalten lernen‹. Neoliberale Formierung des Selbst und linke Marktapologetik, in: Hanloser (Hg.), »Sie warn die Antideutschesten ...«, a.a.O., S.226-246.

ça ira-Verlags, das sich neokonservativ für einen Krieg der USA gegen den Irak aussprach.[347] Was als spielerische Ergänzung daherkommt ist eine geschickte und interessierte Verdrehung der Intention des frühen Horkheimer: Mit Verweis auf einen ›barbarischen Antikapitalismus‹ – ein geflügeltes Wort im antideutschen Milieu – sollte der Kapitalismus als kleineres Übel präsentiert werden. Faschismus wird als genuin sozialistische bzw. antikapitalistische Bewegung begriffen, die tendenziell in einem antagonistischen Verhältnis zum Kapitalismus steht. Mit dieser Behauptung schließen sich aber die ehemals linken Autoren dem Liberalen Friedrich Hayek mit seiner interessegeleiteten Gleichsetzung von Faschismus und Antikapitalismus an.[348]

Immer wieder tendierten Antideutsche dazu, ihre Kriegsapologetik mit Kritischer Theorie auszuweisen. So formulierte Stefan Grigat, dass die Kritische Theorie »in der Kritik der kapitalistischen Gesellschaft sich dessen bewußt« war, »daß allererst die ebenso zwanghafte wie selbstgewählte Reaktion auf diese Gesellschaft abzuwehren ist: der Vernichtungswahn der regressiven Antikapitalisten, der auf Juden und Jüdinnen zielt«.[349] Nun zog die frühe Kritische Theorie ihre zugleich revolutionäre wie antitotalitäre Kritik gerade aus der Negation der Geltung eines ›allererst‹. Max Horkheimer schrieb in seinem Aufsatz *Die Juden und Europa*, dass Freiheit erst dann existieren könne, »wenn endlich Menschen die Vorgeschichte zum Abschluß bringen« – also die Revolution machen.[350] Doch davon wollte man nichts mehr hören. Nach der Resignation über die ausgebliebene Revolution und der Verabschiedung der Revolutionssubjekte Proletariat und ›unterdrückte Völker‹ kam die rasante Versöhnung mit den herrschenden Verhältnissen, deren

---

347 Thomas Uwer/ Thomas von der Osten-Sacken/ Andrea Woeldike, Amerika. Der »War on Terror« und der Aufstand der Alten Welt, Freiburg im Breisgau 2003, http://www.ca-ira.net/verlag/leseproben/uwer.et.al-amerika_lp.php

348 Vgl.: Friedrich August von Hayek, Der Weg zur Knechtschaft, Zürich 1945/ München 2009.

349 Klappentext von Stefan Grigat (Hg.), Feinderklärung und Reeducation, Kritische Theorie gegen Postnazismus und Islamismus, Freiburg im Breisgau 2006.

350 Max Horkheimer, Die Juden und Europa, in: Helmut Dubiel/ Alfons Söllner (Hg.), Wirtschaft, Recht und Staat im Nationalsozialismus, a.a.O., S.50. Im gleichen Aufsatz findet sich auch die berühmte Formulierung »Wer aber vom Kapitalismus nicht reden will, sollte auch vom Faschismus schweigen«, ein Zusammenhang, der bei den heutigen Epigonen nahezu vollständig eskamotiert wird.

Herrschaft man umso mehr verteidigte, je deutlicher sie aus den Fugen zu geraten drohte: »An einem Scheitern der USA im Irak kann ernsthaft niemand ein Interesse haben, der nicht die Weltwirtschaft in Trümmern sehen will.«[351]

Interessant ist das angegebene Kriterium, warum die USA nicht scheitern dürfen: Es geht also nicht mal mehr um die Befreiung der Menschen im Irak. Nicht einmal ein ominöser Demokratisierungsprozess wird hier beschworen, vor einer unhaltbaren Menschenrechtslage oder Instabilität des Landes gewarnt, nein, ganz offen wird bekundet, dass die Verfasser dieser Zeilen vom global vorherrschenden Kapitalismus nicht mehr sprechen wollen, zumindest nicht mehr in kritischer Hinsicht. Was also bloß scheinbar als Versuch, den Antiimperialismus zu überwinden, begann, verkehrte sich zu einem lauthals vorgetragenen Bekenntnis zum Imperialismus und seinen Kriegen, die man zur Stabilität der Weltwirtschaft auf den Plan rufen musste, wobei man noch den Gestus des antifaschistischen und Deutschland-Kritikers beibehalten wollte: »Nur wenn George W. Bush im November die US-Wahlen gewinnt, seine Regierung sich dauerhaft und konsequent an den Strategien der Neocons um Richard Perle und Paul Wolfowitz orientiert und es gelingt, den politischen Einfluss einer deutsch geführten EU im Nahen Osten auf ein Minimum zu reduzieren, besteht eine Chance für ein Ende von Hamas, Jihad, Hizbollah, al-Qaida und Arafat«, resümierte der *Bahamas*-Autor Klaus Thörner 2004[352].

Darüber hinaus durfte jetzt die »deutsche Lösung«, die Goldhagen 1999 den Serben aufoktroyieren wollte, für die Iraker kommen. Die antideutschen Autoren sahen sich aufgerufen, die nun anstehende *Re-education* der irakischen Bevölkerung kommentierend und im Geiste von *good governance* zu begleiten.

Einigen politikberatenden Lobbyisten aus der antideutschen Linken schien die alte Verbindung Irak–Deutschland als besonders gute Moder-

351 Diesen Satz der prominenten Konkret- und Jungle World-Autoren muss man sich nach den bekannten Verheerungen und den Folgen des Irakkrieges mit der Begünstigung des Aufstiegs des IS immer wieder auf der Zunge zergehen lassen. Auf ein Revidieren solcher Positionen wird man natürlich lange und vergeblich warten. Thomas Uwer, Thomas von der Osten-Sacken, Andrea Woeldike, Amerika, a.a.O.

352 Klaus Thörner, Chance für den Nahen Osten. Der Sturz Saddam Husseins eröffnete die Chance auf eine umfassende Demokratisierung der Region, in: Jungle World, Nr. 16/2004, S. 5.

nisierungsvoraussetzung und sie riefen die Bundesregierung während des Irak-Krieges auf, nicht abseits zu stehen:

> »Es braucht wohl kaum erneut auf die tiefgehende ideelle Bezugnahme von Irakern auf Deutschland (die sich nicht zuletzt in der Vorstellung von Arabiens Preußen äußert) verwiesen zu werden, um zu verdeutlichen, dass ein offener und entgegenkommender Umgang der Bundesregierung mit den Vertretern der demokratischen Opposition diese enorm aufwerten würde. (...) Vielen Irakern gilt Deutschland als besonderes Beispiel, wenn nicht Vorbild für die Transformation einer zentralistisch verwalteten, militarisierten Diktatur in einen föderal organisierten Bundesstaat. Aus Deutschland sind in den vergangenen Jahrzehnten immer wieder Initiativen zur Unterstützung und Beratung beim Aufbau föderaler und demokratischer Rechtsstaatsstrukturen in anderen Ländern ausgegangen.«[353]

In der Tat sind solcherart modernisierungstheoretischen Überlegungen, die sich auf eine Transformation des Irak nach dem Vorbild Deutschlands 1945 beziehen, auch in den einschlägigen US-amerikanischen Thinktanks diskutiert worden. Pikant, dass Uwer/ von der Osten-Sacken/ Brandscheidt in einer Situation zugespitzter Konkurrenz zwischen USA und ›altem Europa‹ letzten Endes eine Perspektive der verstärkten deutschen Eigeninitiative das Wort redeten, merkwürdig, dass Uwer und von der Osten-Sacken zu dieser Zeit im ›antideutschen‹ Spektrum gern gesehene Autoren und ›Spezialisten‹ waren und blieben. Dass man als ›antideutsch‹ gelten und gleichzeitig Deutschlands postfaschistische Transformation als Schule machendes Beispiel für andere Länder verkaufen konnte, ist eine besonders übelriechende Blüte, die das zwischen Ideologie und Anpassungsbereitschaft pendelnde Milieu sprießen ließ. In einer Veröffentlichung aus dem Jahre 2006, also drei Jahre nach dem Irakkrieg, schrieben Thomas Uwer und Thomas von der Osten-Sacken:

> »Die Strategie der Einbindung alter Eliten, wie man sie in Deutschland erfolgreich betrieben hatte, traf nicht nur, was den Grad der physischen Zerstörung anbelangt, auf Voraussetzungen, die sich grundsätzlich von jenen unterschieden, die man nach der Zerschlagung des NS vorfand.«[354]

353 Thomas Uwer/ Thomas von der Osten- Sacken/ Hans Branscheidt, Memorandum Irak, Februar 2003. http://www.epd.de/entwicklungspolitik/entwicklungspolitik_index_13268.htm

354 Thomas Uwer/ Thomas von der Osten-Sacken, Reeducation und Debaathisierung. Der Nachkriegsirak und Karl August Wittvogels Kritik der Despotie, in: Stefan Grigat (Hrsg.) Feindaufklärung und Reeducation, a.a.O., S. 277.

Nun schlugen sie vor, nicht so sehr das Modell von Deutschland 1945 vor Augen zu haben (ein Modell, das die beiden Autoren im Gleichklang mit ihren antideutschen Freunden und den neokonservativen Vereinen favorisiert hatten), sondern man solle sich nun eher an Wittvogels Konzept der Asiatischen Produktionsweise und der rückständigen Despotie orientieren. Und auch der bekehrte Neokonservative Francis Fukuyama, der von der »leninistisch-aktivistischen« Politik der Neocons in seinem Buch *Scheitert Amerika?*[355] Abstand nahm, erklärte, dass Präsident Bushs Vergleiche des Nachkriegs-Irak mit Japan und Deutschland »ziemlich irreführend« gewesen seien.[356] Er gab sich stattdessen Gedanken über den Modernisierungsfaktor von Faschismus, Kommunismus und – der totalitarismustheoretischen Prämisse folgend – auch des Islamismus hin, indem er eine »wichtige, wenn auch scheinbar perverse Frage« stellte: Könnte der Islamismus nicht, »wie Faschismus und Kommunismus davor, unabsichtlicherweise als modernisierende Kraft wirken, die den Weg bereitet für muslimische Gesellschaften, die nicht destruktiv, sondern konstruktiv auf die Herausforderung des Westens antworten können?«.[357] Hier zeigt sich, wie affirmativ sich die westliche Modernisierungstheorie gestaltet, wenn sie ›die Moderne‹ zum völlig inhaltsleeren Mythos gerinnen lässt und zum Fetisch erklärt, dem man jeglichen Emanzipationsgehalt opfert. Schon zur Zeit der Vorbereitungen auf den Irak-Krieg wurden die Nachkriegszeit-1945-2003-Analogien von Linken scharf kritisiert und es wurde deutlich gemacht, dass vonseiten der Nazi-Analogien strapazierenden neokonservativen Thinktanks die dort betriebene »Freimütigkeit der Umgehensweise mit dem Modernisierungsaspekt von Terror und Gewalt im Baath-System und Nazismus (...) denjenigen wenigstens einige unruhige Gedanken bescheren (sollte), die die heutigen Kriegsziele so einfach mit dem Kampf gegen Antiamerikanismus und Antisemitismus vermischen«.[358] Hartmann und Vogels-

355 Francis Fukuyama, Scheitert Amerika? Supermacht am Scheideweg, Berlin 2006, S. 63ff.

356 Ders., S. 135.

357 Francis Fukuyama/ Nadav Samin, »Destructive Creation. Can Any Good Come Of Radical Islam? A modernizing force? Maybe.«, in: *Wall Street Journal – Opinion Journal*, 12. September 2002.

358 Detlef Hartmann/ Dirk Vogelskamp, Irak: Schwelle zum sozialen Weltkrieg, Berlin 2003, S. 67.

kamp zitieren aus dem Einleitungsvortrag von Dr. Buruma für das AEI, einem der einflussreichsten neokonservativen Thinktanks:

> »... verrückte Ideen kommen und gehen ... Und wenn nach 1945 nicht wenige frühere Nazis plötzlich eifrige Mitglieder der CSU oder CDU und Mitglieder der westdeutschen Demokratie geworden sind, ist das unappetitlich, und man hätte gerne völlige Gerechtigkeit usw. Aber irgendwie ist das der beste Weg, eine Demokratie zu stabilisieren ...«[359]

Die Einbindung der alten Nazi-Eliten war, in den Worten von Uwer und von der Osten-Sacken, »erfolgreich« – und um ›Erfolg‹ und ›Modernisierung‹ schien es einzig zu gehen. Hatte man den Antiimperialismus und die linke Imperialismuskritik erfolgreich verdrängt, so war nun die antifaschistische Kritik an den restaurativen Tendenzen der Bundesrepublik entsorgt. Frappierend, wie bereitwillig eine scheinbar antideutsche Positionierung das ›Deutsche‹ im Irak als ›barbarischen Antikapitalismus‹ mit Bomben verfolgen ließ, um im konkreten Feld der Politikberatung staatsmännisch-wertschöpfungsbewusst auch alte Eliten zu hofieren.

359 Ebenda.

Karrieren II: Der Volkstribun

Während sich Thomas Uwer und Thomas von der Osten-Sacken plötzlich recht ›deutsch‹ gestimmt ins politikberatende und regierungsoffizielle Feld zurückzogen, ging ein führender Vertreter der Antideutschen einen ganz anderen Weg. Jürgen Elsässer, so schreibt der *Jungle-World*-Autor Volker Weiß, Verfasser des Bestsellers *Die autoritäre Revolte. Die neue Rechte und der Untergang des Abendlandes*, stelle einen »nach weit rechts gewendeten ehemaligen Leninisten« dar[360]. Das ist nur die halbe Wahrheit. Leninist war Elsässer als Mitglied des Kommunistischen Bundes in Stuttgart auch irgendwann. Tatsächlich ist er aber niemand Geringeres als der mutmaßliche Erfinder des Antideutschtums. Daneben war er entscheidender Impulsgeber für die Gründung der Berliner Wochenzeitung *Jungle World* im Jahr 1997. Und ausgerechnet dieser ist nun am äußersten rechten Politikspektrum angelangt. Elsässer wandelte sich vom publikationssüchtigen Stichwortgeber in *Jungle World* und *Konkret*, vom hedonistischen Verfechter von ›freier Liebe‹ und der antifaschistisch wie antivölkisch motivierten Zerstörung Deutschlands zum rabiaten Ankläger eines Untergangs Deutschlands durch Migration und der angeblichen Zersetzung einer idyllischen kartoffeligen Kleinfamilie durch 68, Rot-Grün und *queer-theory*. Er ist nun Chefredakteur des seit 2010 erscheinenden Hochglanzmagazin *Compact*, das als Sprachrohr der AfD-Anhänger angesehen werden kann und sich äußerst deutschnational positioniert. Als Antideutscher wollte der 1957 in Pforzheim Geborene am liebsten Polen an Frankreich grenzen sehen, während er nun für deutsches Volk, souveränen Raum und identitäre Nation wirbt. Noch Mitte der 90er-Jahre präsentierte sich Elsässer in einem Streitgespräch mit Sahra Wagenknecht auf dem Höhepunkt seiner antideutschen und gleichzeitig um eine subversive Erneuerung des Marxismus bemühten Agitation. Während Wagenknecht die Familie als unersetzliche Quelle von Glück und Lebensqualität pries und, hegelianisch gestimmt, dem Staat die entscheidende Rolle beim Aufbau des Sozialismus zuwies, versuchte in den Worten Jürgen Roths der damalige antideutsche

360 Volker Weiß, Die autoritäre Revolte. Die neue Rechte und der Untergang des Abendlandes, Stuttgart 2017, S.95.

Redakteur Elsässer diesem autoritären Diskurs »sympathisch antiautoritäre, doch allzu vergebliche Einwände« entgegenzusetzen.[361] Tatsächlich hielt Elsässer dem Spießertum der DDR den Kosmopolitismus entgegen, sah selbst in Lenins Linksradikalismuskritik das Einfallstor für den Reformismus und setzte mit »Che Guevara statt Walter Ulbricht« lieber einen fröhlichen Spontaneismus gegen den grauen Staatssozialismus. Mit der Geschichte nahm er es dabei nicht so genau. Einen Aufsatz eröffnete er mit der Bekundung: »Die Spaltung Deutschlands war die größte historische Leistung der SED …«, womit er volle Ahnungslosigkeit über die Konstitutionsbedingungen der DDR und die eigentliche Dynamik der Spaltung Deutschlands, die eher von Adenauer und dem Westen ausging und vonseiten der SED anfänglich mit viel nationalistischer Wiedervereinigungsemphase beantwortet wurde, beweist.[362]

Damals bezeichnete Thomas Kuczynski diese ›Debatte‹ als »Schlacht im Buddelkasten«, bei der man nicht wisse, was schlimmer sei: »Sahra Wagenknechts miefiger National-Provinzialismus, der in Ulbrichts ›Neuem Ökonomischen System‹ den alleinseligmachenden Ansatz künftiger Sozialismen erblickt, oder Jürgen Elsässers antinational-anarchistische Attitüde, die sich in der nostalgischen Erinnerung an Che und den Pariser Mai 1968 verzehrt«. Weder habe Elsässer eine klare Vorstellung von Marx'scher Kritik noch Wagenknecht ein kritisches Wissen von der kommunistischen Weltbewegung. »Ich weiß nicht, was schlimmer ist – aber ist das wesentlich? Für die beiden sicher nicht.«[363] Auch Jürgen Roth konstatiert eine Flapsigkeit bei Elsässer, die den Verdacht nahe legen würde, »daß er derweil«, gemeint ist das Gespräch mit Wagenknecht, das im *Konkret*-Buch-Verlag veröffentlicht wurde, »dem Grünen Afghanen zusprach«.[364] Tatsächlich befleißigte sich Elsässer einer bis heute in der linken und vor allem antideutschen Szene anzutreffenden Methode: Man pickt sich ein paar zu Parolen verkürzte Sätze beispielsweise von Rosa Luxemburg heraus, womit komplexe Theoriebil-

---

361 Jürgen Roth, Sozialistisch verhalten, in: junge Welt, 3. März 1997, S.12.

362 Vgl.: Jürgen Elsässer, Zu deutsch, in: Sahra Wagenknecht/ Jürgen Elsässer, Vorwärts und vergessen? Ein Streit um Marx, Lenin, Ulbricht und die verzweifelte Aktualität des Kommunismus, Hamburg 1996, S.14-17.

363 Thomas Kuczynski, Die Schlacht im Buddelkasten, in: junge Welt, 4. März 1997, S.13.

364 Jürgen Roth, Sozialistisch verhalten, a.a.O.

dung auf wenige passende Sentenzen verkürzt wird. Wer setzt sich heute schon mit den schwierigen historischen Streitfragen, beispielsweise der heiß diskutierten nationalen Frage von Engels über Rosa Luxemburg bis Lenin und Roman Rosdolsky, auseinander? Fürs schnelle Positionieren reicht der Hinweis auf und das Zitat einer markigen Phrase.

Das Unernste und Attitüdenhafte kann man offensichtlich noch heute bei Elsässer beobachten, wenn bei öffentlichen Auftritten des Rechtsradikalen »ein ironischer Unterton spürbar« wird, »als würde er sich selbst ein bisschen darüber amüsieren, was er sagt, oder zumindest Spaß dran haben, besonders wenn es populistisch oder provokant wird«.[365] Er selbst verbucht seine 90er-Jahre-Auslassungen heute als »meine damaligen Schwachsinnigkeiten«. Erklärungsbedürftig ist der krasse Wandel aber dennoch. Denn bei allen Unzulänglichkeiten, die er mit anderen linken Autoren ja teilte, war Elsässers Mitte der 90er-Jahre dennoch ein innovativ antiautoritärer wie antinationalistischer Publizist, dem man seinen Hass auf Deutschland und die Sehnsucht nach einer anderen, befreiten und nicht-kapitalistischen Gesellschaft abnehmen konnte. Zumindest haben seine antideutschen Genossinnen der 90er nicht gemerkt, welch deutschtümelnder Volkstribun in Elsässer steckt.

Welche Art der Verwandlung liegt hier also vor? Mauserte er sich, ent- oder verpuppte sich der Schwabe? Stimmen diese Metaphern überhaupt? Wann begann die Misere? In den 90ern des Antideutschtums oder bereits in den 80ern der kommunistischen Agitation? War im Mitglied des maoistisch-leninistischen *Kommunistischen Bundes*, dem linken Berufsschullehrer Elsässer bereits in den 80er-Jahren etwas am brodeln, was sich schließlich und endlich Anfang des 21. Jahrhunderts Bahn brechen konnte? Eine völkisch-deutschtümelnde Sehnsucht, die der KB-Maoist zuerst in andere ›Trikont‹-Länder verschob und die er dann als Antinationaler und Antideutscher in Form eines ›negativen Nationalismus‹ verzweifelt und offensichtlich erfolglos zu exorzieren versuchte? Oder berühren sich – wie es die Extremismustheorie so gerne beschreibt – hier mal wieder die Extreme? Elsässer eingespannt im ewigen Hufeisen, fernab der heiligen Mitte? Das mag alles nicht überzeugen, vor allem weil sich

365 Paul Simon/ Andreas Raabe, »Wehe uns!«. Die AfD hofiert ihn, für Ex-Legida-Chef Johnke ist er ein ›persönlicher Freund‹, für seine Gegner ein rechter Hetzer: Jürgen Elsässer ..., in: Kreuzer Leipzig, S.19, online: https://kreuzer-leipzig.de/2016/06/22/wehe-uns/

Jürgen Elsässer noch im Jahre 1999 positiv auf die Zuschreibung ›linksliberal‹ bezog und erklärte, dass er Andrei S. Markovits sowie »Bubis, Friedman, Brumlik« als »politische Freunde aus der Walser-Debatte« ansehe.[366] Kritik des *angeblichen* linken Antisemitismus, des *angeblichen* Antiamerikanismus, *angeblich* linksvölkischer Um- und Urtriebe boten die gemeinsame politische Plattform. Die liberale Mitte des Hufeisens hatte Elsässer also auch kennengelernt und durchlaufen. In vielem erscheint Elsässers *Compact*-Phraseologie wie ein glatter und einfacher Sprung exakt auf die Position, die er in seiner antideutschen Hochphase rund um 1995 vehement kritisierte, zuweilen aber auch erst konstruieren musste. Denn bei aller Kritik an Walsers Friedenspreisrede: Im Vergleich mit der heutigen rechten Agitation seines früheren Kritikers Elsässer, war der Schriftsteller Walser immer ein um unbequeme und doch kritische Selbstposition bemühter Zeitgenosse mit Abscheu vor dem Faschismus, wenn auch mit deutlich zu viel deutschem ›Wir‹-Bekenntnis.[367]

Der Weg Elsässers ist durchaus schwer nachzuvollziehen. Die früheren antideutschen Genossen schweigen sich auf jeden Fall aus, in einigen Rückbetrachtungen wird Elsässers Rolle für die Gründung der Strömung kleingezeichnet.[368] Sein Werdegang ist ähnlich komplex und verwirrend wie derjenige des prominenten linken Anwalts und RAF-Mitglieds Horst Mahler, der zum rechten Holocaustleugner wurde. Einst erklärte Manfred Dahlmann für die ISF, »wenn man uns in die Nähe von Hannah Arendt oder Sir Karl Popper bringt. Dann schlage ich mit Horst Mahler, Martin Walser und Konsorten zurück.«[369] Damit wollte er nichts anderes artikulieren, als dass einem Liberalismus-Vorwurf an die antideutsche Adresse, die von radikalen Linken kommen könnte, mit Nationalismus- und Antisemitismusvorwürfen diskursstrategisch

366 Jürgen Elsässer/ Andrei S. Markovits, Ein deutsches Coming-out? Streitgespräch: Die Linke, der Krieg und mögliche Verkürzungen in Goldhagens Holocaust-Analyse, in: Elsässer/ Markovits, Die Fratze ..., a.a.O., S. 186.

367 Nachvollziehen kann man das am besten in dieser Schrift: Johannes Klotz, Gerd Wiegel (Hg.), Geistige Brandstiftung. Die neue Sprache der Berliner Republik, Berlin 2001.

368 Günther Jacob, Du bist Deutschland! Das Vierte Reich, Diskussionsbeitrag in: Jungle World Nr. 30, 23.7.2015, online: http://jungle-world.com/artikel/2015/30/52370.html

369 Manfred Dahlmann, Antwort auf Enderwitzens Quo vadis ça ira, online: https://www.ca-ira.net/verein/positionen-und-texte/dahlmann-antikritik-enderwitz/

begegnet würde. Dem war und ist stets noch die Logik eingeschrieben, wonach Liberalismus allemal besser sei als jede Form des Linksseins, die ja nur ins Mahler'sche oder Walser'sche kippen könnte. Demnach verkünde der heutige Neonazi und ehemalige RAF-Anwalt und -Aktivist Mahler nicht nur die Wahrheit über die *Rote Armee Fraktion*, sondern sogar über die gesamte APO und die radikale Linke. Wenn dem so ist, dann könnte in einer einfachen Umkehrung festgestellt werden, dass Elsässers rechtsradikale *Compact*-Agitation Böses und wenig Anständiges über die Antideutschen im Generellen verrate.

Zu Beginn war er als Kopf der Anti-Wiedervereinigungslinken sowohl im Kreis der Freiburger ISF, der Berliner Gruppe-K oder der Jour-Fixe-Gruppe wohl gelitten und auch in der Redaktionsstube von *Konkret* mehr als aktiv. Er prägte die Phase der Berliner *jungen Welt*, als diese noch von Hermann L. Gremliza herausgegeben wurde und Oliver Tolmein Chefredakteur des Blatts war. Letzteren kannte er noch aus gemeinsamer KB-Zeit. Schließlich war Elsässer der Mann der *jungen-Welt*-Spaltung, die sich aus einem Arbeitskampf ergab und im Zeitungsprojekt *Jungle World* mündete. Fortan war das kurze publizistische Bündnis zwischen traditionslinken, eher DDR-affinen Linken und antideutschen Linken zerschellt.

In einem war Elsässer geschult: In einer Bündnispolitik, die im Modus laut publizierter Widersprüche im Kleinen und ebenso vehement proklamiertem Einverständnis im Großen auf Beachtung setzte. Die politische Biografie Elsässers ist gekennzeichnet von solchen temporären Bündnissen, die das Rechts-Links-Schema sowie soziale und Klassenfragen negierten. In diesem Geiste deklarierte er beispielsweise 1994 zum fünfzigsten Jahrestag des D-Day, also der Landung der Westalliierten in der Normandie im Juni 1944:

> »Das kleine emanzipatorische Potential in diesem Land wird verkörpert durch Menschen wie Ralph Giordano, Henryk M. Broder oder Peter Gingold. So unterschiedlich sie in ihrer Weltanschauung sein mögen – Gingold hat sich als Emigrant der Résistance angeschlossen und ist seither Kommunist, Giordano wird sich, nennt man ihn ›Sozialdemokrat‹, wohl kaum beleidigt fühlen, und Broder ist des ›FAZ‹-Feuilletons liebstes Enfant terrible – , so verbindend ist die ihnen gemeinsame Erfahrung: Ihre Angehörigen wurden in deutschen KZs ermordet.«[370]

370 Jürgen Elsässer, Mißverständnis zum D-Day, in: Konkret 05/94, S. 12.

In dem internen Streit der Tageszeitung *junge Welt*, der im Jahre 1997 mit einer Redaktionsbesetzung und der Spaltung der Zeitung eskalierte und in der Gründung der *Jungle World* mündete, befand sich Elsässer dann bei der poplinken, antideutschen Fraktion und war voller Verachtung für die unter anderem von ihm als »nationalbolschewistisch« bezeichnete traditionslinke Fraktion um den Geschäftsführer des ehemaligen FDJ-Massenblattes, Dietmar Koschmieder, der den Chefredakteur Klaus Behnken entlassen hatte, um das Blatt verstärkt um ›Ostthemen‹ und seine Autorität kreisen zu lassen.

Elsässers antideutsche Jahre währten gute zehn Jahre – inklusive der »Bubis, Friedman, Brumlik«-Phase. Danach gab es im politischen Leben des Publizisten eine kurze Episode, in der er eine schlichte linksgewerkschaftliche, antifaschistische und friedenspolitische Position einnahm.[371] Dieser erste große Bruch mit seinem Antideutschtum erfolgte im Kontext des zweiten Irakkriegs 2003. Die amerikanische Invasion im Irak verurteilte er als »imperialistisch« und rückte in die Nähe der neuen Friedensbewegung. Anfang der 2000er-Jahre schien sich Elsässer einem unspektakulären linken Volksfrontkonzept verschrieben zu haben und kritisierte seine ehemaligen antideutschen Freunde scharf. Man müsse ein »Widerstands-Wir« konstituieren, mithilfe der Friedensbewegung und der Gewerkschaften – und allein in der Sprache zeigte er sich als Suchender nach einer wirkungsvollen linken Praxis:

> »Nach Lage der Dinge kann ein solches ›Wir‹ nur entstehen, wenn radikale Theoretiker lernen, die wenigen politisch Aktiven in diesem Land – etwa in den Gewerkschaften und der Friedensbewegung – konstruktiv zu kritisieren, anstatt als ›völkische Ideologen, moralische Verzichtsapostel und Ethno-Zoologen‹ (Wertmüller et al.) zu denunzieren. Der Antiamerikanismus zum Beispiel verdient eine differenzierte Betrachtung: Er ist oft ein deutschnationales Ressentiment, kann aber (ebensooft?) die Vorstufe eines linken Antiimperialismus sein, der sich auch gegen den eigenen Staat richtet. Die Vorstellung einer gesellschaftlichen Sperrminorität ist utopisch? Die Arbeiterbewegung ein toter Hund? Die IG Metall igittigitt? Dann her mit den besseren Vorschlägen, wie die Kriegstreiber zu stoppen oder wenigstens zu behindern sind.«[372]

371 Dokument dieser Phase Elsässers politisch-publizistischen Tätigkeit ist das 2003 erschienene Buch, in dem er seine Position von 1995 implizit revidierte: Der deutsche Sonderweg. Historische Last und politische Herausforderung, Kreuzlingen/München, eine kritische Rezension findet sich hier: Gerhard Hanloser, Sonder(bare) Wege. Rezension von Jürgen Elsässers Der deutsche Sonderweg, in: trend online Zeitung 7/8 2003, online: http://www.trend.infopartisan.net/trd7803/t337803.html

372 Jürgen Elsässer, Keine Zäsur? Nach dem 11. September muß der linke Kompaß neu justiert werden – aber ganz anders, als die Bellizisten meinen, in: Konkret 04/02, S. 27f.

Hätte es zu dieser Zeit die Bewegung rund um Sahra Wagenknecht und Bernd Stegemann namens *Aufstehen* gegeben, Elsässer hätte dort seine damalige Positionen als ›organischer Intellektueller‹, medienbeflissener Altkader und Politprofi bestens einbringen können.

Erst seine einige Jahre später stattfindende Hinwendung zum Nationalen, dokumentiert in Elsässers populistischem Heuschreckenbuch, das im Jahre 2007 noch im DKP-Verlag Pahl-Rugenstein veröffentlicht wurde[373], führte zum publizistischen Aus in den Zeitungen der Traditionslinken wie *junge Welt* und *Neues Deutschland*. Nach der Finanzkrise von 2008 gründete Elsässer im Übergang vom Dezember 2008 zum Januar 2009 die *Volksinitiative gegen das Finanzkapital* und die rechte Wochenzeitung *Junge Freiheit* kommentierte: »Mit der neuen Organisation könnte ein neuer ›Nationalbolschewismus‹ fröhliche Urstände feiern.«[374] Hier verfolgte Elsässer tatsächlich einige wenige Jahre ein ›Querfront‹-Konzept, in dem er – antiamerikanisch motiviert – rechte Nationalisten, linksnationalistische Antiimperialisten und antiwestliche Muslime mit etatistischer Ausrichtung zusammenführen wollte. Von dieser Strategie sind auch die ersten Jahre der von ihm im Dezember 2010 im Kai Homilius Verlag herausgegeben Zeitschrift *Compact* geprägt. An diesem publizistischen Ort sollten verschiedene amerika- und israelfeindliche Strömungen mittels eines nationalistischen Antiimperialismus als Kristallisationspunkt zusammengeführt werden. Dieser Antiimperialismus nahm allerdings eher Anklänge an die Plutokratenkritik reaktionärer Bewegungen der Zwischenkriegszeit und des Faschismus als an jene des linken Antiimperialismus der späten 60er. Da der Iran zusehends in den Fokus eines Krieges der USA rückte, zeichnete Elsässer den islamisch-patriarchalen Staat zwischenzeitlich in den hellsten Farben.[375] Das brachte Elsässer zusammen mit dem Betreiber der Webseite *Muslim-Markt*, Ya-

---

373 Jürgen Elsässer, Angriff der Heuschrecken. Zerstörung der Nationen und globaler Krieg. Berlin 2007. Die Tageszeitung junge Welt organisierte damals noch einen Streitbriefwechsel: Klassenkampf passé? Ein Streit über ›Heuschrecken‹ und Antikapitalismus, über Nationalismus und internationale Solidarität von Jürgen Elsässer/ Gerhard Hanloser, in: junge Welt vom 2.4.2007.

374 Junge Freiheit, Elsässer gründet »Volksinitiative gegen Finanzkapital«, 9.1.2009, online: https://jungefreiheit.de/politik/deutschland/2009/elsaesser-gruendet-volksinitiative-gegen-finanzkapital/

375 Jürgen Elsässer (Hg.), IRAN – Fakten gegen westliche Propaganda, Werder (Havel) 2009.

vuz Özoguz, 2012 eine Reise nach Persien ein – inklusive Audienz bei Mahmud Ahmadinejad. Doch diese Allianz sollte nicht lange andauern. Erst war Elsässer gefragter Redner der von Lars Mährholz initiierten obskurantistischen »Montagsmahnwachen«, die sich ab März 2014 gegen die Zuspitzung der Kriegsgefahr aufgrund der internationalen Dimension des Syrienkriegs und des Ukrainekonflikts formierten. Schließlich gründeten sich in Dresden die *Patriotischen Europäer gegen die Islamisierung des Abendlandes* (PEGIDA) als islam- und fremdenfeindliche Bewegung mit dem Ziel eines generellen Einwanderungsstopps. Jürgen Elsässer schloss sich wie der rechte Teil der Friedensmahnwachen dieser neuen Bewegung an. Die PEGIDA-Parolen gingen weit über das klassisch rechtsradikale Milieu hinaus und öffneten Räume für Publizität und Agitation, die Elsässer immer schon suchte. Sein islamischer Querfrontverbündeter Özoguz schrieb ihm daraufhin empörte Briefe, weil er nun mit »Islamhassern« paktiere, und er versuchte ihn im Geiste des reaktionären israelfeindlichen Querfrontgedankens von seinem Weg abzubringen: »An vorderster Front demonstrieren Bänker, berühmte Zionisten und Rassisten mit Dir. Und Dir soll das nicht auffallen?« Elsässer antwortete, die »Zionisten sind Anti-PEGIDA« und gab vor, es gehe ihm und PEGIDA »im Wesentlichen NICHT um Islamisierung (schon gar nicht um Islam), sondern um die unkontrollierte Zuwanderung. Es gehört zur Souveränität, die mir am Herzen liegt, dass diese schleunigst beendet wird.« Außerdem sei ein Gutteil der rechtspopulistischen Bewegung, »auf Russland orientiert. Russland aber steht geopolitisch im Bündnis mit Syrien/Iran und betreibt im Innern eine kluge Islampolitik«. Als Özoguz auf die ihm wie Karikaturen aus dem Naziblatt *Stürmer* erscheinenden Verzeichnungen des Bildes vom ›Moslem‹ in *Compact* hinwies, war das Tischtuch zerschnitten. Elsässer wandte sich souverän vom Gott, Querfront und Barmherzigkeit beschwörenden Özoguz ab und dem neuen Marktsegment zu, das PEGIDA eröffnete.

»Ich empfehle jedem, der sich ein unvoreingenommenes Bild machen will, selbst einmal vor Ort zu gehen, zum Beispiel nach Dresden«, schrieb er, längst nicht mehr in Richtung Özoguz, sondern in Richtung seines Publikums.

> »Im direkten Erleben wird man erkennen: Hier entsteht eine Volksbewegung gegen unsere US-gesteuerte Regierung. Ihre Artikulation ist manchmal unbeholfen, und es gibt Trittbrettfahrer – aber wenn sich das Volk als politisches

Subjekt konstituiert, geht es nun mal drunter und drüber, das lehren alle revolutionären Bewegungen. Eine solche Bewegung kann in die Irre gehen – aber wenn es eine solche Bewegung nicht gibt, funktioniert das irre System ›alternativlos‹ weiter – und das ist das schlimmere, das schlimmste aller Übel.«[376]

Mag hier noch etwas anklingen, was man von der Vor-Wiedervereinigungslinken kennt, nämlich die Suche nach der Bewegung von unten, auf der sich ja der KB der 70er-Jahre als ›Trüffelschwein‹ befand[377], so ist dieses Beschwören der Volkskräfte gegen die fremdgesteuerte Elite *in nuce* die Kernformel eines neuen reaktionären Populismus. Nationalistischer Antiamerikanismus und mit Banken- und Finanzinstitutionenkritik geschickt kombinierter ›Antizionismus‹, der nicht von den Juden sprechen muss, aber die bekannte antisemitische Semantik umspielt, bilden wichtige Elemente von Elsässers Agitation[378], neben Linken- und Islamhass. Als Rechtsradikaler propagiert Elsässer nun unter positivem wie demagogischem und geschichtsklitterndem Rückgriff auf Rudi Dutschkes antiimperialistisch motivierte Anti-NATO-Kampagne von 1968, man müsse die NATO zerschlagen. 1995, als Antideutscher, warf Elsässer Dutschke noch ›Antiamerikanismus‹ vor und dass er bei der Aufarbeitung der NS-Vergangenheit und des Holocaust versagt habe.[379]

Noch beachtlicher als Elsässers Wandlungsfähigkeit ist, dass er in um wissenschaftliche Respektabilität bemühten akademischen Abschlussarbeiten als objektiver ›Biograf‹ Rudi Dutschkes heranzitiert wird, um unter Berufung auf seine antideutschen Schriften der neuen Linken Antisemitismus und Antiamerikanismus zu unterstellen.[380] Zu welchen

376 Der Briefwechsel ist hier dokumentiert: Briefwechsel zwischen Dr. Özoguz und Elsässer. Forum der Muslime für deutschsprachige Gottesehrfürchtige, Muslim-Markt-Forum, 11.2.2015, online: http://www.muslim-markt-forum.de/t893f2-Briefwechsel-zwischen-Dr-oezoguz-und-Elsaesser.html

377 Vgl.: Michael Steffen, Geschichten vom Trüffelschwein. Politik und Organisation des Kommunistischen Bundes 1971 bis 1991, Berlin 2002.

378 Eine Reihe von Beispielen findet sich hier: Kevin Culina, Jonas Fedders, Im Feindbild vereint. Zur Relevanz des Antisemitismus in der Querfront-Zeitschrift Compact. Münster 2016.

379 Vgl.: Jürgen Elsässer, Wenn das der Führer hätte erleben dürfen. 29 Glückwünsche zum deutschen Sieg über die Alliierten, Hamburg 1995, hier: S.97 An dieser irrigen Dutschke-Verzeichnung halten nicht nur die Antideutschen bis heute fest.

380 Vgl.: Manuel Seitenbecher, Mahler, Maschke & Co. Rechtes Denken in der 68er-Bewegung? Paderborn 2013, S. 269.

Ergebnissen über die Linke käme man wohl, wenn man den heutigen Elsässer als Fachgutachter in den Zeugenstand riefe?

Während der heutige Holocaust-Leugner Mahler ein einsamer Extremist wurde, der sich ins Jenseits der Rezeptionsfähigkeit und Respektabilität manövrierte, konnte der publikationssüchtige Narzisst[381] Jürgen Elsässer sich im rechtsradikalen Milieu neu entwerfen, fand Anhänger und Gefolgschaft und natürlich auch eine materielle Existenz, die als linker Publizist stets prekär war und ist.

Doch die Causa Elsässer ist nicht so leicht erledigt. Wie kann man in einem Zeitraum von nicht einmal 20 Jahren absolut konträre Positionen vertreten? War Elsässer nicht einmal der Prototyp des Vaterlandverächters? Es ist einer oberflächlichen Lektüre der Texte des frühen Elsässer geschuldet, wenn man ihn tatsächlich als radikalen Kritiker von Nation und Deutschland ansieht. Ein »zorniger Autonomer« hatte sich in dem wöchentlichen linksradikalen Berlin-Info *Interim* im Mai 1995 mit Elsässers Positionen auseinandergesetzt und kam zu folgenden Ergebnissen:

> »Einer der leidenschaftlichen ›Antideutschen‹, dem vermeintliche Originalität schon immer wichtiger war als zutreffende Analysen, ist Jürgen Elsässer. Außer der zwar völlig richtigen, aber keineswegs neuen Erkenntnis, daß eine Linke eher an Rosa Luxemburg denn an Lenin anknüpfen sollte, hat er noch ganz anderes in petto: ›Solange von einer internationalistischen Arbeiterbewegung weit und breit nichts zu merken ist, ist die *Balance of Power* der britischen Konservativen das relativ wirksamste Gegengewicht zum wirtschaftlichen, politischen und bald auch militärischen Aggressionskurs der Deutschen in Ost- und Südeuropa. Man kann nur hoffen, daß die Tories nicht durch irische Nationalisten oder Labour-Laberer daran gehindert werden, die Streitkräfte und Geheimdienste Ihrer Majestät intakt zu halten.‹ (*junge Welt* 5. Dez. 94) Bemerkenswert ist nicht die unverhohlene Realpolitik und der schnöde Reformismus, der schon immer mit dem ›Versagen der internationalen Arbeiterklasse‹ und dem ›Ausbleiben der Revolution‹ begründet wurde, auch nicht, mit welcher Kaltschnäuzigkeit der vermeintlichen Originalität wegen der englischen und nordirischen Linken in die Fresse gespuckt wird; bemerkenswert ist, daß sich Elsässer mit bestehenden Nationalstaaten und deren nationalistischer Ideologie bestens arrangieren kann, während von ihm der ›Kampf

381 Ob diese Kategorie im Sinne der klinischen Psychologie korrekt ist, kann bezweifelt werden. Krankheitsdiagnosen sind immer auch Herrschaftsmarkierungen, doch im Fall von Elsässer, wie bei anderen hier vorgestellten Protagonisten wäre tatsächlich die Frage zu stellen, inwieweit das offenkundig Wahnhafte im Artikulierten und in der Performanz eine konstitutive Rolle in der jeweiligen Politik und Praxis spielt, besonders im Herausbilden einer dem Charismatiker verpflichteten Gemeinde.

um nationale Selbstbestimmung‹ als ›Kannibalenparole‹ leidenschaftlich bekämpft wird. Ist dies wirklich der ›radikalste Kritiker aller Vaterländerei‹, wie in konkret 5/95 behauptet?!«[382]

Tatsächlich erscheint in dieser Spielart linker Kolonialherrenmentalität, derzufolge Großbritannien nur noch als ›Mutterland von Rolling Stones und Minirock‹ erscheint, dem sich auch die Nordiren zu unterwerfen hätten, England als Lustobjekt des antideutsch verkleideten imperialen Chauvinismus.[383] Jetzt, wo Elsässer das ›anti‹ seiner auf Deutschland bezogenen Identität gestrichen hat, kann Deutschland selbst diesen Platz des Objekts der Identifikation einnehmen. Elsässers irrationale antideutsche Daumenregel lautete damals:

> »Der vernünftige Fremde ist der Verbündete im Kampf gegen die Verrückten zu Hause, seine Einmischung prinzipiell wünschenswert, das Nähere bestimmt der konkrete Einzelfall.«[384]

Nun soll sich freilich kein Ausländer mehr in deutsche Angelegenheiten einmischen. Und wenn dem *Compact*-Redakteur heute ein vernünftiger Fremder unterkommt, dann ist es der autoritäre und nationalistische Staatsmann als fürs eigene Land ersehnter Leitstern.

So ist dem Urteil des ehemaligen *Compact*-Mitarbeiters Utz Anhalt zuzustimmen, wenn er über Elsässer festhält:

> » [...] auch als Linker bezeichnete er sich selbst als ›Trüffelschwein‹, das lässt sich übersetzen als jemand, der ziemlich jede Position irgendwann einmal eingenommen hat. Schon damals neigte er zu einfachen Weltbildern, die er in griffige Worte fasste. Auch die Verehrung für starke Männer pflegte er schon: Früher Lenin und Mao, zwischenzeitlich Scharon, später Milosevic und Ahmadinedschad, und heute ist es eben Putin.«[385]

Noch im Jahre 1998, bewunderte Elsässer die Kinderhäuser der israelischen Kibbuzims, »da diese die Freistellung der Frauen von Erziehungsaufgaben und damit ihre Teilnahme an Produktion und Basisdemokratie verbürgten«. Der zumindest auf dem Blatt sich als Profeminist gerierende Elsässer notierte, dass es »überraschenderweise die Frauen selbst« waren, die

382 Ein zorniger Autonomer, ›Antideutschtum‹ als Sackgasse, in: interim, Nr. 331, 11.5.1995, S. 6-8, hier: S. 8.

383 Jürgen Elsässer, Lob der Fremdherrschaft, in: Konkret 01/95.

384 Ebenda.

385 Paul Simon/ Andreas Raabe, »Wehe uns!«, a.a.O., S.23.

»schon seit den sechziger Jahren darauf drängten, daß die Kinder hauptsächlich zu Hause sein und vor allem dort schlafen sollten. Zum Hintergrund dieses Meinungsumschwungs gibt es zwei Theorien: Die einen vertreten mit mühsam kaschiertem Biologismus, daß der Kinderwunsch eben im Wesen der Frauen liege. Die frühere kollektive Lösung sei von ihnen nur solange akzeptiert worden, wie einem Kibbuzpärchen aus ökonomischen Gründen nur ein oder zwei Zimmer zustanden, für die Kinder also gar kein Platz zu Hause war. Die Vertreter der Gegenposition verweisen darauf, daß die Aufhebung der geschlechtsspezifischen Arbeitsteilung im Kibbuz leider nie richtig angepackt worden sei. Da die Frauen bei der Vergabe von Führungspositionen benachteiligt wurden, hätten sie irgendwann aus der Not eine Tugend gemacht und sich auf den Bereich zurückbesonnen, wo sie ein Monopol geltend machen konnten – die Kindererziehung samt der damit verbundenen emotionalen Gratifikation.«

Insgesamt konstatierte Elsässer einen Roll-Back: »Heute gibt es keinen einzigen Kibbuz mehr, in dem die Kids nicht bei den Eltern übernachten – die Kinderhäuser haben nur noch die Funktion von Kindertagesstätten.«[386] In dieser Zeit als Antideutscher war der Publizist also voller Begeisterung für den kollektivistischen Kibbuzgedanken: linke Israel-Solidarität und ein Feminismus, der die Frauen von ihrer klassischen reproduktiven Rolle befreien sollte, reichten sich die Hand. Zwanzig Jahre später erscheint Israel im Schreiben des Jürgen Elsässers nur noch als Drahtzieher in diversen Kriegen, besonders dem Syrien-Konflikt. Daneben spricht er sich für biologische Mutterschaft und die Ehe und Familie als schützenswerte Institutionen aus, die ein rot-grüner 68er-Staat angeblich am liebsten aufgelöst sähe.

Besonders nach der Kölner Silvesternacht 2015/2016 gerierte sich Jürgen Elsässer in seiner rechtsnationalistischen Zeitschrift als Fürsprecher »der deutschen Frau«. Dabei markiert er lediglich einen anders legitimierten Zugriff und ein Bestimmungsrecht über ›das Weibliche‹, das noch dazu als nationale Schutzbedürftigkeit vor ausländischem Übergriff imaginiert wird. Die rechtsradikalen Nationalisten instrumentalisieren feministische Forderungen, wobei sie ›dem muslimischen Mann‹ nicht nur einen größeren Hang zu Gewalt, sexueller Unterdrückung und patriarchalem Verhalten und Denkstrukturen unterstellen, sondern ganz deutlich diesem identitären Konstrukt eine im Kern do-

386 Jürgen Elsässer, Der große Sprung. Die israelischen Kibbuzim kämpfen um ihre Existenz. Auch wenn die Zukunft ungewiß ist: Ihre bisherigen Leistungen sind beeindruckend, in: Konkret 05/98, S. 12f.

minante Rolle und brachiale Rollenzuschreibung neiden.[387] Kampf gegen Verschleierung ist nicht als Autoemanzipation der Frauen gedacht, sondern folgt dem konsumistischen männlichen Blick. Voller chauvinistischem Voyeurismus ist so auch die in *Compact* dargebotene Fotorubrik »Schöne des Monats« mit Postergirls für den rechten Geschmack. Das mit Übergriffsmetaphern versehene Begehren des *fremden* Mannes soll eingeschränkt werden – das eigene Begehren im Sinn reproduktiver Sexualität zum Wohle der Nation und der Vergrößerung des Volkes gesteigert werden.

Reaktionäre Argumente über das reproduktive Verhalten ›der Albaner‹ waren von Elsässer, parallel zu seiner gelegentlichen feministischen Selbstpositionierung, bereits als Antideutscher zu vernehmen. Pro-serbisch und anti-albanisch, also souveränistisch-slawophil und antimuslimisch argumentierte Elsässer als viel gefragter Publizist in *Konkret* und der *Jungle World* bereits zu Kosovokriegszeit.

Und hier wäre der Fokus zu weiten und zu betrachten, wie das politische und habituelle Feld der publizistischen Organe gestaltet waren, die Elsässer als gerne gesehenen Autoren ihre Zeilen geöffnet haben. Souveränismus konterkarierte seinen ›Anarchismus‹, Konservativismus war keineswegs verbannt. Soldatisch-militaristische Männerphantasien und ein anti-islamischer Rassismus waren also bereits in der antideutschen Hochphase des Jürgen Elsässer deutlich wahrnehmbare Untertöne – nur die Mainstream-Linke überhörte dies gerne. Elsässer stand und steht für eine autoritäre Politikform, in der immer eine besonders unterstützenswerte Form von Staatlichkeit und Staatsmännlichkeit propagiert wird (da ist die ›eiserne Lady‹ Maggi Thatcher auch in Ordnung). Der Feind wird dabei stets propagandistisch überzeichnet. Dazu gehört auch die patriarchale und sexistische Herabsetzung, wie sie die Attacken auf sogenannte ›Gutmenschen‹ begleiteten, ein Begriff der sowohl der linken *Konkret* wie der rechten *Compact* nicht fremd ist.

387 Dies wird besonders deutlich in dieser Compact-Heftvorstellung der Ausgabe 5/2017 unter dem Stichwort »Der Osten leuchtet«, wo Jürgen Elsässer zusammen mit Katrin Ziske sich in den Minuten 18:00 bis 32:00 über Nachteile gemischter Ehen auslassen und gleichzeitig das Bild eines potent-maskulinen muslimischen Mannes beschwören, das hierzulande schon verschwunden sei: https://www.youTube.com/watch?v=gzlLps9WQoo

Kampf dem hässlichen linken Gutmenschen

In dem linken Monatsmagazin *Konkret* wurden mit dieser Begrifflichkeit ab den 90er-Jahren vornehmlich die *Emma*-Herausgeberin Alice Schwarzer und die Friedensbewegung bedacht, an denen eine Moralisierung der Politik kritisiert wurde, in der rechten *Compact* wird dieser abwertende Begriff vor allem gegen Feministinnen und Flüchtlingsunterstützer in Anschlag gebracht. Klaus Bittermann hat sich mit der Herausgabe von zwei *Wörterbüchern des Gutmenschen* hervorgetan[388], die weitgehend sprach- und gesellschaftskritisch und satirisch angelegt waren. Der Herausgeber des *Merkur*, Kurt Scheel behauptete allerdings, den Begriff als Erster verwendet zu haben. Auf dem Kongress des Deutschen Journalisten-Verbandes 2002 kritisierte der WDR-Journalist Hoppe den Gebrauch des Begriffs ›Gutmensch‹ bei seinen jüngeren Kollegen. »Die Nazis hielten es für besonders komisch, diesen Begriff aus dem jiddischen ›a gutt Mensch‹ abzuleiten«, behauptete Hoppe. Tatsächlich kann der Gebrauch des Begriffs bei den Nazis aber nicht nachgewiesen werden.[389] Er wurde allerdings sowohl von dem bereits während des Golfkrieges 1991 mit Polemiken aufwartenden Henryk M. Broder in pamphletartiger Literatur verwendet,[390] zählt aber auch zum Repertoire von sich seriös gebenden Wissenschaftlern wie Bassam Tibi.[391] Der ›Gutmensch‹ steht mittlerweile für die ohne Argumente auszukommen meinende moralische Diskreditierung des politischen

388 Klaus Bittermann, Gerhard Henschel (Hg.), Das Wörterbuch des Gutmenschen. Zur Kritik der moralisch korrekten Schaumsprache, Band 1, Hamburg 1995 und Klaus Bittermann, Wiglaf Droste (Hg.), Das Wörterbuch des Gutmenschen. Zur Kritik von Plapperjargon und Gesinnungssprache, Band 2, Hamburg 1998. Der Begriff des Gutmenschen ist dabei inhaltlich vollkommen entleert. Jeder, der sich nicht zynisch zu einem Sachverhalt verhält, kann von ihm belegt werden, so zieht Bittermann mal mit Hendrik M. Broder gegen die als ›Gutmenschen‹ geouteten Friedensbewegten an einem Strang, mal kann Broder selbst von Bittermann in diese Position gebracht werden.

389 Hasso Mansfeld, Gutmensch – Nazi-Begriff oder Moralkritik?, in: Die Welt vom 22.03.2012, online: https://www.welt.de/debatte/kommentare/article13938427/Gutmensch-Nazi-Begriff-oder-Moralkritik.html

390 Vgl. z.B. Henryk M. Broder, Kein Krieg, Nirgends: Die Deutschen und der Terror, Hamburg 2002.

391 Vgl. z.B.: Bassam Tibi, Der neue Totalitarismus. ›Heiliger Krieg‹ und westliche Sicherheit, Darmstadt 2004.

Gegners und verrät dabei selbst nur einen phantasielosen und brutalen Machtrealismus, der sich von einer vermeintlichen »Hypermoral« (Arnold Gehlen) abzugrenzen trachtet.

Die Verächtlichmachung der Linken, auch in ihrer lebensweltlichen Form, spielte für das antideutsche Milieu eine wichtige Rolle. Den Linken ihre tatsächliche oder vermeintliche ›Hässlichkeit‹ vorzubuchstabieren war dabei das besondere Geschäft der Berliner *Bahamas* um den Publizisten Justus Wertmüller, der noch im Herbst 1985 für den Bundesvorstand der Partei DIE GRÜNEN kandidierte und friedenspolitisch die »Auflösung der beiden Militärbündnisse« forderte[392], bevor er ab den 90ern zu dem lautstarken Frontmann der Berliner antideutschen Szene wurde. »Schmuddelige Wursthaarträger« und andere Invektiven ließ sich der Publizist einfallen, um seine maximale Distanz zu der Linken, die er nach eigenen Bekunden »verachte«, zu markieren.[393] Und tatsächlich war immer das Abrücken von linken Positionen begleitet von einem Distinktionsvorgang, der sich performativ, sprachlich und in den Kleidernormen zeigte. Dem sonor und bedächtig sich artikulierenden und im Establishment angekommenen Anzugträger Jürgen Trittin wird seine linksgrüne Nickelbrille der 80er-Jahre ebenfalls rückblickend als Ausgeburt der Hässlichkeit erscheinen. Georg Seeßlen hat diesen Mechanismus anhand einer Stelle aus Reinhard Mohrs Buch *Bin ich jetzt reaktionär? Bekenntnisse eines Altlinken* von 2013 ausgeführt. Darin erhebt sich der nach rechts gewendete Ex-68er über einen, wie er schreibt,

> »ergrauten Zopfhansel beim Italiener, der in größerer Runde ausschweifend und gut hörbar dozierte. Es ging um Gott und die Welt, und er erklärte alles, wirklich alles. Er war schon über fünfzig und hatte seinen kleinen gesellschaftskritischen Haar-Rest aus den frühen achtziger Jahren mit einem dünnen Gummibändchen festgezurrt. Zwischen zwei Gabeln Spaghetti Vongole.«

Und so fragt sich der 68er-Renegat, ob der Zopfhansel

> »nachts den haarigen Mini-Strunk löst und morgens wenigstens das Gummibändchen wechselt. Das kleine Gesamtkunstwerk aus Zopfzausel und fort-

392 Dokumentiert unter dem Titel »Hier bei uns nicht irgendwo abstrakt«. Bayerische Gstanzeln aus dem völkischen Vorleben des Justus Wertmüller, in: Krisis (Hg.), Scharfe Schafe. Geschorenes zum antideutschen Bellizismus, Wien 2003, S. 37.

393 Dies lässt sich hier anhören: Vorhang auf für Justus Wertmüller: Über die radikale Linke, auf YouTube hochgeladen am 2.7.2014, online: youTube, https://www.youTube.com/watch?v=35hb-aAJ5bc

schrittlichem Weltethos brachte mich jedenfalls eigentümlich in Rage, und schon nach dem nächsten Schluck Weißwein schoss mir der böse Gedanke durch den Kopf, eine Schere zu besorgen, um dem kleinen Wichtigtuer das revolutionäre Schwänzchen abzuschneiden. Einfach so, ganz spontan, in einer Art spätanarchistischer Aufwallung.«

Seeßlen kommentiert diesen Bericht treffen:

> »Wir sind uns ziemlich sicher, dass dieser Zopfzausel, dem ein spätanarchistischer Konvertit das Schwänzchen abschneiden möchte, niemand anders ist als der Autor selber. Die Wendung nach rechts erscheint im bösen wie im hämischen Blick als Befreiung von etwas Erfolglosem, Altbackenen, Peinlichen. Und die Abschwör-Literatur ist die konvertitische Opfergabe für die rechte Erzählung von den ›Alt-68ern‹, die bekanntlich unser Land verseucht haben und uns noch heute den Appetit auf Spaghetti Vongole verderben.«[394]

Im linken subkulturellen Milieu der jüngeren Generation hat dieser Konformismus bereits Fuß gefasst, in angesagten Szene-Cafes sind Palituchträger mit Vorstellungen von ›Hoch-die-internationale-Solidarität‹ im Kopf weniger wohl gelitten als ein hornbebriller Antideutscher mit der *Welt* unter dem Arm. Die andere Seite der mittlerweile unhinterfragten Anpassungsbereitschaft und der lustvoll zur Schau gestellten 50er-Jahre-Studentenhaftigkeit stellt ihr ebenfalls habituell gepflegter Hedonismus dar. Wenn der simpel gestrickte Neolinke aus dem Szenecafe ›für Israel‹ ist, dann folgt er dabei einem touristischen Abziehbild von Israel als westlich-hedonistischem Partykonglomerat.

Einen Zipfel der Wahrheit über die Antideutschen konnte so also auch ein abgründig schlecht recherchierter Bericht in der Wochenzeitung DIE ZEIT erhaschen. Darin berichtet der Autor Mohamed Amjahid von antideutschen Schülergrüppchen, die als politisches Zeichen zu *McDonald's* gehen und dort ein *Eat-in* aus Solidarität mit den US-Streitkräften abhalten würden. Der ZEIT-Journalist fasst unter Berufung auf seine antideutschen Gesprächspartner zusammen:

> »Einen Einblick in die antideutsche Jugendkultur von heute bieten natürlich die sozialen Medien. Auf Snapchat und in geheimen Facebook-Gruppen, in die man über Kontakte reingeschleust wird, präsentieren sich Hunderte junge Menschen mit bunt gefärbten Haaren, Davidstern-Tattoos oder Piercings im Gesicht. Sie kauen genüsslich auf labbrigen Burgern und formen mit dünnen Fritten das Victoryzeichen. Die Handykamera stets mit dabei. Einer zeigt auf Facebook stolz sein Kinderzimmer, mit Israel- und USA-Flaggen tapeziert. Nachts deckt sich dieser Antideutsche mit einer großen USA-Fahne zu. Wenn

394 Seeßlen, Renegaten, Verräter, Konvertiten, a.a.O.

er dann die Nachttischlampe anknipst, strahlen blaue Davidsterne an der Decke. Die meisten seiner Freunde vergeben Daumen nach oben. Die entsprechenden Profile führen zu anderen Antideutschen. Ihnen gefallen die neokonservativen bis rechten Thesen von Autoren wie Matthias Matussek, Henryk M. Broder oder Hamed Abdel-Samad. Thilo Sarrazin finden einige ›nicht so schlimm‹. Im Sommer tragen sie Sonnenbrillen mit Stars and Stripes, stellen die Bilder natürlich auch ins Netz. Regelmäßig organisieren sie Solidaritäts-Ausflüge nach Tel Aviv. Dort essen sie ›koschere Chicken-Nuggets‹ bei McDonald's.«[395]

Mehr als ein Jahr lang will Mohamed Amjahid für diese Reportage recherchiert haben, für die er mit insgesamt zehn Antideutschen gesprochen haben will. Vielleicht haben diese ihn gefoppt, vielleicht ist auch waschechten Kommunikationsguerilleros aus dem eher antiimperialistischen Lager ein echter Coup gelungen … tatsächlich erfasst der Beitrag, gesetzt den Fall die Jungantideutschen von heute sind tatsächlich derartige postmodern-hedonistische Identitätsgeschöpfe, nicht die tiefe Tragödie, die im Zerfall einer um rückhaltlose Kritik bemühten Strömung zu einem bloßen Kindergarten-Racket autoritär formierter Pseudohedonisten auf der einen und neurechten Intellektuellen auf der anderen Seite besteht. An die 300 Kommentare hat dieser Beitrag auslösen können, ein Leser, der sich »marxo« nennt, schreibt:

»Die sogenannte antideutsche Szene ist sehr vielfältig und sehr publikationsaffin. Man kann binnen eines Jahres auch mehrere Vorträge besuchen oder sich mit Referenten telefonisch unterhalten. Da muss man nicht groß im Geheimen ›recherchieren‹. Es steht alles im Netz. Einfach mal unter dem Stichwort ›Jungle World ‹ ein paar Beiträge suchen …«

Und er schließt:

»Ansonsten ist das eine schöne Karikatur von Überidentifikation und Kitsch, wie sie sich in jeder Jugendkultur findet. Unter antideutschen Kreisen wird herzlich darüber gelacht.«[396]

Auch dies ist eine Geschichte der Wandlung: vom deutsch-antideutschen Ernst, das ›Vierte Reich‹ verhindern zu müssen, den auch Günter Grass 1990 in seiner Ablehnung eines kommenden ›Groß-

395 Mohamed Amjahid, »Antideutsche«. Ga Ga Land, in: ZEITmagazin Nr. 12/2017 16. März 2017 Online: http://www.zeit.de/zeit-magazin/2017/12/antideutsche-israel-linke-deutschland?page=1#comments

396 Kommentare zum Artikel von Amjahid: http://www.zeit.de/zeit-magazin/2017/12/antideutsche-israel-linke-deutschland?page=3#comments

Deutschlands‹ verkörperte[397], ist man beim deutsch-antideutschen und ziemlich humorfreien Spaß angelangt, einen Clownsauftritt in der ZEIT zu haben.

397 Vgl.: Günter Grass, »Kurze Rede eines vaterlandslosen Gesellen«, in: DIE ZEIT, 9. Februar 1990.

Adieu Kameraden!

Bereits 2011 kam das Antideutschen-Phänomen auch im gehobenen Feuilleton an und Lorenz Jäger nahm es zum Anlass, einen programmatischen Artikel in der FAZ zu verfassen: »Adieu Kameraden, ich bin Gutmensch«. Darin grenzte er sich vehement von den neokonservativen Stimmen ab, die vor allem Islamkritik betreiben und sich für Kriegspolitik ereifern. Gegen diese will er die »einstmals achtenswerte Gedankenwelt eines Edmund Burke« stark machen. Warum sei ›Islamkritik‹ in allen Spielarten »bis hinunter zur offenen Demagogie, fast das einzige Prunk- und Ehrenzeichen konservativer Politik geworden«, fragt Jäger und er nennt die *Junge Freiheit*, die »Achse des Guten von Henryk M. Broder« und die am »unteren Ende des Niveaus« stehenden Blogger von *Politically Incorrect*. Es seien ebenfalls die schärfsten Islamkritiker, die »meist auch einer Nebenbeschäftigung als Kriegsverkäufer nachgehen. Wenn es gute konservative Tradition ist, auf Wehrfähigkeit zu halten, so ist es doch vermessen, nach Art solcher Abenteurer (gemeint sind die Neokonservativen um George W. Bush junior, G.H.) die ganze Welt beglücken zu wollen.« »Übrigens«, so schließt der FAZ-Feuilletonist, »treffen sich die Rechten in diesen außenpolitischen Vorstellungen ganz mit den Linksextremen von ›Konkret‹, der ›Jungle World‹ oder den ›Bahamas‹. Antideutsch und überdeutsch spielen uns einen Streit vor, aber wir sehen sie Arm in Arm. Und plötzlich findet sich der genuin Konservative, der vermeintliche Militarist, in der ungewohnten Rolle des Pazifisten wieder.« Genuin konservativ, so gibt Jäger in diesem bemerkenswerten Artikel gegen Ende zu bedenken, bedeute zum einen, »ein Gefühl für das Gewicht der Wirklichkeit zu haben«, woraus Mäßigung resultiere, und zum anderen »die Sehnsucht nach Maßstäben, die von oben kommen, vielleicht von Gott. Aber das ist die Sache von Einzelnen, keine Partei und kein Volkstribun wird's richten. Das war's Kameraden.«[398]

Der FAZ-Konservative und frühere Black-Panther-Unterstützer Jäger bemerkte hier eine neue Allianz von kriegsgestimmten Linken

398 Lorenz Jäger, Adieu Kameraden, ich bin Gutmensch, in: FAZ, 5. Oktober 2011, S. 29.

und Rechten, die sich in der ›Islamkritik‹ treffen. Damit beschrieb er recht treffend die neue Querfront, die tatsächlich um diese innere wie äußere Feinderklärung zirkuliert, dem Herzstück der aktuellen globalen Neue Rechte, die ihren antimuslimischen Rassismus nur notdürftig kaschiert.

Die mehr mit Zoten denn mit Humor aufgeladenen Polemiken der Antideutschen zogen ihre innere Stärke nie aus der Zuspitzung von Kritik, sondern aus der Vehemenz des Verächtlichmachens. Der polemische Gestus hatte es nicht auf Aufklärung und Überzeugung abgesehen, sondern markierte eine Freund-Feind-Scheidung und setzte auf Akklamation der eigenen Gemeinde. Mit der von Wolfgang Pohrt übernommenen Verächtlichmachung der Bewegung gegen den Krieg hatte es begonnen, mit der Konstruktion des Antirassismus zum kollektiven Feindbild sollte das Projekt der Antideutschen sich vertiefen.

So war bei der *Bahamas* der Probellizismus Auftakt zu einer allgemeinen Feindbestimmung, die bereits in sprachlicher Form eine Bürgerkriegsfront markierte und recht rasch – und auch entgegen dem Selbstbild des einen oder anderen *Bahamas*-Autoren, der sich gerne als großbürgerlicher Intellektueller imaginiert – handgreiflich umgesetzt zu werden drohte: Antirassisten und Vertreterinnen des Multikulturalismus bereiteten einem »Karneval der Kulturen« den Weg, an dessen Ende das multikulturelle Pogrom gegen die Juden zu erwarten sei, so der Tenor. Vor dem Hintergrund einer rassistisch grundierten, neomalthusianischen Überbevölkerungstheorie wird behauptet, dass in den muslimischen Ländern ein »Youth Bulge«, ein Babyboom, eine stetig anwachsende Masse von Israel und dem Westen angeblich feindselig gesonnenen Jugendlichen hervorbringe.[399] Hauptfeind, weil angeblich Schrittmacher dieser auch auf den Westen übergreifenden unaufhaltbaren historisch-gesellschaftlichen Tendenz, stellten in *Bahamas*-Logik die Linken dar, die mit ihrem Antirassismus, ihrem Multikulturalismus und ihrem Wunsch nach einer »Völkerfamilie« eine neue Barbarei vorbereiten würden. Keine sechs Jahre ist es her und der Verfassungsschutzbericht hatte in seinem Eintrag zu den Antideutschen festgestellt:

399 Z.B.: Sören Pünjer, Youth Bulge auf dem Tahrir-Platz. Über den Erfolg eines Revolutionsschwindlers, in: Bahamas 62/2011 http://www.redaktion-Bahamas.org/auswahl/web62-3.html

»Oberstes Gebot zur Vermeidung eines neuerlichen Holocaust sei ... die Auflösung des deutschen Volkes in eine multikulturelle Gesellschaft.«[400] Dass dies nicht geschehen möge, ist ab 2011 allerdings das erkläre Programm der *Bahamas*.

So deklarierte Clemens Nachtmann:

> » [...] am Anti-Rassismus ist nichts zu retten, nichts zu beerben, und zwar genausowenig wie am Anti-Imperialismus und am traditionellen Anti-Kapitalismus, mit denen er ja auch die wesentlichen Grundannahmen teilt. Um es kurz und schmerzhaft ausdrücken: ›Rassismus‹ ist ein ideologisches Stichwort eines anti-rassistischen Rackets, das jeden Realitätsbezugs (!) entbehrt, das seine Mitglieder vielmehr nur als Ausweis von Gesinnungsfestigkeit und Ehrbarkeit vor sich hertragen und das ihnen als probates Mittel dient, um nach Willkür und freiem Ermessen festzulegen, wer gerade als ›Rassist‹ zu gelten hat.«[401]

Dass Nachtmanns Magazin auch von »Hottentotten vom Stamme pc« spricht und ein *Bahamas*-Cover vom Sommer 2013 mit angebissenen Schokoküssen unter dem Titel »Die Verdammten dieser Erde« illustriert ist, sind nur ein paar Beispiele der gewollt mit rassistischen Klischees operierenden und auf Tabubruch setzenden Strategie der Antideutschen. Diese Beispiele sind mehr als pennälerhafter Humor. Denn es geht tiefer. So wie die haltlose Polemik gegen die Friedensbewegung die eigene Kriegsbegeisterung vorbereitet hatte, so bereitete die feindselige Herabsetzung des Antirassismus die rassistische Abschottungsposition der Antideutschen vor und die humoresk-satirischen Zoten sollten ausloten, wie weit man im eigenen Milieu gehen darf.

Wohin die Reise dieser akademischen Gegenelite gehen sollte, hätten bereits die lustvoll vorgetragenen Attacken auf einen linken und marxistischen Juden anzeigen können: »Wir greifen sie von außen so lange an, bis sie nur noch in der jungen Welt schreiben dürfen – wie der Moshe Zuckermann.«[402] Freudig klopften sich die antideutschen Kameraden auf die Schulter, dass sie »es zusammen mit anderen Freunden der antideutschen Ein-Punkt-Bewegung fertig gebracht« hätten,

400 Verfassungsschutzbericht Berlin 2005, online: http://www.bmi.bund.de/SharedDocs/Downloads/DE/Broschueren/2006/Verfassungsschutzbericht_2005_de.pdf?__blob=publicationFile, S. 145

401 Clemens Nachtmann, Rasse und Individuum. Plädoyer für eine vollendet künstliche Amoral, in: Bahamas 58/2009 online: http://redaktion-bahamas.org/auswahl/web58-3.html

402 Redaktion Bahamas, Editorial 68, Frühjahr 2014, online: http://beta.redaktion-bahamas.org/editorial/2014/nr-68/

»Zuckermann so sehr zu diskreditieren, daß ihm vorläufig nur noch die publizistische Schmuddelecke beim *Neuen Deutschland* oder *analyse & kritik* bleibt.«[403] Wann konnte man das letzte Mal deutsche Akademiker bei einer solch boshaften Freude beobachten, dem Juden einen »steilen Abstieg« bereitet und ihn angeblich aus dem publizistischen wie akademischen Feld geschlagen zu haben? Material dazu findet sich in Götz Alys Abhandlung über den neidgetriebenen Antisemitismus der Jahre 1800 bis 1933.[404]

2013 hatte man sich nicht nur von Antirassistinnen mit deren »Bussi-Bussi-IndyGetue« angewidert abgewandt, sondern auch die Selbstorganisationsversuche von Flüchtlingen offensiv angegriffen: »Plädoyer für die Auflösung der Refugee-Zeltlager« war ein kurzer Artikel der *Bahamas* überschrieben, weil dieses bloß »als von Dorf- und Kiezstrukturen bestimmter, antimetropolitaner Gegenort inmitten der Großstadt« fungiere.[405] Und in einem Artikel zum Höhepunkt der Flüchtlingskrise 2015 sah Justus Wertmüller einen »Anschlag auf die deutsche Souveränität« vorliegen und näherte sich in Wort wie Intention auch den Positionen von PEGIDA, AfD und anderen Rechten an:

> »Nicht zuvörderst den Staat, sondern eine Staatsidee, eine bestimmte Staatsform aufs Moralischste demontiert zu haben, bleibt Merkels fragwürdiger Verdienst. Sie hat sich von den Jahren, als sie eine seelenlose und gerade deshalb ein Mindestmaß an Schutz gewährende Maschine lediglich am Laufen hielt, emanzipiert – aus Merkeln wurde Führen. In diesem Sinne bedeutet ›führen‹ restlos verantwortungsfreies Nichtstun, die Dinge einfach laufen zu lassen.«[406]

Merkel erscheint nun plötzlich als Statthalterin eines angeblich hegemonial gewordenen Antinationalismus. Just als Israels Umgang mit afrikanischen Zuwanderern international beachtet und kritisiert wurde, verabschiedete die *Bahamas* unter positivem Verweis auf diese Politik einen Flüchtlinge willkommen heißenden Antinationalismus:

403 Redaktion Bahamas, Editorial 46, Winter 2005, online: http://www.redaktion-bahamas.org/hefte/edit46.html

404 Götz Aly, Warum die Deutschen? Warum die Juden? Gleichheit, Neid und Rassenhass 1800-1933, Frankfurt am Main 2011.

405 Redaktion Bahamas, Plädoyer für die Auflösung der Refugee-Zeltlager, in: Bahamas 67/2013 online: http://redaktion-bahamas.org/auswahl/web67-3.html

406 Justus Wertmüller, Der deutsche Anschlag auf die Souveränität. Ein Plädoyer für miesepetrigen Defätismus in der Flüchtlingsdebatte, in: Bahamas 72/2015 online: http://redaktion-bahamas.org/artikel/2015/72-der-deutsche-anschlag-auf-die-souveraenitaet/

»Die Gesellschaft aber, die denen vor Augen schwebt, die heute den Nationalismus gebetsmühlenhaft kritisieren, ist alles andere als eine ›gute‹ – und auf jeden Fall eine schlechtere, als es die heutige in Israel ist, genau weil das Land daran festhält, Staat und Nation zu sein.«[407]

Die eigene auf nationale Abschottung und Abwehr der Flüchtlinge abstellende Position der *Bahamas* tendiert automatisch zur Querfront mit den globalen rechten Abschottungsapologeten. Um dieses unappetitliche Bündnis zu kaschieren, muss umso lauter die angebliche Hässlichkeit eines »Linkskartells« extrapoliert werden und müssen nicht genug Überzeugte aus den eigenen Reihen zur Räson gerufen werden.

»Dass aus akademisch gebildeten Linksgrünen und sowieso gebildeten Antideutschen in Wien eine hässliche Melange geworden ist, hat auch damit zu tun, dass die Wiener Antideutschen auf jegliche Zuspitzung und innenpolitische Intervention verzichten, das Wort ›Islamisierung‹ als rechte Wortwahl verteufeln, gegen jede Flüchtlingspolitik antreten und damit die Frage nach der Notwendigkeit der Begrenzung islamischer Zuwanderung gar nicht erst stellen.«[408]

Offensichtlich haben sich Wienerinnen und Wiener, die sich der antideutschen Szene zuordnen, geweigert, auf den FPÖ-Kurs einzuschwenken und noch ein Mindestmaß an linkem Humanismus bewahrt. Wer daran noch festhält, wird zum Feind der *Bahamas*-Szene. Schließlich kann man auch dem Abschottungsmodus ›Sicherer Dritt- und Herkunftsstaat‹ bei der sich ›ideologiekritisch‹ nennenden Bahamas einiges abgewinnen, denn, so erklärt eine Autorin des Blatts:

»Wird das Modell der ›sicheren Herkunftsstaaten‹ jedoch komplett aufgegeben, befördert man unter den Bedingungen des Primats des Gruppen- vor dem Individualrecht nur zusätzlich eine Situation, in der mit den vor dem Islam Flüchtenden die Fluchtursache gleich mit ins Land geholt wird und sich das Recht des Stärkeren, das das einzige Recht im Islam ist, auch im Zielland etabliert.«[409]

---

407 Rajko Eichkamp, Die neuen Deutschen kennen keine Grenze. Kritische Anmerkungen zum Antinationalismus, in: Bahamas 74/2016, online: http://redaktion-bahamas.org/artikel/2016/74-die-neuen-deutschen-kennen-keine-grenzen/

408 Martin Stobbe, Das Ende des Postnazismus? Die politischen Entwicklungen in Österreich seit 2015 stellen linke Gewissheiten in Frage, in: Bahamas 78/2018, online: http://redaktion-bahamas.org/artikel/2018/78-das-ende-des-postnazismus/

409 Sabine Schulzendorf, Härtere Zeiten. Von der »doppelten Staatsbürgerschaft« zur »Non-Citizenship«, in: Bahamas 81/2019, online: http://redaktion-bahamas.org/artikel/2019/81-haertere-zeiten/

Dieser rassistische Orientalismus soll die unter anderem von Hannah Arendt artikulierten Erkenntnisse der Katastrophe des 20. Jahrhunderts aus dem Feld schlagen, wonach die Rechtlosigkeit der Juden Vorbedingung ihrer Auslöschung war. Auch wenn sich nie mehr ein solch barbarischer eliminatorischer Vernichtungswille wie jener der Nazis erheben sollte, so war für Arendt eine zentrale Forderung, dass jeder Mensch das Recht hat, Rechte zu haben. Eine Forderung, die zur Parole der antirassistischen Bewegung wurde, die diese teils mittels Legalisierungskampagnen und teils als Kampf für Gegenrechte jenseits und gegen den bürgerlichen Staat in Form von ›Non-Citizenship‹ umzusetzen versucht. Für *Bahamas* kann eine Rechte des einzelnen Migranten einklagende Politik jedoch ohnehin nicht für Muslime gelten, weil nur »die Juden, nicht die Moslems, den Status des Einzelnen, und damit in gewisser Weise den Bürger *par excellence* vorstellen«[410]. Irrsinniger kann aggressive Bürgerlichkeit, Philosemitismus und antimuslimischer Rassismus kaum verknüpft werden.

410 Ebenda.

»Keine Grenze ist für immer«

Zu sozialen Bewegungen, linker Praxis und Szene hielt und hält das Theorieorgan *Bahamas* stets etwas elitär Distanz. Man imaginiert sich als Ideologiekritiker, möchte mit Szenepolitik nichts zu tun haben und schreibt im Grunde in gedanklicher Augenhöhe zum *Merkur*. Dennoch beherrscht man die Kunst der Flugblattintervention, der autoritären Aufforderung ans eigene Milieu, diese und jene Politikform oder Parole zu unterlassen oder zu propagieren. Als im sächsischen Zittau 1999 ein antirassistisches Grenzcamp unter dem Motto »Keine Grenze ist für immer« stattfand, intervenierten Antideutsche aus dem *Bahamas*-Umfeld. Der Slogan könne auch die deutsch-polnische Grenze betreffen und die Nichtanerkennung der Oder-Neiße-Grenze befeuern, so argumentierte man damals noch voller antifaschistischem Gewissen für Grenzen.[411] Kurze Ausflüge in die immer mit Handgemenge verbundene Szenepolitik legte die *Bahamas* dann an den Tag, als sie 2000 im Rückgriff auf Adorno und Freud einer bestrafungswütigen antisexistischen Szene auf der Suche nach »Tätern« und mit ihren Proklamationen irrationaler Definitionsmacht über Sexualität, Sexismus und sexuelle Übergriffe »Denkfaulheit und Sexualabwehr« attestierte.[412] In diesem lesenswerten Text wird der Szene vor allem auch vorgehalten, dem Ambivalenten, Grenzüberschreitenden der Sexualität nicht gewahr zu werden, auf der *Bahamas* prangerte der ironische Spruch: »Keine Grenze ist für immer.« Anna und Sigmund Freud sahen den Betrachter des Zeitschriftencovers herausfordernd an. Die Kritik an dem in Sexismus- und Vergewaltigungsdebatten zum Ausdruck kommenden autoritären Bedürfnis wurde treffend auf den Punkt gebracht:

> »Als Zusammenhang etabliert sich eine Wohlfühlgemeinschaft Überforderter und Enttäuschter, die sich gegen die Anforderungen des Denkens und des Handelns abschotten. Unter sich aber dulden sie keine Schutzräume für abweichendes Verhalten; mehr noch, um den identitären also inhaltslosen Zusammenhang stets aufs Neue zu befestigen, sind sie genötigt, den Schutzraum für den Vergewaltiger auch dann auszuräuchern, wenn es keine Vergewaltigung gab. Ziel der

---

411 Die Kontroverse ist nachzulesen in: Grenzcampreader 99, online: https://www.nadir.org/nadir/archiv/Antirassismus/grenzcamp99/

412 Justus Wertmüller/ Uli Krug, Infantile Inquisition. Vergewaltigungsdebatten in der Szene: Verdränger werden Verfolger, in: Bahamas Nr. 32/2000 online: http://www.redaktion-bahamas.org/auswahl/web32-4.html

autoritären Veranstaltung ist Erhalt und Festigung des identitären Schutzraums per se, des eingepanzerten Ich, das zu schwach ist, die Andersartigkeit und Eigenmächtigkeit der Außenwelt zu ertragen oder gar sich an ihr zu entwickeln. Ein solches Ich hat mit dem, was der Begriff einstmals meinte nur noch die Außenfassade gemein. Weil es blankes Nichts und absolutes Prinzip zugleich ist, muß es stammeln. Es grenzt sich kollektiv als Zusammenhang gegen ›patriarchale Denkstrukturen‹ ab und behauptet sein Recht, jederzeit und allseits respektiert seine Meinung zum besten zu geben.«[413]

Dieser Text der *Bahamas* markiert die Wandlung der Theoriezeitschrift, die als Zirkular circa von 1992 bis 1995 als linkes aufklärerisches Diskussionsorgan begann, zu einem linke Tabus brechenden Provokationsmedium. Von einem Publikationsort, in dem ab 1995 ambitionierte Kapital- und Herrschaftskritik (ohne noch auf Revolution hoffen zu können) gepflegt wurde, wandelte man sich zu einem Fachblatt erst für Linken-Bashing, dann für Islamkritik, in dem Verständnis für Rechtspopulismus und eine grenzenlos-militaristische Israel-Unterstützung an den Tag gelegt wird. Einziges erwartbares Kriterium besteht mittlerweile darin, dass die Israel-Solidarität anderer als ungenügend ausgewiesen und angegriffen wird. Somit konstruiert die *Bahamas* einen eigenen identitär und autoritär abgesicherten Schutzraum ihrer rechten Polemiken.

Die *Bahamas* hatte sich nach der Ende September 2000 begonnenen Al-Aksa-Intifada, die sich mit Selbstmordanschlägen militaristisch, nihilistisch und anti-emanzipatorisch gerierte, zur Aufgabe gemacht, mit aller brachialen Rhetorik dafür zu sorgen, dass kein Linker hinter Joschka Fischers Erkenntnis- und Lernprozesse – nämlich jene des Aufstiegs vom militanten Antizionisten zum respektablen Staatsmann – zurückfalle. Demokratisierungsprozesse, so schien ihr Credo zu sein, müssen manchmal hart und schroff bewerkstelligt werden. An die gesamte Hamburger Linke schrieb die Redaktion in einem bereits vergessenen Communiqué irgendwann Anfang 2004:

»Wenn Ihr aber nicht noch hinter Josef Fischer zurückfallen wollt, der inzwischen wenigstens auf die Gefahr einer von ganz rechts nach ganz links reichenden populären Variante des Antisemitismus hingewiesen hat, wenn ihr nicht endgültig Bestandteil der globalen antiimperialistischen Meute werden wollt, dann müßt ihr Euch entscheiden.«[414]

---

413 Ebenda.

414 Redaktion Bahamas, Wer schweigt, stimmt zu. Gegen den antinationalen Konsens in der Hamburger Linken, Flugblatt vom 6.2.2004, online: http://redaktion-bahamas.org/aktuell/HH31-1-04.html

Entscheiden sollte man sich für oder gegen den tätigen Antifaschismus, der sich gefälligst im Zeigen der israelischen Fahne auszudrücken habe. Diese Wiederauflage des antiimperialistischen »Schwein oder Mensch«-Manichäismus verlangte die Dezision, Teil der imaginierten antisemitischen Meute oder der anti-antisemitischen Guten zu sein. Die israelische Fahne war nun der Lackmustest, der entschied, wer zur eigenen Gang gehört – und wer zum »Mob«.

Als dann auf einer Hamburger Antifa-Demo eine Gruppe Antideutscher mit Israel-Fahnen auftauchte und andere Antifaschisten noch der Überzeugung waren, dass eine solche Fahne auf einer Anti-Nazi-Demo nichts zu suchen habe, gab es eine der ersten handfesten Auseinandersetzungen. Niemand war dabei, alle wussten es ganz genau. Ein Blick in die Erklärungen nach der Fahnenprügelei gibt Aufschluss über die Energien, die hier am Werk waren. Die *Bahamas* schrieb in ihrer Erklärung in Richtung Hamburger Linke:

> »Wir verlangen von Euch, daß Ihr Euch öffentlich von der antisemitischen Internationale, Sektion Hamburg, distanziert und endgültig lossagt. Wir verlangen, daß Ihr unmißverständlich Eure Bereitschaft kundtut, in Zukunft mit allen Mitteln die weiß-blaue Fahne verteidigen zu wollen. Wenn es dazu nicht reicht, habt Ihr Euch die Folgen, nämlich die Komplizenschaft mit Antisemiten, die Bandelei mit Eurer antinationalen Bundesregierung, kurz: die endgültige Verächtlichkeit selber zuzuschreiben. Ihr seid gewarnt: Zwischen der Verteidigung der Fahne Israels und ewiger Bambule im antisemitischen Schulhaus Hamburg ist nichts!«[415]

Die Antwort ließ nicht lange auf sich warten: Eine ganze Handvoll antideutscher und antifaschistischer Gruppen wie die Antifa-Gruppe Weiden Neustadt, Antifa Mainz/Bingen, Antifa Merseburg, antifa saar/projekt ak, Antifaschistische Aktion Ulm/Neu-Ulm, Antinationale Gruppe Bremen meldete sich Gewehr bei Fuß mit einer Erklärung zu Wort:

> »Israelische Fahnen auf antifaschistischen Demonstrationen, die diesen Namen verdienen, sind eine Selbstverständlichkeit. Sie sind dort nicht nur zu dulden, was noch immer heißt, dass sie geschützt werden müssten, sondern sie sollten dort willkommen sein.«[416]

Sekundiert wurde dieses Bekenntnis, das die Geburtsstunde einer ganzen Reihe von antideutschen Antifagruppen markieren dürfte, von der

---

415 Ebenda.

416 Unter dem Titel »Basisbanalitäten« wurde dieser Aufruf von der Antifa Hamburg lanciert, dokumentiert online: http://www.prozion.de/texte/text-14.html

Wochenzeitung *Jungle World* mit einem bekenntniseifernden Artikel mit der vielsagenden und gänzlich unironischen Überschrift »Die Fahne schwenken!«.[417] In diesem Fahnenappell kam nicht nur das Bedürfnis nach einem systematischen Ausschluss von Dissens zum Ausdruck, sondern hier feierte das typisch deutsche Bekennertum fröhliche Urstände.[418]

Bei allem erschreckenden nationalistischen Identifikationseifer und der Gewaltapologetik entbehrt es nicht einer gewissen Ironie, wenn die heutigen Leser des ehemaligen Antideutschen Jürgen Elsässer von »Antifa-Mob« schwadronieren und von einer »faschistoiden Antifa«. Denn so wenig diese Urteile die heutigen antifaschistischen Anti-AfD-Aktivistinnen treffen mögen, so fand doch tatsächlich Dank der antideutschen Umcodierung des ehrwürdigen autonomen Antifaschismus[419] eine faschistoide Aufladung dieser Politik statt, in der das Etikett ›antifaschistisch‹ inhaltlich entkernt und die Zuschreibung ›faschistisch‹ fluide wurde und an keine Theorie oder kritische Erkenntnis, sondern nur noch an die identitäre Proklamation gebunden war.

Die Fraktionierungen und gegenseitigen Feindschaftserklärungen gestalteten sich in der Zwischenzeit so unüberschaubar wie uninteressant. Im Kern geht es in den aktuellen Debatten in diesem Milieu darum, ob, und falls ja, auf welche Art und Weise man das eigene rabiate Islam-Bashing, die nationale Abschottungsapologetik und vehement militaristische Israel-Unterstützung von PEGIDA, Jürgen Elsässers *Compact* und der AfD wie dem gesamten europäischen Phänomen des Rechtspopulismus absetzen kann. So geht eine *Bahamas*-Autorin davon aus, eine »Psychopathologie des Islam« konstatieren zu können, deren Hintergrund eine einheitliche islamische Erziehungspraxis darstelle, die fast automatisch und zwingend im »narzisstisch motivierten« Selbstmordattentat enden müsse. Gerhard Scheit und Thomas Maul versuchen sich in einer Koranexegese, um zu ähnlich gestrickten

417 Ralf Schröder, Die Fahne schwenken! Das Zeigen der Israelfahne ist konkreter Antifaschismus, in: Jungle World 25.02.2004, online: https://jungle.world/artikel/2004/09/die-fahne-schwenken

418 Die unterschiedlichen Bedeutungsebenen der Fahne als Symbol hat vermessen: Hilmar Hoffmann, »Und die Fahne führt uns in die Ewigkeit«. Propaganda im NS-Film, Frankfurt am Main 1988, vor allem: S. 15-44.

419 Vgl.: Bernd Langer, Antifaschistische Aktion. Geschichte einer linksradikalen Bewegung, Münster 2018.

Urteilen über ›den Islam‹ zu kommen. Selbst in der recht antideutsch-affinen österreichischen Zeitung *Malmoe* meldet sich eine Autorin dazu kritisch zu Wort: Die Annahme, allein durch ›Koranexegese‹ psychoanalytische Rückschlüsse auf muslimisch oder islamisch sozialisierte Personen ziehen zu können,

> »findet sich zum Teil in Gerhard Scheits an Freud anknüpfenden Thesen zum Unterschied zwischen christlichem und islamischem Antisemitismus, in denen mit Verweis auf die ›doppelte Herrschaft des Islam‹ eine quasi unentrinnbare Wirkmächtigkeit der Religion postuliert wird. Ein absolutes Dead End der Ideologiekritik stellt jedoch Thomas Mauls Versuch dar, mittels Koranexegese ›islamfaschistische‹ Vergesellschaftung sowie eine - erschreckend orientalistisch konstruierte – spezifisch islamische Misogynie herzuleiten.«[420]

Die Psychoanalyse von Freud mit ihrem personenbezogenen Ansatz werde also umfunktioniert zu einem reinen Denunziationsprojekt, dessen Objekt nun orientalisierte Großgruppen darstellten. Politische Konflikte, materielle Voraussetzungen und sozialpsychologische Dynamiken würden überhaupt nicht miteinbezogen.[421] Der antimuslimische Rassismus dieser Publizisten und der wenigen antideutschen Publizistinnen bekommt lediglich eine intellektuelle Tönung. In ihrer variantenreichen ›Islamkritik‹ verlieren sich die diversen Autoren in halsbrecherischen Konstruktionen, die die jeweilige Gemeinde dann zu glauben hat, die aber auch im Gerangel um die ›richtige‹ Islamkritik miteinander konkurrieren. So möchte Gerhard Scheit von dem Wiener Theoriebulletin *sans phrase* ein bisschen Kritik der Abschottungspolitik mit seinem rabiaten Anti-Antisemitismus kombinieren, während die *Bahamas*-Redaktion Erstere absolut fallen lassen will. Scheit will seine Position dadurch begründet sehen, dass man doch lieber die als Antisemiten vorausgesetzten Flüchtlinge hierher holen soll, weil sie dann für Israel keine Gefahr darstellen würden, während die *Bahamas* – dem langjährigen *Bahamas*-Autoren Scheit endlich »astreinen Hirnschwurbel« attestierend – repliziert, Israel hätte mit den Antisemiten aus Syrien und dem IS gar kein Problem, man könne ruhig im Sinne eines grenzsichernden Nationalis-

---

420 Julia Edthofer, ›Islamkritik‹ in Hochzeiten des Rechtspopulismus, in: Malmoe 78, Mai 2017, S. 15.

421 Eine im Ergebnis vollkommen anderes gelagerte und wirklich in der Tradition Freuds stehende Analyse des islamistischen Selbstmordattentäters hat vorgelegt: Gerhard Vinnai, Zur Opferlogik des islamistischen Terrors, in: Wunschwelten und Opferzusammenhänge, Münster 2011, S. 171ff.

mus und Souveränismus eine restriktive Flüchtlingspolitik verfolgen. Schließlich, so endet der *Bahamas*-Autor gehe es darum, dass

> »Israel ... insoweit aufgeklärte Länder [benötige], die nicht nur von der Israelfrage und der Idee eines ethnisch reinen Palästinenserstaates lassen, sondern die Gefahr der Islamisierung nicht nur vor dem Hintergrund einer Gefährdung der Juden und ihres Staates, sondern des Westens insgesamt mit seinen etablierten und gleichzeitig massiv infrage gestellten Spielregeln und Werten auffassen und dieser Bedrohung entsprechend begegnen.«[422]

Diese Diskussionen werden mal in ähnlicher Weise ins Gruselkabinett autoritärer und weltfremder Bekenntnisdebatten eingehen wie die Debatten der K-Gruppen, ob man es mit Albanien, China oder Kambodscha halten soll, ob man also als wehrertüchtigter ›Kommunist‹ in die Bundeswehr eintreten und sich gegen die revisionistisch-faschistische Sowjetunion rüsten soll.

Nun mag man einwenden, dass auch schon ältere linken Positionen zu Flüchtlingswellen immer schon von ideologischen Zuschreibungen überwölbt waren. Mit den *Boatpeople* aus Vietnam hatten 1979 Teile der antiimperialistischen Linken mit ihrer Vietcongsolidarität so einige Probleme, schließlich seien diese kapitalistisch orientiert.[423] Zehn Jahre später kolportierte wiederum der *Spiegel*, der bereits die Haltung der Linken zu den *Boatpeople* zu skandalisieren trachtete, eine neuerliche vorgebliche Flüchtlingsfeindlichkeit innerhalb der Linken, nun gegenüber Ost-Deutschen. Am feindseligsten gegenüber Ostflüchtlingen würden sich »Radikale, etwa aus dem Kommunistischen Bund (KB)« gebärden. Ihnen seien die DDR-Flüchtlinge als »deutschtümelnde Biedermänner und als potentielle Rechtswähler« suspekt:

> »DDR-Übersiedler, heißt es im KB-Sprachrohr Arbeiterkampf, seien ›Spießerschrott‹, dem es nur um die schnelle Westmark gehe. Den ›Zoni-Zombies‹ wurden zur Abschreckung Schläge angedroht: ›Euch hätten wir gleich auf dem Bahnsteig gern die Fresse poliert.‹ Die Übersiedler ›verdienen keinen Respekt‹, befindet auch die Marxistische Gruppe in einem Flugblatt, das sie bundesweit verteilen ließ. Die Zuwanderer hätten für ihre Flucht Gründe, ›daß es einer Sau

---

422 Vgl.: Martin Stubbe, Universalistisch gegen Israel, in: Bahamas Nr. 74, Herbst 2016, online: http://redaktion-bahamas.org/artikel/2016/74-universalistisch-gegen-israel/ und Gerhard Scheit, Flüchtlingsmonopoly und Israelsolidarität, Sans Phrase Nr. 8, 6/7, S.5-11.

423 Linke: »Schwafel, schwafel«. Streit über jenes ferne Land, dessen Schicksal einst die Apo einte, hat Westdeutschlands Linke entzweit: Vietnam, in: Der Spiegel 39/1979 online: http://m.spiegel.de/spiegel/print/d-39868888.html

graust‹: Dem einen seien ›die langen Lieferfristen fürs Auto auf den Geist gegangen, der anderen die fehlenden Schminktöpfe, dem dritten die unzugänglichen Fernreiseziele aufs Gemüt geschlagen‹.«

Wo auch immer der unbekannte Rechercheur dieses Artikels seine Zitate gefunden hat – bebildert ist der unter dem Aufmacher »Westdeutsche Linke, von grünen Alternativen bis hin zu sozialdemokratischen Ideologen, haben ein neues Feindbild – DDR-Flüchtlinge« stehende Artikel mit einem Foto, auf dem ein Graffito zu sehen ist, das die etwas anders gelagerte Parole ausgibt: »Kritische Mitbürger aus der DDR willkommen! Anpasser + Lohndrücker – Nein Danke«.[424]

Die kritische Beobachterin Ulrike Heider konstatierte allerdings auch anlässlich einer Westberliner Demonstration vom 9. November gegen Patriotismus und Wiedervereinigung eine »›neue‹ Fremdenfeindlichkeit« unter den linken Demonstranten:

»Ein riesiges Poster zeigt einen Ostdeutschen mit einer Banane masturbierend. Tragisch wiederholt sich die in feministischen Kreisen laut gewordene Kritik an den Peepshow-Besuchen ostdeutscher Männer die traditionelle Anschuldigung gegenüber Franzosen, Juden und – in jüngerer Vergangenheit – Türken, sich an der Ehre deutscher Frauen zu vergreifen.«[425]

Doch die neue rassistische, nationalistische und auf Abschottung setzende Position sprengt diese möglicherweise ressentimentgetriebenen Beispiele aus der Vergangenheit der Linken. Die ehemaligen Antideutschen der Zeitschrift *Bahamas* nahmen erst das ihnen von anderen Teilen der Szene verliehene Etikett ›rechts-antideutsch‹ auf[426], um dann schließlich und folgerichtig den Begriff ›antideutsch‹ ganz zu verabschieden – und nur noch als ›Ideologiekritiker‹ zu fungieren. Auch dieser Begriff ist Lug und Betrug. Die Antideutschen sondern beständig Ideologie aus:

Ab 1991, als die Welt nach dem Ende der Kalten-Kriegs-Ordnung in eine neue chaotische Phase eintrat und vornehmlich die USA als Hegemonialmacht mit meist gescheiterten »Weltordnungskriegen« (Robert Kurz) auftraten, waren die ›Antideutschen‹ mit diversen Kriegslegiti-

424 Linke: Fettleibig mit Dauerwelle, in: Der Spiegel 43/1989, 23.10.1989, S.46ff.

425 Ulrike Heider, »Die Banane und das Vaterland«. Ein Fundstück aus der Zeit des Mauerfalls, in: Hanloser (Hg.), Deutschland.Kritik, a.a.O., S. 251.

426 Vgl.: Einladung zur Bahamas-Konferenz. Leipzig, 5. Mai 2018, http://redaktion-bahamas.org/artikel/2018/78-einladung-zur-bahamas-konferenz/

mationsideologien zur Stelle. Von marxistischen oder imperialismustheoretischen Ansätzen verabschiedete man sich, um im Nirgendwo einer haltlosen ›Kritik‹ im Trüben zu fischen, hauptsächlich projektiv zu agieren und die Linke mit Polemik zu überziehen.

Ab der Krise von 2008, in der der deutsche Staat systemrelevante Bereiche wie Banken zum Wohle des besorgten Bürgers stützte, verloren die ›Antideutschen‹ das Interesse an einer tatsächlichen Deutschlandkritik. Und auch das Griechenland maßgeblich von deutscher Seite aufoktroyierte Verarmungsprogramm fand wenig radikalen Einspruch bei ihnen. Genauso wenig wie die schleichende Dominanz Deutschlands im Euroraum, das nicht zuletzt aufgrund der Flexibilisierung des Arbeitsmarktes, offensiver Exportpolitik und Handelsbilanzüberschüssen eine Art »teutonischen Neomerkantilismus« in Deutsch-Europa durchsetzte, das sich schließlich ganz ohne Rückgriff auf Konzepte des Dritten Reiches herausbildete.[427]

Als schließlich der ›Sommer der Migration‹ 2015 die Spitze der globalen Wanderungsbewegungen sichtbar werden ließ, verschanzten sich die Ideologen hinter orientalistischen Erklärungen, warum Migration zu begrenzen sei und der deutsche Staat seine Grenzen schützen müsse. In den gedrechselten Begründungen der Migrationsabwehr stand (und steht) man den Zivilisation, Kultur und Nation beschwörenden Debatten in der Weimarer Republik um die Begrenzung osteuropäischer Einwanderung in nichts nach. Die aggressivsten Strömungen der deutschen und österreichischen Rechten wurden hellhörig und goutierten dies. Was Jürgen Elsässer der übergriffige Fremde ist, ist *Bahamas* der antisemitische Fremde, wobei die Adjektive als Zuschreibungen austauschbar sind – zur autoritären Grenzziehung fühlen sich beide berufen.

---

427 Vgl.: Thomas Konicz, Das großgehungerte Deutschland. Wie systemische Krisendynamik und teutonischer Neomerkantilismus zur Herausbildung des ›Deutschen Europas‹ führten, in: Hanloser (Hg.), Deutschland.Kritik, a.a.O., S. 16-34.

Trump – the man of …?

Seit 2017 heißt der Präsident der USA Donald Trump. In seinen öffentlichen Auftritten erinnert er an einen Diktator der Zwischenkriegszeit. Er bietet seiner Wählerschaft eine ganze Kohorte an möglichen Feindbildern und Sündenböcken an – von Musliminnen, denen er die Einreise in die USA zwischenzeitlich ganz verwehren wollte, über Migrantinnen, die von Mexiko her auf die USA zuströmen würden, bis zur Verachtung der ärmeren »Shithole Countries«, die an ihrer ökonomischen Misere selbst die Schuld tragen würden. Trump ist amerikanischer Nationalist, spielt mit Rassismus, verkörpert einen aggressiven Sexismus voller ›toxischer Männlichkeit‹. Sein Antiliberalismus und seine Ablehnung bürgerlicher Habitusformen wie rechtlicher Bestimmungen ist gut dokumentiert. Bekannt sind sogar verschwörungstheoretische Invektiven beispielsweise auf den US-amerikanischen Philanthropen und Investoren ungarisch-jüdischer Herkunft George Soros. Nicht wenige Kommentatoren machten Trump mit seiner Nähe zur Alt-Right-Bewegung und der restriktiven Immigrations- und Flüchtlingspolitik für den Anschlag auf eine Synagoge in Pittsburgh im Oktober 2018 verantwortlich. Schließlich hatte der rassistisch motivierte Attentäter seine Taten mit dem Hass auf die jüdische Flüchtlingshilfeorganisation *Hebrew Immigrant Aid Society* (HIAS) begründet und dieser Initiative unterstellt, sie würde muslimische Flüchtlinge ins Land bringen, die Amerikaner ›abschlachten‹ wollten. Trump steht generell für eine aggressive Pathologie im Politischen, die meint, allerorten von Feinden umgeben zu sein. Damit verkörpert der US-Präsident also durchaus etwas, was in der frühantideutschen Diktion als ein pathologisches Krisenphänomen eines porösen kapitalistischen Systems gedeutet werden könnte.[428] Doch

428 In dieser Tradition mag der Hamburger Konkret-Autor Lars Quadfasel stehen, der bei einem Vortrag bekundete, dass die Wahl Trumps zum US-Präsidenten den größten politischen Schock darstellte, den er seit den Pogromen 1991/1992 erfahren habe. Die Argumente, warum der Antiamerikanismus in Deutschland zu Ende sei und sich die Deutschen unisono mit Trump identifizieren würden, die er in einer wahnwitzigen schriftlichen Halluzination in Konkret (»Uncle Trump. Dass es keinen Antiamerikanismus mehr gibt, ist nicht nur ein Grund zur Freude«, in: Konkret 3/2019, S. 20-23) zum Besten gab, sind jedoch ähnlich haltlos wie diejenigen seiner antideutschen, pro-Trump Konkurrenten; und sie spottet jeder empirischen Untersuchung wie wirklichen Ideolo-

eine solche Diagnose sucht man in neueren Ausgaben der *Bahamas* vergeblich. Stattdessen wird in einem irren theoretischen Ablenkungsmanöver auf Präsidenten der demokratischen Partei verwiesen wie Jimmy Carter und Lyndon B. Johnson, die sich für eine ominöse »Deutschwerdung der Demokratischen Partei« verantwortlich zeichnen würden, ja, Carter selbst wird sogar für den »deutschesten aller bisherigen US-Präsidenten« gehalten[429], während man Trump im Lager der »antideutsch-ideologiekritischen« *Bahamas* nun zu schätzen scheint.

Einfacher macht es dem interessierten Beobachter der Ex-Antideutsche Jürgen Elsässer. Trump wird in *Compact* ganz als starker Potentat auf dem Titelbild vom Dezember 2016 in Szene gesetzt und in fetten Lettern zugerufen: »Yeah! Trump die Merkel«. Elsässers Zeitschrift brachte sogar in der *Compact*-Edition eine Sondernummer heraus: »*Krieg und Frieden«. Donald Trumps Reden erstmals auf Deutsch. Lesen Sie was der US-Präsident ursprünglich versprochen hat: keine Militäraggressionen, Frieden mit Russland, Kampf der Lügenpresse*«. Der Chefredakteur zeigt sich von seinem Werk begeistert und erläutert im Gespräch mit den beiden Herausgebern der Sonderedition sein Medienethos, das darin bestehe, unkommentiert dem frei denkenden Leser die Dokumente zur Hand zu geben. Als »traditionell amerikakritische« Publikation, wie der neue, nun pro-deutsche Elsässer seinen deutschen Standpunkt nennt, wolle man schlicht präsentieren, was der Präsident selbst verkündet habe und was die »Transatlantiker beschweigen«. Ein von Elsässer angestellter Redakteur schwärmt in dem *Compact*-TV-Gespräch vom patriotischen Klang der Reden des Präsidenten, man könne ihm ablau-

---

gietheorie und -kritik Hohn. Langjährige Leser erstaunt nicht, dass Konkret nicht in der Lage ist, materialistische Analyse des Phänomens Trump zu liefern wie es linke Zeitschriften in anderen Ländern durchaus gelingt: vgl. z.B. Dylan Riley, What is Trump?, in: New Left Review 114, November/December 2018. Das größte linke Monatsmagazin in Deutschland lebt, abgesehen von wenigen langjährigen Autoren wie Georg Fülberth und einem wechselnden Autorinnenstamm, seit 1990 von beständiger Ideologieproduktion, die ihren kritischen Gestus darauf baut, vornehmlich anderen Linken anhängen zu wollen, ›deutsch‹ und ›völkisch‹ zu sein. Besonders exponieren sich dabei die Ex-KBler Rainer Trampert und Thomas Ebermann, Ersterer protestantisch-bissig, Zweiterer hanseatisch-witzig. Aktuell besinnt sich die Konkret wieder auf eine eher antiimperialistische Grundorientierung. Vorläufig.

429 Paulette Gensler, Solidarität mit dem Irren von Pjöngjang. Mit ihrem Friedenskurs rüstet die deutschgewordene Weltgemeinschaft auch den internationalen Islam auf, in Bahamas Nr. 77, Herbst 2017, S.11 u. 12.

schen, was der »American Dream« einmal verkörpert habe. Die bundesrepublikanische »transatlantische Mainstreammaschinerie« habe nach monatelanger Hetze gegen Trump erst in dem Moment wieder positiven Anschluss und Gefallen an Trump finden können, als dieser Syrien nach »Einflüsterungen« seiner Tochter und durch Präsidentenberater Jared Kushner bombardierte. Doch bei all diesem »Verrat« des Präsidenten an seinen isolationistischen Anti-Kriegsversprechungen hält der Chefredakteur dem Präsidenten vor allem solche Zitate zugute, die er schwäbelnd-begeistert vorträgt und dabei freudig »deutsches Volk« betont: »Hillary Clinton will Amerikas Angela Merkel werden und ihr wisst ja, was für ein Desaster die massive Einwanderung für das deutsche Volk ist.«[430] An Trump wird hier geschätzt, was man gerne selbst durchsetzen will: autoritäres Grenzregime, nationalistische Politik, Abschottung gegenüber Migranten.

Was mochte die ›ideologiekritische‹ *Bahamas* bewogen haben, als sie im Sommer 2018 die vorderen Seiten ihrer Zeitschrift für die Dokumentation einer Rede Trumps an seine »amerikanischen Mitbürger« freischaufelte? Begeisterung für den individualistischen ›American Dream‹ – vom Tellerwäscher zum Millionär? Schließlich hatte ja in der Vergangenheit die *Bahamas* den amerikanischen »freien Kapitalismus« als positive Gegenfolie zum angeblich volkstaatlich-etatistischen Duckmäusertum der Deutschen stilisiert. Die USA seien ein Land des offenen Kapitalismus, man könne und müsse sich anstrengen, und da alle vom Geist des Kapitalismus beseelt seinen und ihr Geschäft offen betreiben würde, bliebe wenig Raum für deutsche Projektionen und – man ahnt es – verkürzten oder barbarischen Antisemitismus.[431]

Von dieser hanebüchenen idealistischen Konstruktion, meilenweit an der Realität der USA vorbeigeschrieben, ist man nun in der *Bahamas* abgerückt, um auf dem Boden der harten Realität anzukommen: America first, close the borders, Muslims out!

Unumwunden patriotisch und nationalistisch zu sein, was auch *Compact* gefällt, nimmt *Bahamas* nun gerne in Kauf, nicht etwa, um wieder idealistisch an die grundsätzlich liberale und offene Gesellschaft der USA

---

430 Beworben durch den Chefredakteur Jürgen Elsässer hier: https://www.youTube.com/watch?v=MNcDvy1GmBQ

431 Vgl.: Justus Wertmüller, Clemens Nachtmann, »Auf nach Amerika!«: Deutscher Djihad gegen den Kindermörder USA, in: Bahamas Nr. 37/2002.

und ihrer Verfassung zu gemahnen, sondern weil man sich für die Ideologie des Souveränismus und die Praxis der geschlossenen Grenzen gegen arabische Masseneinwanderung erwärmen kann, weil Letztere ja nur den dschihadistisch-antisemitischen Attentäter ins Haus bringen würde.

Liegen *Bahamas* und *Compact* folglich auf einer Linie? Nicht ganz, denn so nationalpazifistisch-isolationistisch gestimmt wie *Compact*, die gegen Kriegsbeteiligung der Bundeswehr und Nato-Einsätze agitiert, ist die *Bahamas* mitnichten. Und so ist es auch kein Zufall, dass eine Rede von Trump von der rechtspopulistischen Webseite *Achse der Guten* übernommen und zustimmend präsentiert wird, in der Trump das Aufkündigen des Atomabkommens mit dem Iran begründet und deutlich auf Konfrontation mit der iranischen Führung geht.[432] Lobt Elsässer Trump für seine propagandistische Anti-Kriegsposition vor und zu Beginn seiner Amtszeit, so finden Wertmüller und seine Kombattanten eher gefallen an den kriegerischen Tönen gegenüber dem Iran. Geriert sich Elsässer als deutschvölkischer Antiimperialist und Souveränist, so ist Wertmüller neokonservativer Proimperialist. Jede Form einer Friedenspolitik wird von den Bahamas-Leuten als »Appeasement« gesehen und abgelehnt. ›Deutsch‹ ist wiederum in der Logik der Bahamas-Autorinnen ein synonym für ›Appeasement‹, ungeachtet dessen, dass sich dieser Begriff auf die Hitler ermutigende und erduldende englische Politik der 30er bezieht und der historische Nationalsozialismus seine ›deutsche Politik‹ als Aufrüstungs- und Kriegspolitik gestalten konnte. Dieser verqueren Logik folgend hatte auch die Bahamas-Autorin Paulette Gensler Carter als ›deutsch‹, also böse, und Trump als ›Hoffnung‹ gezeichnet. Schließlich präsentierte sich Trump zum Zeitpunkt des Abfassens des Bahamas-Artikels kriegsbereit gegenüber Nordkorea. Krieg ist in einer beispiellosen Verblendung und Verzerrung für die ›ideologiekritischen‹ Autorinnen der Bahamas immer das entscheidende Mittel emanzipatorischer Politik geworden, völlig losgelöst von seinem Ziel und Inhalt. Und auch wenn Trump Nordkorea aus strategischen Gründen nicht angreifen könne, so gibt es in den Augen der Bahamas-Autorin noch »die einzige Hoffnung«, dass »ihm gegenüber dem Iran doch noch gelingt, was bei Nordkorea zu scheitern droht«[433], eben mittels Krieg ein Atomprogramm zu verhindern.

---

432 Donald Trump, meine amerikanischen Mitbürger, in: Bahamas Nr. 79, Sommer 2018, S.6f.

433 Gensler, Solidarität mit…, Bahamas, a.a.O., S.14.

Würdigung erfährt in *Bahamas* natürlich Trumps bedingungslose Israelunterstützung. Diese drückt sich nicht nur in dem außenpolitischen Freifahrtschein für die rechte Regierung Netanjahus und die religiös-zionistische ›Jerusalem-ist-jüdisch‹-Haltung aus, die dem eigenen evangelikanen Wählerklientel schmeicheln soll. Dass Trump in seiner Verwirrung zuweilen in Reden vor US-amerikanischen Juden Netanjahu als »Ihr Premierminister« bezeichnet und damit – sei's aus Zionismus, sei's aus Antisemitismus – jüdische Diasporaexistenz fernab Israels negiert und abwertet und nebenbei suggeriert, alle Juden wären Wähler der gegnerischen Demokraten[434], dürfte für die glühenden Israelfreunde auch kein größeres Problem darstellen. Schließlich geht es um Zion. Wunderbar in den Augen der ›Ideologiekritiker‹, dass ein »besonders proisraelischer US-Präsident den alten Traum von der Hauptstadt mit amerikanischer Botschaft erfüllt«, wunderbar auch, dass von den USA nur Worte des Verständnisses für die Todesschüsse an den israelischen Sperranlagen zu Gaza im März und April 2018 zu vernehmen waren, wunderbar auch »dass es inzwischen nicht nur in der US-Regierung, sondern auch in vielen anderen Ländern Europas Kräfte gibt, die erkennen, dass die so hart verteidigte Souveränität Israels und die Integrität seiner Grenzen zusammenhängt mit der Sicherung der Souveränität des eigenen Landes und der Integrität seiner Grenzen«, so ein anderer *Bahamas*-Aufsatz.[435] Damit dürfte sowohl der pro-israelische Mainstream der AfD gemeint sein, aber auch Regierungen wie diejenige des rechtsnationalistischen Victor Orban in Ungarn. Ausgemachte Rassisten, Nationalisten und Antisemiten gelten der *Bahamas*, solang sie sich gemein machen mit der israelischen Staatsräson, als geeignete Bündnispartner, während man in den »Kräften, die jetzt gegen Trump, Amerika und den Nationalstaat mobil machen« »den ideologischen Gegner zu erkennen« habe.[436]

---

434 Vgl.: Auftritt vor jüdischen Republikanern, Trump verwirrt US-Juden mit einer Rede, weil er sie für Israelis hält, in: Der Stern, 7. April 2019 online: https://mobil.stern.de/amp/politik/ausland/donald-trump-verwirrt-us-juden-mit-einer-rede--weil-er-sie-fuer-israelis-haelt-8656802.html#referrer=https://www.google.com&_tf=Von%20%1$s

435 Martin Stobbe, Der Westen liegt jenseits des Atlantiks. Trumps ›America first‹ und die Voraussetzungen für eine Wiedererrichtung des Westens, in: Bahamas, Nr. 79/2018, S. 10.

436 Ebenda.

Angesichts dieses frappierenden Schwenks nach Rechtsaußen reibt sich auch ein kundiger Autor der rechtsintellektuellen Zeitschrift *Sezession* des *Instituts für Staatspolitik* von Götz Kubitschek die Augen:

> »Tatsächlich treibt die Kritik der Bahamiten in Zeiten der sogenannten Flüchtlingskrise solch ungewohnte Blüten, die bei ihren Landsleuten selbst dann nicht auf Zustimmung treffen dürfte, wenn sie auch zivilisatorische Standards hochleben lassen. Mittlerweile mahnt Justus Wertmüller ausdrücklich, die deutsche Souveränität gegen die Merkelsche Politik der offenen Grenzen zu verteidigen.«[437]

Trauriger Höhepunkt dieser Entwicklung stellte der auch in größeren Zeitungen rezipierte Szene-Streit um den *Bahamas*-Autoren Thomas Maul dar, der die AfD am 9. Mai 2018 nach einer Rede des Fraktionsvorsitzenden Gauland anlässlich des 70-jährigen Bestehens des israelischen Staates als »einzige Stimme der Restvernunft im Bundestag« lobte.[438] Nach der durch *Bahamas* erfolgreich durchgeführten Zerstörung der Vernunft kann militaristische Israel-Solidarität, Migrationsabwehr und nur notdürftig als ›Islamkritik‹ kaschierter Ausländerhass als höhere Formen der »Restvernunft« erscheinen. Wenn nun der als Dresdner ›Hutbürger‹ bundesweit bekannt gewordene ehemalige Mitarbeiter des sächsischen Landeskriminalamtes erklärt, er sei »gelegentlich« zu PEGIDA-Demonstrationen gegangen und habe oft eine Fahne Israels dabei gehabt, weil er ein »großer Bewunderer« dieses Staates sei[439], so müsste ihm die Solidarität von Maul und *Bahamas* sicher sein, obwohl er doch als typisch deutsche Figur in der Tradition des berechtigterweise von allen Linken angefeindeten und verspotteten Harald Ewert steht, welcher während der rassistischen Ausschreitungen in Rostock-Lichtenhagen im August 1992 mit ausgestrecktem Arm zum Hitlergruß, bekleidet mit einem Trikot der deutschen Fußballnationalmannschaft und eingenässter Jogginghose das Bild des hässlichen Deutschen abgab.

Intellektuell klingende Erläuterungen zu seiner Position schob Maul unter anderem in einem Text nach, dessen Titel ebenso unironisch ge-

---

437 Siegfried Kabisch, Antideutsche Netzwerke und ihre Ideologie, Sezession, Nr. 72, Juni 2016, S.16-20, hier: S.20.

438 Vgl.: Konstantin Nowotny, Streit unter Leipzigs Antideutschen. Lieber rechts als gar kein Israel, in: taz vom 16.7.2018.

439 Spiegel, Sachsen »Hutbürger« fordert Entschädigung vom ZDF, Spiegel Online, 14.06.2019, online: https://www.spiegel.de/panorama/justiz/sachsen-hutbuerger-fordert-entschaedigung-vom-zdf-a-1272406.html

meint war, wie die dann folgenden Kapitelüberschriften: »Der Westen liegt im Abendland«, »Für das Kreuz als öffentliches Symbol« und »Den Begriff des Abendlandes reaktivieren«. Das Pamphlet endete mit den Worten, »ohne dezidiert positiven Bezug aufs eben jüdisch-christlich konnotierte Abendland« sei »kein Begriff von Bürgerlichkeit« zu gewinnen, den man »den Selbstzerstörungstendenzen der nachbürgerlichen Gesellschaft entgegensetzen« müsse. Es sei »höchste Zeit« gegen die »nationalsozialistische Orientalisierung des Abendlandes«, die es – Ernst Nolte sei bei uns – 1933 gegeben habe und die nun »ihre Wiederholung im Zeichen des Islam« erführe, »den Kreuzzug zu führen, der 1933 versäumt wurde.«[440] Das ist in der Tat rechtskonservativer kulturalistischer Nonsens, der weder eine Kenntnis des Nationalsozialismus, schon gar keine marxistische oder kritisch theoretisch unterfütterte, noch vom Islam und schon gar nicht von der düsteren Geschichte des glorreichen Abendlandes verraten lässt. Als Carl Schmitt'sche Freund-Feind-Bestimmung eines Wahl-WASP (*White Anglo-Saxon Protestant*) oder lateinisch gestimmten Rechtskatholiken taugt das aber allemal.[441]

---

440 Thomas Maul, Der Westen liegt im Abendland. Über die Grenzen von Religionsfreiheit und Religionskritik, in: Bahamas, Nr. 79/2018, S.36-40, hier: S.40.

441 Angesichts dieser Entwicklung ihrer ehemaligen Kritikergenossen wollte die Freiburger ISF nochmal deutlichen Einspruch erheben, indem sie nach dem Tod Joachim Bruhns, diesen vor der Vereinnahmung durch die nach rechts gewendeten Bahamas-Redakteure schützen wollten: »Für eine Ontologisierung des Westens, zu der Antideutsche bereits früh neigten, war Joachim Bruhn (...) niemals zu haben. Er konnte auch nicht nachvollziehen, wie sich die Kritik der politischen Ökonomie am Ende gar in einem Lob der Souveränität und einer Liebe zum Abendland verlieren konnte.« Initiative Sozialistisches Forum, »Aufhören!«. Zum Tod von Joachim Bruhn, April 2019, https://www.ca-ira.net/verein/jourfixe/aufhoeren-zum-tod-von-joachim-bruhn/ Nun mag man gerne glauben, dass die Initiative ihrem Guru ewige Wahrheit attestieren muss, wo sie schon in tiefer Verneigung ihm bescheinigt, bereits zu Lebzeiten »ihr leibhaftiges Gedächtnis« gewesen zu sein, ihnen, den einfachen Mitgliedern des Vereins, die »in den alltäglichen Verrichtungen und Versuchungen von Beruf, Familie oder Wissenschaft zu versinken drohten«. Doch auch Bruhn irrte, was menschlich und typisch links ist. So konstruierte er sehr wohl in seiner theoretischen Schrift einen fundamentalen und, wenn man so will, ontologischen »Unterschied zwischen Deutschland und dem ›Westen‹«, Vgl.: Bruhn, Was deutsch ist, a.a.O., S. 153.

In der Frontstellung gegen den Islam kommen also viele der vormals antideutschen Kombattanten wieder zusammen: Jürgen Elsässer auf der ganz rechten Seite als Unternehmer seiner Selbst und einer neuen völkischen Bewegung, der sich so in stilisiert-ästhetischer Weise von der Linken abgrenzt, dass Justus Wertmüller seine helle Freude haben dürfte, denn kein Wursthaar verunziert den maßgeschneiderten Anzug; Matthias Küntzel als neokonservatives Flaggschiff einer akademisch wirkenden Anti-Appeasement-Position in Bezug auf den Iran und die *Bahamas* als intellektuell-elitäres Zirkular, das sich einer Kampfansage an die Linke und gegen den Islamismus und den Islam im Allgemeinen verschrieben hat, für Trump einiges an Sympathie empfindet und in Kauf nimmt, für die artikulierte Abschottungsphilosophie Lob von den rechtsradikalen Identitären zu kassiert.[442] Dabei muss betont werden, dass die Vita von Jürgen Elsässer bislang eine Ausnahme darstellt, auch wenn ihm ideologisch einige Autorinnen oder Autoren aus dem *Bahamas*-Spektrum noch folgen könnten. Wahrscheinlicher ist ein anderes Szenario, nämlich dass die Autorinnen und Autoren der *Bahamas* aufgrund ihres Hasses auf die radikale Linke wieder Anschluss an die ›bürgerliche Mitte‹, wie es so schön ideologisch heißt, finden. Denn elitäre Bürgerlichkeit reklamieren die ›Ideologiekritiker‹ gerne für sich selbst und sehen in ihr ein notwendiges Gegengewicht »in Gestalt etwa eines Selbstbewusstseins, Solidarität und Großzügigkeit beanspruchenden und ausstrahlenden Bürgertums« gegen 68er, Antifaschistinnen und Feministinnen, die sie drangsalieren würden.[443]

> »Der Ex-Linke betritt die rechte Bühne bereits mit der Mine des Verfolgten, des Gekränkten, des Opfers ›weltweiter Kampagnen‹, Opfer der politisch Korrekten, der Queeren und – der Frauen. Unter anderem darf so die Selbstüberschätzung ex negativo fortgesetzt werden. Die aggressive Selbst-Viktimisierung,

442 Der Wiener Identitäre Martin Sellner schwärmt hier zum Beispiel von der *Bahamas* und von Justus Wertmüller, dem »transatlantischen Adorniten«, der »eine der angenehmsten Stimmen und interessantesten ähmh na ja ich übertreib jetzt ... Denker überhaupt« darstelle gegen die »Antifa-Friedensvolksgemeinschaft gegen Rechts«: https://www.youTube.com/watch?v=WLWm2DZwgAY

443 Clemens Nachtmann, Die feine Gesellschaft und ihre Freunde. Teil 2, in Bahamas Nr. 77/2017, S. 74.

> eine Spezialität der mehr oder weniger Neuen Rechten, erlaubt es überdies, nun seinerseits die Schranken der gepflegten und ›fairen‹ Auseinandersetzung zu überspringen.«[444]

Ob also die proklamierte Bürgerlichkeit auch die Vorstellung des diskursfreudigen Citoyens als idealisiertem Subjekt beinhaltet, ist mehr als fraglich. So darf mit gutem Grund bezweifelt werden, dass die idealistischen Werte von Rechtsgleichheit und Menschenrechten, die der Liberale wie ambivalent auch immer teilt, bei der *Bahamas* gut aufgehoben sind. Eine kommunikative Ethik als Modus des gleichberechtigten Diskurses des zwanglosen Zwangs des besseren Arguments, wie es Jürgen Habermas ausformuliert hatte, haben die polemischen Diskurskämpfer der *Bahamas* schon lange hinter sich gelassen. Zu Beginn des 21. Jahrhunderts ist ›Bürgerlichkeit‹ einem robusten, wehrhaften Konzept von deutscher ›Staatsbürgerlichkeit‹ gewichen, die ihre feste Form in Pass und Grenzschutz jenseits von Menschen- und Asylrecht erhält.

Die dafür nötigen Töne für den Überbau stimmt ein Autor wie Magnus Klaue an, der schon über Jahre seine Texte, die in einem rechtsadornitisch-kulturkritischen Gestus gehalten sind, sowohl in der *Bahamas* als auch der *Jungle World* oder der *Konkret*, aber auch in der *Frankfurter Allgemeinen Zeitung* und sogar dem linkliberalen *Freitag* unterbringt.[445] Er findet auch einige Beachtung bei der internetaffinen Rechten. Klaue, so befindet ein Blogger der Zeitschrift *Sezession*, passe gut in die nach rechts ins Antimigrantische gekippte Intellektuellen-Zeitschrift *Tumult*, die unter der Schirmherrschaft von Frank Böckelmann steht. Letzterer hat um 1968 kluge Einsichten in das Verhältnis von Adornos Kritik zu jener von Marx zirkulieren lassen und Marcuses trieboptimistische Befreiungstheorie und die Studien Adornos und Horkheimers über *Autorität und Familie* erweitert und kritisiert.[446] Er war Mitglied der *Subversiven Aktion*, in der auch Herbert Nagel, Dieter Kunzelmann, Bernd Rabehl und Rudi Dutschke engagiert waren. Diese linksradikalen Subversiven bemühten sich Mitte der 60er um neue Aktions- und Agitationsformen,

444 Seeßlen, Renegaten, Verräter, Konvertiten, a.a.O.

445 Vgl. zum Beispiel: Magnus Klaus, Das Glücksversprechen des Geldes, in: *der Freitag*, 11.11.2011.

446 Frank Böckelmann, Die schlechte Aufhebung der autoritären Persönlichkeit, Freiburg im Breisgau 1987.

die den Rahmen des Protests des SDS sprengen sollten. Ob es der bereits damals eingeübte »Gestus unbedingter Radikalität« war oder der angebliche »Drang, hinter den kapitalistischen Bildwelten etwas unentfremdet ›Eigenes‹ zu suchen«, oder gar in »Nationalsituationismus« oder der »Konsumkritik« der 68er die Übergänge zum rechten Denken zu verorten sind, wie der Biograf der Neuen Rechten, Volker Weiß, nahelegt[447], sei dahingestellt und liegt im Bereich des Spekulativen. Tatsächlich lässt sich festhalten, dass bei Frank Böckelmann in einem langen Zeitraum von vierzig Jahren »der Drang zur Dekonstruktion einem massiven Bedürfnis nach Restauration gewichen« ist.[448] Die schlechte Aufhebung der autoritären Persönlichkeit im Zeitalter der postmodernen Beliebigkeit, in der keine Unterschiede mehr erkennbar sind, möchte Böckelmann jetzt durchs Hofieren der rebellischen Autoritären mit ihrem Bedürfnis nach Grenzziehung bekämpfen. Der auf die Achtzig zugehende Publizist meint offensichtlich, sein eigenes nationales Rebellentum und sein Bedürfnis nach »natürlichen Grenzen« nationaler, ethnischer, aber auch sexueller Art im Praxisumfeld von PEGIDA am besten erleben zu können.[449] Konservativismus und rebellischer Aufbruch reichen sich hier die Hand, sodass auf ihn die klugen Bemerkungen Georg Seeßlens zutreffen:

> »Im Weg nach rechts scheint man einen Teil der Jugend zu bewahren, denn das Linke ist ›alt‹, aber in vielerlei Hinsicht auch normal und eben selber: bourgeois. Das linksgrünalternative Milieu ist auf eine furchtbare Weise verspießert und gelähmt, hier kann man ›unruhig‹ nicht mehr leben.«[450]

Polit-philosophisch hatte sich Böckelmann mit einer Schrift über die globalen phänotypischen Unterschiede von der Dekonstruktion und einem Multikulturalismus gelöst, setzte auf anthropologische Konstanten, um bei einem Lob der Fremdheit zu landen, das schließlich autoritär-aufmüpfig Protektion einfordert.[451] Klaue und Böckelmann bzw.

447 Volker Weiß, Die autoritäre Revolte, a.a.O., S. 121f.

448 Ebenda, S. 123. 1970 propagierte er noch eine grenzenlose »Befriedigung unserer eigenen Bedürfnisse«, vgl.: Frank Böckelmann, Befreiung des Alltags. Modelle eines Zusammenlebens ohne Leistungsdruck, Frustration und Angst, München 1970

449 Tilman Gerwien: Aufstand aus der Mitte. In: Der Stern, Nr. 1/2015, 23. Dezember 2014.

450 Seeßlen, Renegaten, Verräter, Konvertiten, a.a.O.

451 Vgl.: Frank Böckelmann, Die Gelben, die Schwarzen, die Weißen, Frankfurt am Main 1998

die *Bahamas* und *Tumult*, so bemerkte der oben erwähnte Blogger der *Sezession*, verbinde im Jahre 2017 noch mehr als man meinen könne:

> »Wie bei *Tumult* war es die Migrationskrise, in deren Verlauf sich die *Bahamas* endgültig von den ›klassischen‹ Antideutschen und ihren Antifa-Gruppen zu lösen beginnt und ... doch erstaunliche Töne anschlägt: Rajko Eichkamp bringt den ›progressiven Gehalt der Nation‹ gegen den neuerlichen Klassenkampf von oben in Stellung, Tjark Kunstreich geißelt die ›moralische Selbstüberhöhung‹ der Deutschen und ausgerechnet Magnus Klaue preist Rechtspopulismus als Verteidiger ›westlicher‹ Freiheit.«[452]

Dennoch weiß man sich als antideutscher Publizist noch gegen den rechten Rand des extremismustheoretischen Hufeisens, wenn auch mit milderen Worten als gegenüber den Linksradikalen, abzugrenzen. Schließlich handele es sich bei der »Ost-AfD zur Gänze« und der »West-Afd mehrheitlich« um »Idioten, Schwachköpfe, Spinner und Sektierer«, wie es in der *Bahamas* immerhin steht. Allerdings und wohlgemerkt, bei diesen handele es sich laut Autor Clemens Nachtmann mitnichten um Antisemiten, die sich ausschließlich bei den Linken und den Arabern und der EU finden lassen, wenn diese einen Palästina-Hilfsfond eröffnet. Folglich ist man sich auch mit der Rechtspublizistik von der *Jungen Freiheit* einig darin, dass die AfD »dämonisiert, d.h. zu Faschisten erklärt und die gesamte Partei zur faschistischen Bedrohung hochstilisiert« werde.[453] Wer dies tue, wolle lediglich eine höchst reale, objektive Erfahrung kollektiv beschweigen, nämlich »die fortschreitende Islamisierung und damit, wenn man so will, die tatsächliche Faschisierung westlicher Gesellschaften«.[454] Damit stellt sich Nachtmann politisch an die rechte Seite des bundesdeutschen Verfassungsschutzes, der nicht nur in Form seines ehemaligen Präsidenten Maaßen rechte Umtriebe entpolitisiert und kleinzeichnet, dagegen aber Bedrohungen durch Autonome, ›antisemitische‹ Linke, Islamisten und Migranten ins Zentrum der Feindbeobachtung stellt.[455]

---

452 Gastbeitrag: Antideutsche Wende im Falschen: Magnus Klaue, Tumult und FAZ, online: https://sezession.de/57229/antideutsche-wende-im-falschen-magnus-klaue-tumult-und-faz

453 Clemens Nachtmann, Die feine Gesellschaft und ihre Freunde, in: Bahamas 77, Herbst 2017, S. 74-83., hier: S. 81.

454 Ebenda.

455 Der Verfassungsschutz Sachsen-Anhalt ignoriert sehr zur Genugtuung der rechten Sezession die intellektuell rechten Formierungen, wohingegen der antifaschistischen In-

Diese antideutschen Protagonisten haben sich in Richtung einer robusten und wehrhaften Postdemokratie entwickelt, die durchaus anschlussfähig ist mit den Paradigmen und Selbstmarkierungen der aktuellen Berliner Republik. Und insofern man damit rechnen kann, dass die AfD im Zuge des generellen Rechtsrucks Deutschlands dauerhaft ins Parteienestablishment eingebaut wird – und sich die außenpolitisch wie innenpolitisch erforderliche Feindkonstruktion gegen militante Linke, unbotmäßige Migranten generell und Islamisten im besonderen zuspitzt –, finden auch die Feindbestimmung der *Bahamas* einen willigen Abnehmer, der größer sein kann als das reichlich ideologiedurchtränkte ›ideologiekritische‹ Milieu.

Angesichts des skizzierten Werdegangs der Antideutschen ist es erstaunlich, dass sie immer mal wieder unter dem Schlagwort ›Linksextremismus‹ im Fokus des Verfassungsschutzes stehen, zumal Elsässer dezidiert anti-antideutsch und rechtsnationalistisch auftritt und die *Bahamas* keinen Zweifel aufkommen lässt, dass der Hauptfeind links steht. Dennoch gelten ›Antideutsche‹ immer noch als Linke. So konnte ein Verfassungsschutzpolitologe unter ausgreifender Zuhilfenahme des 2004 herausgegebenen Sammelbandes »*Sie warn die Antideutschesten* …« einen kundigen Artikel über »Die Entstehung der ›Antideutschen‹ und die Spaltung der linksradikalen Szene« für das Buch *Linksextremismus in der Bundesrepublik Deutschland* beisteuern. Und es ist eine schöne Genugtuung, dass Schreibleistung und Erkenntnisinteresse der Autorinnen und Autoren dieses Sammelbandes zu sperrig waren, als dass sie Handreichungen für Extremismusexperten darstellten, wie die enttäuscht-distanzierende Fußnote des diplomierten Politologen vom Otto-Suhr-Institut für Politikwissenschaft zeigt:

> »Der vielleicht wichtigste wissenschaftlich gestaltete Sammelband zum Thema macht schon im Verzeichnis der Autorinnen und Autoren selbst deutlich, dass diese sich keinesfalls möglichst objektiv mit den ›Antideutschen‹ beschäftigt haben.«[456]

---

itiative *Kollektiv IfS dichtmachen!* das volle Interesse der Geheimbehörde gilt.

456 Carsten Koschmieder, Die Entstehung der ›Antideutschen‹ und die Spaltung der linksradikalen Szene«, in: Ulrich Dovermann (Hg.), Linksextremismus in der Bundesrepublik Deutschland, Bonn 2011, S. 183-200, hier: S.196, Fßn. 5. Tatsächlich haben einige Autoren ihre eigene linke Position deutlich gemacht, einige auch signalisiert, dass sie ein politisch-persönliches Interesse antreibt.

Für die Extremismusfahnder weit objektivere Quellen stellen interessanterweise antideutsche Publizisten selbst dar, die in Verfassungsschutzberichten oder für Enquetekommissionen, die den linken Antisemitismus untersuchen sollen, gerne als wissenschaftliche Autoritäten herangezogen werden.[457] Dabei geben die Behördenarbeiter des Inneren der Bundesrepublik zwar weit realistischere Einschätzungen als die antideutschen Fahnder nach Antisemiten aus der radikalen Linken und halten beispielsweise fest:

> »Definiert man Antisemitismus als Feindschaft gegen Juden als Juden, so lassen sich für eine solche Position keine ideologieimmanenten Anhaltspunkte im anarchistischen oder kommunistischen Selbstverständnis finden«.

Dennoch kommen die Autoren zu einem reichlich vagen Abschluss ihrer Betrachtungen zur linken oder linksradikalen Position zu Israel:

> »Mitunter führen ... Linksextremisten die Unterstützung Israels durch die Bundesregierung auf eine diesbezügliche bedenkliche Haltung zur Vergangenheitsbewältigung zurück. Derartige Diskursinhalte leiten sich aus einem linksextremistischen ›Antiimperialismus‹ ab. Bei solchen Auffassungen ergeben sich aber auch inhaltliche Anknüpfungspunkte für den Antisemitismus, was in diesem politischen Lager immer noch nicht selbstkritisch genug problematisiert wird.«[458]

Die ›Selbstkritik‹ wird wohl erst dann als ausreichend oder genügend vom Staatsschutz gewürdigt, wenn man Merkels »Solidarität mit Israel« unumwunden teilt und die Folgen dieses »Staatsräson«-Bekenntnisses eben nicht »bedenklich« findet. In dem gleichen Text, der auch unter Quellenhinweis auf Robert Kurz' *Antideutsche Ideologie* verfasst wurde, erscheinen die Antideutschen in wesentlich milderem Licht als andere sogenannte Linksextremisten:

> »Sie vertreten eine gegenteilige Auffassung (zu den Antiimperialisten) und nehmen bezüglich des Nahostkonflikts eine klar proisraelische Position ein. Die Anfänge dieser nicht einheitlich organisierten Strömung im Linksextremismus gehen auf den Beginn der 1990er-Jahre zurück: Angesichts der deutschlandpolitischen Entwicklung befürchteten viele Aktivisten dieses Lagers die Renaissance des deutschen ›Großmachtwahns‹ und die Wiederkehr eines ›Dritten

---

457 Mit dem stark von den antideutschen Freiburger Diskussionen geprägten Soziologen Thomas Haury, mit Philipp Gessler, der ISF und anderen fragwürdigen oder klar antideutschen Quellen wartet so der Bericht des unabhängigen Expertenkreises Antisemitismus des Bundestags auf: Antisemitismus in Deutschland. Erscheinungsformen, Bedingungen, Präventionsansätze, Berlin 2011, S. 23 ff.

458 Ebenda, S. 29.

> Reiches‹. Deshalb stehen die ›Antideutschen‹ eindeutig auf der Seite Israels und sehen in den islamistischen und nationalistischen Gegnern Israels die fortschrittsfeindliche und reaktionäre Verkörperung eines neuen Antisemitismus und Faschismus im Nahen Osten.«[459]

Während die antiimperialistischen »Linksextremisten« klar als Problem und Feind in der Optik des Expertenkreises erscheinen, tritt dem Leser der Antideutsche als in seiner Agitation etwas überbordendes Kind von Demokratie, Fortschritt und Antifaschismus entgegen. Im Gegensatz zu den Schmuddelkindern aus dem antiimperialistischen Milieu kommen die antideutschen ungezogenen Kinder doch irgendwie aus dem gleichen bürgerlichen Stall wie die staatlich bezahlten Verteidiger der herrschenden Gesellschaft. Dies wie ihr im Kern die Linke spaltendes Wirken wird auch in der einschlägigen politikwissenschaftlichen Publizistik gewürdigt:

> »Die Antideutschen als unbedeutende Sekte innerhalb des politischen Linksextremismus zu charakterisieren, verkennt die Tatsache, dass mittlerweile nicht nur das gesamte Spektrum der ›autonomen Antifa‹ in ein antiimperialistisches und ein antideutsches Lager gespalten ist. Vielmehr konnten die Antideutschen innerhalb des Milieus der bürgerlich-demokratischen Mitte einen gewissen Einfluss geltend machen.«

So besetze ein Teil »universitäre Posten, publiziert in Medien wie *Die Welt* oder wird realpolitisch über Kampagnen wie ›Stop the Bomb‹ aktiv, ohne dass der antideutsche Hintergrund der Protagonisten hinreichend zur Kenntnis genommen« werde.[460]

Fast vergessen sind bei so viel gelungener Anpassung die Übergänge bestimmter »antiimperialistischer Zusammenhänge« zu den Frühantideutschen, wovon nicht nur die Broschüre *Deutscher Frühling – Deutscher Herbst* der *Gruppe 8. Mai* von 1997 zeugt.[461] Eine gewisse Faszination für die Geschichte der RAF als existenzialistisches Projekt der Verlängerung der Revolte von 1968 ist auch aus den frühen Texten von Joachim Bruhn herauszuhören.[462] Denn nicht nur traf die RAF-Linke

---

459 Ebenda, S.28

460 Rudi Bigalke, »Mit Israel zur staaten- und klassenlosen Weltgesellschaft«, in: Eckhard Jesse, Roland Sturm (Hg.), Demokratie in Deutschland und Europa. Geschichte, Herausforderungen, Perspektiven, Berlin 2015, S. 247-263, hier: S. 248.

461 Im Archiv Papiertiger im Ordner ›Antideutsche‹ einzusehen.

462 Der linke Kabarettist Matthias Deutschmann hatte Bruhn attestiert, ein »Terrorist des Wortes« zu sein: »Du kommst mir manchmal vor wie ein kleiner Lenin, der in

die volle Härte des Staates, weil sie dessen Gewaltmonopol herausforderte. Sie provozierte darüber hinaus einen deutschen postfaschistischen Erregungszustand, in dem eine öffentlich inszenierte Terroristenhatz in sadistisch-voyeuristischer Art eine perverse Loyalität mit den Staatsorganen produzierte. Die Kongruenz von Volksgemüt und Staatsräson protokollierte seinerzeit der deutsch-amerikanische Schriftsteller Reinhard Lettau:

> »Im Oktober 1977 saß ich mit einer Bekannten, die Jüdin ist und in ihrem Leben noch nie vorher in Deutschland war, in einem Wartesaal des Frankfurter Flughafens, als plötzlich über Lautsprecher die Todesmeldungen aus Stammheim übertragen wurden. Um uns herum brach lauter, ungehemmter Jubel aus, ›Bravo‹-Rufe, wüster Applaus. Meine Bekannte zitterte vor Angst, dann weinte sie: Deutschland als Ausland.«[463]

Mit dieser Erfahrung vor Augen musste sich eine ›anti-deutsch‹ empfindende Linke der RAF in welcher Form auch immer verbunden fühlen. Und wenn Ideologiekritiker wie Pohrt und Bruhn gegen die überlebenden RAF-Kämpferinnen in den Gefängnissen polemisierten, so doch gegenüber sich täuschenden ›Genossinnen‹ und im gemeinsam geteilten Horizont des Kampfes gegen den deutschen Staat. Wenn Wolfgang Pohrt sogar erklärte, Fehler der RAF war weder die Anwendung von Gewalt, noch waren es Kriminaldelikte, sondern ihr Fehler bestehe in ihrer Niederlage im antiimperialistischen Kampf, so provozierte dies die berechtigte Frage von Christoph Türcke: Warum Pohrt dann eigentlich nicht zum Erfolg der RAF durch Mitgliedschaft beitragen wollte? Wahrscheinlich hatte Jörg Auberg Recht, als er auf diese Frage antwortete: »Vermutlich weil dem asozialen Desperado auch dieses Kollektiv zuwider war, das er jedoch in seinem differenzlosen Manichäismus als antideutsche Widerstandsgruppe

---

Zürich den Zug nach Petersburg verpaßt hat. Aber deshalb mußt Du doch die Nahverkehrsreisenden nicht verprügeln. Wer so umständlich wie Du von der Abschaffung des Staates träumt, dem fehlt der Mut zum Bürgerkrieg, die jakobinische Entschlossenheit ›Bomben in das Bewußtsein der Massen zu werfen‹. Stattdessen wird geschrieben und geschrieben. Unvergesslich ist mir, wie Du nach der Ermordung von Alfred Herrhausen ein kleines Werbeplakat für Deinen kritischen Verein collagiert hast: Der zerbombte Wagen des Bankiers und die feinsinnige Untertitelung: ›Wäre er doch lieber kritischer Kritiker geworden!‹«, in: Freiburger Stattzeitung 3/1992, S.12-13, hier: S. 13.

463 Reinhard Lettau, Deutschland als Ausland, in: Tintenfisch 15 (Hg. von Hans Christoph Buch), Thema: Deutschland. Das Kind mit den zwei Köpfen, Berlin 1978, S.116-122, hier: S. 122.

mythologisierte.«[464] 1983 plädierte Pohrt dafür, dass diejenigen, die damals den Widerstand der gesamten 68er-Generation gegen den Vietnamkrieg wörtlich genommen hatten, nicht am Ende ihrer Haftzeit die Zelle entweder am Krückstock oder im Sarg verlassen müssten. Er forderte eine Amnestie für die einsitzenden Gefangenen der RAF. Sie sollten als geschlagene Kämpfer des antiimperialistischen Aufbruchs kenntlich gemacht und gewürdigt werden und aus den zweifachen Klauen eines rachsüchtigen Staates und einer manipulativen, auf identitären Zugewinn gierenden Antiimp-Szene befreit werden. In einer subversiv-unangepassten Volte gegen den Zeitgeist empfanden Pohrt und Bruhn die K-Gruppen-Szene, die Marschierer durch die Institutionen und letztlich das Parteiprojekt der GRÜNEN verheerender als die RAF-Stadtguerilla, die immerhin noch eine fundamentaloppositionelle Geste dargestellt hätte.[465] Allerdings sollte man sich davor hüten, aus den Verlautbarungen der sich mit diesen verbunden fühlenden antiimperialistischen Szene eine revolutionäre Strategie zu destillieren, so die kritisch-solidarischen Ideologiekritiker. Diese Haltung kommt in einer frühen Schrift des Polemikers Bruhn gut zum Ausdruck:

> »›Die Pflicht des Revolutionärs ist es, die Revolution zu machen!‹: Mehr als zwanzig Jahre nachdem der Vietnam-Kongreß des SDS diesen kategorischen Imperativ auf die Tagesordnung der Geschichte setzte, haben die letzten Enragés der Revolte auf das Recht des gefangenen Revolutionärs sich besonnen, an die Revolution vorerst nur zu glauben und sich ansonsten seiner Haut nach Kräften zu wehren. Die entwaffnete Avantgarde hat sich dazu durchgerungen, ihren ebenso gesinnungstüchtigen wie identitätssüchtigen Freunden draußen nicht schon wieder den dummen August zu spielen. Sie hat sich dazu entschlossen, nicht länger den Watschenmann von Staatsschützern abzugeben, denen ein innerer Feind, der außer guten Vorsätzen nichts hinter sich hat, gerade recht kommt. Und sie hat sich endlich dagegen entschieden, noch länger den Teufel in der Flasche für grüne Jungs und Mädels zu geben, die für ihre ›gewaltfreie Politik‹ gerade noch damit Reklame machen können, es gebe zu den Alternativen keine Wahl, weil sich das staatliche Gewaltmonopol nur parlamentarisch totreden, nicht aber totschießen lasse. Es gibt keine Pflicht des Revolutionärs, den Kommunismus ohne Rücksicht auf Verluste ausgerechnet im Hochsicher-

464 Jörg Auberg, Nachruf auf eine Bestie. Wolfgang Pohrts Schriften aus den 1980er Jahren liegen in einer Neuausgabe vor, in: literaturkritik.de, online: https://literaturkritik.de/id/14564

465 So erschien auch 1986 in der Edition Tiamat unter dem Titel *Die alte Straßenverkehrsordnung. Dokumente der RAF* ein mit der RAF solidarischer Sammelband, der neben zentralen Texten der RAF auch Beiträge von Pohrt und Bruhn sowie Karl Heinz Roths Analyse der historischen Bedeutung der RAF beinhaltete.

heitstrakt zu erkämpfen, wenn draußen der Spaß am Widerstand längst dem Recht auf Revolution den Rang abgelaufen hat. Auch wenn die Gefangenen der RAF ihren zehnten Hungerstreik noch aus überlegenem Kalkül wie taktvoller Rücksichtnahme auf die dem Publikum liebgewordenen Illusionen für die ›Zusammenlegung der politischen Gefangenen‹ führten, so sind sie doch im Resultat ihres Kampfes zu politischen Gefangenen geworden, denen folgerichtig nicht Gnade, sondern Amnestie zusteht.«[466]

Diese Forderung erhob sich freilich aus einer wie auch immer empfunden Nähe zu den historischen Verlierern der Auseinandersetzung zwischen postfaschistischer BRD und RAF, die die Linke – welcher Couleur auch immer – nicht kalt ließ. Doch in einigen großen Sprüngen schaffte es das antideutsche Milieu, besonders in der Geschichtsbetrachtung des ›bewaffneten Kampfes‹ linke Selbstverpflichtungen und Solidaritätsverankerungen aufzugeben. Zum 10-jährigen Jubiläum der Berliner *Jungle World*, griff der Ressortleiter des Inlands, Stefan Wirner, tief in die Kiste des Denunziationsbestecks, um Linken, die noch Freiheit für einsitzende Gefangene einforderten, selbst eine Nähe zum ›Terrorismus‹ zu unterstellen. Auch der mit dem Berliner Wochenblatt verbundene Journalist Peter Nowak merkte kritisch an, konsequent werde »von Terroristen und Terrorismus geschrieben, wenn es um die RAF und andere Gruppen aus dem bewaffneten Widerstand geht. Es war einst *Die Welt*, die mit anderen Blättern aus dem Hause Springer jeden in die Nähe des Sympathisantentums rückte, der oder die im Zusammenhang mit RAF, 2. Juni etc. nicht von Terroristen oder Bande schrieb. Deshalb haben sich auch Liberale dieser Zumutung oft erfolgreich verweigert«; und er sah die *Jungle World* auf dem Weg zur »Jungle *Welt*«.[467] Immerhin konnte man 2007 in der *Jungle World* noch einen Artikel aus der Feder Joachim Bruhns lesen, in dem er die unzulässige ›Faschismus‹-Begrifflichkeit, die innerhalb der RAF grassierte, aufspießte – und damit aber implizit auch deutlich machte, welchem politischen Personal die RAF gegenüberstand. Die RAF, schreibt Bruhn,

---

466 Joachim Bruhn, Der Sinn des Lebens und die Politisierung der RAF. Nach dem Hungerstreik, in: *tageszeitung* vom 28. Juni 1989, S. 12 f. In französischer Übersetzung von Bodo Schulze unter dem Titel Le sens de las vie et la politisation de la RAF in: Temps critiques N° 1 (Printemps 1990), S. 101-112. Online: http://www.ca-ira.net/isf/beitraege/bruhn-sinn.leben.php

467 Peter Nowak, 10 Jahre Jungle World – auf dem Weg zur Jungle Welt? Einige Gedanken zum 10. Geburtstag einer Berliner Wochenzeitung, in: trend online http://www.trend.infopartisan.net/trd7807/t217807.html

»mußte ihr Ziel verfehlen, indem sie es traf, Hanns Martin Schleyer zum Beispiel. Der ›Boss der Bosse‹ hatte früh schon sein Fleisch den Zwecken von Kapital und Staat serviert, war auserwählt und rekrutiert worden. Er hatte diese Zwecke von Grund auf in Heidelberg studiert, den ganzen Kanon: ›Rassentheorie‹, ›Grundlagen der nationalsozialistischen Weltanschauung‹, ›Wehrwissenschaft‹, Jura: sowieso, Finanzwissenschaft: erst recht. (...) Mit diesem Wissen und Können stieg er auf nach Daimler-Benz und weiter in die Paradiese des Kapitals – bis er der RAF in die Quere kam, die ideale Zielscheibe: eigentlich. Aber das Killerkommando dachte gar nicht daran, irgend das von Johann Georg Elser nur verhängte Urteil an Hitler und seinen Kumpanen wenigstens und endlich im Nachhinein zu vollstrecken. Bei allem ›Faschismus‹-Gedröhne waren nicht Rache und historische Gerechtigkeit ihr Interesse, sondern nur bißchen Agitprop gegens Finanzkapital, d.h., wie Christian Klar heute noch lallt, gegen die Verschwörung einer ›internationalen Besitzerklasse‹ gegen die ›Massen‹, gegen das Volk und gegen ›den Menschen‹ sowieso. So ermordete die RAF Schleyer und erzeugte nichts als einen überaus nachhaltigen staatspädagogischen Eindruck.«[468]

Hier sitzt jeder Satz. Dies ist ein Aufruf, eine Aufstachelung zur Revolte – aus Rache für den Nationalsozialismus, dem der spätere bundesdeutsche Arbeitgeberpräsident der 70er durch Arisierung der tschechischen Wirtschaft und die Beschaffung von Zwangsarbeiterinnen für das Deutsche Reich fleißig zugearbeitet hatte. Dennoch verkennt der Autor, dass es der RAF um eine Verlängerung der antiimperialistischen Revolte ging und dies ihre Antwort auf die erdrückenden Verhältnisse hier war. Sie war schlicht keine antideutsche Widerstandsgruppe, auch wenn Bruhn das gerne gehabt hätte. Historisch verstand sich die RAF als verlängerter Arm ›trikontinentaler‹ Kämpfe gegen einen westlichen ›militärisch-industriellen Komplex‹, nachdem sich die Arbeiterbewegung in Westdeutschland als wenig revolutionär, sondern gut integriert entpuppt hatte. Das an den postfaschistischen Verhältnissen Verzweifelte und angesichts der metropolitanen Friedhofsruhe Gepeinigte der Zeilen von Joachim Bruhn ist offensichtlich, und nicht nur darin wusste sich der Verfasser vielleicht auch mit den kritisierten »Genossen« der RAF einig, die allerdings einen anderen Weg eingeschlagen hatten. Bei allen Irrungen und Wirrungen: die Haltung Bruhns entzog sich auf jeden Fall jedem lächerlich-staatstreuen Bekenntnis zum Antiextremismus, weil

468 Zit. nach: Joachim Bruhn, »Charaktermasken abschminken«. Abstrakte Herrschaft, bewaffneter Kampf, konkrete Leichen. Online: http://www.ca-ira.net/isf/beitraege/bruhn-charaktermasken.abschminken.php (Erweiterte und annotierte Fassung des in *Jungle World* vom 14.3.2007 erschienenen Artikels)

der bundesdeutsche Staat mitsamt seinem Personal als vom Nazismus geprägt erkannt wurde.

Nochmals, nach einem großen Zeitsprung, trommelte die *Jungle-World*-Redaktion zum 40. Jahrestag der Stammheimer Todesnacht den einstmals für die *Konkret* schreibenden und in den 80er-und frühen 90er-Jahren mit guten Kontakten ins militante Milieu ausgestatteten Oliver Tolmein mit dem *Hagalil*-Autoren Martin Jander und dem 68er-Historiker Wolfgang Kraushaar zusammen, um letztlich unaufgeklärte Morde der RAF, den Skandal von Studienstiftungen für die erste Generation der Militanten und natürlich die vermeintlichen antisemitischen Wurzeln der Roten Armee Fraktion auszuleuchten.[469] Überschriften wie »Kunzelmanns Erben. Der Israelhass der bewaffneten linken Gruppen« geben die Marschrichtung vor. Die *Jungle World* hatte endlich Anschluss gefunden an den mit Antisemitismusvorwürfen operierenden Antiextremismus der bürgerlichen Mitte. RAF, RZ und andere Gruppen müssen nun nur noch als ferne Gruselfiguren und direkte Erben eines deutschen eliminatorischen Antisemitismus erscheinen – als unmittelbar wirkende Kinder Hitlers. Wo, so stellt sich die Frage, ist dann aber der historische Ort eines Hanns Martin Schleyer oder eines Siegfried Buback?

469 Vgl.: Themenseiten der Jungle World vom 30. 3.2017.

Karrieren III: Akademiker und Multiplikatoren

Aus einer linksradikalen Sicht ließ sich die Entstehung der Antideutschen im Zusammenhang mit dem Trauma der geschlagenen Bewegungslinken analysieren:

> »Der Zusammenbruch des ›Realsozialismus‹ hat auch zu Umbrüchen innerhalb der deutschen Linken geführt. Die ganzen neunziger Jahre hindurch beherrschten Diskussionen das Feld, die von Angst getrieben waren (›4. Reich‹), einen rassistischen Konsens beschworen und damit die Unmöglichkeit jeglicher umwälzenden sozialen Praxis behaupteten. Stadtteil-Inis lösten sich in Rassismus-Seminare auf, 80er-Jahre-Militante alterten innerhalb kürzester Zeit und ergingen sich in zynischem Geschichtspessimismus, man verschenkte die alten *radikal*[470]-Ausgaben, um Platz für die stattlichere Adorno-Gesamtausgabe zu machen. Die Rückkehr des Nationalen und Provinziellen machte vor der Linken keinen Halt. In dieser Zeit kristallisierte sich eine politische Strömung heraus, die sich ›Antideutsch‹ nannte – eine Strömung, die gleichsam mehr war als nur die Bekundung, die spezifischen Verhältnisse hier zu hassen. ›Antideutsch‹ ist ein Habitus, eine Versicherung, über diesen Verhältnissen zu stehen. Damit wurde die Frage nach der eigenen Reproduktion in diesen Verhältnissen verdrängt. Synonym zur neoliberalen Ideologie war es individuelles Pech oder Glück, wie und von wem man gerade die Kohle bezog, die ›richtige‹ Theorie zum Antisemitismus wurde wichtiger als die Frage, wo man gerade jobbte. Das ›Elend des Studentenlebens‹ wurde ebenfalls nicht mehr hinterfragt, stattdessen wurden linke Diskussionen einer rapiden Akademisierung unterzogen.«[471]

Akademisierung der Linken könnte in diesem Kontext auch heißen, dass die fundamentalen Kritiken der 68er-Linken an der Institution Universität gar nicht mehr ins Bewusstsein drangen, bzw. auch kein Leidensdruck mehr bestand, eine solche zu formulieren. 1970 erklärte André Gorz noch:

> » [...] die Universität vermittelt weder eine ›nützliche Kultur‹, noch eine ›rebellische Kultur‹ (die sich per definitionem nicht vermitteln lässt); sie vermittelt eine ›universitäre Kultur‹, das heißt eine von jeder produktiven oder politisch aktiven Praxis entfernte Kultur; kurz, es ist ein Ort, wo man seine Zeit weder auf nützliche noch auf interessante Weise verbringen kann.«[472]

---

470 Militant ausgerichtete, aus Berlin stammende Stadtzeitung, aus dem Spontimilieu stammend, später das Organ der Autonomen.

471 Wildcat, Kritik als Spektakel, a.a.O.

472 André Gorz, Zerschlagt die Universität, aus: »Les Temps Modernes« Nr. 285, April 1970; auch in: Sozialistisches Jahrbuch 3 (Rotbuch 28), Berlin, 1971, online: http://www.bildungskritik.de/Texte/Unis_zerschlagen/unis_zerschlagen.htm

Ab den 90ern bis heute ist eine solche Kritik der Universität und der Rolle des Studenten verstummt. Dies geht nicht allein auf das Konto der Antideutschen, wenn auch hier der Glaube an universitäre und akademische Gepflogenheiten besondere Urstände feiert. Auch die Revolte von 1968 war universitär, akademisch und bildungshungrig; aber auch immer geprägt von der Kritik geistiger Arbeit, die von körperlicher geschieden ist, sowie der Kritik an der eigenen Rolle als Intellektueller. Nicht wenige antiautoritär Rebellierende probten den Klassenverrat und gingen in Betriebe, wo andere sich in Klassenspaltung überwindenden Anarcho-Jugendgangs wiederfanden. Die autonome Bewegung der 80er war sozial äußerst heterogen. Um ein Haus zu besetzen und zu verteidigen, brauchte man mehr als nur Germanistikstudenten. Die Akademisierung der radikalen Linken ist auch Folge- und Begleiterscheinung des Umbaus des Sozialstaates unter Rot-Grün: »Dem allzu leicht vollzogenen ›Tabubruch‹ des Kriegs ›von deutschem Boden aus‹ folgte prompt der sozialdemokratische ›Tabubruch‹ – ideologisch mit dem Blair/Schröder-Papier, praktisch mit der Einleitung eines harten Sparkurses vor allem gegen die Töpfe des Sozialstaats.«[473] In England wurde in den 90er-Jahren das Ende der Arbeitslosenhilfe durch Kürzungen und Zwang zur Arbeit verschärft. In Deutschland erfolgte dies erst durch das Hartz-Konzept von 2002 und die Umstellung auf Arbeitslosengeld II im Jahre 2005. Einem Teil der radikalen Linken wurde damit ihre »dole autonomy«, wie man im Englischen sagt, genommen, also ihre autonome Existenz und ihre Möglichkeit, subversiv und politaktivistisch vor dem Hintergrund eines intakten Sozialstaates zu agieren. Auch die Universitäten säuberten durch Bologna-Reform und Neoliberalisierung den einen oder die andere Langzeitstudentin aus ihren Hör- und Mensasälen. Gleichzeitig konnte sich mit DIE LINKE eine sozialreformistische Partei im Parteienspektrum dauerhaft etablieren, die über die parteieigene Rosa-Luxemburg-Stiftung auch Gelder für Stipendien zu vergeben in der Lage ist. Eine Vielzahl linker publizistischer oder anderweitiger Praxis baut auf diesen Fördergeldern auf. Die Folge ist auch hier eine Akademisierung der Linken und ein Verlust von wirklicher Autonomie, wie eine breit beachtete Kritik von *Wildcat* in der Wochenzeitung *ana-*

473 Wildcat, Krieg, ›Dritter Weg‹, neue Klassenverhältnisse, in: Wildcat-Zirkular Nr. 52/53, Juli 1999, S. 6-14, hier: S.7.

lyse und kritik deutlich machte, in der sie die Ununterscheidbarkeit von Beruf und Bewegung bei vielen Linken attackierte: »Heute laufen linke Kongresse wie Uni-Seminare ab, linke Sprache und akademischer Jargon sind ununterscheidbar geworden.«[474]

Diejenigen, die eher der Tradition der konkreten Straßenpraxis entstammten, fanden kaum noch Anschluss an diese politische und soziale Veränderung der Linken. Der aus der Schöneberger Hausbesetzerszene stammende Autonomen-Romancier mit dem Pseudonym Sebastian Lotzer beschreibt dieses Auftauchen der Antideutschen und ihre Wirkung auf einen Autonomen sehr eindrücklich in seinem autobiografischen Bericht *Begrab mein Herz am Heinrichplatz*: Der tragische 80er-Jahre Anti-Held Paul, immer auf Randale und Polit-Action aus, befindet sich nach dem Mauerfall in einer desillusionierten Situation, ehemalige Genossen machen auf Familiengründung, er selbst findet immer weniger Gleichgesinnte. In den frühen Neunzigern stößt er dann auf Protagonisten der antideutschen Szene in Berlin:

> »Mit Elsässer, Wertmüller und Co wollte er auch nichts mehr zu tun haben. Anfänglich war er zu ein paar Treffen der Jour Fixe Initiative gegangen, hatte sogar versucht, einen Brückenschlag zu dem aufgeschlossenen Teil der Szene zu ermöglichen. Völlig aussichtslos. Denen ging es nur um ein weiteres sektiererisches Projekt. Ein weiterer Wurmfortsatz der unsäglichen K-Gruppen Schule.«

Und Lotzers Paul zitiert aus dem Monty-Python-Film *Life of Brian*: »Ja, und diese beschissene Volksfront von Judäa – Ja. Spalter. WIR sind die Volksfront von Judäa ...«[475]

Auch der Autonomen-Musiker Yok Quetschenpaua beklagt in seiner Autobiografie, dass »die Leute« in der Szene ab circa 2015 »oft autoritär und nicht selten klassisch« auftraten: »Die Art und Weise empfand ich oft als belehrend, aggressiv, herablassend und ausgrenzend. Kontroverse Kommunikation bedeutete immer häufiger extreme Konfrontation.«[476] Er führt das Beispiel der anarchistischen und antifaschistischen schottischen Punkband OI POLLOI an. »Sie bekamen an einigen Orten Auftrittsverbote, weil sie kein Blatt vor den Mund nahmen, wenn es um

474 Wildcat, Beruf und Bewegung, in: Wildcat 96, Frühling 2014, online: https://www.wildcat-www.de/wildcat/96/w96_berufubewegung.html. Wesentlich besser, weil ohne denunziatorische Spitzen ist allerdings der gekürzte Text für analyse und kritik.

475 Sebastian Lotzer, Begrab mein Herz am Heinrichplatz, Wien 2017, S. 155f.

476 Yok, Nichts bleibt. Die Quetschenpaua-Autonomografie, Mainz 2019, S. 296

Macht, Unterdrückung und Nationalstaaten ging. Davon wurde Israel halt nicht explizit ausgenommen. Das ist aber kein Antisemitismus, sondern Anarchopunk!«[477] Die potenzielle Gegenrede der Antideutschen auf diese sympathisch einfachen und aus subkultureller Erfahrung schöpfenden Bekundungen lässt sich leicht erahnen: Wie denunziationswütige sektiererische Dogmatiker voller überheblich-akademischem Habitus wollten sowohl die Frühantideutschen wie ihre Adepten erscheinen. Doch tatsächlich hatten die Vordenker der Antideutschen sich allesamt einer akademischen Aufstiegsperspektive verweigert oder waren aus welchen Gründen auch immer nicht in einen solchen Horizont eingetreten. Wolfgang Pohrts Karriere als Assistent am Lehrstuhl für Soziologie der Universität Lüneburg brach 1980 ab. Nach dem Auslaufen der Gelder durch die *Hamburger Stiftung zur Förderung von Wissenschaft und Kultur* und dem Ende seiner finanziell auskömmlichen Publizistentätigkeit musste sich Pohrt von einem prekären Projekt zum nächsten hangeln. Ab Anfang 2004 war er schließlich Betreiber einer Ich-AG, die Umfragen, Evaluationen und dergleichen anbot.[478] Joachim Bruhn erstaunte sein Publikum gelegentlich, wenn er nach einem anderthalbstündigen Vortrag über Marx kundtat, seine Marxstudien gründeten sich auf seiner Existenz als viel lesender Hartz-IV-Empfänger. Und auch Eike Geisel, ein wichtiger Stichwortgeber der Antideutschen, über den noch zu sprechen sein wird, machte seine soziale Positionierung jenseits der Hochschulen deutlich, wenn er »das austauschbare Gesicht der A 13-Kultur« bei ehemaligen Linken wie Dan Diner attackierte, der der »Frankfurter Scene« des Westend entstamme und Ende der 80er eine Professur in Tel Aviv ergattert habe.[479] Damit machte er aber auch deutlich, dass in Hinblick auf die negative Beurteilung akademischer Werdegänge Kritik und Ressentiment nahe beieinander liegen.

Als vom 29. November bis 1. Dezember 2013 in Berlin an der Humboldt Universität die Konferenz »Kritische Theorie. Eine Erinnerung an die Zukunft« stattfand, tauchte am Rand der Tagung ein interessantes Flugblatt auf. Unterschrieben war es augenzwinkernd mit *AK kritische Berufsberatung der AG »No Tears for Krauts«* und überschrieben war es

477 Ebenda, S. 297

478 Vgl. die Angaben zum Publizisten Wolfgang Pohrt auf Wikipedia: https://de.wikipedia.org/wiki/Wolfgang_Pohrt

479 Eike Geisel, No Business like Shoahbusiness, in: Konkret 10/88, S. 52.

mit der These »Mit der ›Zukunft‹, von der im Titel dieser Konferenz gesprochen wird, ist weniger die Zukunft der Kritischen Theorie als die der Kritischen Theoretiker gemeint«. In dem Flugblatt kritisierte die Gruppe, dass zahlreiche »Kritiker ohne institutionelle akademische Anbindung (Joachim Bruhn, Gerhard Scheit) ... erst auf die Referentenliste gerückt zu sein« schienen, »als die Inhaberinnen und Inhaber eines Lehrstuhls abgesagt hatten«.[480] Diese konkrete Kritik verbanden die Flugblattschreiberinnen mit einer ambivalenten Generalabrechnung mit dem akademischen Betrieb im Allgemeinen und einer Kritik des Kongresses im Besonderen, dessen Veranstaltern sie unterstellten, »die Kritische Theorie auf ein paar Leerformeln heruntergebrochen« zu haben. Interessant ist die generelle Kritik, die so scharf denn auch nicht ausfällt, wie man es erwartet hatte. So schreiben sie unter völligem Absehen von klassenmäßigen Zugängen zu und Ausschlüssen aus dem Universitätsbetrieb, dass »ein Unterkommen an der Uni jedem zu wünschen« sei, »der es sich selbst wünscht«. Eine kritische und an Alfred Sohn-Rethel geschulte Reflexion auf die grundsätzliche Spaltung in geistige und körperliche Arbeit im Kapitalismus suchte man im Flugblatt vergebens. »Networking« sei »eine ebenso unangenehme wie notwendige Begleiterscheinung der Tätigkeit im Unibetrieb, auf die jeder angewiesen ist, der seine physische Reproduktion nicht der Bundesagentur für Arbeit überlassen will.« In Hinblick auf das eigene Politmilieu erklärte die Gruppe, dass große akademische Vorbilder aus der späten Kritischen Theorie wie Detlev Claussen ihre akademische Karriere »jener längst vergangenen Marx-, Adorno-, Marcuse-Welle zu verdanken« hatten, »von der die Universitäten in Folge von ›1968‹ weniger überrollt als überschwappt wurden«. Doch diese Zeiten seien vorbei und darüber hinaus hätten ohnehin nur wenige Schüler Adornos und Horkheimers wie Claussen ein Auskommen an einer Hochschule gefunden.

> »Denn auch wenn ihre Bekanntschaft in antideutschen oder postantideutschen Kreisen heiß begehrt ist, ist der Glaube, dass der Kontakt zu ihnen den eigenen Marktwert im Wissenschaftsbusiness enorm steigern könnte, doch eine Fehlwahrnehmung.«

---

480 AK kritische Berufsberatung der AG »No Tears for Krauts«, Critical Networking. Flugblatt: Mit der »Zukunft«, von der im Titel dieser Konferenz gesprochen wird, ist weniger die Zukunft der Kritischen Theorie als die der Kritischen Theoretiker gemeint, 11/2013 (im Besitz des Verfassers).

Das Flugblatt ist beredt, es beschimpft seinen Adressaten und verdeutlicht doch auch den eigenen Leidensdruck sowie einzuschlagende Strategien in prekären Zeiten. Worauf zielt das Flugblatt ab? Es ist keine generelle Abrechnung mit dem »Elend im Studentenmilieu«, wie es noch die Situationisten in Straßburg 1966 betrieben und voller revolutionärer und auf Rätemacht abzielender Entschlossenheit endlich eine Situation schaffen wollten, »die jede Rückkehr unmöglich macht«[481]. Die antideutschen Flugblattschreiber des Jahres 2013 etikettierten das »Ranschmeißen an Betreuer, Gutachter und akademische Konventionen« als »leider oft notwendig«, schienen sich aber lediglich daran zu stoßen, wenn dies »als Dienst an einer höheren Sache« ausgegeben werde. Die eigene polit-philosophische Praxis sollte durchaus nicht der Verwertung der Universität entzogen werden.

> »Warum sollte man aus den nervtötenden Stunden beim Gruppentreffen und der unbezahlten Mehrarbeit beim Flugblattschreiben nicht auch einmal einen persönlichen Vorteil ziehen, wenn es denn möglich ist? Korrumpierend wird das Ganze jedoch ..., wenn das nackte Eigeninteresse an der Aneignung von Fähigkeiten und Kenntnissen, die im Unibetrieb derzeit nicht vermittelt werden und im späteren Beruf von Nutzen sein können, durch den Verweis auf höhere Dinge – das Ende des Leidens, des Sterbens und des Hungers in der Welt – kaschiert wird.«[482]

Sollte diese ›Ideologiekritik‹ des Unibetriebs und seiner Akteure also im Bekenntnis kulminieren, die große Veränderung besser ganz bleiben zu lassen und nicht mehr zu propagieren? Das Flugblatt ist Symptom einer theoretischen Unentschiedenheit in der antideutschen Szene in Hinblick auf Akademie und berufliche Karriere.

Schließlich sind einige Antideutsche im Universitätsbetrieb angekommen, und dies nicht nur als Objekte der Forschung[483]. Die von

481 Situationistische Internationale, Über das Elend im Studentenmilieu. Betrachtet unter seinen ökonomischen, politischen, sexuellen und besonders intellektuellen Aspekten und über einige Mittel, diesem abzuhelfen, von Mitgliedern der Situationistischen Internationale und Straßburger Studenten, in: Lutz Schulenburg (Hg.), Der Beginn einer Epoche. Texte der Situationisten, Hamburg 1995, S. 215-232.

482 AK kritische Berufsberatung der AG »No Tears for Krauts«, Critical Networking. a.a.O.

483 Zum Beispiel: Patrick Hagen, Die Antideutschen und die Debatte der Linken über Israel. Magisterarbeit, Köln, SS 2004. Im Netz unter: http://www.trend.infopartisan.net/trd0405/t030405.html. Vollkommen überfordert angesichts des Antideutschen-Phänomens zeigt sich: Anton Stengl, Antideutsche! Entstehung und Niedergang einer politischen Richtung, Frankfurt am Main 2012. Darin wird pittoresker Weise der Au-

anderen antideutschen Studierenden bitter beklagte »Unvereinbarkeit der Analysen von Arendt und Adorno mit der wissenschaftlichen *just-in-time-production* der Berliner Republik« hat sich zwar im Großen und Ganzen bewahrheitet.[484] Wie es allerdings um »die Sorge« der Antideutschen selbst »um die eigene Zukunft im Unibetrieb« bestellt sein muss, wie man mit *No Tears for Krauts* sagen könnte[485], ist offen. So fanden sich bei einer öffentlichen Ringvorlesung im Rahmen des Masterstudiengangs ›Interdisziplinäre Antisemitismusforschung‹ im Wintersemester 2016/2017 mit Gerhard Scheit, Ingo Elbe, Jan Gerber, Alex Gruber, Felix Riedel und Jan Weyand prominente Antideutsche, die meisten von ihnen *Bahamas*-Autoren, als Referenten im Zentrum für Antisemitismusforschung der TU Berlin wieder.[486] Einer von ihnen, Jan Gerber, ging seinen Weg über das Simon-Dubnow-Institut von Dan Diner in Richtung Leipziger Uni, nachdem er zuerst einige abseitige Themen des Linksradikalismus wie die Schriften des Rätekommunisten Heinz Langerhans oder die Geschichte der RAF untersucht hatte. Er schrieb eine über weite Strecken hochinformierte Dissertation zum Niedergang der Linken nach dem Zusammenbruch der Sowjetunion, die er schließlich auch bei ça ira veröffentlichte.[487] Gerber ist nicht der einzige Antideutsche, der sein Geschichts- und Gesellschaftsbild in einer akademischen Abschlussarbeit festhielt und mit wissenschaftlichen Weihen versah. In diesen Arbeiten finden sich die beständigen Wiederholungen, wonach die alte und die neue Linke sich des Antisemitismus schuldig gemacht habe. Diese These wird gar nicht mehr am Material geprüft, durch Quellenstudium verifiziert oder falsifiziert, sondern das

---

tor dieses Buches den Antideutschen zugerechnet. In einer kritischen Rezension für den humanistischen Pressedienst übernahm der Politologe Armin Pfahl-Traughber diesen Fehler: Stengl behandle »mit den Publizisten Eike Geisel, Gerhard Hanloser, Moshe Postone und Wolfgang Pohrt und mit den Zeitschriften ›Bahamas‹ und ›Konkret‹ die wichtigsten Protagonisten der ›Antideutschen‹«, Armin Pfahl-Traughber, »Antideutsche in der politischen Linken«, 6.5.2013, in: Humanistischer Pressedienst, online: htps://hpd.de/node/15846

484 So der Untertitel einer Broschüre aus dem Umfeld des damaligen AStA der Universität Oldenburg: »Im Hause des Henkers vom Strick geredet«, Oldenburg 2000.

485 AK kritische Berufsberatung der AG »No Tears for Krauts«, a.a.O.

486 Vgl.: Zentrum für Antisemitismusforschung, Kritische Theorie und Antisemitismusforschung, Programm zum Wintersemester 2016/2017.

487 Jan Gerber, Nie wieder Deutschland? Die Linke im Zusammenbruch des ›realen Sozialismus‹, a.a.O.

feststehende Urteil wird mit wenig wissenschaftlicher Redlichkeit nachträglich »bewiesen«[488]. Da Autoren wie Gerber in der positiven Rekapitulation antideutscher Allgemeinplätze die »Verteidigung westlich-bürgerlicher Werte« anstreben und sich dem »Individualismus und dem Individuum, die im 20. Jahrhundert auch von linker Seite immer wieder dem Kollektiv geopfert wurden«, verpflichtet sehen,[489] ecken sie im bürgerlich geprägten und weitgehend von links und radikal gebliebenen Alt-68ern befreiten akademischen Betrieb auch kaum an. Im grün-staatstragenden Milieu ehemaliger 68er wie bei Dan Diner oder Micha Brumlik, die bereits während des Golfkriegs 1991 eine affirmative Wende nahmen[490], kommt diese Generation Antideutscher dahingegen gut an und findet Protektion.[491] Im Gegensatz zu den sich auch lustvoll mit Autoritäten anlegenden Frühantideutschen wie Joachim Bruhn zeigt diese Generation Antideutscher Anpassungsbereitschaft und ist um Signalsetzung eigener Anschlussfähigkeit bemüht, um noch irgendwo im akademischen Betrieb deutscher Universitäten anzukommen.[492] Als ›Antisemitismusforscher‹ genießen sie jede Respektabilität

488 Ein trauriges Beispiel: Olaf Kistenmacher, Arbeit und ›jüdisches Kapital‹. Antisemitische Aussagen in der KPD-Tageszeitung Die Rote Fahne während der Weimarer Republik, Bremen 2016; zur Kritik: Gerhard Hanloser, Die Rote Fahne und der Antisemitismus, in: Sozial.Geschichte Online / Heft 20 / 2017, online: http://duepublico.uni-duisburg-essen.de/servlets/DerivateServlet/Derivate-43277/06_Hanloser_Rote_Fahne.pdf

489 Gerber, Nie wieder, a.a.O., S. 298f.

490 Vgl.: Keine Spaltung, aber ein Lernprozeß. Der Frankfurter Stadtverordnete der Grünen, Micha Brumlik, über die Friedensbewegung, in: Frankfurter Rundschau, 25.1.1991.

491 Brumlik meinte tatsächlich in einer Rezension von Stephan Grigats Buch *Die Einsamkeit Israels. Zionismus, die israelische Linke und die iranische Bedrohung* aus dem Konkret Verlag, dessen »ideologiekritischer Ansatz mit Blick auf die Vertreter einer deutschen, einer europäischen ›Israelkritik‹« falle »überzeugend« aus. Micha Brumlik, Neues Buch über Israels Linke. Hilflos gegenüber realen Problemen, in: taz, 20.3.2015.

492 Vielsagend ist hier der lammfromme Auftritt von dem mittlerweile zum Marx-Experten avancierten Jan Gerber im Deutschlandfunk: Neben LINKEN-Politiker Dietmar Bartsch gibt der Ex-Antideutsche possierliche Allgemeinplätze zu Marx zum Besten. Diskursiv mutige Attacken auf den antimarxistischen Reformismus eines Bartsch im Geiste des frühen Antideutschtums waren hier nicht zu erwarten: Deutschlandfunk: Zur Aktualität von Karl Marx (Teil 3)Das unabgegoltene Versprechen einer besseren Welt, Dietmar Bartsch und Jan Gerber im Gespräch mit Patrick Garber, https://www.deutschlandfunkkultur.de/zur-aktualitaet-von-karl-marx-3-das-unabgegoltene.990.de.html?dram:article_id=415039. Dabei kann Gerber durchaus Austeilen, doch dies behält er sich lieber in Organen wie der Jungle World vor, wenn er gegen unten treten

im akademischen Betrieb. Antiimperialistisch geprägte Wissenschaftlerinnen und Wissenschaftler müssen dahingegen in Deutschland immer damit rechnen mit Antisemitismusvorwürfen überzogen zu werden.[493]

Etliche Akademiker, die ihre Jugendjahre in antideutschen Studiergruppen verbracht haben, warten mit Arbeiten auf, die den Antisemitismus, aber auch die Neue, manchmal auch die Alte Linke zum Gegenstand haben. Was sie hier erforschen und entdecken, deckt sich interessanterweise mit der 68er-Literatur eines Kraushaar oder Götz Aly, die nicht so sehr »Renegaten« im Sinne von Abweichlern und Kritikern hegemonialer Macht, sondern schlicht voller Hass auf ihre eigene radikal-linke Vergangenheit sind, wofür der Gegenstand ihrer Forschung nun zu leiden hat. Diese Art der Forschung ist von einem Absetz- und Abwertungsbedürfnis geprägt, dem oftmals auch der Sinn für Hermeneutik fehlt, wenn man das historische Material lediglich als Beweis des eigenen Vorurteils heranzieht. Wollen junge Nachwuchswissenschaftler nicht bloß brav empiristisch die Geschichte der radikalen Linken erforschen, sondern diese noch wertend kommentieren, so geschieht dies nicht entlang der althergebrachten Unterscheidung reformistisch/revolutionar, sondern Prüfstein ist ein vermeintlicher Antisemitismus, den man im Antizionismus zu erkennen meint.[494] Der weltrevolutionär-internationalistisch motivierte Antizionismus der Neuen Linken kann nur noch als Variante des Antisemitismus erscheinen, das vielfältige und grenzüberschreitende

---

kann und Linksradikalen einen »linken Revisionismus« und natürlich: »Antisemitismus« unterstellt, vgl.: Jan Gerber, Die Debatte um Entebbe. Die Stunde des linken Revisionismus, in: Jungle World, 1.6.2017, online: Jungle World, https://Jungle World/artikel/2017/22/die-stunde-des-linken-revisionismus

493 Z.B. reagierte im Januar 2017 die Leitung des Berliner Otto-Suhr-Institut (OSI) an der Freien Universität (FU) Berlin prompt auf einen denunziatorische Brief der antideutschen Hochschulgruppe »Gegen jeden Antisemitismus« an die FU-Leitung und ließ die Vorwürfe gegen eine antirassistische Dozentin prüfen, die Israel als »Apartheidsstaat« »verunglimpft« haben soll. Vgl.: Dominik Mai, Studierende werfen Lehrbeauftragter Antisemitismus vor, Berliner Zeitung vom 11.1.17, online: http://www.berliner-zeitung.de/berlin/fu-berlin-studierende-werfen-lehrbeauftragter-antisemitismus-vor-25519448

494 Auch diese Arbeiten, die ein Interesse an der Geschichte der radikalen Linken zeigen, sind von einer merkwürdigen Fixierung auf den vermeintlichen Antisemitismus der revolutionären Linken durchzogen: Sebastian Kasper, Spontis. Eine Geschichte antiautoritärer Linker im roten Jahrzehnt, Münster 2019; Jens Benicke, Von Adorno zu Mao. Über die schlechte Aufhebung der antiautoritären Bewegung, Freiburg im Breisgau 2010.

Engagement gegen den Imperialismus wird nur noch als Anti-USA-Agitation begriffen und wiederum vor die recht bescheidene Folie des ›Antiamerikanismus‹ gerückt.[495] Man bildet dabei auch akademische Netzwerke heraus, die mehr sind als bloße Zitierkartelle, und weiß, vorhandene Stiftungsstrukturen zu nutzen. Besonders hart gestaltete sich zwischenzeitlich der Kampf um die akademische Vormachtstellung in der Antisemitismus-Forschung. Bereits ab 2006 erreichten antideutsche Antisemitismus-Verleumdungen den Wissenschaftsbetrieb. Namentlich Lars Rensmann warf dem damaligen Leiter des Evangelischen Studienwerks Villigst, Klaus Holz, eine »antizionistisch-antisemitische Kampagne« vor, Auslöser war ein als *Jungle-World*-Dossier veröffentlichter Aufsatz im Jahre 2002, der eine scharfe Verurteilung von Israel als Okkupationsregime beinhaltete und den Holz zusammen mit Elfriede Müller und Enzo Traverso verfasst hatte. Auf dem geschichtswissenschaftlichen Publikationsforum *H-Soz-Kult* wurde dieser Streit fortgesetzt, in dem sich Rensmann weiter in die unter antideutschen Publizisten verbreitete Pose verstieg, alle anderen – auch Historiker wie Eberhard Jäckel und Hans Mommsen – hätten die Bedeutung des Antisemitismus willentlich minimiert.[496]

Auch der Antisemitismusforscher Wolfgang Benz, ehemaliger Direktor des Berliner *Zentrums für Antisemitismusforschung* (ZfA), wurde zum Objekt haltloser Attacken. Zu einem Gutteil mögen diese darin begründet sein, dass Benz in jüngsten Abwertungen des Islam und von Muslimen Ähnlichkeiten zu Argumentationsfiguren des historischen Antisemitismus erblickt. So erklärte beispielsweise der ehemalige Promotionsstipendiat der Rosa-Luxemburg-Stiftung, Anti-Iran-Aktivist und antideutsche Publizist Stefan Grigat, Benz habe »eine ganze Karriere darauf aufgebaut, den Antisemitismus als Vorurteil zu verharmlosen und dadurch mit allen möglichen anderen Vorurteilen gleichzusetzen«.[497] Grigat selbst hat offensichtlich einen Gutteil seiner Karriere auf solchen Unter-

495 Eine erste Kritik daran hat formuliert: Markus Mohr, Die ›antideutsche‹ Geschichtsschreibung des Linksradikalismus in der Bundesrepublik nach 1967, in: Hanloser (Hg.), Deutschland.Kritik, a.a.O., S. 279-322.

496 Vgl.: Tilmann Lahme, Historische Fußtritte. Antisemitismus? Die Netz-Zeitschrift »H-Soz-u-Kult« streitet, in: *Süddeutsche Zeitung*, 11. März 2006.

497 Stephan Grigat, Vorbemerkung: Postnazismus in Zeiten des Djihad. Modernisierte Vergangenheitspolitik, die Konkurrenz der Antisemiten und die FPÖ nach Jörg Haider, in: Ders.,(Hg.): Postnazismus revisited. Das Nachleben des Nationalsozialismus im 21.

stellungen aufgebaut, denn Benz Forschung wird von dieser Vorhaltung nicht mal ansatzweise tangiert. Grigat hat mittlerweile als Politikwissenschaftler eine Gastprofessur der »Israel Studies« am *Moses Mendelssohn Zentrum* Potsdam inne und richtet Veranstaltungen mit antideutschen Kollegen zu den Themenfeldern ›Rechtspopulismus‹ aus, bei denen er deutlich sein themenfremdes Anliegen verfolgt, eine im Kern kriegerische Konfrontation mit dem iranischen Regime zu suchen (»Stop the bomb«), dem er mittels internationaler Konferenzen akademische Weihen zu verleihen sucht.[498] Interessant und nicht ohne Tücke ist so auch, dass in dem vom *Moses Mendelssohn Zentrum* herausgegebenen 36. Band der *Europäisch-jüdischen Studien*, der sich ganz der Konstruktion eines vornehmlich bei Muslimen und Linken zu findenden »neuen Antisemitismus« verschrieben hat, nun Matthias Küntzel als Beiträger die Rolle einnimmt, an der Grenze der wissenschaftlichen Redlichkeit Wolfgang Benz, die Autorität auf dem Gebiet der Antisemitismusforschung abzusprechen.[499] An anderer Stelle, in einer Veröffentlichung im Suhrkamp-Verlag, zeigt sich Matthias Küntzel dahingegen durchaus publizitätskarrieristisch von einer anderen Seite. So nimmt man Küntzels Selbstpositionierung im auf Herbst 2018 datierten Postskriptum seines Beitrags über Nationalsozialismus und Antisemitismus in der arabischen Welt verwundert zur Kenntnis, in dem er sich voller Mäßigung ins rechte Licht rückt. Er selbst sehe sich in Bezug auf den islamischen Antisemitismus weder als »Verharmloser« noch als »Panikmacher«. So präsentiert er sich als historisch seriös forschenden Diagnostiker eines mörderischen Antisemitismus in der arabischen Welt.[500] Schließlich ist dieser Suhrkamp-Band um Differenzierung und kritisches Unterschei-

Jahrhundert, Freiburg im Breisgau 2012, online: http://www.ca-ira.net/verlag/leseproben/grigat-postnazismus.revisited_lp-einleitung.php

498 Vgl. die Darstellung der Konferenz Iran – Israel – Deutschland: Ein kompliziertes Dreiecksverhältnis in Berlin am 23./24. Januar 2017 in Berlin (Veranstalter: Moses Mendelssohn Zentrum Potsdam) in: http://www.mideastfreedomforum.org/index.php?id=475

499 Matthias Küntzel, Islamischer Antisemitismus als Forschungsgebiet, in: Marc Grimm/Bodo Kahmann (Hrsg.), Antisemitismus im 21. Jahrhundert, a.a.O., S. 135-155.

500 Matthias Künzel, Postskriptum Herbst 2018 zu: Von Zeesen bis Beirut: Nationalsozialismus und Antisemitismus in der arabischen Welt, Christian Heilbronn, Doran Rabinovici und Natan Sznaider (Hrsg.), Neuer Antisemitismus? Fortsetzung einer globalen Debatte, Berlin 2019, S. 206-211, hier: S.206f.

dungsvermögen bemüht. In seinem anderen Aufsatz im Moses-Mendelsohn-Band dahingegen finden sich vollkommen überzogene und einer Überprüfung kaum standhaltende Bemerkungen wie:

> »Welche Verheerungen der Antisemitismus auch über nicht-jüdische Bevölkerungsteile zu bringen vermag, zeigen nicht nur die Fotos deutscher Großstädte von April 1945, sondern auch die innenpolitischen Zustände in Gaza oder Iran«.[501]

Dieser Satz ist paradigmatisch in mehrerer Hinsicht: Er zeigt, wie stark für Küntzel der Antisemitismus alles erklärt und letztlich für alles und überall verantwortlich ist, womit andere Realitäten, Fragen der Ökonomie, Krieg, Imperialismus oder postkoloniale Besatzungspolitik beispielsweise, ausgeblendet werden. Der Zweite Weltkrieg und der NS-Faschismus wird auf Antisemitismus reduziert, genauso wie die ökonomische und soziale Lage Gazas oder des Iran. Diese Überblendungs- und Überschattungsstrategie ist konstitutiv für einen im Kern unkritischen und apologetischen Anti-Antisemitismus, der sich mit der Betonung eines ›neuen Antisemitismus‹ hervortut und dabei die Besatzungsrealität weitgehend ausklammert.

Nicht nur bei ihm oder Grigat, auch bei anderen antideutschen Publizisten wie Samuel Salzborn, Sebastian Voigt, Jan Gerber wiederholt sich ein individualistisch gestimmter Marsch durch die Institutionen im Kleinen, der es immerhin auf lange Sicht vermag, antideutsche Allgemeinplätze im publizistischen, wissenschaftlichen und pädagogischen Feld zu verankern. Davon zeugt auch eine Ausstellung zum Thema »Antisemitismus in der deutschen Linken seit 1968«, die vom 27. März bis zum 27. September 2019 in der *Bildungsstätte Anne Frank* in Frankfurt zu besichtigen war. Tatsächlich als antisemitisch zu wertende Ereignisse aus der militanten Linken rückten bei dieser Ausstellung schon räumlich in den Hintergrund, stattdessen bewegte sich der Inhalt der Ausstellung auf dem Niveau von Geschmacksfragen, wenn auf Schautafeln für die Antideutsche Band *Egotronic* und für die als anti-antisemitisch ausgelobte *Jungle World* geworben wird. Eine Definition von ›Antisemitismus‹, gar ›linkem Antisemitismus‹ suchten die Ausstellungsbesucherinnen jedoch vergeblich. In ihrem Versuch, auf tradierte antijü-

---

501 Matthias Küntzel, Islamischer Antisemitismus als Forschungsgebiet, in: Marc Grimm/Bodo Kahmann (Hrsg.), Antisemitismus im 21. Jahrhundert. a.a.O., S. 135-155, hier: S.140.

dische und antisemitische Semantiken und Stereotype aufmerksam zu machen, folgten die Kuratoren der Ausstellung unausgewiesenermaßen der Annahme, es gebe einen ›strukturellen Antisemitismus‹, der bereits dort vorliege, wo komplexe gesellschaftliche Strukturen mit Namen und Anschrift versehen werden. Allein das Benennen von Personifikationen im Kapitalismus, nicht etwa nur falsche Personifizierungen und Personalisierungen (wie der Börse, des Geldes, der Spekulation im ›Juden‹) seien antisemitisch. Linke Politik, die symbolhafte Zeichen verwendet, wird schon wegen ihrer Parolenhaftigkeit oder symbolhaften Reduktion als antisemitisch markiert. Kritik am Kapitalismus dürfe nicht zu konkret ausfallen. Dieses an Postone anknüpfende Fehlurteil führte auf den Stelltafeln zu kuriosen Behauptungen, wenn beispielsweise das reformistische Einklagen einer gerechten Bezahlung von bäuerlichen Produkten als dem Antisemitismus nahekommende Politik bezeichnet wird. Die Ausstellung kulminierte in einem Hofieren von Theodor W. Adorno als »Überlebender der Shoa«, einem klaren Israel-Bekenntnis und der Verteuflung jeglicher Israelkritik, besonders von dekonstruktivistischer und postkolonialer Seite. Argumente wie jene von Judith Butler oder Achille Mbembe wurden als philosophisch verbrämter »Israelhass« attackiert. Von der *FAZ* bis zum *Neuen Deutschland* hat die Ausstellung jedoch ein positives Medienecho hervorgerufen.[502] Dabei wirkte die vom *Bundesministerium für Familie, Senioren, Frauen und Jugend* wie vom *Hessischen Landesprogramm für Demokratie und gegen Extremismus* geförderte Ausstellung völlig offensichtlich wenig aufklärerisch, sondern war selbst erschütterndes Anschauungsobjekt, indem sie zeigte, wie weitgehend bildungspolitische und pädagogische Einrichtungen, die sich dem Thema der Linken beziehungsweise des Antisemitismus widmen, von antideutschen und affirmativ-proisraelischen Ideologiefermenten geprägt sind.

Ging es den Marschierern durch die Institutionen in den 70ern um eine Verbreitung linker, tendenziell auf Gleichheit abstellender Inhalte in Universitäten, Schulen und Sozialarbeit, so wirken die antideutschen

502 Helmut Mayer, Antisemitismus von links: Fatale Kippfiguren, Das Gegenteil von gut: Eine Ausstellung in der Frankfurter Anne-Frank-Bildungsstätte widmet sich antisemitischen Motiven in der westdeutschen Linken seit 1968., in: FAZ vom 28.3.2019, online: https://www.faz.net/aktuell/feuilleton/debatten/frankfurter-ausstellung-ueber-antisemitismus-von-links-16108814.html; Nicolai Hagedorn, Schlimmer als Hitler. Ausstellung zu ›Antisemitismus in der deutschen Linken‹, in: Neues Deutschland vom 27.4.2019.

Interventionen auf diesen Feldern als Kampfansage an soziale Gleichheitsvorstellungen, Antirassismus und die Linke allgemein. Der Antisemitismusvorwurf an die Opposition von links ist hierbei das beliebteste Disziplinierungsmittel. Er trat nicht umsonst gekoppelt mit der Behauptung auf, in ihrer Haltung zu Israel zeige sich eine angebliche Koalitionsunfähigkeit der Partei DIE LINKE. Der ehemalige *Bahamas*-Autor Samuel Salzborn und der *Jungle-World* -Autor Sebastian Voigt lancierten einen demagogischen, wissenschaftlich unhaltbaren, aber umso öffentlichkeitswirksameren Artikel, in dem ein angeblich hegemonial werdender Antisemitismus bei der LINKEN diagnostiziert wurde.[503] Der Beitrag wurde in der *Frankfurter Rundschau* in Teilen vorabgedruckt, sorgte für eine aufgeregte Debatte und führte sogar dazu, dass im Bundestag eine aktuelle Stunde zum »Antisemitismus der Partei DIE LINKE« abgehalten wurde.[504] Als theoretischen Rahmen ihrer Arbeit gaben die beiden Autoren einen »reflektierten Extremismusbegriff« an, womit sie Kenntnis der Problematik des Extremismusbegriffs andeuteten, dennoch nicht auf ihn verzichten wollten. Ob dies bloß einem opportunistischen Andocken an hegemoniale wissenschaftliche Disziplinen geschuldet ist oder der Rahmen der Extremismustheorie wirklich erkenntnisfördernd ist, kann anhand eines Sammelbandes untersucht werden, den die *Bundeszentrale für Politische Bildung* prominent bewarb und in der eine wichtige antideutsche wie akademische Stimme wirkte. In diesem geht es um »umkämpfte Begriffe« und ihre »Deutung zwischen Demokratie und Extremismus«. Vergleicht man den theoretischen Tiefgang der Beiträge mit aus den 70er-Jahren stammenden begriffshistorisch und definitorisch arbeitenden politikwissenschaftlichen Werken, beispielsweise von Franz Neumann, so fällt nicht nur die Oberflächlichkeit in der Argumentation auf, sondern die ideologische und unkritische Überformung sämtlicher Ausführungen. Da wird dem Kommunistischen Manifest von Marx und Engels ein »extremistisches Potential« bescheinigt, die Partei DIE LINKE und andere reformsozialistische Parteien

503 Samuel Salzborn/ Sebastian Voigt – Antisemiten als Koalitionspartner, in: Zeitschrift für Politik. Organ der Hochschule für Politik München, 3/2011, S. 290-309, zur Kritik: Gerhard Hanloser, Die Linke und der Antisemitismus. Der Antisemitismusvorwurf als Herrschaftsinstrument, in: Das Argument 293/2011, S. 501-507.

504 Dokumentiert in: Wolfgang Gehrke, Rufmord. Die Antisemitismus-Kampagne gegen links, Berlin 2015.

werden als »weich-linksextremistische Organisationen« etikettiert und globalisierungskritischen Treffen die »Durchmischung demokratischer und extremistischer Akteure« attestiert.[505] Salzborn, der von 2012 bis 2017 Professor für Grundlagen der Sozialwissenschaften an der Georg-August-Universität Göttingen war, liefert unter dem Stichwort »Geschichte« eine Erzählung, nach der man den Extremismus anhand seiner Geschichtspolitik, die stets Identitätsgeschichte sei, erkennen könne. So sei der Linksextremismus daran zu erkennen, dass er »(a)ufgrund seiner antikapitalistischen Orientierung« in die Gefahr komme, eine »extremistische Position zur NS-Vergangenheit« einzunehmen.[506] Salzborn erläutert diese dunkle Bemerkung wie folgt: Die bloße Behauptung einer »Unvereinbarkeit« von »Antifaschismus und Antisemitismus« markiere eine extremistische Position. Das sollte aufhorchen lassen, denn wenn von Extremismus die Rede ist, kann verfolgt, überwacht, notfalls verboten werden, wie es die Bestimmungen zur Freiheitlich Demokratischen Grundordnung und die Selbstbezeichnung der Bundesrepublik als »wehrhafte Demokratie« vorsehen. Mit welchen Folgen ist also zu rechnen, sollten Salzborns Vorschläge in die politische Praxis umgesetzt werden? Die einstmals vom linken Schriftsteller Gerhard Zwerenz vorgebrachte apodiktische Bemerkung, dass sich Linkssein und Antisemitisch-Sein ausschlössen, dass Linke qua Antifaschismus keine Antisemiten sein könnten, wäre demnach nicht mehr Gegenstand einer heftigen Kontroverse, Debatte und Diskussion, sondern soll als »extremistische Position zur NS-Vergangenheit« verschlagwortet werden und rückt in den Bereich der Verfassungsfeindlichkeit. Was Samuel Salzborn hier in der Pose des Politologen und Demokraten betreibt, ist also eine offensichtliche Kriminalisierung von unliebsamen politischen Positionen.

Das wird auch an einer anderen Stelle seiner Ausführungen deutlich, die in voller Länge zitiert werden sollen:

> »Die linken Organisationen, die heute Antisemitismus und Israelhass verbreiten, verfolgen nach wie vor das völkische Weltbild des Antiimperialismus, das von ethnisch-kulturellen Homogenitätsvorstellungen geprägt ist: als Glaube

---

505 Tom Mannewitz, Kapitalismus – Globalisierung, in: Gereon Flümann (Hg.) Umkämpfte Begriffe. Deutungen zwischen Demokratie und Extremismus, Bonn 2017, S. 279-300, hier: S. 289, 290, 293.

506 Samuel Salzborn, Demokratie, in: Flümann (Hg.) Umkämpfte Begriffe, a.a.O., S. 319-334, hier: S. 332.

an ethnische Kollektive, die nur in ihrer völkischen Homogenität und als einheitliche Kultur wahrgenommen werden – und nicht in ihren Widersprüchen und Abweichungen. Der Antiimperialismus, der sich primär gegen Amerika und Israel richtet, stellt die Rahmenideologie dar, deren integraler Bestandteil der Antisemitismus, vor allem in Form des Antizionismus ist. Der antiisraelische Antizionismus im Gewand antiimperialistischer Ressentiments fungiert dabei – zusammen mit dem Antiamerikanismus – als zentrales ideologisches Element des Linksextremismus …«[507]

Das liest sich für einen Unkundigen oder einen Staatsschützer flott, allein: welche linken Organisationen, welche Verkörperung des sogenannten »Linksextremismus« sind gemeint? Gibt es einen Namen, eine Gruppe, Parteien, eine Autorin oder einen Autor? Es verwundert kaum, dass diese autoritären Setzungen und Behauptungen ohne Beweise, Hinweise und Fußnoten auskommen. Samuel Salzborn, der eine Gastprofessur für Antisemitismusforschung an der Technischen Universität Berlin erhielt, schreibt selbst in seinem Fazit: »Der Grad einer extremistischen Positionierung zeigt sich insofern anhand der hermetischen Geschlossenheit (oder eben auch: Revidierbarkeit) des jeweiligen Geschichtsbildes.«[508] Dieses Verdikt könnte Salzborn selbst mit seiner hermetischen Identitätskonstruktion eines völkisch-antizionististisch-antisemitisch-antiamerikanischen Linksextremismus treffen. Das herrschaftstechnisch Innovative von Salzborns ausgeweitetem Extremismusbegriff ist, dass er im Gegensatz zu der klassischen Extremismustheorie von Eckhard Jesse und Uwe Backes »extremistische Positionierungen nicht nur an den Rändern des politischen Spektrums« angesiedelt sieht[509], sondern um eine elitäre Erweiterung bemüht ist und staatsphilosophisch Edmund Burke folgend die Masse als potenzielle Gefahr ausruft. Im Zentrum dieser Feindbestimmung steht ein »antiisraelischer Antisemitismus« mit »breit reproduzierte(n) Formen von Antisemitismus« und einer »Vielzahl der antisemitischen Akteure«, die sich allesamt »hinter der Lüge verstecken, bei ihrem antisemitischen Hass handele es sich ja lediglich um Kritik an Israel«[510]. Die behauptete Breite und Vielzahl resultieren dabei freilich aus einer so wachsweichen wie

507 Ebenda.

508 Ebenda, S. 334.

509 Ebenda.

510 Samuel Salzborn, Hass auf Israel: Zur Geschichte und Systematik des antiisraelischen Antisemitismus, in: Ralf Altenhof, Sarah Bunk, Melanie Piepenschneider (Hg.),

letzten Endes Kritik an Israel gar nicht mehr zulassenden Definition von Antisemitismus.

Politische Extremismen im Vergleich. Beiträge zur politischen Bildung, Berlin 2017, S. 357-376, hier: S.372.

Und täglich grüßt der ›Antisemit‹ von links

Skandalisierung und Negativmarkierung der radikalen Linken über den Antisemitismus-Diskurs-Joker ist das Kerngeschäft der Antideutschen gewesen – und sie betreiben es in den diversen Formen, die sie dank ihrer Wandlungsfähigkeit angenommen haben: als rechtszionistische Bellizistin wie die *Bahamas*, als universitärer Extremismusforscher oder als zuweilen wenig Rechercheleistung an den Tag legender Publizist einflussreicher Tages- oder Wochenzeitungen, wo für das Tagesgeschäft die schnelle Einschätzung vom ›linken Antisemiten‹ reichen muss. Seit einigen Jahren hat auch die ehemalige Grüne aus dem Fundilager Jutta Ditfurth, ÖkoLinx-Aktivistin und *Radikale Linke* des Jahres 1990, der bislang als Biografin des RAF-Gründungsmitglieds Ulrike Meinhof nur marginale antisemitisch Ausfälle bei ihrer Heldin aufgefallen sind[511], schlimmsten Judenhass bei der aktuellen Linken diagnostiziert. So beispielsweise beim 1.Mai-Demonstrations-Vorbereitungskomitee in Berlin. Der Grund? Dieses habe sich nicht eindeutig von einem Pro-Palastina-Block distanziert, der sich für die Boykottkampagne gegen Israel als Besatzungsmacht (BDS) aussprach. Die Diagnose ist schnell gestellt: BDS = antisemitisch, Unterstützerinnen und Bündnispartner ebenso. Gegen diese Logik sprach sich selbst Micha Brumlik aus, der zwar BDS kritisiert, von dem ›Antisemitismus‹-Verdikt jedoch nichts hält und darauf aufmerksam macht, »dass die amtierende israelische Regierung erhebliche Mittel aufwendet, um alle mögliche Formen der Kritik an ihr in das Licht des Antisemitismus zu rücken, und das ist heftigst zurückzuweisen«. Micha Brumlik – so berichtete Deutschlandfunk – verweist auf Medienberichte, nach denen die israelische Regierung einen zweistelligen Millionenbetrag investiert, um gegen BDS vorzugehen. So scanne ein Programm alle *social-media*-Kanäle weltweit, um Aktivitäten der BDS-Bewegung aufzuspüren. Micha Brumlik vermisst eine rationale Debatte über die Politik Israels:

511 Vgl.: Jutta Ditfurth, Ulrike Meinhof. Die Biographie, Berlin 2007, 363ff. Nach ihrer eigenen Skandallogik müsste Ditfurth mit der RAF-Mitbegründerin vollständig brechen, die sich auf eine weit dunklere Art nach ihrer Verhaftung und im Prozess gegen Horst Mahler Ende 1972 zu dem Themenkomplex Nationalsozialismus, Antisemitismus und Auschwitz äußerte, als ihre sie verhimmelnde Biografin nach sechsjähriger Recherche suggeriert.

»Das ist Teil einer Strategie der amtierenden israelischen Regierung. Es wird zwar immer betont, natürlich ist es legitim, die Politik zu kritisieren, aber wenn es dann tatsächlich passiert, dann ist man sehr schnell mit dem Hammer des israelbezogenen Antisemitismus zur Hand. Wir sind auf der Ebene von Gerüchten und wozu Gerüchte politisch führen können, das haben wir ja in den 50er-Jahren in den USA erlebt, das nennt man heute McCarthyismus.«[512]

Doch die Vertreter des neulinken anti-antisemitischen McCarthyismus wollen beweisen, was man ohnehin zu glauben hat. Dafür müssen nur gewaltig schnell gewalttätige Bilder geschaffen werden. Dafür begibt man sich medienaffin im Verbund mit Kamerateams an den Rand von Demonstrationen, um von dort Israelsolidaritätsbekundungen und Antisemitismusvorhaltungen zu lancieren – mit welchem Ergebnis? Dem Erwarteten eben: Laute Sprüche, drohende Gesten, Bilder der Eskalation. Der Öffentlichkeit wird damit genau das Bild eines nicht nur gefährlichen ›Mobs‹ (›Revolutionäre 1. Mai-Demonstration!‹), sondern auch eines abgrundtief bösen ›Pöbels‹ (›Antisemiten!‹) präsentiert. Diese Form der postmodernen ›Polizeywissenschaft‹ kennt man aus dem herrschaftlichen und postkolonialen Diskurs über die gewalttätigen französischen Banlieus, die als gefährlich und staatsfern sowie als patriarchal-gewalttätig, islamistisch und antisemitisch dargestellt werden.[513]

Ditfurths Politaktivismus hatte schon bessere Zeiten, als sie beispielsweise in der Elefantenrunde 1987 den CSU-Ministerpräsidenten Franz Josef Strauß an die Wand argumentierte. Mittlerweile schmeißt sie sich lieber in die Rolle der passionierten Israelsolidarisiererin und betätigt sich doch bloß als Verleumderin anderer als Antisemiten. Damals hielt sie Strauß noch vor, dass in Bayern Konferenzen von Atomkraftkritischen Bürgerinitiativen verboten werden, mit der Behauptung, dass man bereits vor Beginn der Konferenzen wisse, dass dort Schändliches besprochen werden.[514] Nun ist Ditfurth unter die Übel abwendenden Konferenzverhinderer selbst gegangen, anlässlich einer Konferenz zu

512 Vgl.: Michael Hollenbach, Antisemitismusvorwurf. Umstrittene Stimme, 7.3.2019 auf Deutschlandfunk, online: https://www.deutschlandfunk.de/antisemitismusvorwurf-umstrittene-stimme.886.de.html?dram:article_id=442886

513 Ein Beispiel des insgesamt reaktionären Spektakels, in dem jeder seine ihm vom Gegner zugedachte Rolle perfekt spielt, lässt sich hier auf YouTube betrachten: »Antisemitischer Angriff auf der ›Revolutionären 1. Mai Demo 2016‹ in Berlin«, https://www.youtube.com/watch?v=xx_oFBYgZvo

514 Vgl.: Jutta Ditfurth versus Strauß, YouTube-Film: https://www.youTube.com/watch?v=vJv2YRlraRQ

Israel-Palästina, ohne eine Kenntnis des Inhalts der Konferenz haben zu können. Ihre Agitation richtete sich nicht gegen ewig gestrige, militant auftretende Antizionisten, die es in der deutschen Linken ohnehin nicht mehr gibt – und wenn, dann in Form kaum relevanter Jugendgangs.[515] Mittlerweile geht die Anklage gegen bürgerliche Menschenrechtlerinnen, kritische jüdische Stimmen gegen Israels Besatzungspolitik, Fürsprecherinnen eines israelisch-palästinensischen Dialogs wie den deutschen *Koordinationskreises Palästina Israel*, der im Juni 2017 50 Jahre israelische Besatzung palästinensischer Gebiete in einer Konferenz thematisierte, auf dem auch prominente israelische und jüdische Kritiker der israelischen Staatspraxis sprachen. Im Verbund mit dem CDU-Bürgermeister Uwe Becker machte die Ökolinke gegen die menschenrechtlich motivierte Konferenz mobil. Die ehemalige Grüne wäre zu fragen, ob sie sich denn auch in eine proisraelische Querfront mit der AfD begeben würde, die sich in Anträgen um ein Verbot der BDS-Bewegung bemüht.[516] Eine rationale Debatte ist mit Ditfurth wohl nicht mehr möglich, wenn sie unter Bannern mit der Aufschrift »Palästina, halt's Maul!« auftritt und damit genau jene bürgerlichen Standards einer offenen Diskussion unter

515 Vgl. die mediale Aufregung um den angeblich antisemitischen ›Jugendwiderstand‹ in Neukölln/Berlin. Prominent rezipierte Berichte des Tagesspiegel und der Berliner Morgenpost stellten diese maoistische und zuweilen Gewalt gegen politische Gegner einsetzende machohafte und antiemanzipative Politsekte und ihre Aufrufe zum 1. Mai in die antisemitische Ecke. Der Berliner Verfassungsschutz beobachtet die Gruppe und erwähnte sie im Berliner Verfassungsschutzbericht 2017 im Kapitel über »Linksextremistischen Antisemitismus«. Eine Gegenrecherche in der jungen Welt ergab ein etwas anderes Bild der mittlerweile aufgelösten Gruppe. Vgl.: Oliver Rast, Rappende Revolutionäre, junge Welt, 27.3.2019, S.13-14, online: https://www.jungewelt.de/artikel/351691.berlins-jugendwiderstand-rappende-revolution%C3%A4re.html

516 Am 29.4.2019 formulierte die AfD diesen Antrag: »Die BDS-Bewegung bundesweit, zum Beispiel auf dem Wege des Vereinsrechtes, zu verbieten«. Außerdem sollen mit der israelischen Regierung Konsultationen zur gemeinsamen Bekämpfung »des Antisemitismus jedweder Ausprägung« initiiert werden und sich zur »Verantwortung für das Unrecht« bekannt werden, dass jüdischen Siedlern in Palästina durch arabische Boykottaufrufe in Zusammenarbeit und im Zusammenhang mit der Herrschaft des Nationalsozialismus angetan wurde. Am 15.5. zogen CDU/CSU/SPD, FDP und Bündnis 90/Die Grünen nach. Der Deutsche Bundestag solle begrüßen, dass zahlreiche Gemeinden bereits beschlossen haben, »der BDS-Bewegung oder Gruppierungen, die die Ziele der Kampagne verfolgen, die finanzielle Unterstützung und die Vergabe von kommunalen Räumen zu verweigern«. Die LINKE wollte nicht von »Verbot« sprechen, erklärte in einem eigenständigen Antrag allerdings auch: »Aufrufe aus Deutschland zum Boykott israelischer Waren müssen klar verurteilt werden.«

bietet, die ebenfalls beständig von den Kampagnen treibenden rechten Israelfreunden attackiert und unterlaufen werden. Stattdessen stopfte sie einen, der als israelkritischer und nicht-zionistischer, aber keinesfalls antizionistischer Jude auf der Konferenz auftrat, in die gendergerecht feinfühlig konstruierte Kategorie »antizionistische Antisemit*innen«.[517] Woher kommt diese Unverfrorenheit, einen Sohn polnisch-jüdischer Holocaust-Überlebender, einen ehemaligen Offizier Israels, der sicherlich mehr für die Sicherheit seines Landes beigetragen hat als Ditfurths lächerliche Fernsolidarität, einen Kritischen Theoretiker, der anders als Ditfurth die Imperative Adornos, Blochs und Horkheimers zu aktualisieren trachtet und sich für eine Konföderation zwischen Israel und einem unabhängigen Staat Palästina als langfristige Lösung des Konflikts einsetzt, derart und unter kaum reflektierter exzessiver Nutzung der neuen Medien wie Facebook und Twitter zu besudeln? Der attackierte Moshe Zuckermann gab selbst bereits früher die Antwort:

> »Es geht denen nicht um Israel, sondern um zutiefst deutsche Befindlichkeiten. Diese Leute, Israel-solidarische ›Antideutsche‹, werden mir nie verzeihen, dass ich der Sohn von Auschwitz-Überlebenden bin. Sie werden mir auch nicht verzeihen, dass ich Offizier im israelischen Militär war. Sie kommen nicht damit zurecht, dass sie Nachkommen eines Tätervolkes sind; ein Umstand, dem sie mit ihrem ›antideutschen‹ Getue meinen, Rechnung tragen zu können.«[518]

Ditfurth, die sich als ÖkoLinx-Politikerin ganz linksradikal präsentiert, ist in ihrer haltlosen Fahndung nach dem ›linken Antisemiten‹ nicht alleine, denn diese Verfolgungswut ist die verbindende Klammer, die nicht nur alle Schattierungen der Antideutschen, sondern auch denunziatorisch gestimmte Historiker der linken Geschichte ebenso umfasst wie rechtsorientierte Israelfreunde und Verfassungsschützer. Mit *Menowatch*, einer Ende 2011 in Wien ins Leben gerufenen proisraelischen und antipalästinensischen Medienbeobachtungsstelle, oder den Ruhrbaronen, einem einflussreichen rechtsliberalen Blogg, finden sich die passenden,

517 Vgl.: Susann Witt-Stahl, (Anti-)Deutsche Zustände, in: Moshe Zuckermann, Der allgegenwärtige Antisemit, oder: Die Angst der Deutschen vor der Vergangenheit, Frankfurt am Main 2018, S. 197-240, hier: S.230f.

518 »Die Okkupation provoziert den Terror«. Moshe Zuckermann über Kritik an Israel, Antisemitismus, ›Antideutsche‹ und die Bedrohung Israels durch Iran, in: Neues Deutschland, 25. Oktober 2008; eine psychoanalytische Kritik durch Zuckermann und Darlegung der Motivlage der Antideutschen liegt vor in: »Antisemit!«. Ein Vorwurf als Herrschaftsinstrument. Wien 2010.

die diversen Internetgemeinden bedienenden Hetzplattformen, denen keine Anklage zu konstruiert erscheint, kein Antisemitismusvorwurf zu abwegig, um in diesen ideologischen Filterblasen und Echokammern israelische Politik für sakrosankt zu erklären. Ein wichtiger Protagonist ist hier der Publizist und gelernte Buchhändler Alexander Feuerherdt, der seit 2006 seinen Blog *Lizas Welt* unterhält und neben Fußballthemen vor allem proisraelische Kommentare zum Nahostkonflikt abgibt. Er schreibt für die *Jüdische Allgemeine*, den *Tagesspiegel* und gehört zu den regelmäßigen Beiträgern für Broders »Achse des Guten«. Lange Zeit war er polemisch zuspitzender Autor zu Israel und Nahostfragen für *Konkret.* Darin erklärte er, unmissverständlich auf BDS gemünzt, dass »sich ihre Kampagne nicht ›nur‹ gegen die israelische ›Besatzung‹ richtet, sondern daß das, was früher ›Kauft nicht beim Juden!‹ hieß, heute de facto zur Parole ›Kauft nicht beim Judenstaat!‹ mutiert ist.«[519] Dies so zu sehen, ist auch Teil der obersten Staatsräson: Der *Bundesbeauftragte für jüdisches Leben und gegen Antisemitismus*, Felix Klein, vergreift sich regelmäßig in den Kategorien, wenn er ›Antisemiten‹ ausmachen will, und so ließ er an prominenter Stelle keinen Zweifel aufkommen: Die »BDS-Bewegung ist in ihren Handlungen und Zielen antisemitisch«.[520] Mit dieser Bekundung scheint sich allerdings der ehemalige Diplomat nicht in Übereinstimmung mit dem aktuellen Forschungsstand zu befinden. Erst jüngst sprach sich in einem Sammelband zum ›neuen Antisemitismus‹ die US-amerikanische Philosophin Judith Butler in ihrem Beitrag vehement für die Entskandalisierung des Israel-Boykott aus:

> »Es ist nicht antisemitisch, die Taktiken des Boykotts, der Desinvestitionen und der Sanktionen (BDS) als gewaltfreie politische Maßnahmen gegen eine Kolonialmacht zu verteidigen, die staatliche Gewalt einsetzt, um die politischen Rechte seiner Minderheiten zu untergraben. Den Antisemitismusvorwurf zu verwenden, um Israel vor Kritik zu schützen, bedeutet, diesen Vorwurf zu unmoralischen und illegitimen Zwecken zu benutzen.«[521]

---

519 Alex Feuerherdt, Kauft nicht beim Judenstaat, in: Konkret 09/12 online aus aktuellem Anlass am 8.9.2017 präsentiert: https://konkret-magazin.de/aktuelles/aus-aktuellem-anlass/aus-aktuellem-anlass-beitrag/items/kauft-nicht-beim-judenstaat.html

520 Philipp Peyman Engel, Felix Klein im Interview: ›BDS ist im Kern antisemitisch‹, Felix Klein über ›Israelkritik‹, Boykotte und die Ruhrtriennale, in: Jüdische Allgemeine, 6.8.2018, online: https://www.juedische-allgemeine.de/kultur/bds-ist-im-kern-antisemitisch/

521 Judith Butler, Antisemitismus und Rassismus. Für eine Allianz der sozialen Gerechtigkeit, in: Christian Heilbronn, Doran Rabinovici und Natan Sznaider (Hrsg.), a.a.O;

Judith Butler ist ohnehin in der antideutschen Szene zum roten Tuch geworden und wird keinesfalls als diskutable Stimme zum Thema betrachtet. Sie, die einer jüdischen Ethik der Gewaltlosigkeit das Wort redet, wird als »Israelhasserin« abgestempelt, ihre Forschungen zu Judentum und ihre Kritik am Zionismus werden auf den einen, in der Tat fehlerhaften, dummen und unglücklichen Satz reduziert, Hamas und Hizbollah seien Teil der globalen Linken.[522] Auch wenn Butler mit ihrer ungebrochen positiven Positionierung an der Seite von BDS alleine stehen mag, verweisen andere Historiker und Politologen ebenfalls auf den menschenrechtlich motivierten Zuschnitt der gewaltfrei agierenden BDS-Kampagne. So schreibt der Antisemitismusforscher Moshe Zimmermann, mit der ideologischen Kategorie des »israelbezogenen Antisemitismus« gerate »die Kampagne Boykott, Divestment and Sanction (BDS) oder die BDS-nahen Kritikerinnen der israelischen Politik in den Mittelpunkt des neuen Antisemitismusstreits, parallel zur Marginalisierung des ›klassischen Antisemitismus‹ im rechtskonservativen Lager«.[523] Auch der Historiker Gerd Koenen urteilt, es handele sich bei dieser um eine aus linker oder liberaler Ethik gespeisten internationalen Solidaritäts- und Boykottbewegung gegen die israelische Besatzungspolitik.[524] Etliche namhafte jüdische und israelische Wissenschaftler, von denen viele in den Bereichen jüdische Geschichte und Antisemitismus forschen, plädierten an die deutschen Parteien, über BDS zu diskutieren, »aber eine kategorische Delegitimierung solcher gewaltfreien Mittel ist falsch und kontraproduktiv«.[525]

S.73-91, hier: 73f.

522 Dies zirkuliert in verschiedenen Texten und Publikationen der antideutschen Linken und fand so auch ungebrochen Einzug in die Frankfurter Ausstellung »Das Gegenteil von Gut« über Antisemitismus in der deutschen Linken seit 1968 – nun ist Butler gerade keine »deutsche Linke«, sondern queer-feministische, internationalistische und dekonstruktivistische gestimmte nicht-israelische Jüdin, die eine spezifische Vorstellung jüdischer Ethik in die globale Debatte zum Israel-Palästina-Konflikt einspeisen will. Ihre Position wäre also zuvörderst vor diesem Hintergrund aus zu betrachten und zu kritisieren.

523 Moshe Zimmermann, Postskriptum Herbst 2018 zu: Im Arsenal des Antisemitismus, in: Christian Heilbronn, Doran Rabinovici und Natan Sznaider (Hrsg.), a.a.O., S. 451-456, hier: S. 455f.

524 Gerd Koenen, Postskriptum Herbst 2018 zu: Mythen des 19., 20. und 21. Jahrhunderts, in: Christian Heilbronn, Doran Rabinovici und Natan Sznaider (Hrsg.), a.a.O., S. 121-127, hier: S. 125

525 Vgl.: Aufruf von jüdischen und israelischen Wissenschaftlern an Deutsche Parteien, BDS nicht mit Antisemitismus gleichzusetzen, Mai 2019, online: https://de.scribd.

Da Vertretern von BDS tatsächlich eher selten nachgewiesen werden kann, dass sie ein unterstelltes jüdisches Kollektiv angreifen und attackieren wollen, wird der kritische Gehalt der BDS-Stimmen in den Medien zuweilen gerne dadurch in ein scheeles Licht getaucht, indem den Vertretern eine ›obsessive‹ Vorgehensweise attestiert wird. Nun mag diese pejorative Vorhaltung vielleicht mit einer gewissen Verstiegenheit korrespondieren, die Politaktivismus meist begleitet. Auch Israel-kritische linke Publizisten wie der Politologe Norman Finkelstein werfen den BDS-Anhängern vor, einer Art antiisraelischem »Kult« anzuhängen.[526] Besonders die Grenzenlosigkeit der Boykottforderung, die auch das akademische und künstlerische Feld umfasst, irritiert in der Tat. Tatsächlich können sich in BDS notorische Israelfeinde und Antisemitinnen tummeln. Die Fixierung auf Israel mutet bei jenen Aktivistinnen merkwürdig an, die nicht selbst als Israelis, Jüdinnen oder Palästinenserinnen von dem Palästina-Konflikt tangiert werden.[527] Den bedingungslosen Boykotteuren Israels könnte zur Irritation das 1979 veröffentlichte Gedicht »boykott à la carte« von Yaak Karsunke unterbreitet werden:

keine portugiesischen sardinen
keine spanischen oliven
keinen retsina
keine orangen
(südafrika & die apartheid
israel & die araber
die usa in vietnam
& die neger)

---

com/document/410140639/Aufruf-von-Judischen-und-Israelischen-Wissenschaftler-an-Deutsche-Parteien-zu-BDS

526 Norman Finkelstein, BDS: Reality Check, 24.2.2014, online: http://normanfinkelstein.com/2014/02/24/bds-reality-check/

527 Mehr als nachvollziehbar ist so die Position des deutsch-israelischen Autors Yossi Bartal: »Ich bin in Jerusalem geboren und aufgewachsen, in einer Stadt voller Gewalt. Ich habe einige Selbstmordattentate von Palästinensern nahe meiner Schule erlebt. Was ich gelernt habe: Besatzung bringt Widerstand hervor, immer. Dieser Widerstand wird wiederum von den Besatzern unterdrückt, und so wird immer neue Gewalt erzeugt – ein Kreislauf. In diesem Sinne begrüße ich erst einmal jeden gewaltfreien Ansatz palästinensischen Widerstands. Das heißt aber nicht, dass ich alle Ziele und Wege von BDS teile.« Vgl.: Elsa Koester, »Bist du Jude?« Interview mit Yossi Bartal, in: *der Freitag*. Das Meinungsmedium, 16.5.2018, online: https://www.freitag.de/autoren/elsa-koester/bist-du-jude

keinen schottischen whisky
(biafra)
keinen russischen wodkar
(die cssr)
keinen französischen cognac
(oder haben Sie algerien vergessen
& suez & den pariser
mai 68)
(neulich stand in der zeitung
selbst auf cuba würden gefangne
politische gegner gefoltert)
nein danke: lieber
keinen zucker:
in meinen chinesischen tee[528]

Schließlich ließe sich noch heute eine Vielzahl von Staaten mit gutem Grund boykottieren. Warum ausgerechnet Israel?

Die Besiedlung Palästinas durch die zionistische Bewegung und die anhaltende Okkupation des Westjordanlandes stellt einen letzten Ausläufer des europäischen Kolonialismus dar.[529] Okkupation beinhaltet immer Ungleichbehandlung, die über jene eines normalen bürgerlichen Staates hinausgeht. Wenn der führende Politiker der LINKEN in Berlin, Klaus Lederer, BDS-Aktivisten und Israel-kritischen Jüdinnen auf einer Kulturveranstaltung mit dem Lieblingsbegriff der Antideutschen als »strukturell antisemitisch« bezeichnet, weil sie diagnostizieren, bei Israel handele es sich um einen »Apartheidstaat«, so zeigt sich, dass jegliche politische Redlichkeit *perdu* ist.[530] Wie wäre es, diese Diagnose erst einmal zu diskutieren, zu erörtern und argumentativ zu entkräften, bevor man sie moralisch abkanzelt?

Besondere Aggression zieht der links kodierte Politaktivismus einer musikalischen Protestikone auf sich. Der britische Sänger und Komponist Roger Waters, 1965 Gründer der Pink Floyd, stach immer mit einem dezi-

528 Yaak Karsunke, da zwischen. 35 Gedichte & ein Stück, Berlin 1979, S.43

529 Vgl.: Micha Brumlik, Kritik des Zionismus, Hamburg 2007, S. 131 - 150

530 Vgl.: Thorsten Schmitz, BDS in der Kulturszene. Hauptsache, dagegen, in: Süddeutsche Zeitung, 28. Januar 2019, https://www.sueddeutsche.de/kultur/bds-israel-palaestina-kulturszene-1.4304842

diert herrschaftskritischen Begleitprogramm zu seiner Musik hervor. Nun schlägt sein Herz besonders für die Palästinenser. Von einem Popmusiker ist eher selten eine lupenreine Analyse eines globalen oder regionalen Konflikts zu erwarten. Doch warum die Aufregung, wenn er sich auf die Seite der von ihm als schwächer Erachteten stellt? Von Popidolen kennt man schlimmeres Verhalten. Als er im Juni 2018 in Berlin gastierte, nutzte Waters die Gelegenheit, um in einer Erklärung dem im April des selben Jahres berufenen ersten *Beauftragten der Bundesregierung für jüdisches Leben in Deutschland* zu applaudieren für seine Aufgabe, den Antisemitismus »zu zerschlagen«, denn Antisemitismus sei »obszön und widerlich«. Darauf gab es viel Applaus vonseiten des Publikums. Waters führte weiter aus, er habe allerdings einen klaren Einwand: Klein, seit dem 1. Mai 2018 im Amt, habe versucht, Konten bei deutschen Landesbanken, die etwas mit der Bewegung »Boykott, Desinvestitionen und Sanktionen« zu tun haben, sperren zu lassen. BDS, deren Aktivistinnen er als seine »Brüder und Schwestern« bezeichnete, sei eine »globale zivilgesellschaftliche Bewegung«, die versuche, die israelische Regierung zum Nachdenken darüber zu bringen, »die Pariser Allgemeine Erklärung der Menschenrechte von 1948 einzuhalten«.[531] Daraufhin wurde Waters von allen großen Berliner und überregionalen Medien heftig attackiert: Sie warfen ihm vor, einen »Eklat« (*Berliner Zeitung*) produziert zu haben, er sei ein »Stinkstiefel« (*Tagesspiegel*) und habe eine »Wutrede« (FOKUS) gegen Israel gehalten, so die Vorwürfe. Bereits vor den Konzerten waren entsprechende Antisemitismusvorwürfe gegen den Musiker laut geworden – mit dem Ergebnis, dass die ARD eine geplante Übertragung von Konzerten absagte.[532]

Dass eine Kritik der Selbstdefinition von Israel als ›jüdischem Staat‹ antisemitisch sei, wie BDS-Vertretern wie Waters unterstellt wird, ist eine kuriose Behauptung. Folgt man dieser Logik, dann wäre auch der renommierte israelische Historiker Shlomo Sand ein Antisemit, der in seinem zurecht breit rezipierten Buch *Die Erfindung des jüdischen Volkes* Israel als »Ethnokratie« beschreibt und dafür plädiert, die ethnisiert-religiöse Selbstdefinition ›jüdisch‹ zugunsten der offenen Definition

531 Auf der Seite der linken Musikzeitschrift *Melodie und Rhythmus* anzuhören: M&R exklusiv: Roger Waters redet Klartext in Berlin (unbekanntes Datum), online: https://www.youTube-nocookie.com/embed/_en2lPcdRzM?rel=0&showinfo=0

532 Michael Hanfeld, Rogers Waters und die ARD: Lied des Antisemiten, FAZ, 27.11.2017.

›israelisch‹ fallen zu lassen. Sand kommt zu dem Ergebnis, dass es sich bei Israel momentan um eine

> »jüdische Ethokratie mit liberalen Merkmalen (handele), also um einen Staat, der nicht in erster Linie einem gleichberechtigt-bürgerlichen *demos* dienen möchte, sondern einem biologisch-religiösen *ethos*, der zwar in historischer Hinsicht rein fiktiv ist, sich aber in der politischen Realität als vital, exklusivistisch und diskriminatorisch erweist«.[533]

Während sich der von der deutschen Bundesregierung mit einer offiziellen Stimme versehene Antisemitismusbeauftragte im Kontext der deutschen Staatsräson bewegt, wo es um außenpolitische und wirtschaftliche Erwägungen geht, müssen naturwüchsig andere Fragen systematisch ausgeblendet bleiben. So beispielsweise jene »staatsphilosophischen Widersprüche«, in denen Israel sich über 50 Jahre nach seiner Gründung bewege und auf die der bekannte französischer Historiker, Wissenschaftsjournalist und Autor von Essays und Romanen, Gerald Messadié, hinweist:

> »Wie passen Überlegenheitsgefühl, Ausgrenzung und territorialer Anspruch zu einer sich als allgemeingültig verstehenden Transzendenz? Wie verträgt sich der Laizismus mit einem Staat, der als ›nationale Heimstätte in Palästina für das jüdische Volk‹ gegründet wurde?«[534]

Das sind die Fragen von Roger Waters oder des aufgeklärten Teiles der BDS-Bewegung. Es sind auch die Fragen, die die *Jüdische Stimme für Frieden in Nahost* umtreiben. Und der deutsche Diplomat im Kampf für die Durchsetzung der ›Staatsräson‹, der Antisemitismusbeauftragte Klein? Dieser formulierte die Empfehlung, ein Gutachten einzuholen, ob die Mitglieder der *Jüdischen Stimme* Antisemiten sind.

Natürlich könne man Israel kritisieren, wird beständig betont; wer nach einer untersagten Veranstaltung zum Thema aber bemerkt, dass dies doch gar nicht der Fall sei, dass es eine große Koalition gebe, die mit einer für jede Willkür offenen Schablone von Antisemitismus hantiere, beweist damit in den Augen einer staatstreuen Öffentlichkeit bloß seinen Antisemitismus. Der in diesen Diskussionen allgegenwärtige Irrationalismus, der einen beständigen Verdacht artikuliert, nicht nahe genug an der Fahne zu stehen, unterfüttert die Staatsräson Deutschlands.

---

533 Shlomo Sand, Die Erfindung des jüdischen Volkes: Israels Gründungsmythos auf dem Prüfstand, Berlin 2010, 447f.

534 Gerald Messadié, Verfolgt und auserwählt, Die lange Geschichte des Antisemitismus, München/Zürich 2001, S. 346.

Antizionistische Biografien

Die Wirkung des Glaubens an den ›Antisemitismus‹ in der Linken entfaltete sich als Gewöhnungseffekt dank Redundanz. ›Linken Antisemitismus‹ durfte es nicht als bloße Fehlleistung geben; nicht als Randphänomen oder Begleiterscheinung irriger linker Geschichte(n). Dem Antisemitismus von Linken musste eine Entität und Ewigkeit beschieden werden, die weit in die deutsche Geschichte zurückreichen sollte. So war es auch attraktiv, verheerende antisemitische Aktionen, an denen Linksradikale beteiligt waren, nicht über den Israel-Palästina-Konflikt und daraus resultierende Bündniskonstellationen zu erklären, die schließlich antiemanzipatorisch wirkten, sondern über einen wie auch immer gearteten ererbten deutschen Antisemitismus.

Ein Ereignis steht dafür paradigmatisch: Die katastrophale Terroraktion der ›Stadtguerilla-Gruppe‹ *Revolutionären Zellen* (RZ) in Entebbe Mitte der 70er-Jahre wurde im Dezember 1991 von einer RZ der Linken ins Gedächtnis gerufen. Sie widmete sich in einer Erklärung der längst vergessenen Flugzeugentführung, bei der zwei Angehörige ihrer aus Frankfurt am Main stammenden Gruppe zusammen mit Kämpfern der palästinensischen PFLP aus Erpressungsgründen israelische und jüdische Passagiere einer Air-France-Maschine von anderen selektierten. Diese Erklärung diente der antinationalen und antideutschen Linken als entscheidender Referenzpunkt und selbstkritische Zeugenschaft für den linken Antisemitismus. In dem mit dem Titel *Gerd Albartus ist tot* überschriebenen Text selbst, den man nach den Worten von Wolfgang Pohrt »im vollen Wortlaut dokumentieren kann, ohne Schikanen durch irgendwelche Strafverfolgungsbehörden befürchten zu müssen«, kritisierten die Verfasser ihre eigene antizionistische Politik der 70er scharf, schrieben, die Auswahl der Entführungsopfer in Entebbe folgte einer »völkischen Logik« und verabschiedeten den Antiimperialismus der nationalen Befreiung.[535] Ausgerechnet Wolfgang Pohrt, der ganz offensichtlich für einige Texte der Revolutionären Zellen wichtige Gedanken geliefert hatte – wie die Kritik an Friedensbewegung und Antiamerika-

535 Vgl.: Revolutionäre Zellen; Wolfgang Pohrt, »... sondern auch die schlimmsten Kräfte« und: »Heim ins Reich?« in: Konkret 02/92, S. 24ff. Zum Hintergrund vgl. den Sammelband von Mohr (Hg.) Legenden um Entebbe, a.a.O.

nismus[536] –, wollte den waffenstreckenden Kombattanten ihre »reumütig Bilanz«, die »den eigenen Abgang mit Bedeutungsschwere zu befrachten« trachte, nicht so ganz abnehmen. Als gewiefter Publizist und aufmerksamer Textarbeiter hört er aus dem Text eine Bedeutung heraus, die anderen Zeitgenossen entgehen musste:

> »Hart und schonungslos klingt die folgende Passage, aber sie ist es nicht, weil das Wir aus einem bitteren Vorwurf ein weinerliches Geständnis macht, das rührselige Einheit nach der Devise stiftet, wir seien doch allesamt arme Sünder: ›Die Gewißheit, daß auch wir als Linke nicht gegen antisemitische Ressentiments gefeit sind, die notdürftig mit nationalrevolutionären Definitionen kaschiert werden, hat uns praktisch blockiert.‹«

Wie könne man »sich selber Immunschwäche gegen Antisemitismus attestieren«, so Pohrt weiter, »ohne nach den Gründen zu forschen, ohne sich damit grundsätzlich infrage zu stellen«? Auch stieß sich Pohrt an den Relativierungen und den kalkulierten Leerstellen im Text:

> »Wo radikale Enthüllung geboten wäre, weichen die Revolutionären Zellen aus und greifen zu Beschwichtigungsformeln. Sie sind damit auf dem besten Weg, sich rückwirkend jede Legitimation ihrer Praxis zu entziehen und, was dasselbe ist, ihre Heimkehr ins wiedervereinigte Deutschland vorzubereiten.«[537]

Nun mag dies eine der vielen Unterstellungen Pohrts sein, im Kern verweigerte er jedoch, dass seine Beißreflexe gegen ›Antisemiten‹ in der Linken nun im Gleichklang mit Bußrhetorik koinzidieren konnten.

Im Mai 1992 schob die Revolutionäre Zelle einen Text nach, in dem sie gegen einige Gegenreden anderer RZ-Gruppen und Einzelpersonen ihre Kritik am linken Antizionismus vertiefte: Dieser sei »keineswegs so unschuldig wie er sich gibt. Er ist zu einem Erkennungszeichen der Zugehörigkeit zu einem bestimmten subkulturellen Milieu der radikalen Linken geworden«.[538] Er würde als Loyalitätstest gelten. Damit trafen die Autoren und Autorinnen sicher einen Nerv, und ihr Abrücken von einer unkritischen Palästinasolidarität war überfällig. Für die Antideut-

---

536 Vgl.: Revolutionäre Zellen, Krieg – Krise – Friedensbewegung. In Gefahr und höchster Not bringt der Mittelweg den Tod, Dez. 1983 in: ID-Archiv im IISG/Amsterdam (Hg.) Texte und Materialien zur Geschichte der Revolutionären Zellen und der Roten Zora, Berlin 1993, Bd. 2, S. 467-501.

537 Wolfgang Pohrt, Heim ins Reich?, a.a.O.

538 Revolutionäre Zellen, Wir müssen so radikal sein, wie die Wirklichkeit, in: Die Früchte des Zorns. Texte und Materialien zur Geschichte der Revolutionären Zellen und der Roten Zora, Band 1, Berlin 1993, S. 63-70, hier: S. 65.

schen und die interessierte Öffentlichkeit allgemein liegen mit diesen beiden RZ-Erklärungen jedoch entscheidende Beweisstücke vor, um der militanten Linken generell Antisemitismus vorhalten zu können.[539] Schließlich hatte die RZ konstatiert: »Wir sind mittlerweile davon überzeugt, daß in Sachen Antisemitismus für uns ein immenser Nachholbedarf besteht.«[540] Wer den Schaden hat, braucht für den Spott nicht zu sorgen. In Polemiken werden die als Vertreter eines »linken Antisemitismus« Ausgemachten als »die letzten versprengten Einheiten der Wehrmacht oder des Volkssturms« der siebziger Jahre bezeichnet, also vor die faschistische Kulisse gezerrt als nichts weniger denn nazistische Wiedergänger des Schlimmsten[541].

Natürlich gab und gibt es Antisemitismus in der Linken, zumal in der Neuen und militanten Linken nach ihrer antizionistischen Wende in der Folge des Sieben-Tage-Kriegs. Zu unschuldig hatte man den eigenen ›Antizionismus‹ als bloß leninistisch und weltrevolutionär motiviert ausgegeben, und nicht auf den stalinistischen reflektiert, der ja mit dieser Chiffre antisemitische Manöver kaschierte.[542] Zu wenig wollte man den ›Antizionismus‹ der arabischen Staaten und Bewegungen einer Fundamentalkritik unterziehen im Zeichen der blinden Solidarität mit ›unterdrückten Völkern‹. Ignorant verhielt man sich gegenüber dem Staat Israel, der sich auch als Schutzstätte der Juden nach dem Nationalsozialismus etablierte, dem man, nähme man ›Antizionismus‹ beim Wort, ein Ende bereiten wollte. So wollten die beiden ehemaligen Mitglieder

539 Das zwei ebenfalls mit RZ unterschriebene Texte der harten Kritik an der antiimperialistischen Politik unmittelbar widersprachen und eine »völkische Selektion« in Entebbe glattweg für nicht zutreffend erklärten, spielte dann in der Rezeptionsgemeinde keine größere Rolle mehr.

540 RZ, Wir müssen so radikal ..., a.a.O., S. 65.

541 Vgl.: Jan Gerber, Die Stunde des linken Revisionismus, a.a.O.

542 Vor diesem Hintergrund lässt sich auch nachvollziehen, dass insbesondere ostdeutsche Antifas, die nur den reichlich deutschnational unterfütterten, stalinistischen Staats-Antizionismus der DDR kennen konnten, den westdeutschen Nach-68er-Antizionismus hingegen nur vom Hörensagen, auf die antideutsche und proisraelische Gegenposition verfielen. Der westdeutsche Bewegungsantiimperialismus unterschiedlich sich schließlich deutlich vom DDR-Internationalismus, der in vielen Formen Staatsspektakel blieb und zwischen außenpolitischen Zwängen und innenpolitischen Kalamitäten eingezwängt war. Hierzu die beiden wichtigen Bücher: Angelika Timm, Hammer Zirkel Davidstern. Das gestörte Verhältnis der DDR zu Zionismus und Staat Israel, Bonn 1997 und Thomas Haury, Antisemitismus von links. Kommunistische Ideologie, Nationalismus und Antizionismus in der frühen DDR, Hamburg 2002

des *Kommunistischen Bundes*, Oliver Tolmein und Detlef zum Winkel, sogar den halben Wahrheiten und Zitatfetzen, die Henryk M. Broder »aus ein paar Publikationen« zusammensammelte und die »nur ein Ausschnitt aus der Realität sind«, etwas abgewinnen, als dieser als Erster den ›linken Antisemitismus‹ aufspießte:

> »Denn wir wissen ja auch, dass es, wenn die Parolen der Flugblätter, die wir in den siebziger Jahren verfasst oder verteilt haben, verwirklicht worden wären, Israel heute nicht mehr gäbe: Der ›zionistische Staat‹ wäre längst unter anhaltemden Beifall von links, vom palästinensischen Volk ›zerschlagen‹.«[543]

Doch so sehr die unkritische Übernahme arabischer oder palästinensischer Positionen besonders bei der militanten Linken anzutreffen war, so frappierend ist, dass Tolmeins und zum Winkels Selbst- und Fremdanklagen zwar »fertige Antworten in Form von Vorwürfen und Verriß« präsentierten, aber »keinerlei Begriff von ›linkem‹ Antisemitismus entwickelt« wurde, wie Bernhard Schmid als junger Theoretiker des *Kommunistischen Bundes* beklagte.[544] Denn eine politische Fehlpositionierung, an deren logischem Ende ein abscheuliches Ergebnis stehen könnte, macht noch keinen intentionalen Antisemitismus, zumal die antizionistische Neue Linke immer naiv-weltkommunistisch davon ausging, dass die Juden des Nahen Ostens sich nach dem Ende des »kolonialistischen Gebildes Israel« und der Auflösung der arabischen Despotien in den nahöstlichen Raum integrieren könnten. Auch die linksarabischen und palästinensischen Gesprächspartner ließen sie gerne in dem Glauben.[545]

---

543 Oliver Tolmein, Detlef zum Winkel, Herr P und die Bombe. Vom Krieg der Polemiker, Hamburg 1991, S.100.

544 Bernhard (Gruppe K), »Herr P. und die Bombe«. Eine Buchbesprechung, in: ak Nr. 336, 18.11.1991, S. 31.

545 Vgl. z.B. Abu Ijad, Heimat oder Tod. Der Freiheitskampf der Palästinenser, Düsseldorf/ Wien 1979. In dieser Werbeschrift für den palästinensischen Kampf erklärte der 1991 ermordete Mitbegründer der Al Fatah, dem vom Mossad unterstellt wurde, Anführer des ›Schwarzen September‹ gewesen zu sein, palästinensische Gewerkschaften hätten Anfang des 20. Jahrhunderts eine gemeinsame Front mit jüdischen Arbeitern »für eine jüdisch-arabische Verständigung« bilden sollen. Ijad grenzte sich von den palästinensischen Vorgängern ab, weil jene die Bewegung dem Willen der arabischen Regierungen unterstellt hätten und 1936 anlässlich der Volkserhebung und Streikbewegung der Palästinenser »der Revolution eine andere Richtung zu geben« versucht hätten, »indem sie die Juden als den eigentlichen Feind darstellten, den es auszurotten galt«. Al Fatah habe seit ihrer Gründung dann »die Absicht erkennen lassen, einen demokratischen Staat zu

Die Chiffre ›linker Antisemitismus‹ scheint mehr zu verdunkeln, als zu erhellen. Der Entführung von Entebbe war eine terroristische und damit menschenfeindliche Logik eingeschrieben. Die RZ hatten sich in ihrem Bündnis mit der palästinensischen PFLP oder der terroristischen Carlos-Gruppe offensichtlich schon tief in die undurchsichtigen Abgründe des Kriegs im Nahen Osten hineinbewegt, in dem immer auch interessierte Geheimdienste ihre Rolle spielten. Dem gescheiterten Anschlag auf das Jüdische Gemeindehaus in Berlin durch eine Truppe um Dieter Kunzelmannam 9. November 1969 war eine antisemitische Logik zu eigen, die sowohl situationistische Tabubruchpolitik, ›Drittweltismus‹ und Neoanarchismus als auch antisemitische Identifizierung von Zionisten und Juden beinhaltete. Die Verstrickung von bundesdeutschen Geheimdiensten ist auch hier bewiesen, wenn sie auch nicht maßgeblich waren.[546] Inwieweit höchstens moralisch verletzende, aber doch offensichtlich wenig handfeste Auswirkungen zeitigende Text- oder Parolenproduktion aus der radikalen Linken – von der späten, im Gefängnis einsitzenden Ulrike Meinhof über die Hafenstraße 1988 bis zum *Arbeiterkampf* in seiner antizionistischen Kampfphase – einer antisemitischen Logik gehorchten, ist nach wie vor umstritten. Wissenschaftliche Arbeiten zum ›linken Antisemitismus, Antiamerikanismus und Nationalismus‹ liegen zwar zuhauf vor – meist schreiben die Autoren darin jedoch besinnungslos, bekenntniseifernd und jenseits jeder Quellenkritik voneinander ab. Über keine Seite, keinen Aspekt und keinen Inhalt der bundesrepublikanischen radikalen Linken als über tatsächlichen und vermeintlichen Antisemitismus dürfte mittlerweile mehr bedrucktes Papier existieren. Auf eine wissenschaftliche Arbeit zur bundesrepublikanischen Palästina-Solidarität wartet man dagegen noch immer. Würde man die vielfältigen Stimmen aus der Linken rezipieren, die allesamt ein

---

errichten, der sich über ganz Palästina erstrecken und in dem Juden, Christen und Moslems als gleichwertige Bürger zusammenleben sollten«. S.55f.

546 Hier sei auf die breite und kritische Diskussion nach Wolfgang Kraushaars Buch über die Bombe im Jüdischen Gemeindehaus verwiesen. Knud Andresen hat bislang den differenziertesten Aufsatz zum Thema vorgelegt und auch weitere für diesen Zeitraum infrage kommenden Taten aus der radikalen Linken aufgelistet und kommentiert: »Antijüdische Aktionen der Neuen Linken 1969/70 und jüdische Reaktionen. Anmerkungen zu einem belasteten Verhältnis«, in: Rainer Hering/ Rainer Nicolaysen (Hg.), Lebendige Sozialgeschichte. Gedenkschrift für Peter Borowsky, Wiesbaden 2003, S. 464-483.

Ende der israelischen Besatzung forderten und dem Aufstand der Palästinenser Sympathien entgegenbrachten, käme man zu einem anderen Ergebnis. Doch die Ankläger eines angeblich ›antisemitischen Antizionismus‹ der antiimperialistischen Linken ignorieren beständig die eher linkssozialdemokratischen Traditionslinken, bei denen Antifaschismus immer einen festen Stellenwert besaß, die *DISkussion*, in der Herbert Marcuse und Jean Paul Sartre neben Sami Hadawi und Abba Eban und bekennenden Antizionisten schrieben, die internationalistischen Fachzeitschriften oder auch die zionismuskritische Frankfurter *Babylon. Beiträge zur jüdischen Gegenwart.* So kommt Martin Klokes Untersuchung der Geschichte eines schwierigen Verhältnisses zwischen Israel und der Linken ebenfalls zum Ergebnis, seine Studie habe »den hohen Stellenwert internationalistischer Motive für den Antizionismus neulinker Segmente herausgestellt, deren subjektive Lauterkeit hier nicht in Abrede gestellt werden soll«,[547] folglich kann auch dem Antisemitismus kein hoher Stellenwert in den Motiven des neulinken Antizionismus zukommen. Dennoch will man seit der Golfkriegszeit wissen, dass der Antiimperialist und Palästinaunterstützer im Kern ›der Antisemit‹ ist. Man weiß es, weil man es glaubt. Für diesen Glauben liegen neben den Auskünften der Revolutionären Zellen von 1991 und 1992 auch weitere schwer überprüfbare Selbstzeugnisse vor.

Eine in der linken Öffentlichkeit gut bekannte Anklägerin des linken Antizionismus war in den frühen 1990er-Jahren die aus Wien stammende und ab 1979 in Köln lebende Ingrid Strobl. Sie arbeitete von 1979 bis 1986 als Redakteurin der Zeitschrift Emma, dann selbstständig als freie Autorin. 1989 wurde Strobl wegen eines Weckerkaufs, der für eine Bombe gegen den Bekleidungshersteller Adler verwendet worden sei, der Unterstützung einer terroristischen Vereinigung, gemeint sind die mit der radikalfeministische Frauenguerilla Rote Zora verbundenen Revolutionären Zellen, angeklagt und wegen Beihilfe zu einem Sprengstoffanschlag zu fünf Jahren Haft verurteilt. Das Urteil zog eine breite Solidarisierungswelle nach sich, in der nicht nur autonom-feministische Gruppen, sondern das gesamte Spektrum der autonomen und antiimperialistischen Szene, aber auch der bürgerliche zeitgenössische Feminis-

547 Martin W. Kloke, Israel und die deutsche Linke. Zur Geschichte eines schwierigen Verhältnisses, Frankfurt am Main 1990, S. 182.

mus engagiert waren. 1989 veröffentlichte Strobl das Buch *Sag nie, du gehst den letzten Weg. Frauen im bewaffneten Widerstand gegen Faschismus und deutsche Besatzung* im renommierten Fischer-Verlag. Später drehte sie Dokumentarfilme wie *»Mir zeynen do«. Der Ghettoaufstand und die Partisaninnen von Bialystok*.

Als sie sich im Februar 1994 bei einem Vortrag in der *Roten Fabrik Zürich* über »Das unbegriffene Erbe« mit Bemerkungen zum Antisemitismus in der Linken zu Wort meldete, sprach also eine Zeitgenossin, zu dieser Zeit auch *Konkret*-Autorin, die sich einiger Respektabilität in der Linken erfreuen durfte. In dem Vortrag erscheint der Antizionismus der Neuen Linken nur noch als Antisemitismus, dabei bezieht sie sich positiv auf Jean Améry, Micha Brumlik, Dan Diner, Detlev Claussen, Thomas Haury, ohne Henryk M. Broder positiv zu erwähnen, der immerhin sehr prominent den Antizionismus als Antisemitismus ausgemacht hat und für Haury eine der wichtigsten Referenzen darstellte. Doch die Differenzierungsversuche, die zumindest die Ausführungen von Diner und Claussen prägten, sind Strobls Sache nicht. Außerdem weiß sie zu kolportieren, dass »auch in den Hinterköpfen von Linken der Verdacht, ›die Juden‹ seien alle reich« spuken würde.[548] Angesichts des Fassbinder-Streits »quollen aus linken Mündern Sottisen, die auf lange unterdrücktes Ressentiment schließen lassen«.[549] Zu guter Letzt behauptete Strobl, der Antizionismus der Neuen Linken wäre ohnehin nur ein Abklatsch des antisemitischen Kampagnen-›Antizionismus‹ im Ostblock:

> »Ein Großteil der ›Informationen‹, die in den Broschüren und Flugblättern der deutschen Linken der 1970er und 80er Jahre verwendet wurden, um ›den Zionismus‹ zu entlarven, ist nichts als die jeweils aktualisierte Fortschreibung der Anklagen in den antisemitischen Kampagnen, die in den sozialistischen Ländern Ende der 40er, Anfang der 50er Jahre und Ende der 60er Jahre inszeniert wurden.«[550]

Strobl kommt so zu dem apodiktischen Urteil: »So übernahm die neue deutsche Linke zusätzlich zu dem quasi ererbten ›bürgerlichen‹ Anti-

548 Ingrid Strobl, Das unbegriffene Erbe. Bemerkungen zum Antisemitismus in der Linken, in: Strobl, Das Feld des Vergessens, Jüdischer Widerstand und deutsche ›Vergangenheitsbewältigung‹, Berlin/Amsterdam 1994, S. 106.

549 Ebenda, S.109.

550 Ebenda, S. 111.

semitismus den als Antizionismus verkleideten Antisemitismus Stalins und seiner Nachfolger.«[551] In der Vorbemerkung des Aufsatzes schreibt die Autorin scheinbar selbstkritisch: »Ich hätte diesen Text ebenso in der ersten Person verfassen können, da ein Teil des hier Kritisierten auch auf mich selbst zutrifft, das heißt, auf eine Politik, die ich vor Jahren einmal vertreten habe.«[552] Im inhaltlichen Zuschnitt banal gestrickt, ist der Beitrag dennoch demagogisch konstruiert: Er zeichnet ein verzerrendes Bild der Neuen Linken, gleichzeitig tritt die Autorin als Anklägerin anderer und unausgewiesene Selbstkritikerin in einem auf. Den meisten Leserinnen und Lesern wird die Tatsache, dass Strobl in den 1980er-Jahren in dem antizionistischen Spektrum der antiimperialistischen Linken engagiert war, unbekannt gewesen sein. Als solche wurde sie auch einmal von Broder frontal angegriffen, als sie 1981 im Auftrag von *Emma* einen antizionistisch gestimmten Bericht über eine palästinensische Widerstandsaktivistin verfasste – der, nebenbei gesagt, nicht das präsentierte, was sie der Neuen Linken mit ihrer späteren Generalkritik meinte unterschieben zu können.[553]

Strobl hatte einen nicht geringen Anteil daran, dass auch antifaschistische Gruppen, die sie gerne als Referentin zu ›Juden im Widerstand‹ einluden, mit der Denkfigur eines stalinistischen und ererbten Antisemitismus in der Neuen Linken vertraut gemacht wurden, was man der engagierten Feministin und Antifaschistin dann auch gerne abnahm. In den folgenden Jahren verselbstständigte sich die Rede vom antisemitischen Antizionismus. Zum einen zogen sich die militanten, linksradikalen und antiimperialistischen Protagonistinnen aus der Debatte zurück, zum anderen konnte die antideutsche Position eine publizistische Hegemonie gewinnen.

Manchmal kommt jüngst jedoch Irritation auf, so in einer Veröffentlichung von Johannes Spohr und Nina Röttgers aus dem post-antideutschen Milieu, die nebenbei zu der verstörenden Aussage kommen: »Fast alle, denen wir heute wichtige Impulse für die Kritik des linken Antisemitismus verdanken, waren früher einmal selbst Antizionisten:

551 Ebenda, S. 113.

552 Ebenda, S. 102.

553 Vgl. Ingrid Strobl, Kampf an zwei Fronten, in Emma Nr. 2 vom Februar 1981, S. 54-60.

Detlev Claussen, Nathan Weinstock, Eike Geisel«[554], und man könnte ergänzen: dies gilt auch für Moishe Postone, der ja mit seinem Aufsatz »Antisemitismus und Nationalsozialismus« und mit seiner Rede vom strukturell antisemitischen »verkürzten Antikapitalismus« zur unhinterfragten Autorität in linken Antisemitismusdebatten wurde. Seine antizionistische Vergangenheit hatte sein Freiburger ça ira-Verlag schon 2005 transparent gemacht. Die Irritation müsste einsetzen, wenn man den Begriff ›Antizionisten‹ in diesem Satz durch den des ›Antisemiten‹, oder durch ähnlich gelagerte moralisch verdammungswürdige Figuren wie Rassisten oder Antifeministen ersetzte: »Fast alle, denen wir wichtige Erkenntnisse über den Rassismus verdanken, waren früher selbst Rassisten«? So einen irritierenden Nonsens würde niemand schreiben. Der linke Antizionismus muss also etwas anderes beinhaltet haben als bloß widerwärtigen Judenhass. Wer sich tatsächlich mit den Biografien und dem gesamten publizistischen Schaffen von Eike Geisel oder auch Daniel Cohn-Bendit als Ikone des Mai 68 auseinandersetzt, wird schnell herausfinden, dass ihr Nach-68er-Antizionismus einem weltrevolutionären Wollen geschuldet war, an dessen Ende nicht nur Israel, sondern sämtliche herrschaftlichen Staaten der Region zugunsten der klassenlosen Weltcommune aufgelöst sind. So hatte Daniel Cohn-Bendit im Frühjahr 1969 bei einem Besuch in Israel im Geiste des auf globale Rätemacht tendierenden Internationalismus, den sich die Neue Linke angeeignet hatte, formuliert:

> »Ich bin gegen den jüdischen Staat, gegen die arabischen Staaten, ich bin für einen sozialistischen und freien Nahen Osten, offen für alle, die in einer Gesellschaft leben wollen, die von Arbeiter- und Bauernräten regiert wird.«[555]

554 Johannes Spohr, Verheerende Bilanz: Der Antisemitismus der Linken. Klaus Rózsa und Wolfgang Seibert zwischen Abkehr, kritischer Distanz und Aktivismus, Berlin 2017, S. 15. Dieses Buch ist ein groteskes Zeitdokument. Es will anekdotenhaft Beispiele für linken Antisemitismus liefern, kann aber keiner historischen Quellenkritik standhalten, wo selbst einem oberflächlichen Kenner linker Geschichte auffallen muss, dass keine einzige historische Angabe stimmig ist. Im Nachhinein stellte sich dann heraus, dass der darin prominent zu Wort kommende Wolfgang Seibert, ehemaliger Vorsitzender der Jüdischen Gemeinde Pinneberg, sich eine jüdische Lebens- und Verwandtschaftsgeschichte zurechtgelogen hatte. Von 2014 bis 2017 hatte er mit den Herausgebern des Buches Veranstaltungen u.a. zum ›linken Antisemitismus‹ abgehalten. Das Buch, das ein weiteres Betrugsunternehmen in der Geschichte der Antideutschen darstellt, soll nun nicht mehr neu aufgelegt werden.

555 Daniel Cohn-Bendit, Der große Basar, München 1975, S.12.

Die Bezüge der Neuen Linken lagen auch nicht in den Anklageschriften des 50er-Jahre-Stalinismus vor, wie Strobl behauptet, sondern entfalteten sich im Kontext globaler, eher trotzkistisch geprägter Debatten, in denen die israelische sozialistische Organisation hinter der Zeitung *Matzpen* eine wichtige Rolle spielte.[556]

Besonders bei Eike Geisel, der in den 70er- und 80er-Jahren das jüdische Alltagsleben in Berlin vor 1933 erforschte, war dieser antizionistisch-sozialrevolutionäre Impetus in den 70ern mit einer treffenden Kritik der postfaschistischen BRD-Gesellschaft kombiniert. 1989 brachte er noch die zionismuskritischen Schriften Hannah Arendts bei der Edition Tiamat heraus. Zusammen mit Henryk M. Broder forschte er Anfang der 90er-Jahre zum *Jüdischen Kulturbund* in den Jahren 1933-1941.

Mit Broder im Verbund attackierte er dann die Friedensbewegung gegen den Golfkrieg 1991 und wurde somit zum neben Wolfgang Pohrt wichtigsten Role Model der Antideutschen. Geisel hatte direkt nach Beginn des Golfkriegs den Friedensforscher und Militärkritiker Ekkehard Krippendorff als Stellvertreter der Friedensbewegung der »moralischen Nachrüstung« bezichtigt. Zwar hatte sich Krippendorff in einem *taz*-Beitrag »ohne Wenn und Aber für Israel« und für die »bedingungslose Anerkennung des Staates Israel als einer aus tragischen, von uns Deutschen wesentlich mitverschuldeten Ursachen entstandenen sicheren Heimat für die verfolgten Juden« ausgesprochen, und sogar angeregt, eine Art Schutzschild-Delegation »für dieses lebensbedrohte Land« zu entsenden, wollte das aber mit der Forderung verbunden wissen, dort »zugleich den sofortigen Rückzug aus den besetzten Gebieten« einzufordern. Er gab der »arroganten Politik Israels« eine Mitschuld, dass es nun in den Fokus der irakischen Aggressionsdrohung geriet.[557] Geisels Antwort darauf lautete, es handele sich bei dem Bekenntnis zur Solidarität mit Israel um eine »branchenübliche deutsche Tarnformel für ihr genaues Gegenteil«. Er unterstellte Krippendorff, dieser wolle »in der gegenwärtigen Situation mit der Parole vom Frieden« bloß Stichworte zum »rechte Gewissen zum neuen Antisemitismus« liefern. Ausgerechnet Krippendorff wie der Friedensbewegung im Generellen hielt der ehe-

556 Lutz Fiedler, Matzpen. Eine andere israelische Geschichte, Göttingen 2016.

557 Ekkehard Krippendorff, Ohne Wenn und Aber für Israel. Auch die arrogante Politik Israels machte Saddam Hussein populär, in: taz, 22.1.1991, S. 11, online: http://www.taz.de/!1736103/

malige radikale Antizionist Geisel vor, dass die Juden Israels ihnen »bestenfalls als quantité négligeable oder aber als die eigentlich Schuldigen« gelten.[558] Ein paar Monate später erfand Geisel dann den Begriff der ›linken Auschwitzlüge‹ und brachte ihn gegen Golfkriegsgegnerinnen in Anschlag. Er notiert die »dummen Parolen der Friedensbewegung« mit ihren »Plakaten wie ›Bagdad = Berlin‹« und wertet sie als zum Ausdruck gebrachte geheime Wünsche der Identifikation im Geiste der Revanche von 1945. Dabei sei »der Antiamerikanismus das treibende Moment bei der Hervorbringung der neuen Auschwitzlüge«:

> »Der heruntergekommene Antiimperialismus ist gewissermaßen die höchste Stufe des Konformismus. Und wenn sich der alternative Mob schon darüber einig war, daß die USA den Irak in ein Massengrab verwandelten (...), dann war es auch nicht mehr weit, daß die Auschwitzlüge auf antiimperialistische Manier von der Gegenwart in die Vergangenheit zurückkehrte.«

Worin bestand nun die angebliche linke Auschwitzlüge? Nach Geisel begehrte die Linke eine möglichst hohe Opferzahl der Toten am Golf.

> »Ende Mai hatte Greenpeace aufgrund ausführlicher Recherchen im Irak die Zahl der Kriegstoten auf 150.000 geschätzt. Die Anzahl der bei Luftangriffen ums Leben gekommenen Zivilisten belief sich nach Angaben dieser Untersuchung auf fünf- bis fünfzehntausend Menschen, eine Zahl, welche die Anhänger der neuen Auschwitzlüge von links für einen Druckfehler [hielten].«

Geisel kommentierte:

> »Die aus rechtsradikalen Zirkeln bekannte Propaganda, derzufolge Auschwitz eigentlich ein Sanatorium war, und die antiimperialistische oder friedensbewegt drapierte Zwecklüge vom Völkermord am Golf gehen von einem identischen Bedürfnis aus: der Rehabilitierung der deutschen Geschichte. Während man den Neonazis jedoch noch zugute halten könnte, daß sie, um die Deutschen zu entlasten, die Zahl der von ihnen Ermordeten herunterlügen, so muß man von der alternativen und friedensbewegten Sucht nach der möglichst großen Opfermasse sagen, daß sie die wahre nazistische Vernichtungswut konserviert hat.«

Vernichtungswut und Vernichtungslust lagen allerdings deutlicher beim angeblichen Ideologiekritiker selbst vor, der, ebenso wie Wolfgang Pohrt mit dessen Vorschlag des Atombombenabwurfs auf Bagdad, offensichtlich an der tatsächlich vorliegenden Bedrohung Israels irre geworden war. Nicht einmal die realen Toten des Golf konnten so bei

558 Eike Geisel, Moralische Nachrüstung. Augstein und Krippendorff – zwei gute Deutsche und der Golf, in: taz, 25.1.1991, S. 10, online: http://www.taz.de/!1735539/

Geisel eine humanistische Regung auslösen, wenn er beschwichtigend erklärte, die »100.000 getöteten irakischen Soldaten« seien »doch nicht Sozialfälle oder edle Wilde, sondern dafür ausgebildet (...) Kuweit (!) zu erobern und zu plündern, Kurden auszurotten und Schiiten abzuschlachten, und, wenn möglich, Israel in ein Krematorium zu verwandeln«.[559]

Geisel wie Pohrt sollten für die Antideutschen an ihrem schwächsten Punkt zu Vordenkern werden. Die berechtigte, wenn auch überschnappende Sorge um Israel provozierte bei diesen eine militaristische Haltung, dass man, um das ›Böse‹ zu bekämpfen, selbst böse sein durfte, ja schier musste: Mittels haltloser Polemik, die dem politischen Gegner, der nur im Friedenslager stehen konnte, das Wort im Munde herumdreht, aber auch im Wunsch nach Vernichtung. Als Eike Geisel Anfang 1991 von »der versäumten Atombombe auf Nazideutschland« träumte[560], sollte dieser zerplatzte Traum zumindest in Form der Liquidierung irakischer Soldaten, die Israel bedrohen würden, eingelöst werden.[561] Ein Vernichtungswunsch, den Geisel der Friedensbewegung unterstellte, trieb ihn selbst an. Im Irak versenkte der ehemalige Antiimperialist Eike Geisel publizistisch und symbolisch seinen Antikolonialismus und seine Solidarität mit der ›Dritten Welt‹.

Auch dieser anti-emanzipatorische Geisel ist nur der halbe. Übersehen wurde von seinen antideutschen Fans, dass er sich ab den 90ern mit allen anlegte, nicht bloß mit der Friedensbewegung, sondern auch »mit den Experten für christlich-jüdische Versöhnung, den Vertretern deutsch-israelischer Kameradschaftspflege, den Fachleuten für dialogisches Denken, professionellen Philosemiten, mit ökumenischen Organisatoren, mit nichtjüdischen Elternpaaren, deren Sprößlinge die jüdische Schule besuchen, weil es dort angeblich intelligenter zugeht, mit spirituellen Gesinnungstätern, mit verkniffenen Konvertiten, protestan-

559 Eike Geisel, Die linke Auschwitzlüge, in: Konkret Nr. 7 vom Juli 1991, S. 16ff.

560 Festgehalten und kommentiert von Ilse Bindseil, Sektiererische Reflexion und korrektes Denken. Versuch einer philosophischen Identifikation, in: Hanloser (Hg.), Sie waren die Antideutschesten ..., a.a.O., S. 275-291, hier: S. 284ff.

561 Tatsächlich waren zu keinem Zeitpunkt irakische Soldaten dabei, gegen Israel zu ziehen, stattdessen gab es Desertion und Revolten in der Endphase des Bodenkrieges. Tausende irakischer Soldaten, von denen der überwiegende Teil Wehrpflichtige und teilweise noch im Kindesalter war, wurden durch die US-Army regelrecht abgeschlachtet, als sie längst den Rückzug angetreten hatten.

tischen Freizeitjudaisten und nicht zuletzt mit Politikern«[562]. In den gesammelten Essays und Polemiken *Die Wiedergutwerdung der Deutschen*, die 2015 erschienen, mussten natürlich die frühen Polemiken, die die »Wiedergutwerdung« der Deutschen über philosemitischen Habitus und die des deutschen Staates über Wiedergutmachungszahlungen und Rüstungsgeschäfte mit Israel betonten, unterschlagen werden.[563] In seinen im Geiste des Internationalismus geschriebenen Texten hatte er die unter anderem im *Tagesspiegel* 1969 formulierten Faschismusvorwürfe gegen die antiimperialistische Linke scharf kritisiert und notiert, dass mit Ben Nathan »einer der reaktionärsten Vertreter der israelischen Bourgeoisie« die demonstrierenden linken Studenten als »neue Nazis« bezeichnete, »wenig später aber den alten Charaktermasken die Hand reichte«,[564] Sein antizionistischer Zungenschlag und die Palästina-Solidarität passen schlichtweg nicht ins Bild, das man sich gerne heutzutage von dem streitbaren Publizisten macht. Dass allerdings auch das Nachwort des Herausgebers Bittermann diese Stoßrichtung von Geisels frühen Polemiken beschweigt, verweist wiederum auf die notwendige Lückenhaftigkeit antideutsch beeinflusster Geschichtsschreibung. Immerhin wird in einem *Jungle-World*-Beitrag zu Geisel festgehalten:

> »Schon in seiner Zeit als radikaler Antizionist erkannte Geisel, wenn er auf die BRD reflektierte, neben allerhand Kapitalinteressen bereits die ganz gewöhnlichen Deutschen im Postnazismus, ihr scheckbuchbewaffnetes Schlussstrichverlangen, ihre besondere Hinwendung zu den Juden, kurzum die ›Metamorphose vom Judenvernichter zum Philosemiten‹«.[565]

Geisel starb an den Folgen eines Schlaganfalls im August 1997, so konnte man nicht mehr erfahren, welche Begrifflichkeit er seinem antideutschen Fanclub hätte angedeihen lassen, der sich ganz erfolgreich an Sarrazins Antiislam-Thesen, jüdischem Identitätskitsch und einem palästinen-

562 Eike Geisel, Die Banalität der Guten, ursprünglich: taz, 17. 12. 1992, wiederveröffentlicht in: ders., Die Wiedergutwerdung der Deutschen. Essays und Polemiken, Berlin 2015, S. 57-67, hier: S. 57.

563 In einem Dokumentarfilm namens »Triumpf des guten Willens« (2016) über Geisel kann sein Verleger Klaus Bittermann dessen antizionistische Phase lediglich so erklären: »Da setzte er auf einen anderen Dampfer«.

564 Eike Geisel, Zionismus, Imperialismus und die Linke, aus: DISkussion. Zeitschrift für Probleme der Gesellschaft und der deutsch-israelischen Beziehungen, Nr. 28/29 1970, S.30-44, hier: S. 31.

565 Vgl.: Arthur Buckow, Der Versöhnungsverweigerer, in. Jungle World, 5.11.2015, online: https://Jungle World/artikel/2015/45/der-versoehnungsverweigerer

serhassenden Rassismus herangerobbt hatte – vielleicht »neudeutsche Vertreter deutsch-israelischer Kameradschaftspflege«? Schließlich hatte sein Freund und Genosse Pohrt sich 2003 sowohl von seiner eigenen irrigen Position von 1991 distanziert wie auch von seinen antideutschen Verehrern. Schützenhilfe für ausländerfeindliche ›Islamkritik‹ konnte man weder von Pohrt noch von Geisel erwarten, die bereits 1981 in der Bemerkung einer Westberlinerin »sie habe gar nichts gegen Türken, aber die Mädchen und Frauen müßten doch nicht ewig mit türkischen Kopftüchern« herumlaufen, »schon die heimliche Vorfreude auf das Pogrom« enthalten sahen.[566] Zur gleichen Zeit hatte Geisel schließlich die jüdisch-proletarische Lebenswelt des Scheunenviertels in Berlin erforscht, der vonseiten der anständig aufgeklärten Berliner ein ähnliches Ressentiment entgegengebracht wurde. Ein ungebrochener Freund zionistischer Staatsideologie und ein Palästinenserhasser war Geisel bis zum Ende seines Lebens nicht. Dies zeigt sich nicht nur, wenn er im Geiste linker Verteidigung von Militanz gegen pazifistische Ideologen festhält, dass den Palästinensern jede Legitimation zukomme, »mit Steinen in der Hand sich zu wehren«, wo sie »schon genug an den Schlägen der Besatzungsmacht zu leiden« hätten, als dass man sie von Deutschland aus auf Gewaltfreiheit verpflichten könne.[567] Geisel schrieb dies noch unter dem Eindruck der ersten Intifada, die ein wirklicher Aufstand von unten war und sich jenseits der Kalkulationen und Manipulationen der nationalen Befreiungsbewegungen entfaltete; schließlich saßen die Repräsentanten der PLO in Tunis und wurden von der Revolte in der Westbank und in Gaza überrascht.[568] Das kritische Interesse Geisels an Israel kommt ebenso in dem sympathisierenden Interview zum Ausdruck, das er mit dem zionismuskritischen israelischen Historiker Tom Segev über dessen Veröffentlichung *Die siebte Million* führte.[569] Friedensforscher, Friedensbewegte, Gewerkschaftsbürokratinnen und ordentlich deutsche Linke traf seine Kritik, wenn sie wieder von der

566 Wolfgang Pohrt, Eike Geisel, Ingolf Schulte, Glossar zum XX Jahrhundert. Folge 7, in: Konkret 10/81, S. 52.

567 Eike Geisel, Moralischer Antisemitismus. Zwei gute Deutsche und der Golf, in: ders., Die Wiedergutwerdung, a.a.O., S. 97- 106, hier: S.104f.

568 Vgl.: Alexander Flores, Intifada. Aufstand der Palästinenser, Berlin 1989.

569 »Der Schatten Hitlers«, Tom Segev im Interview mit Eike Geisel, ursprünglich gekürzt in: Frankfurter Rundschau vom 11. März 1995, wiederveröffentlicht in: ders., Die Wiedergutwerdung, a.a.O., S. 405-421.

»alttestamentarischen« Gewalt Israels schwadronierten. Für Geisel entsprach die Formel von den Palästinensern als den »Opfern der Opfer« einem deutschem »Entlastungsbedürfnis«.[570] Dass aber die israelische Gewalt gegenüber Palästinenserinnen zu ächten ist, daran bestand für ihn keinen Zweifel. Geisel erforschte die kommunistische Widerstandsgruppe um Herbert Baum, jüdische Rächergruppen am Ende und nach dem Zweiten Weltkrieg und formulierte scharfe Einsprüche gegen die offizielle Gedenkpolitik von der Einweihung der Neuen Wache über die Begeisterung für *Schindlers Liste* bis zum Holocaust-Denkmal als »nationale Kuschelecke«. Dass die radikale Linke in ihrer antiautoritären Phase der deutschen Mehrheitsgesellschaft mit ihrem Antisemitismus entschieden entgegenstand, merkte Geisel jedoch selbst noch an, als er manch antisemitische oder nationalistische Dummheit, die aus der Linken kam, klar extrapolierte:

> »Der Antisemitismus war einmal die erste Frage gewesen, in der sich Linke vom Rest der deutschen Gesellschaft unterschieden hatten. Nun scheint der Antisemitismus zur letzten Antwort geworden zu sein, welche sie beim vollzogenen Wandel durch Annäherung noch geben können.«[571]

Die beliebte Behauptung, der linksradikale Antizionismus von 1968 stelle einen »sekundären Antisemitismus« dar, also ein die Nazi-Eltern entlastendes Manöver, um vor dem Hintergrund der Konflikte um Israel die israelischen Juden als ›Täter‹ markieren zu können, blamiert sich an der Herkunft und den Biografien des kritischen Marxisten Postone, des Anarchisten Cohn-Bendit, dessen Eltern vor den Nationalsozialisten aus Deutschland nach Paris flohen, des Trotzkisten und Übersetzer aus dem Yiddischen, Nathan Weinstock, der wiederum von Eike Geisel ins Deutsche übersetzt wurde, oder auch des Dichters Erich Fried, um einen weiteren prominenten linksradikalen Antizionisten zu nennen. Dass einzelne von ihnen von ihren weltrevolutionär-antizionistischen Vorstellungen abgerückt sind und ihnen heutzutage heftig widersprechen, sie als Ausdruck von Projektion, Ahnungs- und Kenntnislosigkeit ansehen, ist so richtig wie noch lange kein Beweis dafür, dass ihre linksradikale Motivlage antisemitisch gewesen sein soll.

570 Eike Geisel, Die neuen ›Opfer der Opfer‹, in: Konkret 2/95, S. 18f.

571 Eike Geisel, Der hilflose Antisemitismus, in: Konkret 1/93, S. 62.

Aber statt sich diesem der weltrevolutionären Tradition und dem globalen Traum eines großen globalen Aufstands entstammenden emanzipatorischen linken Antizionismus zu widmen, der im Übrigen nicht nur Israel, sondern ebenso die Golfmonarchien und autoritären Regime hinweggefegt sehen wollte, verweist man lieber auf jene die eigenen Thesen leicht stützenden Prototypen des Scheußlichen wie den Irrgänger Horst Mahler.

Die Konstruktion des linken Antizionisten als ›linken Antisemiten‹ zielt in zweierlei Richtungen: in die Vergangenheit, wo linke internationalistische Geschichte entsorgt wird, und in die Zukunft, wo man sich dem ab den späten 60er-Jahren von rechts kommenden Verdikt anschließen kann, dass der internationalistische Kritiker Israels und des staatsoffiziellen deutschen Bekenntnisses zum Philosemitismus nur eins sein kann: ein Antisemit. Während Anfang des 20. Jahrhunderts der Sozialistin, der Antimilitaristin und der fortschrittlichen Kritikerin der bestehenden Verhältnisse aus demagogischer Absicht von rechts der Davidstern zur Negativmarkierung verpasst wurde und Juden generell unter Sozialismusverdacht gestellt wurden, so wird nun plötzlich – in einer beispiellosen Diskursverkehrung – die Linke zur Antisemitin gemacht und der antilinks disponierte Verteidiger der herrschenden Ordnung hat als Antisemitenjäger seine Performance und präsentiert sich zuweilen mit Kippa.[572] Darum droht heutzutage einer internationalistischen Sozialistin, die in der Tradition Lenins und Trotzkis den Israel-Palästina-Konflikt lediglich als kolonialistischen interpretiert und auf der Seite der Schwachen stehen will, eher, als ›Antisemitin« markiert zu werden, als einem militaristischen Antikommunisten, der plötzlich seine Invektiven gegen die Linke mit moralisch gut klingenden Argumenten vorzutragen weiß. Die AfD erstrahlt im anti-antisemitischen Licht, nicht nur, weil sie im Oktober 2018 die Gründung einer Vereinigung *Juden in der AfD* (JafD) bekannt geben konnte. In ihrem Verbotsantrag gegenüber BDS verweist die Rechtspartei auch auf das Simon-Wiesenthal-Zentrum und Felix Klein. Sie will sich auf die »Mehrheit der Politikwissenschaftler und die meisten internationalen Antisemitismusexperten« beziehen, die »die BDS-Kampagnen als antizionistisch,

572 Treffende Überlegungen zu dieser Posse finden sich bei: Moshe Zuckermann, Der allgegenwärtige Antisemit, a.a.O., S. 172-179.

antisemitisch und als gegen den jüdischen Staat gerichtet« ansehen würden. Der von der BDS-Bewegung »gepflegte Antizionismus« sei »Antisemitismus der gebildeten Kreise«, formuliert die AfD. Die Partei des Vogelschiss bekennt sich zu der »Verantwortung für das Unrecht (...), dass (!) jüdischen Siedlern in Palästina durch arabische Boykottaufrufe in Zusammenarbeit und im Zusammenhang mit der Herrschaft des Nationalsozialismus angetan wurde«.[573] Dieses Bekenntnis wie die Tatsache, dass in dieser Geschichtsbetrachtung das von israelischer Seite an den Palästinenserinnen begangene Unrecht systematisch verschwiegen wird, müsste *Konkret*, Matthias Küntzel, Stefan Grigat, Alexander Feuerherdt und alle anderen sehr erfreuen. Über den Unterschied zwischen Antizionismus, Antisemitismus und Israel-Kritik sowie die unhaltbare Situation der Okkupation durch ein sich zusehends militarisierendes Israel hätten sich *Konkret*-Autoren aufklären lassen können, beispielsweise durch den Nicht-Zionisten Moshe Zuckermann: Tatsächlich lauschten sie andächtig, entpuppten sich als ahnungslos und beschimpften Jahre später den marxistischen Juden, den sie zuerst hofierten, als Antisemiten und Dummkopf – was sie allerdings selbst zu sein scheinen.[574]

---

573 AfD, Antrag: BDS-Bewegung verurteilen – Existenz des Staates Israel schützen, Drucksache 19/9757, online: http://dip21.bundestag.de/dip21/btd/19/097/1909757.pdf

574 Vgl.: Moshe Zuckermann. Zweierlei Israel? Auskünfte eines marxistischen Juden an Thomas Ebermann, Hermann L. Gremliza und Volker Weiß, Hamburg 2003. Die März-Ausgabe 2011 der Konkret verschrieb sich dann einer Zuckermann-Erledigung; zuerst wurde ein persönlich gefärbter Schriftwechsel zwischen Zuckermann und dem Konkret-Herausgeber präsentiert. Schließlich versuchte Alex Feuerherdt , Zuckermanns Position, der laut Konkret »den Antisemiten die Arbeit abnimmt« und »das Geschäft der Antisemiten aller Schattierungen erledigt«, verächtlich zu machen, weil dieser in einem Gespräch erklärt hatte, der Holocaust sei eine »welthistorische Katastrophe« gewesen. Da das bekanntlich das Gegenteil dessen ist, was Antisemiten aller Herren Länder seit Jahrzehnten verkünden, kommentierte Feuerherdt frisch-fromm-fröhlich-frei-ironisierend und zynisch gestimmt: »Zuckermann über ein Naturereignis«; wohl wissend, dass dieser ein Sohn polnisch-jüdischer Holocaust-Überlebender ist, aber offensichtlich unbeleckt von dem Wissen, dass mit dieser Bemerkung Zuckermann an Adornos Überlegungen zur »Erziehung nach Auschwitz« anknüpfte. Vgl.: Jens Renner, Der Anti-Zuckermann. Wie die konkret-Redaktion einen ehemaligen Weggefährten niedermacht, in: ak Nr. 560, 15.4.2011, online: https://www.akweb.de/ak_s/ak560/02.htm

Die AfD als Partei der rechten Staatsräson kann das Bedürfnis nach rebellisch-autoritärem Widerspruch und ›Alternativen‹ in einer weiterhin krisenhaften Gesellschaft demagogisch bedienen. Das typisch deutsche Maulen artikuliert sich rechts außen und tobt sich dort als ›konformistische Revolte‹ aus. Ausgerechnet in der *Konkret* von Februar 2017 gibt Christian Y. Schmidt eine erstaunliche Antwort auf den möglichen Zusammenhang von rechtem Aufstieg und linkem Katzenjammer: In der Folge von 1968 habe die Linke sich in breiten Bewegungen und allen möglichen Teilbereichen der Gesellschaft ausbreiten können, man habe zwar nicht die Massen zur Revolution bewegt, aber einen gesellschaftlichen Druck aufgebaut, der die Gesellschaft nach links habe tendieren lassen.

> »Ein Nebeneffekt der Bemühungen der radikalen Linken um die ›Massen‹ aber war, dass der Rechtsradikalismus in diesem ›roten Jahrzehnt‹ (Gerd Koenen) kein Bein an die Erde bekam.«[575]

In den 80er-Jahren habe das parlamentarische Aufstiegsprogramm der GRÜNEN andere linke Strategien überstrahlt. Schließlich unterlag die Fundi-Minderheitenposition und die Realo-Mehrheitsfraktion machte sich daran, den deutschen Neoliberalismus mitzugestalten. Der Zusammenbruch des realsozialistischen Lagers habe den Zerfall der Linken als fundamentaloppositionellen Block weiter beschleunigt. Der Abschied von der Politik der »Massenlinie« zeige sich nun darin, dass »auf der Linken kaum einer mehr da ist«, der für Unzufriedene interessant sei, weil eben die Linke selbst »ihre Hoffnung auf eine radikale positive Veränderung der Gesellschaft aufgegeben« habe. Und zu guter Letzt plädiert der Autor für eine Rückkehr zu einer »Massenlinie« und bringt sogar die Frage auf, ob ein linker Populismus angezeigt sei. Ausgerechnet in *Konkret*. Man darf sich wundern, denn die linke Monatszeitschrift hatte selbst mehrere Jahrzehnte alles und alle bekämpft, die linke Politik mit Kategorien des Sozialen oder gar mit ›Klasse‹ oder ›Masse‹ verbanden. So machte in den 90er-Jahren niemand anderes als der *Konkret*-Herausgeber Hermann L. Gremliza

575 Christian Y. Schmidt, Die Schuldfrage, in: Konkret 2/2017; S. 26-27, hier: S. 26.

deutlich, dass Antikapitalismus ein mehr als fragwürdiges Unterfangen sei.

> »Antikapitalismus pur kann zu den seltsamsten Ausformungen führen, auf der nationalen Seite zu völkischem Antikapitalismus, Nationalbolschewismus und ähnlichem, auf der Linken zu Proletkult.«[576]

Und der sowjetfreundliche linke Sozialdemokrat, der ab den 90ern verächtlich seine Autoren von den »Prolet-Ariern« schreiben ließ[577], verband diese Feststellung mit dem Aufruf zu einer antideutsch motivierten Politik der Linken. Viele Linke folgten darin Gremliza und rückten ab von Zentralbegriffen der Linken wie Klasse, kapitalistische Ausbeutung oder Proletariat. Das Volk war verdächtig, weil per se rassistisch, nationalistisch und antisemitisch eingestellt. Im Sog des nationalistischen Wiedervereinigungstaumels und der Pogrome von Rostock-Lichtenhagen und Hoyerswerda zog sich ein dynamischer Teil der Linken ins eigene Kritikermilieu zurück und fand in den bislang randständigen Polemikern wie Wolfgang Pohrt und Eike Geisel Vorbilder einer Alles-und-jeden-nur-nicht-sich-selbst-kritisierenden Haltung des vereinzelt einzelnen Kritikers. Hätte damals jemand von einer Massenlinie gesprochen, wäre er sicherlich als ›völkisch‹ denunziert worden. Die zuerst auf dem Hamburger *Konkret*-Kongress vorgestellten Vorschläge von Karl Heinz Roth von 1993, auf die »Wiederkehr der Proletarität« zu reflektieren[578], sowohl weltweit als auch im abgehängten Osten Deutschlands, verhallten ungehört, stattdessen wurde Roth als »Vordenker der aufkommenden Pogrome« beschimpft[579]. Was hat Roth gesagt, dass ihm ein solches

576 Zit. nach: Über Antikapitalismus, Wildcat-Zirkular, Nr. 34/35, März 1997, S. 104-116

577 Vgl.: Jürgen Elsässer, Eine neue NSDAP?, in: Konkret 9/1998: »Solange die Linke der Ökonomie der Arbeiterklasse verpflichtet bleibt, wird auch die beste antifaschistische Politik wenig nützen: Das ›Recht auf Arbeit‹ können die Proletarier heute nämlich nur noch als Prolet-Arier durchsetzen, in der mörderischen Konkurrenz gegen andere.« (S.21) Hat es damals als ›Antideutscher‹ für Konkret so aufgeschrieben und betreibt es als Rechtsradikaler heute für Compact.

578 Vgl.: Karl Heinz Roth (Hg.), Die Wiederkehr der Proletarität. Dokumentation der Debatte, Köln 1994.

579 So das seinerzeit mit allerhand Denunziationsenergie aufgeladenen Café Morgenland, eine antideutsche Splittergruppe, die in der linken Debatte mächtig mit einem autoritär-identitären Programm des Migrant-Seins punkten wollte und damit etwas vorwegnahm, was sich später als *critical whiteness* in der linken Szene austobte. Café Morgenland, Von deutschen Zuständen und anderen Dingen, 30.11.1996, online: https://

Etikette angehängt wurde? Auf dem *Konkret*-Kongress von 1993 hielt er als einer der wenigen an dem Gedanken fest, die Linke müsse sich mit den Folgen der kapitalistischen Verwerfungen anders als bloß moralisch auseinandersetzen:

> »Es gibt einen populären Rassismus, der zunächst einmal reale gesellschaftliche Widersprüche innerhalb des Proletariats ausdrückt. Es ist ein reales Problem, wenn auf einer Großbaustelle 50 deutsche Arbeiter gefeuert werden, und eine Woche später 50 bis 70 osteuropäische Arbeiter zu einem Lohnsatz von einem Drittel und darunter eingestellt werden: Das ist ein Schock. Die arbeitslos gewordenen Leute schleichen daran vorbei und sehen, wie polnische Arbeiter zu einem Hungerlohn weiterarbeiten. Wenn es jetzt keine Klassensolidarität gibt, keine Bewegung, die klärt, was da abläuft, und die die richtigen Forderungen stellt – und die richtige Forderung ist natürlich ein Mindestlohn für die gleiche Arbeit am gleichen Arbeitsplatz, der für alle gilt – kann die elementare Frustration, die die Entlassenen erst mal haben, instrumentalisiert werden.«[580]

Als die theoretisch wie praktisch den Ansichten Karl Heinz Roths nahestehende Gruppe *Wildcat* angesichts der rechten Pogrome der frühen 90er die Frage aufbrachte, ob hier »riots von rechts?« vorliegen, musste sie sich nicht nur von Oliver Tolmein vorhalten lassen, dass sie »die Attacken des wildgewordenen Mobs als ›riot von rechts‹ zum Bestandteil des antikapitalistischen Kampfes« gemacht hätte.[581] Die *Wildcat*-Redaktion hatte sich im Oktober 1992 angemaßt, die rassistischen Übergriffe in Rostock und anderswo nicht vor dem Hintergrund eines ewig-deutschen völkischen Wesens zu beschreiben, sondern vor dem Hintergrund sozialer Deprivationserfahrungen und ökonomischer Deregulierung. Anstatt sich in eine unspezifische Anklage eines ›deutschen Mob‹ zu ergehen, sollte darauf reflektiert werden, »wie weit eine ›Strategie der Spannung‹ auch in Deutschland gediehen ist. Unter dem Motto ›Grundgesetzänderung‹ will das Regime neben den Einschrän-

---

cafemorgenland.home.blog/1996/11/30/von-deutschen-zustanden-und-anderen-dingen-30-11-1996/comment-page-1/

580 Karl Heinz Roth, Die Wiederkehr der Proletarität und die Angst der Linken, in: Wolfgang Schneider/ Boris Gröndahl (Hg.), Was tun?, a.a.O., S.253-279, hier: S. 274.

581 Oliver Tolmein, Bequeme Niederlage, in: Konkret 06/1995, S. 18. Wie so oft in der antideutschen Publizistik verrät der Titel der Artikel unfreiwillig vieles über den Autoren selbst. Bequem die Niederlage der Linken verarbeitend, hatte sich Tolmein ab 2000 nämlich einfach davon gemacht und der Linken den Rücken gekehrt. Allerdings aus verständlichen Gründen; ihn verstörten u.a. die pro-serbischen Positionierungen der Konkret, die selbst überlieferte Vergewaltigungen im Bürgerkriegsgeschehen aus antideutscher Solidarität mit Milosevic anzweifelte.

kungen des Asyls auch die Option auf Krieg gewinnen«, es spiele dafür bereits mit dem Notstand.[582] Diese Überlegungen lesen sich nach den dem Verfassungsschutz zumindest bekannten NSU-Morden und der sukzessive erfolgten Demontage des Grundgesetzes ab den 90ern weniger verstiegen, als es damals vielleicht klang. Den antideutschen Theoretikern, die lediglich vom ›völkischen Konsens‹ und vom ›rassistischen Mob‹ sprechen konnten, kamen diese Reflexionen, die noch die Herrschenden im Blick hatten, wie Entlastungs- und Entschuldungsstrategien der Subalternen vor. Außerdem hatte sich eine Ortsgruppe aus Mannheim-Ludwigshafen auf die Schnelle und unmittelbar ins Handgemenge der rassistisch aufgeladenen Mannheimer Schönau begeben, um dort zu intervenieren. Ende Mai, Anfang Juni 1992 kam es dort zu rassistischen Angriffen auf ein Flüchtlingswohnheim. Die *Wildcat*-assoziierten Flugblattverteilerinnen handelten auf die Schnelle, anstatt einen Aufsatz für *Konkret* zu schreiben. In ihrer Flugschrift hofierten sie nicht etwa die Pogrome als antikapitalistischen Kampf, das wäre tatsächlich absurd gewesen, sondern sie versuchten, die Adressaten ihrer Flugblattintervention von ihrem als schlecht und schändlich markierten Agieren abzuhalten. Daraus sei hier länger zitiert:

> »Die Dummheit und Feigheit, mit der einige SchönauerInnen versucht haben, ihre Wut auf die Verhältnisse gegen Schwächere auszuleben, ist absolut widerwärtig. Es gibt gute Gründe, auf die Straße zu gehen. Wohnungsnot, Mieten, Löhne – kurz gesagt das Gefühl, ständig was weggenommen zu kriegen. Es gibt auch gute Gründe, gegen die Scheiße hier mit Gewalt vorzugehen. Das Gelaber von Demokratie kann sowieso niemand mehr hören. Die Herrschenden machen eh, was sie wollen. Um sie von irgendwas zu überzeugen, braucht's mehr als eine Wahl. Wir gehen davon aus, daß auch in Schönau einige dieser Gründe eine Rolle gespielt haben. Aber Aggression, die sich statt gegen die Herrschenden gegen die Schwächsten in der Gesellschaft richtet, ist entweder die Unfähigkeit, sich gegen die Richtigen zu wehren, oder die Feigheit des kleinen Mannes ›gegen oben ducken – gegen unten treten‹.«

Das Flugblatt endet mit dem Satz: »Solange die ›unten‹ sich gegeneinander ausspielen lassen, brauchen die ›oben‹ nichts zu befürchten.«[583] Wer nun wieder einen linken Populismus ins Spiel bringen will, hat hier ein Musterbeispiel klassenbezogener ›linkspopulistischer‹ Agitation

582 Wildcat-Beitage: Riots von Rechts? Strategie der Spannung, Beilage zur Wildcat Nr. 60 vom Oktober 1992, S.1

583 Flugblatt »Rebellion ist gerechtfertigt – aber so geht's nicht!«, abgedruckt in: Beilage der Wildcat Nr. 60, S.4.

und Propaganda vorliegen, wohlgemerkt: Agitation und Propaganda, und nicht unbedingt kritische Analyse. Schließlich geht es Flugblattschreibern in erster Linie nicht darum, ihre Adressaten zu analysieren, sondern zu einer anderen, besseren Handlung zu aktivieren. Ob dies hier besonders gut gelungen ist, sei dahingestellt, aber immerhin werden in popularisierter Form die Elemente einer ›konformistischen Rebellion‹ und eines ›autoritären Charakters‹ kenntlich gemacht – und mit einem Aufruf zu praktischem antikapitalistischem und radikalem Handeln, das die Richtigen treffen soll, verbunden. Der antideutsche Fokus war jedoch ein anderer, resultierend aus ihrem »Emanzipationsbegriff«, der »ein klassisch aufklärerischer« sei, ein bürgerlicher Begriff, »der von oben, vom Staat aus, gedacht wird« – wie ihrerseits die *Wildcat* festhielt.[584]

Doch ein anderer Zugang zur Gesellschaft, zur eigenen Rolle und – man könnte sogar sagen – zur Welt, war den meisten Linken der 90er-Jahre verbaut. Und Angst, Hoffnungslosigkeit und die Ahnung, vom Verlauf der Geschichte überrollt zu werden, wurde mit aggressiven Attacken auf die Linke, die noch an einer Vorstellung von einem Antagonismus zwischen oben und unten festhielt und die Notwendigkeit von verändernder Praxis betonte, überspielt. Christian Y. Schmidt schreibt in *Konkret* lapidar:

> »In den Neunzigern existierte eine Linke zwar noch nominell, aber sie hatte es, von den Resten der orthodoxen Kommunisten abgesehen, aufgegeben, die herrschenden Verhältnisse auch nur in Frage zu stellen. Hauptsächlich war sie damit beschäftigt, den Kapitalismus bunter auszumalen und ihn etwas knuffiger zu gestalten.«[585]

»Knuffig« erscheint der Kapitalismus bis heute auch altgedienten Autoren von *Konkret*. In ihren Augen besteht das Ärgernis vornehmlich in den angeblich volksverbundenen und ›Heimat‹-trunkenen anderen Linken. Dies gilt auch für den beständigen Autor des Hamburger Monatsmagazins, Thomas Ebermann, der ebenfalls eine jugendliche Phase beim KB durchlief, bevor er ›Ökosozialist‹ bei den GRÜNEN wurde. Ebermann als Mitglied der *Radikalen Linken* war antinational und antideutsch im ursprünglichen Sinn der 1990er-Konstellation. Den proimperialistischen Bellizismus wies er schon früh und deutlich zurück. Nun bekennt er in einer Mischung aus Zynismus und Resignation:

584 Wildcat, Kritik als Spektakel, a.a.O.

585 Christian Y. Schmidt, Die Schuldfrage, a.a.O., S.27.

»Ich bin sehr dankbar dafür, in einem furchtbar hässlichen, ungefähr 30 Wohneinheiten ohne Balkon beherbergenden Haus im Hamburger Schanzenviertel zu wohnen. Und ich kann aus den kurzen Gesprächen mit Nachbarn bei der Annahme von Paketen schließen, dass ich sie nicht näher kennenlernen möchte.«

Natürlich soll über die trotzige Aufwertung der eigenen Vereinzelung nicht befunden werden. Verheerend sind aber die gänzlich unironisch gemeinten politischen Vorschläge, die Ebermann an seine Erfahrung knüpft: »Alle sollen anonym und in absoluter Kälte leben, in kapitalistischer Kälte, als Nomaden und Monaden.«[586] So schlimm können folglich der aktuelle Kapitalismus und die deutschen Verhältnissen in den Augen des ehemaligen *Radikalen Linken* nicht sein, denn hätten wir das 1990 beschworene ›IV. Reich‹, drohte nicht nur der Postbote vor der Tür zu stehen, sondern unter Umständen jemand, der wirklich »Sturmriemen um den Stahlhelm« trägt oder im unauffälligen Zivil erscheint. Spätestens in einem solchen Moment sollte man sich allerdings der Lehre des Exilromans *Das siebte Kreuz* erinnern, wonach noch intakte Widerstandsnetze, solidarisches Handeln und gegenseitige Hilfe Überlebensbedingungen der Verfolgten und Marginalisierten darstellen. Dies vor Augen, ist die Feier der Vereinzelung obszön. Doch vielleicht gilt Ebermann dieser große antifaschistische Roman von Anna Seghers ebenfalls als Heimat-trunken, wenn nicht gar völkisch. Allerdings können auch heute die negativen Folgen der zweifelhaften Freiheit, als Nomade und Monade zu existieren und in die Vereinzelung und Atomisierung gestoßen zu sein, den Kritiker in ganz plötzlicher Form ereilen, wenn demnächst in der Wohneinheit Mieterhöhung und Zwangsräumung anstehen oder gar tatsächlich die von dem marxistischen Rätekommunisten Paul Mattick beschworene fundamentale Krise des Kapitalismus durchschlägt, auf den sich in seinen früheren Befunden Ebermann doch einmal positiv bezog.[587]

Der Frühantideutsche und *Bahamas*-Autor Heiner Möller hatte bereits 1994 dem sozialrevolutionären Theoretiker Karl Heinz Roth eine pauschale Absage an sein Konzept erteilt, endlich von links unten die

586 »Die Sturmriemen um den Stahlhelm werden enger«. Thomas Ebermann geht mit einem ›Anti-Heimatabend‹ auf Tournee. Interview mit Thomas Blum, in: Neues Deutschland, 6./7. April 2019, S. 11.

587 Vgl.: Thomas Ebermann/ Rainer Trampert, Die Offenbarung der Propheten; über die Sanierung des Kapitalismus, die Verwandlung linker Theorie in Esoterik, Bocksgesänge und Zivilgesellschaft, Hamburg 1996.

soziale Frage zu stellen, bevor sich dieser von der neuen Rechten bemächtigt werde. Nicht nur von solchen organisatorischen Versuchen wollte der alte Aktivist des *Kommunistischen Bundes* nichts mehr hören, er sprengte nebenbei auch jegliche Vorstellung, die Linke könne ein Klasseninteresse geltend machen, das nicht im Nationalismus und Rassismus endet: »Der strukturelle Rassismus ist nicht über soziale und Besitzstandsforderungen aufhebbar, sie reproduzieren ihn nur.«[588] Damit wurde aber auch das damals so drängende, wie heute schreiende Anliegen von Karl Heinz Roth ausgeschlagen, auf die zunehmende Proletarität zu reflektieren, eine Basislinke zu schaffen und die proletarische Existenzsituation wieder zum Ausgangspunkt von theoretischen und strategischen Überlegungen und Kämpfen zu machen. Roth hatte in einem historischen Moment auf die prekäre Existenzsituation vieler Linker hingewiesen, die sich allerdings für viele erst in den Folgejahren – dynamisiert durch Agenda 2010 und Hartz IV – einstellen sollte. Die großen Gesten der staats- und weltpolitisch agierenden Antideutschen hatten so auch stets etwas von Vermeidung und Externalisierung. Der argumentative Streit mit den Antideutschen war oft ein vergebliches, wenn auch aufklärerisch gemeintes Unterfangen. Er sollte aber so oder so als abgeschlossen betrachtet werden, zumindest ist die Auseinandersetzung aber keine ›innerlinke‹ Debatte mehr.

Dies wird auch deutlich, wenn sich die *Bahamas* der ›sozialen Frage‹ anzunehmen scheint. In der Hochphase der Hartz-IV-Durchsetzung beklagten Autoren der Zeitschrift, man müsse nun »die Abschaffung des Berufsbeamtentums und das Ende der generationellen Abschottung des ›ersten Arbeitsmarktes‹« propagieren.[589] In diesem Jargon von Unternehmerverbänden wurden »Tarifkartelle« beklagt, aufgrund derer angeblich die Arbeitslosen ausgeschlossen blieben. Die Arbeitslosen sollten nun die Hochburgen der Arbeitermacht aufknacken, der nach außen abgeschottete Arbeitsmarkt solle geöffnet werden, gefordert wurde also in klassisch liberaler Manier die Unterschichtung des ersten Arbeits-

588 Heiner Möller, Neue Proletarität? Kritik an Karl Heinz Roths Perspektive für die Linke, in: Karl Heinz Roth, Die Wiederkehr der Proletarität. Dokumentation, a.a.O., S. 95-112, hier: S. 107.

589 Uli Krug/ Karl Nele, Verstaatlichung der Arbeitskraft. Hartz IV und die Kontinuität deutscher Krisenbewältigung, in: Bahamas 45/2004, online: http://redaktion-bahamas.org/auswahl/web45-1.html

marktes selbst. Das im Kern neoliberale Argument zog an einem Strang mit den europäischen und auch deutschen *Workfare*-Programmen: über *Workfare* soll nämlich niedrig-entlohnte Arbeit auf dem ersten Arbeitsmarkt erwirkt werden. Der ökonomische Zweck der Agenda 2010 und ihrer Praktiken war ja gerade, die vielbeschworene Lohnabstandsgrenze zwischen Sozialhilfe und unteren Einkommen zu vergrößern, um beides deutlich weiter nach unten drücken zu können. Wenn die *Bahamas*-Autoren forderten, dass Arbeitslose ihre partikulare Situation gegen die partikulare Situation der Lohnabhängigen stellen sollten, so wird durchaus ideologisch am »kleinlichen Konkurrenzneid« (Marx) angesetzt und gleichzeitig den Interessen der Unternehmerverbände das Wort geredet. In ihren letzten Texten zu diesem Thema behaupten Autoren des Blattes, dass der Nationalstaat von oben aufgelöst, die alte Arbeiterklasse aufs Abstellgleis verschoben und um ihre ehemaligen materiellen Ansprüche an den Staat gebracht werde. Und sie fordern gut deutsch »Daseinsvorsorge« ein, für die der deutsche Staat zu sorgen habe. Wenn die Redakteure der neurechten, prodeutschen Gazette *Bahamas* vom Proletariat schreiben, meinen sie den ›kleinen Mann‹, und sie meinen den weißen, deutschen kleinen Mann, dem schon Wilhelm Reichs Spott galt. Auf »Errungenschaften der Arbeiterklasse« kommen sie als angeblich im »christlichen Abendland« kulminierende zu sprechen, wo nun Einwanderinnen aus dem »Morgenland« an Deutschlands Pforten klopfen. Der kleine, weiße, christlich (nur unzureichend) sozialisierte, deutsche Mann, der sie selbst sind, wird gegen die angeblich überall »Pfründe« sichernde »Multi-Kulti«-Linke mit ihrem »Linkskartell aus Grünen, SPD, Linkspartei, WASG und Die Partei«, die einen Minderheiten alimentierenden Staat der *Political Correctness* herausbilden, in Stellung gebracht. Selbst zwischen prekärem Bildungsbürgertum und abgehängter Prekarität lavierend, klagt man: »Mit den Restbeständen des ehemaligen Proletariats werden auch die des Bildungsbürgertums entsorgt.«[590] Gegner dieser Art ›Gesellschaftskritik‹ sind nicht mehr die Bourgeoisie, die tragenden Stützen der Klassengesellschaft oder neoliberale Strukturen, wie es die Linke fassen würde, sondern eine kulturalistisch-ästhetizistisch gefasste »feine Gesellschaft«[591]. Die Mi-

590 Rajko Eichkamp, Die neuen Deutschen kennen keine Grenze, a.a.O.
591 Clemens Nachtmann, Die feine Gesellschaft und ihre Freunde, a.a.O.

schung aus Rebellion gegen Etabliertes, Staatsvergötzung und Nationalismus, gepaart mit rabiater Larmoyanz und Aggressivität, die gegen die etablierte Linke gerichtet ist – ein solches Programm ist aus der Zwischenkriegszeit als jenes der Konservativen Revolution und des Frühfaschismus bekannt. Die *Bahamas*-Redaktion geriert sich als Mob und Elite in einem. Auch im globalen Trumpismus, dem international voranschreitenden Rechtsruck, findet sich eine spezifische Wiederauflage der rechten Beantwortung der ›sozialen Frage‹: Aus einem humanistischen und universalistischen Egalitarismus resultierende Errungenschaften sollen kassiert werden, gleichzeitig aber den »Eigenen« eine volksstaatliche Versorgung zuteilwerden, die meist nicht mehr ist als spektakuläre volksgemeinschaftliche Inszenierung von militärischer Stärke und Weltgeltung. Der reaktionäre und darwinistische Neoliberalismus radikalisiert bloß den etwas fröhlicher gestimmten Liberalismus, der in anderen Zeiten meinte, es wäre im Sinne von *pursuit of happiness* noch genug zum Verteilen vorhanden.

Der neueste Sound der Berliner Republik

3. Mai 2017, Brandenburger Tor:

An diesem Tag zeigte sich die popkulturelle Berliner Republik von einer Seite, die 1989 kaum einer erwartet hätte. Der Anlass war alles andere als erfreulich: Die Initiative *Freundeskreis #Free Deniz* hatte unter dem Motto »Auf die Presse!« zu einem Solidaritätskonzert für den *Welt*-Journalisten Deniz Yücel und alle anderen in der Türkei inhaftierten Journalisten geladen. Yücel war der prominenteste journalistische Gefangene des türkischen Präsidenten Recep Tayyip Erdogan. Er ist linken Zeitungslesern noch als eher hedonistischer Protagonist des publizistischen Antideutschtums bekannt, der zuerst in der Wochenzeitung *Jungle World* und später auch in der *taz* mit flott geschriebenen Kolumnen glänzte. Mit lässiger antinationaler Haltung, die es mit Theorie nicht so genau nimmt, teilte er den Irakkriegsbellizismus seiner damaligen Redaktion. Abgesehen von den biografisch verständlichen, politisch bedenklichen Karrieresprüngen, die den ehemaligen *Jungle-World*-Praktikanten zuerst zur »*Kinder-FAZ*« (Hermann L. Gremliza), also zur *taz*, und schließlich zum Springer-Giganten *Die Welt* führten, drängt sich die Frage nach den inhaltlichen Übergängen, den diskursiven Türöffnern, sprich den ideologischen Übereinstimmungen auf, die eine solche journalistische Karriere ermöglichen. Es ist sicherlich die Affirmation ›des Westens‹ und seiner Kriege, die in allen diesen Publikationen zur Genüge eingeübt wird, wobei Yücel immer eine frech-subversive Schreibe an den Tag legte und unberechenbar blieb. Nicht nur aufgrund eines launigen *taz*-Kommentars zu Thilo Sarrazins *Deutschland schafft sich ab!*, der mit der schönen Wendung endete »Etwas Besseres als Deutschland findet sich allemal«, gilt er der Rechten als »Deutschenhasser«, was dazu führte, dass sie in ihren abseitigen Foren hämisch »kein Mitleid mit Yücel!« propagierten. Der Verfasser eines kundigen Buches über die Revolte auf dem Taksim-Platz brächte sicherlich das Selbstbewusstsein auf, ›antideutsch‹ als Zuschreibung und Selbstbeschreibung nicht von vorneherein in großen Gesten abzulehnen. Schließlich war er diesem Milieu in den Nuller-Jahren eng verbunden und verteidigte auch die *Jungle-World*-Parole »Fanta statt Fatwa«, die spielerisch den Bellizismus der Zeitung und ihr ›Ja‹ zu den US-amerikanischen Kriegen am

Golf nach dem 11. September 2001 mit prowestlichen Bekundungen unterfüttern sollte.[592]

An diesem lauen Mittwochabend hatte sich aber eine ganze Menge Medienschaffender, Bands und Künstler vor rund 800 Besucher und Zuschauerinnen zur Solidaritätsaktion für den Inhaftierten versammelt und sich dafür einen speziell deutschen Erinnerungsort ausgesucht. Trivial und erwartbar erscheint das, was dann auch in den Medien über dieses Solidaritätsevent berichtet wurde. »Gemeinsam wollen wir ein lautes Zeichen geben, das bis nach Istanbul, möglichst bis nach Peking geht«, sagte *taz*-Redakteurin und Mitinitiatorin des *Freundeskreis #FreeDeniz*, Doris Akrap, vor dem Brandenburger Tor, die mehrfach kokett auf die rechtlichen Auflagen der »lustigen, lieben Berliner Polizei« verwies, wenige Tage nachdem am 1. Mai einige Demonstrantinnen die nicht so lustige und liebe Seite dieser Polizei hatten kennen lernen dürfen. Der Publizist und Fernsehmoderator Michel Friedman rief: »Wir sind bei euch ... Lassen Sie die Menschen frei, deren einziges Verbrechen es ist, eine andere Meinung zu haben.« Per Videobotschaft äußerte sich auch der Rockmusiker Udo Lindenberg: »Eine freie Gesellschaft braucht kritischen Journalismus.« Erdogan trete »die Menschenrechte gerade mit Füßen«. Man konnte also froh sein, kein Türke, und ein wenig stolz, ein Deutscher zu sein.

Unter der federführenden Regie, dem Sponsoring und den guten Namen der Springerblätter *Die Welt* und BILD trat beispielsweise die linke Hip-Hop-Kombo *Antilopen Gang* auf, die laut der orthodox-linken Musikzeitschrift *Melodie und Rhythmus* »die plattesten Parolen einer neoliberalen Subkultur« nachplappert, »die sich ›antideutsch‹ nennt, in Wirklichkeit aber die historisch schlimmsten Tugenden der deutschen Mittelschicht zeitgemäß aufbereitet – nicht zuletzt ihr altbewährtes Motto ›nach oben beten, nach unten treten‹.«[593] Ob dieses Urteil nun stimmen mag oder nicht, sie wettern in ihren Stücken gegen Möllemann und Günter Grass, denen sie wohl durchaus im Einklang nicht nur mit antideutschen Stimmen als »Antisemiten« die Pest an den Hals wünschten – wären sie nicht beide schon lange tot. Auch der jüdische Comedian Oliver Polak durfte kurz die ambitionierte Band

592 Andrea Albertini, »Fanta statt Fatwa«, a.a.O.

593 Maciej Zurowski, Neoliberale Subkultur, in: Melodie & Rhythmus Januar/Februar 1/2015, S.8.

The Notwist ankündigen und hatte den passenden Satz auf den Lippen, wonach man keinem Journalisten den türkischen Knast oder die Redaktionsstube des von Jakob Augstein geführten *Freitag* wünsche, denn Augstein zähle ja zu den fünf am besten gekleideten Antisemiten der Welt. Auch diese Aussage kann für sich etwas Spielerisches reklamieren, – schließlich ist Polak Spaßmacher und kein Verfasser eines vorgeblich analytischen Beitrags über Antisemitismus. Zu einem Theoretiker wie Opfer des Antisemitismus gleichermaßen sollte er sich erst wenig später stilisieren. Als mittelmäßiger Comedian mit Proll-Image, der seine jüdische Herkunft zur alles umfassenden Comedian-Rolle ausbaute, in der keine Humorschublade zu tief war, veröffentlichte er 2018 im Suhrkamp Verlag eine mehr als dürftige Bestandsaufnahme des Alltagsantisemitismus in Deutschland, die nicht ohne Grund zur Hälfte aus leeren Seiten besteht.[594] Flankierend zu seiner Veröffentlichung hielt der Bühnenstar ehemaligen Kollegen vor, sie hätten sich eines Antisemitismus befleißigt, weil sie ihn ebenfalls im Rückgriff auf die tiefste Humorschublade exakt auf die Rolle des Juden reduzierten, mit der er selbst auf den Bühnen zu reüssieren versuchte. Der attackierte Satiriker Jan Böhmermann ließ daraufhin ironisch verlauten: »ohne eine angemessene Umsatzbeteiligung« könne er »nicht an der nachträglichen Umdeutung von ultrakrassen Ficki-Ficki-Comedykarrieren in schillernde, sensible Intellektuellenbiografien mitwirken«. Antisemitische Abwehrreaktion? Oder eher souveräner Konter einer haltlosen Anschuldigung? Der Antisemitismus, so zeigt nicht nur diese eher lächerliche Episode, ist zuweilen amorph geworden und der Antisemitismusvorwurf gerät entweder zum Comedygag oder zur peinlich anmutenden Schlammschlacht, wie sie die Linke bereits seit Jahren betreibt.[595]

Das Antideutsche ist irgendwie, wenn auch nicht mehr als klare Ideologie oder politische Strömung, so doch als cooler Habitus und Distinktionsvorgang allgegenwärtig, auch vor dem Brandenburger Tor – und das noch nicht mal in unangenehmer Weise, schließlich zitiert die *Antilopen Gang* mehrfach den Klassiker »Deutschland muss sterben, damit wir leben können« der Hamburger Punkband *Slime*. Das alles in

594 Oliver Polak, Gegen Judenhass, Berlin 2018.

595 Vgl. z.B.: Axel Weidemann, Ist hier wer Antisemit?, in: FAZ, 5.11.2018, online: https://www.faz.net/aktuell/feuilleton/medien/vorwuerfe-gegen-jan-boehmermann-ist-hier-wer-antisemit-15875621.html

Anwesenheit, im Bündnis und unter akzeptierter Duldung der Springerpresse? Der Beobachter reibt sich die Augen. Was hier geschieht könnte geradezu die Bestätigung des Rechtsaußen-BILD-Dissidenten Peter Bartels sein, der noch gerne den BILD-Zeiten hinterhertrauert, als diese mit »Guten Morgen, Deutschland!« den Fall der Mauer »weder außen- noch innenpolitisch der Political Correctness« entsprechend begrüßte, wie er meint[596]. Heute jedoch sei die Zeitung mit ihrer Freude an der Willkommenskultur vom auflagenstarken »Anwalt der Leser« zum »Volkserziehungsblatt« geworden. In den Augen von Bartels, AfD-Wählern und PEGIDA-Anhängern hätte die Deutschland-muss-sterben-BILD-Veranstaltung wahrscheinlich abermals das Diktum der linksversifften Republik und ihrer Lügenpresse von *taz* bis BILD bewiesen. Versöhnlich hätten ihn einzig Oliver Polaks Auslassungen zum vermeintlichen Antisemiten Jakob Augstein stimmen können, liegt dies doch voll auf der ewigen BILD-Zeitungs-Linie, ob unter Springer, Bartels oder Kai Dieckmann, nach der vor allem Linke Antisemiten seien und man Israel unverbrüchlichen Beistand zu leisten habe.

Was sich hier auf der Bühne zeigte, war also nicht nur ein gutes Beispiel dafür, wie weitreichend antideutsche Ideologiefermente ins Mittige spielen und dort tatsächlich entkleidet jeglicher Radikalität den Sound eines neuen linksliberalen Milieus mit viel kulturellem Kapital ausmachen. Spielerische Dissidenz, die jedoch innerhalb der Grenzen des Erlaubten operiert und dadurch Anschlussfähigkeit signalisiert, hat darin einen festen Platz. Cooler Linksliberalismus ohne Berührungsängste mit der *Springer*-Rechten und mit lässiger, keineswegs obsessiver Engagementbereitschaft – und das vor dem geschichtsträchtigen Brandenburger Tor. War dieses früher einmal im antideutschen Diskurs Symbol deutscher Großmachtsucht, so bildete es jetzt die Hintergrundbühne postmodern prodeutscher Bekenntnisse. Von der vormals linksradikalen und antideutschen *Jungle World* bis zur rechtsliberalen BILD und *Welt* zeigte man sich begeistert von den deutschen Verhältnissen, die Rechtssicherheit, Pressefreiheit und freundliche Polizisten beinhalten, wie mehrere Redner verkündeten. Niemand schien anlässlich der Verhaftung und Einkerkerung von Deniz Yücel auf die Idee zu kommen, auf das

596 Peter Bartels, BILD Ex-Chefredakteur enthüllt die Wahrheit über den Niedergang einer einst großen Zeitung, Rottenburg 2016, S. 10.

Kernprojekt von Bundeskanzlerin Angela Merkel, die Bewältigung der sogenannten ›Flüchtlingskrise‹ durch einen schäbigen Kuhhandel mit Ankara, kritisch einzugehen, dessen Bestandteil auch die intensivierte Verfolgung von PKK-Aktivistinnen als ›Terroristen‹ in der BRD ist.

Deutschland muss als von der globalen Welt und ihren Entwicklungslinien geschiedener Ort der Glückseligkeit erscheinen, in dem noch halbgare Kritik und ihre Tolerierung zum Standortvorteil wird. Denn man fühlt sich in Angela Merkels Deutschland mittlerweile richtig wohl, wie der Chef vom Dienst der *Jungle World*, Bernd Beier, in einer redaktionsinternen Diskussionsrunde anlässlich des 20-jährigen Bestehens der prominenten poplinken und antideutschen Wochenzeitung zum Besten gab:

> »Was sich geändert hat, ist auch, dass das von vielen Linken in den Neunzigern befürchtete Szenario, Deutschland würde die Vorreiterrolle bei der Faschisierung der Welt übernehmen, nicht eingetroffen ist. Jetzt scheint es genau umgekehrt. Weil die Verhältnisse international so heruntergekommen sind, wird Deutschland mit Merkel schon fast als antifaschistischer Hoffnungsschimmer gesehen«.

Und die Juniorchefin Julia Hoffmann ergänzt: »Was man in den letzten Monaten in der *Jungle World* zu Merkel gelesen hat, war ja auch keine dezidiert antideutsche Position mehr, im Gegenteil, das war oft sogar affirmativ.«[597] Die *Jungle-World*-Redaktion ist zu ihrem 20-jährigen Bestehen also dort angekommen, wo man sie bereits in ihrer Anfangszeit unschwer hat ausmachen können:

> »Sollte die Krise der kapitalistischen Weltgesellschaft weiter voranschreiten (...), werden sich diese Antideutschen schnell an ihre zivilgesellschaftlichen Freunde (...) anschmiegen. Die Kritische Theorie, die unter Antideutschen en vogue ist (...), wird dann schnell vergessen sein.«[598]

Interessanterweise sprengte die Botschaft des Inhaftierten selbst den Rahmen des coolen Linksliberalismus mit seiner affirmativen pro- und antideutschen Mixtur. Sie hörte sich fast schon kämpferisch-antikapitalistisch an. Von der Konsumentenideologie des Fanta-Freundes mei-

---

597 »Einer musste nüchtern bleiben« Ehemalige und derzeitige Mitarbeiter der Jungle World im Gespräch: Das große Abendmahl. Jungle World, 8.6.2017, online: https://jungle.world/artikel/2017/23/einer-musste-nuechtern-bleiben

598 Gerhard Hanloser, Kapitulation, theoretisch und konkret, in: Jungle World, 23.6.1999, online: http://jungle-world.com/artikel/1999/25/30425.html

lenweit entfernt, bot sie sogar eine mit antiimperialistischen Anklängen versehene Hommage an die Welt jenseits der Inwertsetzung:

> »Den Wert eines Konzerts im Atatürk-Kulturzentrum oder am Brandenburger Tor, den Wert von Raki und Fisch in einer heruntergekommenen Taverne am Goldenen Horn, die kühle Einsamkeit des Pontosgebirges, die dunklen Gassen der Altstadt von Diyarbakır, diese Werte wissen Sie nicht zu schätzen. Das Einzige, was sie zu schätzen wissen, ist der Preis dieser Grundstücke. Sie haben über 150 Journalisten und Tausende andere mit absonderlichen Vorwürfen belegt und verhaftet. Aber sie haben uns eigentlich nicht verhaftet. Sie haben uns als Geiseln genommen. Ihr Ziel war, über uns die Gesellschaft einzuschüchtern. Doch in den letzten Wochen haben wir gesehen: Es ist ihnen nicht gelungen. Wir haben keine Angst. Und hunderttausende Menschen in diesem Land haben ebenfalls keine. Ich grüße und umarme euch, DENIZ«.[599]

Sollte sich etwa bewahrheiten, was bereits der junge Kommunist Max Horkheimer in seiner Schrift *Dämmerung* von 1934 wusste? Nämlich, dass eine revolutionäre Karriere nicht über Bankette und Ehrentitel, auch nicht durch *Springer*-Redaktionsstuben könnte man ergänzen, führt, sondern »über Elend, Schande, Undankbarkeit, Zuchthaus ins Ungewisse, das nur ein fast übermenschlicher Stern erhellt. Von bloß begabten Leuten wird sie daher selten eingeschlagen.«[600]

599 Grüße von Deniz Yücel, in: taz, 4.5.2017, online: https://www.taz.de/Gruesse-von-Deniz-Yuecel/!5407228;m/

600 Max Horkheimer, Dämmerung (aus den Jahren 1926-1931), darin unter dem Stichwort: »Diskussion über die Revolution«, in: ders. Notizen 1950 bis 1969 und Dämmerung. Notizen aus Deutschland, Frankfurt am Main 1974, S. 221-354, hier: S. 258.

Deutsche Wohlfühlräume

Vor dem Hintergrund einer neuen rechten Gefahr, verkörpert durch Parteien und Bewegungen, die migrantenfeindlich argumentieren, sich kulturalistisch in Feindstellung zu ›dem Islam‹ befinden, die Linke als vermeintlich die Presse beherrschende und die Mehrheit steuernde Elite imaginieren, stellen diese aus dem antideutschen Projekt ins Gesellschaftliche diffundierenden Haltungen eine eklatante Gefahr für jegliches kritisches Denken und das Bewahren einer radikal linken, sogar links-humanistischen Position dar. Die ›Antideutschen‹ kämpften seit Beginn ihres Bestehens vornehmlich gegen Linke. Anfangs taten sie es noch in der Art Eike Geisels, der formulierte: »Das Problem ist nicht, was meine Feinde tun, wie Hannah Arendt sagt, sondern das, was meine Freunde tun.«[601] Anlässlich seines Bruchs mit *Konkret* formulierte Jürgen Elsässer über seine »antideutsche Intention«:

> »Die Medizin, die ich zusammen mit Gremliza (und anderen) der Linken gegen ihren Antisemitismus zu schlucken gab, war immer bitter. Aber es war Medizin, die – zumindest nach meiner Intention – den Patienten heilen sollte, nicht um die Ecke bringen.«[602]

Wenige Jahre später steht Letzterer an der publizistischen und agitatorischen Spitze der rechten Front, für die die Linke von alters her der Todfeind ist. ›Antideutsch‹ ist hier pejorativer Marker, wie in dem *Spiegel*-Bestseller aus dem neurechten Verlag *Antaios* von Götz Kubitschek: *Der Deutsche, oder zumindest der Nazi, ist der säkularisierte Teufel einer aufgeklärten Gegenwart*[603], um wie der AfD-Vorsitzende Alexander Gauland die deutsche Nazizeit zum »Vogelschiss« in der Geschichte zu erklären. Und diese Rechten haben einen Heidenspaß, wenn sie die aktuelle Ideologie der nur noch irrtümlicherweise als Antideutsche Betitelten durchaus treffsicher kommentieren, die mit Justus Wertmüller sich anschickt, ganz staatspolitisch die »Funktionen des Staats und

---

601 Eike Geisel u.a., »Das kann man nicht verlangen«. Streitgespräch, in: Konkret, 4/91, S. 13.

602 Jürgen Elsässer, Linke, Krieg und Antisemitismus, in: Trend Onlinezeitung 12/2002, online: http://www.trend.infopartisan.net/trd1202/t251202.html

603 Rolf Peter Sieferle, Finis Germania, Schnellroda 2017, S. 66. Einleitungsvortrag von Dr. Buruma

Aspekte der Nation zu bewahren und zu stärken«. Die Rechte höhnt: »Wertmüller als Verteidiger des deutschen Staats, Salzborn an der Uni, Küntzel in der *Welt* – antideutsche Situationskomik im Jahr 2016«.[604] In der Auflistung fehlt Jürgen Elsässer an der Seite von AfD, PEGIDA und der Sezession. Lacht darüber die Rechte auch? Die *Junge Freiheit* ist auf jeden Fall skeptisch, wenn es um Elsässer geht: »Ein Rechter, der mit der Linken gebrochen hat? Ein egomanischer Exzentriker, der es genießt, im Mittelpunkt zu stehen? Ein Verschwörungstheoretiker oder jemand, der lediglich mit verschwörungstheoretischen Geschichten Geschäfte macht?«[605]

Die Jahre der Antideutschen-Debatten und des fruchtlosen Richtungsstreits waren im Sinne einer emanzipatorischen Diskussion verlorene Jahre, denn man war von vorneherein mit einem Krisen- und Zerfallsphänomen der Linken konfrontiert. Seit 1989, beschleunigt durch den Golfkrieg 1991 und die intellektuellen Bellizisten, verwirrt durch den die linken Parameter durcheinanderwirbelnden Schub der Jugoslawienkriege in den 90ern und geschwächt durch das ›Ja‹ zum Krieg im grünen Gewand sowie der antideutschen Agitation für israelische und US-amerikanische Kriege nach 9/11, ist vor allem ein Schwinden antimilitaristischer linker Positionen zu verzeichnen, die eine ethisch-moralische Fundierung in der Ächtung des Krieges mit einer imperialismustheoretischen Aufdeckung von Interessenlagen kombiniert. In dieses Vakuum sind zwischenzeitlich die tendenziell obskurantistischen und irrationalistischen Strömungen der Montagsmahnwachen-Bewegung vorgestoßen. Sie wurden von Leuten als antisemitische Querfrontler attackiert[606], die wie die Berliner Wochenzeitung *Jungle World* alle US-Kriege seit 9/11 unterstützten und deren Reflexionsfähigkeit sich auf einem Niveau bewegt, das der *Jungle-World*-Herausgeber und Chefredakteur Ivo Bozic verkörpert, wenn er unschuldig-naiv erklärt: »Leider fällt bei einem solchen Emo-Ding wie Krieg offenbar bei so mancher/m Linken die letzte Bereitschaft, sich andere Meinungen anhören zu wollen,

604 Kabisch, Antideutsche Netzwerke, Sezession, a.a.O., S. 20.

605 Hinrich Rohbohm, Vorwärts und vergessen?, in: Junge Freiheit, 20. November 2014.

606 Vgl. z.B.: Martin Niewendick, Die Winterpläne der Montagsmahnwachen und der Friedensbewegung, Frösteln unter Aluhüten, Jungle World, 27.11.2014, online: https://jungle.world/artikel/2014/48/froesteln-unter-aluhueten

weg.«[607] Oder denen angesichts der sich im April 2011 zuspitzenden Lage im Libyen Muammar al-Gaddafis nur der Ruf nach dem Weltpolizisten einfiel: »Angesichts der Entwicklung der vergangenen Tage frage ich mich allerdings vor allem eins: ›Was macht eigentlich die Nato?‹« Wobei diese ebenfalls naiv vorgetragene Frage nichts weniger als einen Aufruf zu Krieg und Bombardierung durch das westliche Militärbündnis darstellte.[608]

Wo man bei der zusehenden Kriegsgefahr nicht einmal mehr müde abwinkt, sondern begeistert die Herren des Krieges zu mehr Engagement aufruft, macht man an ganz anderer Stelle unter dem Stichwort *Vorsicht Volk*! die neue Gefahr aus. In dem gleichnamigen 2015 herausgegebenen Sammelband aus dem Verbrecher-Verlag, der Beiträge von etlichen *Jungle-World*-Autoren, aber auch von Jutta Ditfurth, Anetta Kahane sowie Berlins Bürgermeister und dem Kultur- und Europasenator Klaus Lederer präsentiert, findet sich ein jenseits jeglicher Stimmigkeit vorgetragener Beitrag von Ivo Bozic. Wendungen wie jene, dass man schon viel Fantasie bräuchte, um die Baath-Partei als ›links‹ zu betrachten, die deutsche Linke aber viel Fantasie habe[609], geben die Marschrichtung vor: Hier wird schlicht in polemischer Absicht konstruiert, aber nichts belegt und begründet. Im wilden Potpourri werden die Stichworte Che Guevara, Fidel Castro, Chavez und der Iran, Syriza in Griechenland, Hamas und PFLP aufgerufen als Synonyme für autoritärlinke Querfront-Bündnisse. Wenn der *Jungle-World*-Autor und Referent bei der *Deutschen Wildtier Stiftung* Berlin und Hamburg mit der phrasenhaften Bekundung endet, man müsse die »ideologische und historische Klammer, die zwischen Antikolonialismus, Antiimperialismus, Antizionismus und Antisemitismus bis heute bestehe«, erkennen, so erkennt der aufmerksame Leser doch nur, dass hier ein in Worte gefasstes

607 Reaktion von Ivo Bozic auf den offenen Brief von Bernhard Schmid, auf nadir 2003, in: https://www.nadir.org/nadir/aktuell/2003/02/04/14204.html

608 Sebastian Voigt, Gaddafi muss weg!, in: *Jungle World* Nr. 17, 28.4.2011, http://jungle-world.com/artikel/2011/17/43095.html

609 Ivo Bozic, Die Querfront als weltpolitisches Phänomen, in: Markus Liske/ Manja Präkels (Hg.), Vorsicht Volk. Oder: Bewegung im Wahn?, Berlin 2015, S. 101-110, hier: S. 105, die im Vorwort zitierte Rede von der Querfront bestehend aus »linke und rechte Nationalisten und Europagegner, Antiamerikaner und Antisemiten, Lügenpresse-Schreier und Homofeinde, friedensbewegte Aluhutträger und Pegida-Rassisten …« entstammt diesem Beitrag.

Distinktionsbedürfnis artikuliert wird, nicht mehr. Notdürftig kaschiert wird dies mit der Versicherung, »wir« – wer immer das ist – dürften »nicht einfach nur versuchen, den Wohlfühlraum, den der Begriff ›links‹ öffnet, schön sauber zu halten«.[610] Ideologiekritisch schließt sich an solche Ausführungen die Frage an, ob es dem Autoren nicht genau um das geht, was er halbherzig negiert: das Eintreten in den besser eingerichteten Wohlfühlraum. Welche soziale Herkunft und Orientierung prädisponieren den Autoren solcher Zeilen, sich in großen Gesten vom elenden Aluhut und den linken Verlierern der Anti-Bewegungen abzugrenzen, dafür umso fröhlicher und unschuldig-unbewusst den Schulterschluss mit der kulturaffinen und mit einigem pekuniären, kulturellen und sozialen Kapital ausgestatteten regierungsverantwortlichen LINKEN-Prominenz zu suchen? Auch die eigene Pro-Kriegsposition von 2003 wird in der Geste der Verdrängung anderen zugeschoben: »Und zu allem Überfluss gibt es da noch diese anderen Linken, die mit USA- und Israel-Fahnen auf Antifa-Demos aufkreuzen und die seinerzeit einem George W. Bush mehr abgewinnen konnten als einem Che Guevara ...«[611] Interessant, wie weit weg »diese anderen Linken« hier erscheinen. Denn Selbstkritik sucht man in den Redaktionsstuben der *Jungle World* vergebens, so auch in einer ihrer September-Ausgaben von 2011. Darin ist ein Gespräch dokumentiert zum Thema: »9/11 und die Folgen für linke Bewegungen in Deutschland und weltweit«. Das unsägliche Gespräch wird in der Monatszeitung *analyse und kritik* von Jens Renner treffend zusammengefasst:

> »Für Bozic, Beier und Vogel ist heute wie vor zehn Jahren der linke ›Antiamerikanismus‹ die Hauptgefahr, seine ›Schnittmengen mit dem Jihadismus‹ und eine drohende Partnerschaft von ›Linken und Islamisten im gemeinsamen Hass auf Israel‹. Statt gegen die US-Politik zu demonstrieren, hätte die Linke im Herbst 2001 ›gegen diesen Terror‹ auf die Straße gehen müssen, um ›die Ideen der Aufklärung gegen eine völlig krude, vorkapitalistisch geprägte Philosophie zu verteidigen‹ (...) Selbst die unsägliche Schlagzeile ›Fanta statt Fatwa‹ (*Jungle World*, 17.10.01) wird in diesem Sinne gewürdigt (Yücel); das ›Feindbild Islam‹ kommt nur vor als etwas, von dem ›gefaselt‹ werde (Beier); als Kronzeugen für den ›Antiamerikanismus‹ und das ›antiimperialistische Erbe‹ der globalisierungskritischen Bewegung nennt Beier den Neonazi Horst Mahler und den Komponisten Karlheinz Stockhausen. Kritische Gedanken über die Berechtigung des Krieges gegen Afghanistan machen sich die vier Männer auch

---

610 Ebenda, S.110.

611 Ebenda, S.103.

zehn Jahre später nicht. Das deutsche Drängen, bei diesem Krieg aktiv mitmachen zu dürfen, wird mit Schweigen übergangen – erstaunlich in einem Blatt, das die Welt ansonsten meist durch die ›antideutsche‹ Brille betrachtet.«[612]

Wenn nun, acht Jahre später, die *Jungle World* anlässlich der Verhaftung des *wikileaks*-Gründers und Whistleblowers Julian Assange in einem Schwerpunkt suggeriert, mit diesem »Sexisten und Antisemiten« dürfe eine kritische Öffentlichkeit nicht solidarisch sein, folgt dies einer gewissen dort eingeübten journalistischen Praxis. Lediglich »Antiimperialisten, Antiamerikaner und Antifeministen« könnten sich für Assanges Freilassung einsetzen, so die Behauptung des Blattes. Gleichzeitig schreiben die Autorinnen dieses Schwerpunkts »über *mutmaßliche* Kriegsverbrechen in Afghanistan und im Irak«, die in den von Chelsea Manning an Assange weitergegebenen Dokumenten überliefert seien. Den der moralischen Demontage Assanges dienenden Vergewaltigungs-, Sexismus- und Antisemitismusvorwürfen durfte natürlich kein »mutmaßlich« vorangestellt werden, sie sind in den vorliegenden *Jungle-World*-Artikeln durch viel Spekulation, Konstruktionen und Kontaktschuldbehauptungen erst aufgebaut worden.[613] »Mutmaßlich« und unglaubwürdig müssen der Redaktion dahingegen wohl bis heute die dokumentierten Kriegsverbrechen der US-Kriege vom Afghanistan- über den Irakkrieg bis zur Libyenintervention erscheinen. Ob man so die bellizistische und unkritisch pro-amerikanische Parteinahme der Vergangenheit kaschieren will?

Nach dreißig Jahren antideutscher Publizistik stellt sich die Frage, welchen Gegner diese aus der linken kommenden antideutschen Medienschaffenden, Texter und Autorinnen eigentlich vor Augen hatten und haben. Von Pohrts chauvinistischer Herabsetzung »piepsstimmiger Erzieherinnen« der Golfkriegszeit bis heute scheinen es selten die Herrschenden und Mächtigen zu sein. Wenn sich ab dem Mauerfall eine sich mit den Herrschenden konfrontierende und damit riskante Praxis finden lässt, so jenseits der antideutschen Logik: Von der Anti-Kohl-Demo

612 Jens Renner, Nichts dazugelernt. Die Jungle World diskutiert über 9/11 und die Folgen, in: ak Nr. 565, 21.10.2011, online: https://www.akweb.de/ak_s/ak565/06.htm

613 Vgl.: den Schwerpunkt der Jungle World Nr. 16 vom 18.04.2019: Die Verhaftung von Julian Assange, darin die Artikel: Elke Wittich, Aufstieg und Fall des Julian Assange, Carl Melchers, Assange und der Autoritarismus, Veronika Kracher, Idol des Rechtextremismus.

vom 19. Dezember 1989, über die wilde Hausbesetzungszeit im Osten bis zur praktischen Antifa-Tätigkeit inklusive Selbstschutzmaßnahmen; nicht zu vergessen die Eierwürfe gegen von Weizsäcker und die staatsoffiziellen Heuchler nach den rassistischen Morden von Mölln und den Pogromen nach monatelanger Beschwörung einer »Asylantenflut«; oder der symbolische Sturm auf die Bannmeile angesichts der Abschaffung des Artikels 16 des Grundgesetzes im Mai 1993; der praktische Antirassismus mit seinen Anti-Lager-Kampagnen und seinem Kampf für offene Grenzen; die Anti-Olympia-Kampagne und alle ähnlich gelagerten Mobilisierungen gegen städtische Aufwertung, Umstrukturierung und Vertreibungspolitik unangepasster Lebensformen aus den Innenstädten; die begeisterte, aber auch kritische Aufnahme der Stimmen aus dem Lacandonischen Urwald, zapatistische Aufrufe jenseits der alten antiimperialistischen Phraseologie, aber dennoch voller poetischer Konfrontationslust mit den Mächtigen; die davon angestoßene libertäre Globalisierungsbewegung mit ihren Begegnungen mit landlosen Bäuerinnen aus Brasilien oder Indien; die neue Militanz an den Orten, wo sich die Vertreter der großen Industrienationen zusammenfanden – bis zur Repression in Genua 2001 und Hamburg 2017; die mühsamen Schritte der Agenturschlusskampagnen und andere Versuche, gegen das Hartz IV-Regime mobil zu machen; die neuen Klassenkämpfe und ausbeutungsbezogenen Kampagnen bei *Gate Gourmet* über *Mall of Shame* bis *Make Amazon Pay*, die die Linke wieder zu einer Debatte über Klassenpolitik einluden; die Debatten, ob ein von der Produktion getrenntes globales Surplus-Proletariat zu mehr in der Lage ist, als überholte Autoritäten mittels Platzbesetzungen und Revolten zum Teufel zu jagen; der erneuerte Feminismus, der alte Streik- und Verweigerungsdebatten wiederentdeckte; die neue Lust an der ›Enteignung‹ – auch wenn es vorerst nur der Begriff ist; nicht zuletzt die irritierenden, erstaunlich anarchistisch klingenden Töne eines demokratischen Konföderalismus in Nordsyrien, die man der PKK nicht abnehmen will, die aber dennoch zu einer kritischen Solidarität einladen.

Bei aller Kritik, die gegenüber diesen Bewegungen und Diskussionen formuliert werden kann, teilen sie bis heute die Einschätzung, das Wissen und die Erfahrung, die das Graffiti artikulierte, das lange Jahre auf dem 1990 besetzten und 1991 legalisierten Haus in der Köpenicker Straße 137 angebracht war: »Die Grenzen verlaufen nicht zwischen den

Völkern, sondern zwischen oben und unten«. Wer in diesen Feldern sich bewegte, dem eröffneten und eröffnen sich gänzlich andere Wege als jene, die die Vertreter der *andere Querfront* gingen. Letztere haben sich am gesellschaftlichen Oben orientiert und sich dafür auf perverse Weise auf Auschwitz und den Antisemitismus als neue Eckpfeiler der Grundorientierung berufen, weil sich der Vernichtungsantisemitismus tatsächlich nicht um oben oder unten scherte. So wurde der jüdische Bankier genauso vom Vernichtungsprogramm der Nazis erfasst wie der ostjüdische Proletarier des Schtetl. In die Mordaktionen konnte sich auch der rassistisch enthemmte oder bloß anständig gehorchende deutsche Proletarier in Uniform einbringen. Sahen die Antideutschen in diesem Morden einen zu sich selbst gekommenen verkürzten ›Antikapitalismus‹, gelang es ihnen auf diese Art, sich von jeglichem Antikapitalismus moralisch zu entfernen. So konnten viele von ihnen sich *on the long run* eine Einladung zum Prokapitalismus aussprechen. Die osteuropäischen Juden als Opfer der Vernichtung gerieten ihnen genauso aus dem Blick, wie sie, in *Stars and Stripes* gehüllt, die tatsächliche Leistung der Rotarmistinnen und Rotarmisten beim Niederringen der Deutschen und ihrer Verbündeter gar nicht mehr zu würdigen wussten. Dass Auschwitz und die von normalen Deutschen begangenen Massentötungsaktionen im Osten ohne einen entgrenzten Krieg nicht möglich gewesen wären, wird von den Bellizisten negiert, wenn man mit ›Appeasement‹-*Framing* aktuelle Kriege zu legitimieren trachtet. Jeder antimilitaristischen Position, die von Tucholskys Einsicht, wonach Soldaten Mörder sind, geprägt ist, wird das auf den ehemaligen Vorsitzenden der jüdischen Gemeinden Paul Spiegel zurückgehende Zitat entgegengeschleudert: »Hinter dem Ruf nach Frieden verschanzen sich die Mörder!«.[614] Spiegel wusste dieses Aperçu noch zu erläutern und historisch zu begründen: »Man kann nicht a priori *Nein zum Krieg* sagen. Die Konzentrationslager wurden auch nicht von Friedensdemonstrationen befreit, sondern von der Roten Armee.« Das stimmt; die Konzentrationslager wurden allerdings auch nicht von einer wie auch immer gearteten ›deutschen Friedensbewegung‹ betrieben. Wird der Mörder-Vorwurf heutzutage von den Afghanistan-, Irak- und Libyenkrieg bejahenden vorgeblich ›antideutschen‹

614 Vgl.: die Angaben zum Unternehmer, Journalisten und ehemaligen Präsidenten des Zentralrats der Juden in Deutschland, Paul Spiegel, auf Wikipedia, online: https://de.wikipedia.org/wiki/Paul_Spiegel

Friedensbewegungsfeinden ausgesprochen, so hat dies lediglich maximalen Blendcharakter. Wen soll die Friedensbewegung denn ermordet haben? Haben die antimilitaristischen Schülerinnen, die zur Hochphase der Antikriegsbewegung Ende 1990 bis 1991 deutsche Waffenexportfirmen mit Sitzblockaden bestreikten, etwa Saddam Hussein das Giftgas der 80er und die auf Israel abgefeuerten Scud-Raketen geliefert, müsste man die Verteidiger der bellizistischen Metzeleien fragen. Deren auf Ewigkeit gestellter Referenzpunkt Zweiter Weltkrieg schlug schließlich das »Basiswissen Imperialismus« aus dem Feld, wo es doch heute wieder wachzurufen ist:

> »Eine emanzipatorisch-antiimperialistische Bewegung muss heute Friedensbewegung sein. Die Militarisierung der Außenpolitik erhielt – entgegen der illusorischen Hoffnung auf eine Friedensdividende – nach dem Ende der Systemkonkurrenz einen neuen Schub: Der zweite Golfkrieg von 1991, die Kriege auf dem Balkan in den 90ern, insbesondere der Kosovokrieg von 1999, schließlich die Krieg in Afghanistan seit 2001 und im Irak seit 2003 haben nicht nur gezeigt, dass Krieg nach wie vor als Mittel der Politik betrachtet wird – auch wenn sich die deutschen Kriegsbeteiligten lange dagegen sträubten, ihre ›robusten Einsätze‹ bei dem Namen zu nennen, der ihrem Charakter entspricht -, sondern auch das höchst instrumentelle Verhältnis der imperialistischen Mächte des Westens zum Völkerrecht offenbart ... Entgegen der politischen Rhetorik der kriegsführenden Mächte hat diese Politik den Planeten nicht sicherer, sondern unsicherer gemacht. Die partikularistisch-identitätspolitischen Gegenbewegungen zum westlichen Herrschaftsanspruch wurden nicht geschwächt, sondern gestärkt. Ganze Regionen wie der Irak, der vor dem Krieg der USA und ihrer Verbündeter zwar ein autoritäres und brutales, keineswegs jedoch ein ›gescheitertes‹ Staatswesen war, wurde in blutige Bürgerkriege gestürzt, die auf dem Rücken der Zivilbevölkerung ausgefochten werden. Guantanamo Bay, das Kriegsverbrechen in Kundus und zahlreiche andere Ereignisse haben deutlich gemacht, wie tief die imperialistischen Staaten in der von ihnen erzeugten Barbarisierungsspirale stecken.«[615]

Hat man die antideutsche Publizistik vor Augen, so muss nicht nur von einem dramatischen Verfall einer Kultur der linken, aufklärerischen und radikaldemokratischen Konfrontationslust mit dem Establishment gesprochen werden, sondern sie muss als Teil dieser Barbarisierungsspirale begriffen werden. Von ihr geht keinerlei Erneuerung des Imperativs von Rosa Luxemburg »Sozialismus oder Barbarei« aus, sondern sie hat selbst ihren Anteil am Barbarischen.

---

615 Frank Deppe, David Salomon, Ingar Solty, Basiswissen: Imperialismus, Köln 2011, S.124f.

Was hinter uns liegt,
Wissen wir. Was vor uns liegt,
Wird uns unbekannt bleiben,
Bis wir es
Hinter uns haben.

Heinz Czechowski: Die überstandene Wende, November 1989

Literatur

Gilbert Achcar, Der Schock der Barbarei. Der 11. September und die ›neue Weltordung‹, Köln 2002

Theodor W. Adorno, Zur Bekämpfung des Antisemitismus heute, in: ders., Gesammelte Schriften, Band 20.1, Darmstadt 1962

Theodor W. Adorno, Was bedeutet: Aufarbeitung der Vergangenheit, in: ders. Eingriffe. Neun kritische Modelle, Frankfurt am Main 1963

Theodor W. Adorno, Reflexionen zur Klassentheorie, in: Gesellschaftstheorie und Kulturkritik, Frankfurt am Main 1975

Theodor W. Adorno, Gesellschaft, in: Soziologische Schriften I, Frankfurt am Main 1979

Theodor W. Adorno, Dissonanzen. Musik in der verwalteten Welt, Göttingen 1991

AfD, Antrag: BDS-Bewegung verurteilen – Existenz des Staates Israel schützen, Drucksache 19/9757, online: http://dip21.bundestag.de/dip21/btd/19/097/1909757.pdf

agit 883. Bewegung, Revolte, Underground in Westberlin 1969-1972 (Hg. Rotaprint 25), Berlin 2006

ak kassiber, Kampagnenzeitung mit Aufruf »Kein Frieden mit Deutschland. Gegen die Kollaboration mit der Nation«. Antinationales Aktionswochenende 6./7.Mai 1995, Berlin 1995

Andrea Albertini, »Fanta statt Fatwa«, in: Jungle World, Nr. 42/2001, online: https://jungle.world/artikel/2001/42/fanta-statt-fatwa

Jürg Altwegg, Er wollte den Krieg, und er bekam ihn, in: FAZ vom 12.7.2018

Götz Aly, Unser Kampf – ein irritierter Blick zurück, Frankfurt am Main 2008

Götz Aly, Warum die Deutschen? Warum die Juden? Gleichheit, Neid und Rassenhass 1800-1933, Frankfurt am Main 2011

Mohamed Amjahid, »Antideutsche«. Ga Ga Land., in: ZEITmagazin Nr.12/2017 16. März 2017

Knut Andresen, Antijüdische Aktionen der Neuen Linken 1969/70 und jüdische Reaktionen. Anmerkungen zu einem belasteten Verhältnis, in: Rainer Hering/ Rainer Nicolaysen (Hg.), Lebendige Sozialgeschichte. Gedenkschrift für Peter Borowsky, Wiesbaden 2003

Anti-Nato-Gruppe Freiburg, Antwort auf die Aufforderung der ISF, ihre Stellungnahme und eine gleichlautende Veranstaltung mitzutragen. Flugblatt, Mai 1988, in: Redaktion Arbeiterkampf (Hg.) Ein unvermeidlicher Streit: Deutsche Linke zwischen Israel und Palästina, Hamburg 1988

Antifa Hamburg, Basisbanalitäten, online: http://www.prozion.de/texte/text-14.html

AStA der Universität Oldenburg: »Im Hause des Henkers vom Strick geredet«. Unvereinbarkeit der Analysen von Arendt und Adorno mit der wissenschaftlichen *just-in-time-production* der Berliner Republik, Oldenburg 2000

Assoziation Antideutscher Kommunisten, Antideutscher Katechismus, Freiburg im Breisgau 2003

Jörg Auberg, Nachruf auf eine Bestie. Wolfgang Pohrts Schriften aus den 1980er Jahren liegen in einer Neuausgabe vor, in: literaturkritik.de, online: https://literaturkritik.de/id/14564

Aufruf von Jüdischen und Israelischen Wissenschaftler an Deutsche Parteien, BDS nicht mit Antisemitismus gleichzusetzen, Mai 2019, online: https://de.scribd.com/document/410140639/Aufruf-von-Judischen-und-Israelischen-Wissenschaftler-an-Deutsche-Parteien-zu-BDS

Autonome LUPUS-Gruppe, Die Maskenbilder des Krieges, in: Schwarzer Faden Nr. 12, 3/1991

Autonome Studenten, Frauengruppe ZOFF, Initiative Sozialistisches Forum, Giftgas und Pazifismus – Weltpolizist und Störenfried, Flugblatt, dokumentiert in: docTeam, AstA Uni Freiburg (Hg.), dokumentation der antikriegsbewegung in freiburg. september 1990 bis juni 1991, Freiburg im Breisgau im Mai 1991

Patrick Bahners, Rechtsstreit: Was darf eine Jüdin in Deutschland gegen Israel sagen? FAZ 21.8.2008 https://www.faz.net/aktuell/feuilleton/debatten/rechtsstreit-was-darf-eine-juedin-in-deutschland-gegen-israel-sagen-1681936.html

Giorgio Baratta, »Die Hegemonie geht aus der Fabrik hervor«. Gramsci zu Amerikanismus und Sozialismus, in: Uwe Hirschfeld/Werner Rügemer (Hg.), Utopie und Zivilgesellschaft. Rekonstruktionen, Thesen und Informationen zu Antonio Gramsci, Berlin 1990

Rüdeger Baron, Das vietnamesische Lehrstück des kleinbürgerlichen Anti-Imperialismus, in: Probleme des Klassenkampfs Bd. 3 Nr. 8/9, 1973

Peter Bartels, Bild. Ex-Chefredakteur enthüllt die Wahrheit über den Niedergang einer einst großen Zeitung, Rottenburg 2016

Felix Baum, Unkritische Theorie. Zur falschen Überwindung des ›traditionellen Marxismus‹, in: Phase 2. Magazin für die linksradikale Bewegung, Nr.11/2004

Thomas Becker, Enver Hodschas letztes Aufgebot. Die Geschichte der Volksbefreiungsarmee UCK – Kurzer Lehrgang, in: Jürgen Elsässer (Hg.), Nie wieder Krieg ohne uns, Hamburg 1999

Thomas Becker, Die Helden von Pristina proben auch den Aufstand des sexuellen Proletariats. Eine kursorische Geschichte der UÇK, in: Bahamas 28/1999

Steven Lee Beeber, Die Heebie-Jeebies im CBGB. Die jüdischen Wurzeln des Punk, Mainz 2018

Jürgen Behre, Thomas Gehrig, Nadja Rakowitz, Thomas Schweier, Ideologie der antideutschen Avantgarde. Eine Kritik theoretischer Voraussetzungen und politischer Implikationen der Position der ISF, in: Gerhard Hanloser (Hg.), »Sie warn die Antideutschesten der deutschen Linken«. Zu Geschichte, Kritik und Zukunft antideutscher Politik, Münster 2004

Regina Behrendt, Werner Fleischer, Günther Jacob und Nicola Meißner, Goldhagen und die antinationale Linke, in: Jungle World Nr. 3/1998, 8.1.1998, online: http://jungle-world.com/artikel/1998/02/37461.html

Bernd Beier, »Den deutschen Sozialismus von Marx befreien«. Über die Weltfriedensmacht Deutschland, in: Thomas Uwer, Thomas von der Osten-Sacken, Andrea Woeldike (Hg.), Amerika. Der »War on Terror« und der Aufstand der Alten Welt, Freiburg im Breisgau 2003

Jens Benicke, Von Adorno zu Mao. Über die schlechte Aufhebung der antiautoritären Bewegung, Freiburg im Breisgau 2010

Daniel Bensaïd, Verbrecherische Revolution – verbrecherische Idee? in: Jens Mecklenburg/ Wolfgang Wippermann (Hg.), »Roter Holocaust«? Kritik des Schwarzbuchs des Kommunismus, Hamburg 1998

Helmut Berding, Moderner Antisemitismus in Deutschland, Frankfurt am Main 1988

Paul Berman, Terror und Liberalismus, Hamburg 2004

Paul Berman, Idealisten an der Macht. Die Passion des Joschka Fischer, München 2006

Walther L. Bernecker, Anarchismus und Bürgerkrieg. Zur Geschichte der sozialen Revolution in Spanien 1936–1939, Hamburg 1978

Bernhard (Gruppe K), »Herr P. und die Bombe« / Eine Buchbesprechung, in: ak Nr. 336, 18.11.1991

Rudi Bigalke, »Mit Israel zur staaten- und klassenlosen Weltgesellschaft«, in: Eckhard Jesse, Roland Sturm (Hg.), Demokratie in Deutschland und Europa. Geschichte, Herausforderungen, Perspektiven, Berlin 2015

Ilse Bindseil, Wolfgang Pohrts Ideologiekritik, in: Ilse Bindseil/Monika Noll, Frauen 2. Polemik und Politik, Freiburg im Breisgau 1991

Ilse Bindseil, Sektiererische Reflexion und korrektes Denken. Versuch einer philosophischen Identifikation, in: Gerhard Hanloser (Hg.), »Sie warn die Antideutschesten der deutschen Linken.« Zu Geschichte, Kritik und Zukunft antideutscher Politik, Münster 2004

Willi Bischoff, Irit Neidhardt (Hg.), Wir sind die Guten. Antisemitismus in der radikalen Linken, Münster 2000

Klaus Bittermann (Hg.), Die alte Straßenverkehrsordnung. Dokumente der RAF, Berlin 1986

Klaus Bittermann (Hg.), Liebesgrüße aus Bagdad. Die »edlen Seelen« der Friedensbewegung und der Krieg am Golf, Berlin 1991

Klaus Bittermann, Gerhard Henschel (Hg.), Das Wörterbuch des Gutmenschen. Zur Kritik der moralisch korrekten Schaumsprache, Band 1, Hamburg 1995

Klaus Bittermann, Wiglaf Droste (Hg.) Das Wörterbuch des Gutmenschen. Zur Kritik von Plapperjargon und Gesinnungssprache, Band 2, Hamburg 1998

Thomas Blum, »Die Sturmriemen um den Stahlhelm werden enger«. Thomas Ebermann geht mit einem ›Anti-Heimatabend‹ auf Tournee. Interview mit Ebermann, in: Neues Deutschland, 6./7.4.2019

Frank Böckelmann, Befreiung des Alltags. Modelle eines Zusammenlebens ohne Leistungsdruck, Frustration und Angst, München 1970

Frank Böckelmann, Die schlechte Aufhebung der autoritären Persönlichkeit, Freiburg im Breisgau 1987

Frank Böckelmann, Über Marxund Adorno. Schwierigkeiten der spätmarxistischen Theorie, Freiburg im Breisgau 1998

Frank Böckelmann, Die Gelben, die Schwarzen, die Weißen, Frankfurt am Main 1998

Water Boehlich, Broder versus Fried, in: Konkret 06/87

Georg Bollenbeck. Politik drängt sich auf. ›Bürgerliches Künstlertum‹ und reflexives Sonderwegbewußtsein bei Thomas Mann, in: Helmut Scheuer (Hg.) Dichter und ihre Nation, Frankfurt am Main 1993

Gerhard Bolte (Hg.), Unkritische Theorie. Gegen Habermas, Lüneburg 1989

Ivo Bozic auf den offenen Brief von Bernhard Schmid, auf nadir 2003, in: https://www.nadir.org/nadir/aktuell/2003/02/04/14204.html

Ivo Bozic, Die Querfront als weltpolitisches Phönomen, in: Markus Liske/ Manja Präkels (Hg.), Vorsicht Volk. Oder: Bewegung im Wahn?, Berlin 2015

Bertolt Brecht, Gedichte II. Sammlungen 1938-1956, Werke Bd. 12, (Hg. von Werner Hecht u.a.), Berlin/ Frankfurt am Main 1988

Bertolt Brecht, Arbeitsjournal 1942 bis 1955, Werke Bd. 2 (Hg. Von Werner Hecht), Frankfurt am Main 1993

Volker Breidecker, Halt rein unsren Saft. Der aktuelle Slogan »Blut für Öl« hat eine dunkle Geschichte«, in: Süddeutsche Zeitung, 24.1.03

Cajo Brendel, Anton Pannekoek. Denker der Revolution, Freiburg im Breisgau 2001

Stefan Breuer, Aspekte totaler Vergesellschaftung, Freiburg im Breisgau 1985

Babara Brick/ Moishe Postone, Kritischer Pessimismus und die Grenzen des traditionellen Marxismus, in: Wolfgang Bonß/ Axel Honneth, Sozialforschung als Kritik. Zum sozialwissenschaftlichen Potential der Kritischen Theorie, Frankfurt am Main 1982

Henryk M. Broder, Linke Tabus, Berlin 1976

Henryk M. Broder, Danke schön. Bis hierher und nicht weiter, Hamburg 1980

Henryk M. Broder, Unser Kampf, in: Der Spiegel 18/1991

Henryk M. Broder, Die Arroganz der Demut, in: Spiegel 47/2001

Henryk M. Broder, Kein Krieg, Nirgends: Die Deutschen und der Terror, Hamburg 2002

Henryk M. Broder, Hier konkret: Jakob Augstein, Spiegel-Online-Kolumnist und Verleger des Freitag, wurde in die Top Ten der »Anti-Semitic/Anti-Israel Slurs 2012« aufgenommen. Konkret sprach darüber mit Henryk M. Broder, in: Konkret, 2/2013

Ulrich Bröckling, Nieder mit der Disziplin! Hoch die Rebellion! Anarchistische Soldatenagitation im Deutschen Kaiserreich, Berlin 1988

Joachim Bruhn, Thesen zum nationalsozialistischen Arbeitsbegriff, seinem historischen Umfeld und seinen Konsequenzen, in: Archiv für die Geschichte des Widerstands und der Arbeit, Nr. 5, Berlin 1980

Joachim Bruhn, Der Sinn des Lebens und die Politisierung der RAF. Nach dem Hungerstreik, in: taz, 28.6.1989, online: http://www.ca-ira.net/isf/beitraege/bruhn-sinn.leben.php

Joachim Bruhn/ Thomas Ebermann, Der Golfkrieg, die Linke und der Tod. Ein Streitgespräch über Imperialismus, Antisemitismus und staatlich organisierte Gesellschaften, in: ak 331, 3. Juni 1991

Joachim Bruhn, Giftgas und Pazifismus, in: Klaus Bittermann (Hg.), Liebesgrüße aus Bagdad. Die »edlen Seelen« der Friedensbewegung und der Krieg am Golf, Berlin 1991

Joachim Bruhn, Was deutsch ist. Zur kritischen Theorie der Nation, Freiburg im Breisgau 1994

Joachim Bruhn, Die niedere Kunst der Demagogie. Ein letztes Standbild aus dem Leben des Theoretikers Robert Kurz, in: Konkret Nr. 6/2003

Joachim Bruhn, Kritik, Polemik, Dampframme. Kurze Replik auf Justus Wertmüller, in: Antifa Duisburg (Hg.), T-34. Informationen für das westliche Ruhrgebiet, Oktober 2003, online: https://www.ca-ira.net/wp-content/uploads/2018/06/bruhn-dampframme.pdf

Joachim Bruhn (Interview), »Jede Kritik am Staat Israel ist antisemitisch«, in: Antifa Duisburg (Hg.), T-34. Informationen für das westliche Ruhrgebiet, Juli/August 2003

Joachim Bruhn, »Charaktermasken abschminken«. Abstrakte Herrschaft, bewaffneter Kampf, konkrete Leichen, 2007 für die Jungle World verfasst, erweiterte Fassung Online: http://www.ca-ira.net/isf/beitraege/bruhn-charaktermasken.abschminken.php

Joachim Bruhn, Liturgie der Pro-Deutschen oder Auf dem Weg zum ›emanzipatorischen Antizionismus‹: eine Buchbesprechung, in: konkret 8/2005

Micha Brumlik, Sabra und Schatila, in: Dietrich Wetzel (Hg.), Die Verlängerung von Geschichte. Deutsche, Juden und der Palästinakonflikt. Frankfurt am Main 1983

Micha Brumlik, Kein Weg als Deutscher und Jude. Eine bundesrepublikanische Erfahrung, München 1996

Micha Brumlik, Kritik des Zionismus, Hamburg 2007

Micha Brumlik, Neues Buch über Israels Linke. Hilflos gegenüber realen Problemen, in: *tageszeitung*, 20.3.2015

Arthur Buckow, Der Versöhnungsverweigerer, in. Jungle World, 5.11.2015, online: https://Jungle World/artikel/2015/45/der-versoehnungsverweigerer

Judith Butler, Antisemitismus und Rassismus. Für eine Allianz der sozialen Gerechtigkeit, in: Christian Heilbronn, Doran Rabinovici und Natan Sznaider (Hrsg.), Neuer Antisemitismus? Fortsetzung einer globalen Debatte, Berlin 2019

Café Morgenland, Von deutschen Zuständen und anderen Dingen, 30.11.1996, online: https://cafemorgenland.home.blog/1996/11/30/von-deutschen-zustanden-und-anderen-dingen-30-11-1996/comment-page-1/

Emil Carlebach, Nicht Antisemitismus, sondern Profitgier und Kadavergehorsam, in: Unsere Zeit, 26.7.1996

Detlev Claussen, Tertium datur. Bellizisten und Pazifisten müssen in die Logik der Politik zurückkehren, in: taz, 4.2.1991

Detlev Claussen, Grenzen der Aufklärung. Die gesellschaftliche Genese des modernen Antisemitismus, Frankfurt am Main 1994

Detlev Claussen, Viel Lärm um Goldhagen. Vorläufige Bilanz einer desaströsen Debatte, in: ders. Aspekte der Alltagsreligion. Ideologiekritik unter veränderten gesellschaftlichen Verhältnissen, Frankfurt am Main 2000

Daniel Cohn-Bendit, Der große Basar, München 1975

Stéphane Courtois (Hg.), Das Schwarzbuch des Kommunismus – Unterdrückung, Verbrechen und Terror, München 1998

Kevin Culina, Jonas Fedders, Im Feindbild vereint. Zur Relevanz des Antisemitismus in der Querfront-Zeitschrift Compact. Münster 2016

Manfred Dahlmann, Antwort auf Enderwitzens Quo vadis ça ira, (o.Jahreszahl) online: https://www.ca-ira.net/verein/positionen-und-texte/dahlmann-antikritik-enderwitz/

Manfred Dahlmann, Die Arbeit der Kritik. Eine Annäherung an die Thesen Moishe Postones, in: Jungle World, 26.05.2004, online: Jungle World, https://Jungle World/artikel/2004/22/die-arbeit-der-kritik

Manfred Dahlmann, »Klassenkampf ist vorbei«. BZ-Interview mit Manfred Dahlmann über den Kongress »Antideutsche Wertarbeit«, Badische Zeitung, Mittwoch, 3. April 2002

Dietmar Dath, Altvaterlandsverrat. Wolfgang Pohrt, Henryk M. Broder und die deutschen Weltübel, in: FAZ vom 2.10.2003

Frank Deppe, David Salomon, Ingar Solty, Basiswissen: Imperialismus, Köln 2011

Matthias Deutschmann, Offener Brief zum Beitrag von Jochen Bruhn in diesem Heft, in: Freiburger Stattzeitung 3/1992

Willi Dickhut, Sammelband des Marxismus-Leninismus, K-L, Band 3, Essen 2017

Die Aktion. Zeitschrift für Politik, Literatur, Kunst »Wider die einstürzende Intelligenz«: Einsprüche gegen die linken Kriegspatrioten, Heft 76/78, Hamburg Mitte April 1991

Dan Diner, Der Krieg der Erinnerungen und die Ordnung der Welt, Berlin 1991

Dan Diner, Verkehrte Welten. Antiamerikanismus in Deutschland. Ein historischer Essay, Frankfurt am Main 1993

Jutta Ditfurth, Ulrike Meinhof. Die Biographie, Berlin 2007

Daniel Dockerill, Petition the Lord with prayer. Amerika führt Krieg und die Linke in Deutschland sucht weiterhin ihren Frieden, in: Trend Onlinezeitung 01/03, http://www.trend.infopartisan.net/trd0103/t050103.html

Thomas Ebermann/ Rainer Trampert, Die Offenbarung der Propheten: über die Sanierung des Kapitalismus, die Verwandlung linker Theorie in Esoterik, Bocksgesänge und Zivilgesellschaft, Hamburg 1996

Julia Edthofer, ›Islamkritik« in Hochzeiten des Rechtspopulismus, in: Malmoe 78, Mai 2017

Rajko Eichkamp, Die neuen Deutschen kennen keine Grenze. Kritische Anmerkungen zum Antinationalismus, in: Bahamas 74/2016, online: http://redaktion-bahamas.org/artikel/2016/74-die-neuen-deutschen-kennen-keine-grenzen/

Ein zorniger Autonomer, ›Antideutschtum‹ als Sackgasse, in: Interim, Nr. 331, 11.5.1995

Ingo Elbe, Marxismus-Mystizismus. Oder: die Verwandlung der Marxschen Theorie in deutsche Ideologie, in: Prodomo. Zeitschrift in eigener Sache, Nr. 5/2007

Jürgen Elsässer, Mißverständnis zum D-Day, in: Konkret 5/94

Jürgen Elsässer, Lob der Fremdherrschaft, in: Konkret 1/95

Jürgen Elsässer, Über den deutschen Sonderweg. Eine Positionsbestimmung, in: junge Welt, 3.5.1995

Jürgen Elsässer, Wenn das der Führer hätte erleben dürfe. 29 Glückwünsche zum deutschen Sieg über die Alliierten, Hamburg 1995

Jürgen Elsässer, Zu deutsch, in: Sahra Wagenknecht/ Jürgen Elsässer, Vorwärts und vergessen? Ein Streit um Marx, Lenin, Ulbricht und die verzweifelte Aktualität des Kommunismus, Hamburg 1996

Jürgen Elsässer, Der große Sprung. Die israelischen Kibbuzim kämpfen um ihre Existenz. Auch wenn die Zukunft ungewiß ist: Ihre bisherigen Leistungen sind beeindruckend, in: Konkret 5/1998

Jürgen Elässer, Eine neue NSDAP?, in: Konkret 9/1998

Jürgen Elsässer/ Andrei S. Markovits (Hg.), ›Die Fratze der eigenen Geschichte‹. Von der Goldhagen-Debatte zum Jugoslawien-Krieg, Berlin 1999

Jürgen Elsässer, »Aufstand der Stämme«, in: Konkret 12/1999

Jürgen Elsässer, Die Falle von Rambouillet. Wie Deutschland die USA in den Kosovo-Krieg gezogen hat, in: Konkret 5/1999

Jürgen Elsässer, Keine Zäsur? Nach dem 11. September muß der linke Kompaß neu justiert werden – aber ganz anders, als die Bellizisten meinen, in: Konkret 4/2002

Jürgen Elsässer, Linke, Krieg und Antisemitismus, in: Trend Onlinezeitung 12/2002, online: http://www.trend.infopartisan.net/trd1202/t251202.html

Jürgen Elsässer, Klassenkampf passé? Ein Streit über ›Heuschrecken‹ und Antikapitalismus, über Nationalismus und internationale Solidarität von Jürgen Elsässer/ Gerhard Hanloser, in: junge Welt vom 2.4.2007

Jürgen Elsässer, Angriff der Heuschrecken. Zerstörung der Nationen und globaler Krieg. Berlin 2007

Jürgen Elsässer (Hg.), IRAN – Fakten gegen westliche Propaganda, Werder (Havel) 2009

Jürgen Elsässer, Briefwechsel zwischen Dr. Özoguz und Elsässer. Forum der Muslime für deutschsprachige Gottesehrfürchtige, Muslim-Markt-Forum, 11.2.2015, online: http://www.muslim-markt-forum.de/t893f2-Briefwechsel-zwischen-Dr-oezoguz-und-Elsaesser.html

Jürgen Elsässer, Der Krieg der Grünen. Bomben für den Islam, Compact-Spezial, online: https://www.compact-online.de/1999-der-erste-antifa-krieg-wie-die-gruenen-deutschland-in-den-krieg-gegen-jugoslawien-trieben/

Ulrich Enderwitz , Antisemitismus und Volksstaat, Freiburg im Breisgau 1991

Ulrich Enderwitz, Konsum, Terror und Gesellschaftskritik – eine Tour d'Horizon, Münster 2005

Philipp Peyman Engel, Felix Klein im Interview: »BDS ist im Kern antisemitisch«, Felix Klein über ›Israelkritik‹, Boykotte und die Ruhrtriennale, in: Jüdische Allgemeine, 6.8.2018, online: https://www.juedische-allgemeine.de/kultur/bds-ist-im-kern-antisemitisch/

Hans Magnus Enzensberger, Katechismus zur deutschen Frage, in: Kursbuch 4, Frankfurt am Main, Februar 1966

Hans Magnus Enzensberger, Aussichten auf den Bürgerkrieg, Frankfurt am Main 1993

Ex-Anti-NATO-Gruppe, Der Osten bleibt rot. Vom Staatskapitalismus in die Barbarei? Texte zum Zusammenbruch des »Sozialismus« und zum Krieg in Jugoslawien, Freiburg im Breisgau 1993

Expertenkreises Antisemitismus des Bundestags auf: Antisemitismus in Deutschland. Erscheinungsformen, Bedingungen, Präventionsansätze, Berlin 2011

Alex Feuerherdt , Kauft nicht beim Judenstaat, in: Konkret 9/12

Lutz Fiedler, Matzpen. Eine andere israelische Geschichte, Göttingen 2016

Norman G. Finkelstein, »Den Holocaut missbraucht?«, Interview mit Norman G. Finkelstein, in: Badische Zeitung, 1.September 2000

Joschka Fischer, Rede vom 13.Mai 1999 auf dem Parteitag in Bielefeld http://www.spiegel.de/politik/deutschland/wortlaut-auszuege-aus-der-fischer-rede-a-22143.html

Joschka Fischer, Die Rückkehr der Geschichte. Die Welt nach dem 11. September und die Erneuerung des Westens, Köln 2005

Alexander Flores, Intifada. Aufstand der Palästinenser, Berlin 1989

Joseph Fracchia, Die körperliche Tiefe des Marxschen Verelendungsbegriffs: Der kapitalistische Arbeitsprozeß und der körperliche Schmerz, in: Christine Kirchhoff et al (Hg.) Gesellschaft als Verkehrung. Perspektiven einer neuen Marx-Lektüre, Freiburg im Breisgau 2004

Francis Fukuyama/ Nadav Samin, »Destructive Creation. Can Any Good Come Of Radical Islam? A modernizing force? Maybe.«, in: Wall Street Journal – Opinion Journal, 12. September 2002

Francis Fukuyama, Scheitert Amerika? Supermacht am Scheideweg, Berlin 2006

Birgit Gärtner, »Das tut man nicht, Herr Broder«, in: Telepolis 06. Februar 2019, online: https://www.heise.de/tp/features/Das-tut-man-nicht-Herr-Broder-4298543.html?seite=all

Arnold Gehlen, Anthropologische Forschung. Zur Selbstbegegnung und Selbstentdeckung des Menschen, Reinbeck bei Hamburg 1961

Wolfgang Gehrke, Rufmord. Die Antisemitismus-Kampagne gegen links, Berlin 2015

Eike Geisel, Zionismus, Imperialismus und die Linke, aus: DISkussion. Zeitschrift für Probleme der Gesellschaft und der deutsch-israelischen Beziehungen, Nr. 28/29 1970

Eike Geisel, No Business like Shoahbusiness, in: Konkret 10/88

Eike Geisel u.a., »Das kann man nicht verlangen«. Streitgespräch, in: Konkret, 4/91

Eike Geisel, Die linke Auschwitzlüge, in: Konkret Nr. 7/91

Eike Geisel, Moralische Nachrüstung. Augstein und Krippendorfff – zwei gute Deutsche und der Golf , in: taz, 25.1.1991, online: http://www.taz.de/!1735539/

Eike Geisel, Der hilflose Antisemitismus, in: Konkret 1/93

Eike Geisel, Die neuen ›Opfer der Opfer‹, in: Konkret 2/95

Eike Geisel im Gespräch mit Tom Segev: »Der Schatten Hitlers«, in: ders., Die Wiedergutwerdung der Deutschen. Essays und Polemiken, Berlin 2015

Eike Geisel, Moralischer Antisemitismus. Zwei gute Deutsche und der Golf, in: ders., Die Wiedergutwerdung der Deutschen. Essays und Polemiken, Berlin 2015

Eike Geisel, Die Banalität der Guten, in: ders., Die Wiedergutwerdung der Deutschen. Essays und Polemiken, Berlin 2015

Paulette Gensler, Solidarität mit dem Irren von Pjöngjang. Mit ihrem Friedenskurs rüstet die deutschgewordene Weltgemeinschaft auch den internationalen Islam auf, in: Bahamas 77/2017

Jan Gerber, Anja Worm (Hg.): Curt Geyer, Walter Loeb u. a.: »Fight for Freedom!« Die Legende vom »anderen Deutschland«, Freiburg im Breisgau 2009

Jan Gerber, Nie wieder Deutschland? Die Linke im Zusammenbruch des »realen Sozialismus«, Freiburg im Breisgau 2010

Jan Gerber, Die Debatte um Entebbe. Die Stunde des linken Revisionismus, in: Jungle World, Nr. 22, 1.6.2017, online: https://Jungle World/artikel/2017/22/die-stunde-des-linken-revisionismus

Tilman Gerwien, Aufstand aus der Mitte, in: Der Stern, Nr. 1/2015, 23. Dezember 2014

Andre Glucksmann, Europa – ein Vogel Strauß, in: Die Welt vom 12.April 2003

Daniel Goldhagen, Hitlers willige Vollstrecker. Ganz gewöhnliche Deutsche und der Holocaust, Berlin 1996

Emma Goldman, Niedergang der Russischen Revolution, Berlin 1987

André Gorz, Zerschlagt die Universität, aus: »Les Temps Modernes« Nr. 285, April 1970; auch in: Sozialistisches Jahrbuch 3 (Rotbuch 28), Berlin, 1971

Michael Grandt, Unternehmen Wüste. Hitlers letzte Hoffnung. Das NS-Ölschieferprogramm auf der Schwäbischen Alb. Tübingen 2002

Günter Grass, »Kurze Rede eines vaterlandslosen Gesellen«, in: DIE ZEIT, 9.Februar 1990

Grenzcampreader 99, online: https://www.nadir.org/nadir/archiv/Antirassismus/grenzcamp99/

Stefan Grigat (Hg.), Feinderklärung und Reeducation, Kritische Theorie gegen Postnazismus und Islamismus, Freiburg im Breisgau 2006

Stefan Grigat (Hg.) Postnazismus revisited. Das Nachleben des Nationalsozialismus im 21. Jahrhundert, Freiburg im Breisgau 2012

Hermann L. Gremliza , Alice, geb. Eichmann?, in: Konkret 1/83

Hermann L. Gremliza , Serbien muß sterbien, in: Konkret 8/91

Hermann L. Gremliza, Richtig falsch, in: Konkret 3/91

Gruppe Demontage, Postfordistische Guerilla - Vom Mythos nationaler Befreiung, Münster 1998

Jean-Claude Guillebaud, Von Prag bis Pnom Penh, die elternlosen Jahre, in: Wolfgang Dreßen (Hg.), Sozialistisches Jahrbuch, Tübingen 1979

Jürgen Habermas, Wider die Logik des Krieges. Ein Plädoyer für Zurückhaltung, aber nicht gegenüber Israel, in: DIE ZEIT, 15.2.1991

Kornelia Hafner, »Daß der Bann sich löse«. Annäherungen an Adornos Marx-Rezeption, in: Schriften der Marx Gesellschaft (Hg.), Materialistische Theorie und Praxis. Zum Verhältnis von Kritischer Theorie und Kritik der Politischen Ökonomie, Freiburg im Breisgau 2005

Nicolai Hagedorn, Schlimmer als Hitler. Ausstellung zu »Antisemitismus in der deutschen Linken«, in: Neues Deutschland, 27.4.2019

Patrick Hagen, Die Antideutschen und die Debatte der Linken über Israel. Magisterarbeit, Köln, SS 2004

Gerhard Hanloser, Kapitulation, theoretisch und konkret, in: Jungle World, Nr.25, 23.6.1999, online: http://jungle-world.com/artikel/1999/25/30425.html

Gerhard Hanloser, Krise und Antisemitismus. Eine Geschichte in drei Stationen von der Gründerzeit über die Weltwirtschaftskrise bis heute, Münster 2003

Gerhard Hanloser, Sonder(bare) Wege. Rezension von Jürgen Elsässers *Der deutsche Sonderweg*, in: trend online Zeitung, 7/8 2003, online: http://www.trend.infopartisan.net/trd7803/t337803.html

Gerhard Hanloser, Den echten Marx lesen. Moishe Postone beraubt die Marxsche Theorie um die Klassen und das Proletariat, in: Jungle World, Nr. 27, 2004

Gerhard Hanloser, (Hrsg.), »Sie warn die Antideutschesten der deutschen Linken.« Zu Geschichte, Kritik und Zukunft antideutscher Politik, Münster 2004

Gerhard Hanloser, Attac, Globalisierungskritik und »struktureller Antisemitismus«, in: Grundrisse – Zeitschrift für linke Theorie und Debatte, Frühjahr 2005

Gerhard Hanloser, Die Linke und der Antisemitismus. Der Antisemitismusvorwurf als Herrschaftsinstrument, in: Das Argument 293/2011

Gerhard Hanloser, Linke Neusortierung, In. Jungle World Nr. 16 vom 21.4.2011, online: http://jungle-world.com/artikel/2011/16/43047.html

Gerhard Hanloser, Welche Waffen? Welche Kritik?, in: Jungle World Nr. 46 vom 13.11.2014, online: http://jungle-world.com/artikel/2014/46/50916.html

Gerhard Hanloser, Deutscher Vernichtungsantisemitismus – eine von ›Antikapitalismus‹ angetriebene ›Revolte‹? in: Gerhard Hanloser (Hg.) Deutschland.Kritik, Münster 2015

Gerhard Hanloser, Die Rote Fahne und der Antisemitismus, in: Sozial.Geschichte Online / Heft 20 / 2017, online: http://duepublico.uni-duisburg-essen.de/servlets/DerivateServlet/Derivate-43277/06_Hanloser_Rote_Fahne.pdf

Gerhard Hanloser, Marcuse verabschieden? – »Begehren als Kraft der Subversion?«, in: Klaus-Jürgen Bruder, Christoph Bialluch, Bernd Leuterer, Jürgen Günther (Hg.) Paralyse der Kritik – Gesellschaft ohne Opposition, Gießen 2019

Michael Hanfeld, Rogers Waters und die ARD: Lied des Antisemiten, FAZ, 27.11.2017

Detlef Hartmann/ Dirk Vogelskamp, Irak: Schwelle zum sozialen Weltkrieg, Berlin 2003

Detlef Hartmann, »Unamerican«. Die Funktion des Antiamerikanismusdiskurses in der neuen Etappe des Klassenkampfes, in: Hanloser (Hg.) »Sie warn die Antideutschesten der der deutschen Linken.« Zu Geschichte, Kritik und Zukunft antideutscher Politik, Münster 2004

Detlef Hartmann, 1914 – 2014 – ? Deutschlands Offensive im weltweiten Umbruch, in: Hanloser (Hg.), Deutschland.Kritik, Münster 2015

Detlef Hartmann, Krisen – Kämpfe – Kriege, Band 2. Innovative Barbarei gegen soziale Revolution – Kapitalismus und Massengewalt im 20. Jahrhundert, Berlin 2019

Thomas Haury, Zur Logik des bundesdeutschen Antizionismus, in: Léon Poliakov, Vom Antizionismus zum Antisemitismus. Mit einem Vorwort von Detlev Claussen, Freiburg im Breisgau 1992

Thomas Haury, Antisemitismus von links. Kommunistische Ideologie, Nationalismus und Antizionismus in der frühen DDR, Hamburg 2002

Ulrike Heider, »Die Banane und das Vaterland«. Ein Fundstück aus der Zeit des Mauerfalls, in: Hanloser (Hg.) Deutschland.Kritik, Münster 2015

Brigitte Heinrich, Palästina ist anders – zwischen Schleier und Kalaschnikov, in: Wolfgang Dreßen , Sozialistisches Jahrbuch, Tübingen 1979

Sebastian Heiser, Dresdener #Bombergate. Piratinnen feiern Bomber Harris, in: tageszeitung, 21. 2. 2014, online: http://www.taz.de/!5048076/

Jakob Hessing, Zickzackgeschichte. Juden in der Bundesrepublik, Merkur, Nr. 728, Januar 2010

Wolfgang Hien im Gespräch mit Peter Birke, Gegen die Zerstörung von Herz und Hirn. »68« und das Ringen um menschenwürdige Arbeit, Hamburg 2018

Bettina Hoeltje, Zu einigen Problemen der linken Analyse des deutschen Faschismus, in: Kongreß der radikalen Linken. Reden und Diskussionsbeiträge zum Kongreß an Pfingsten 1990 und auf der Demo »Nie wieder Deutschland« am 12.5.1990 in Frankfurt am Main, Frankfurt am Main 1990

Hilmar Hoffmann, »Und die Fahne führt uns in die Ewigkeit«. Propaganda im NS-Film, Frankfurt am Main 1988

Richard Hofstadter, The Paranoid Style in American Politics and Other Essays. Cambridge 1996

Michael Hollenbach, Antisemitismusvorwurf. Umstrittene Stimme, 7.3.2019 auf Deutschlandfunk, online: https://www.deutschlandfunk.de/antisemitismusvorwurf-umstrittene-stimme.886.de.html?dram:article_id=442886

John Holloway, Die Welt verändern, ohne die Macht zu übernehmen, Münster 2002

Klaus Holz, Gibt es ein Drittes im Falschen? Was soll eine Kritik, die nicht auf die Einsicht der Kritisierten setzt? Eine Erwiderung auf den Artikel »Radioten im Dreyeckland« (Konkret 8/91), in: Konkret 10/91

Max Horkheimer, Traditionelle und kritische Theorie, ders. Kritische Theorie der Gesellschaft, Bd. II, (o.A.) 1968

Max Horkheimer, Dämmerung, in: ders. Notizen 1950 bis 1969 und Dämmerung. Notizen aus Deutschland, Frankfurt am Main 1974

Max Horkheimer, Die Juden und Europa, in: Helmut Dubiel/ Alfons Söllner (Hg.), Wirtschaft, Recht und Staat im Nationalsozialismus: Analysen des Instituts für Sozialforschung 1939-1942, Frankfurt am Main 1984

Willy Huhn, Der Etatismus der Sozialdemokratie. Zur Vorgeschichte des Nazifaschismus. Textauswahl mit einem Vorwort von Clemens Nachtmann und einem angehängten Text von Joachim Bruhn, Freiburg im Breisgau 2003

ID-Archiv im IISG/Amsterdam (Hg.) Texte und Materialien zur Geschichte der Revolutionären Zellen und der Roten Zora, Berlin 1993

Abu Ijad, Heimat oder Tod. Der Freiheitskampf der Palästinenser, Düsseldorf/ Wien 1979

Isar., Bemerkungen zum Antizionismusstreit in der Freiburger Linken, in: blätter des iz3w, Nr. 150, Juni 1988

ISF (Hg.), Frieden – je näher man hinschaut desto fremder schaut es zurück. Zur Kritik einer deutschen Friedenbewegung, Freiburg im Breisgau 1984

ISF (Hg.), Diktatur der Freundlichkeit. Über Bhagwan, die kommende Psychokratie und Lieferanteneingänge zum wohltätigen Wahnsinn, Freiburg im Breisgau 1984

ISF, Chaotische Gewalt, ordentlicher Zwang. Anmerkungen zu den Pfingst-Krawallen, Flugblatt 1987, online: http://www.ca-ira.net/isf/beitraege/isf-gewalt.zwang.php

ISF (Hg.), Roter Oktober – 70 Jahre Russische Revolution, Zeitschrift zur Veranstaltungsreihe (14.11.-22.11.1987), Freiburg im Breisgau 1987

ISF, Antizionismus – ein neuer Antisemitismus von links, in: blätter des iz3w Nr.150, Juni 1988

ISF, Das Ende des Sozialismus, die Zukunft der Revolution. Analysen und Polemiken. Freiburg im Breisgau 1990

ISF, Radioten im Dreyeckland, in: Konkret 08/91

ISF, Um Sarajewo: Der Krieg der Pazifisten, Jour Fixe Programm Herbst/Winter 1995

ISF, Der Theoretiker ist der Wert. Eine ideologiekritische Skizze der Wert- und Krisentheorie der Krisis-Gruppe, Freiburg im Breisgau 2000

ISF (Hg.), Antideutsche Wertarbeit. Der Wert – Das Kapital – Die Kritik. Kongressreader, Freiburg im Breisgau 2002

ISF, Der Kommunismus und Israel. Einladungstext zum jour fixe im Sommer 2002, online: http://www.isf-freiburg.org/beitraege/ISF_KommunismusIsrael.htm

ISF, »Die Pro-Deutschen sind da! Zur Präsentation des Buches »Sie warn die Antideutschesten der deutschen Linken. Zu Geschichte, Kritik und Zukunft antideutscher Politik« (Münster 2004) am 18. Dezember 2004 in der Freiburger KTS, online: https://www.ca-ira.net/verein/positionen-und-texte/isf-prodeutsche/

ISF, »Aufhören!«. Zum Tod von Joachim Bruhn, April 2019, https://www.ca-ira.net/verein/jourfixe/aufhoeren-zum-tod-von-joachim-bruhn

iz3w (Hg.) Der Palästinakonflikt und was wir damit zu tun haben, Freiburg im Breisgau, 1983

Günter Jacob, Kapitalismus und Lebenswelt. Zur Theorie des bürgerlichen Individuums bei Marx, 1990, online: http://trend.infopartisan.net/reprints/jacob/index.html

Günther Jacob, Agit-Pop – Schwarze Musik und weiße Hörer. Texte zu Rassismus und Nationalismus, Hip Hop und Raggamuffin, Berlin/Amsterdam 1993

Günther Jacob, Du bist Deutschland! Das Vierte Reich, Diskussionsbeitrag in Jungle World Nr. 30, 23.7.2015, online: http://jungle-world.com/artikel/2015/30/52370.html

Lorenz Jäger, Adieu, Kameraden, ich bin Gutmensch, in: FAZ, 5. Oktober 2011

Chalmers Johnson, Der Selbstmord der amerikanischen Demokratie, München 2003

JüWe, Antizionismus = Antisemitismus? Bemerkungen zum Flugblatt der ISF, in: blätter des iz3w, Nr. 150, Juni 1988

Junge Freiheit Redaktion, Elsässer gründet »Volksinitiative gegen Finanzkapital«, 9.1.2009, online: https://jungefreiheit.de/politik/deutschland/2009/elsaesser-gruendet-volksinitiative-gegen-finanzkapital/

Siegfried Kabisch, Antideutsche Netzwerke und ihre Ideologie, Sezession, Nr. 72, Juni 2016

Niels Kadritzke, Der rot-grüne Sündenfall, Le monde diplomatique vom 11. April 2019

Benedikt Kaiser/ Alain de Benoist/ Diego Fusaro, Marx von rechts, Dresden 2018

Yaak Karsunke, da zwischen. 35 Gedichte & ein Stück, Berlin 1979

Sebastian Kasper, Spontis. Eine Geschichte antiautoritärer Linker im roten Jahrzehnt, Münster 2019

Ketzerbriefe. Flaschenpost für unangepasste Gedanken Nr. 191, Frühjahr März 2015

Bill King, Neoconservatives and Trotskyism, 22.3.2004, in: http://www.enterstageright.com/archive/articles/0304/0304neocontrotp1.htm

Olaf Kistenmacher, Arbeit und ›jüdisches Kapital‹. Antisemitische Aussagen in der KPD-Tageszeitung *Die Rote Fahne* während der Weimarer Republik, Bremen 2016

Magnus Klaus, Das Glücksversprechen des Geldes, in: Der Freitag, 11.11.2011

Egbert Klautke, Amerikanisierung in Deutschland und Frankreich, 1900-1933, Stuttgart 2003

Martin W. Kloke, Israel und die deutsche Linke. Zur Geschichte eines schwierigen Verhältnisses, Frankfurt am Main 1990

Johannes Klotz, Gerd Wiegel (Hg.) Geistige Brandstiftung. Die neue Sprache der Berliner Republik, Berlin 2001

Gerd Koenen, Die Farbe Rot. Ursprünge und Geschichte des Kommunismus, München 2017

Peter Köpf, Im Namen der Freiheit. Der Vorwurf des Antiamerikanismus ist ein unpolitischer Kampfbegriff, er dient dazu, Debatten zu verhindern, in: Berliner Morgenpost, 9.3.2019, online: https://www.morgenpost.de/politik/article216625677/Im-Namen-der-Freiheit.html

Elsa Koester, »Bist du Jude?« Interview mit Yossi Bartal, in: der Freitag. Das Meinungsmedium, 16.5.2018, online: https://www.freitag.de/autoren/elsa-koester/bist-du-jude

Eugen Kogon , Klassen und Revolution im Denken der ›neuen Linken‹, in: Erwin K. Scheuch (Hg.) Die Wiedertäufer der Wohlstandsgesellschaft, Köln 1968

Michael Koltan, Adorno gegen seine Liebhaber verteidigen, in: Jour Fixe Initiative Berlin (Hg.), Kritische Theorie und Poststrukturalismus. Theoretische Lockerungsübung, Hamburg 1999

Michael Koltan, Talking 'bout my Generation, in: Hanloser, (Hrsg.), »Sie warn die Antideutschesten der deutschen Linken.« Zu Geschichte, Kritik und Zukunft antideutscher Politik, Münster 2004

Thomas Konicz, Das großgehungerte Deutschland. Wie systemische Krisendynamik und teutonischer Neomerkantilismus zur Herausbildung des ›Deutschen Europas‹ führten, in: Hanloser, Deutschland.Kritik, Münster 2015

Karl Korsch, Warum ich Marxist bin, in: Sozialistisches Jahrbuch 2 (Hg. von Wolfgang Dreßen) Berlin 1970

Carsten Koschmieder , Die Entstehung der ›Antideutschen‹ und die Spaltung der linksradikalen Szene«, in: Ulrich Dovermann (Hg.), Linksextremismus in der Bundesrepublik Deutschland, Bonn 2011

Rolf Kosieks, Die Frankfurter Schule und ihre zersetzenden Auswirkungen, Tübingen 2004

Wolfgang Kraushaar, »Wann endlich beginnt bei Euch der Kampf gegen die heilige Kuh Israel?« München 1970: über die antisemitischen Wurzeln des deutschen Terrorismus. Reinbek 2013

Hans Jürgen Krahl, Konstitution und Klassenkampf. Zur historischen Dialektik von bürgerlicher Emanzipation und proletarischer Revolution. Schriften, Reden und Entwürfe aus den Jahren 1966-1970. Frankfurt am Main 2008

Ekkehard Krippendorff, Ohne Wenn und Aber für Israel. Auch die arrogante Politik Israels machte Saddam Hussein populär, in: taz, 22.1.1991, online: http://www.taz.de/!1736103/

Krisis (Hg.), Scharfe Schafe. Geschorenes zum antideutschen Bellizismus, Wien 2003

Uli Krug/ Karl Nele, Verstaatlichung der Arbeitskraft. Hartz IV und die Kontinuität deutscher Krisenbewältigung, in: Bahamas 45/2004, online: http://redaktion-bahamas.org/auswahl/web45-1.html

Thomas Kuczynski, Die Schlacht im Buddelkasten, in: junge Welt, 4. März 1997

Erich Kuby, das ist des Deutschen Vaterland. Stuttgart 1959

Reinhard Kühnl, Kampf ums Geschichtsbild, in: junge Welt, 24.6.1996

Matthias Küntzel als »Max Müntzel«: »Antideutsche Mobilisierung zum 8. Mai 1995«, in: Bahamas 16/1994-95

Matthias Küntzel, »Auschwitz vom Sockel stoßen«. Zur Entlastungsfunktion des ›Schwarzbuches‹ im deutschen Diskurs, in: Jens Mecklenburg/ Wolfgang Wippermann (Hg.), »Roter Holocaust«?, Kritik des Schwarzbuchs des Kommunismus, Hamburg 1998

Matthias Küntzel, Die Initiatoren des Krieges gegen Jugoslawien sitzen in Bonn, nicht in Washington, in. Jungle World, April 1999, online: http://www.matthiaskuentzel.de/contents/die-initiatoren-des-krieges-gegen-jugoslawien-sitzen-in-bonn-nicht-in-washington

Matthias Küntzel, Der Weg in den Krieg. Deutschland, die NATO und das Kosovo, Berlin 2000

Matthias Küntzel, Das Fanal, in: Konkret, 11/2001

Matthias Küntzel, Djihad und Judenhass – Über den neuen antijüdischen Krieg, Freiburg im Breisgau 2002

Matthias Küntzel, Warum Israel richtig reagiert. Spiegel-online, 23.Juli 2006, http://www.spiegel.de/politik/debatte/0,1518,428093,00.html

Matthias Küntzel, Dankesrede aus Anlass der Verleihung des Paul Ehrlich–Günther K.Schwerin-Menschenrechtspreises der ADL am 11. Februar 2011 in Palm Beach, Florida, online: http://www.matthiaskuentzel.de/contents/ueber-die-verleihung-des-adl-menschenrechtspreises-2011

Matthias Küntzel, Islamischer Antisemitismus als Forschungsgebiet, in: Marc Grimm/Bodo Kahmann (Hrsg.), Antisemitismus im 21. Jahrhundert. Virulenz einer alten Feindschaft in Zeiten von Islamismus und Terror, Berlin/Boston 2018

Matthias Künzel, Postskriptum Herbst 2018 zu: Von Zeesen bis Beirut: Nationalsozialismus und Antisemitismus in der arabischen Welt, Christian Heilbronn, Doran Rabinovici und Natan Sznaider (Hrsg.), Neuer Antisemitismus? Fortsetzung einer globalen Debatte, Berlin 2019

Carlos Kunze, »Viva la muerte«, in: Jungle World, Nr. 39 2001, online: Jungle World, https://shop.Jungle World/artikel/2001/38/viva-la-muerte

Robert Kurz, Der Kollaps der Modernisierung. Vom Zusammenbruch des Kasernensozialismus zur Krise der Weltökonomie, Frankfurt am Main 1991

Robert Kurz, Schwarzbuch Kapitalismus. Ein Abgesang auf die Marktwirtschaft, Berlin 2001

Robert Kurz, Die Jubelperser der Weltpolizei. Eine verschworene deutsche Gemeinschaft: die sogenannten Antideutschen von ›Bahamas‹/ISF Freiburg als Zeloten für ›freedom and democracy‹, trend online Magazin 6/2002, online: http://www.trend.infopartisan.net/trd0602/t070602.html

Robert Kurz, Die antideutsche Ideologie. Vom Antifaschismus zum Krisenimperialismus: Kritik des neuesten linksdeutschen Sektenwesens in seinen theoretischen Propheten, Münster 2003

Tjark Kunstreich, Ein deutscher Krieg, Freiburg im Breisgau 1999

Tilmann Lahme, Historische Fußtritte. Antisemitismus? Die Netz-Zeitschrift »H-Soz-u-Kult« streitet, in: Süddeutsche Zeitung, 11.3.2006

Timo Lammer, »Wehrhafter Antifaschismus«. Über die Funktion einer permanenten Beschwörung, Magisterarbeit, Fachbereich Soziologie, Universität Freiburg, 2006

Bernd Langer, Antifaschistische Aktion. Geschichte einer linksradikalen Bewegung, Münster 2018

Raffaele Laudani (Hg.) Franz Neumann, Herbert Marcuse, Otto Kirchheim. Im Kampf gegen Nazideutschland. Berichte für den amerikanischen Geheimdienst 1943-1949, Frankfurt am Main/ New York 2016

Claus Leggewie, Wie man zur Adenauer-Linken werden konnte, in: der Freitag. Das Meinungsmedium, vom 19.04.2017, online: https://www.freitag.de/autoren/der-freitag/wie-man-zum-adenauer-linken-werden-konnte

Reinhard Lettau, Deutschland als Ausland, in: Tintenfisch 15 (Hg. von Hans Christoph Buch), Thema: Deutschland. Das Kind mit den zwei Köpfen, Berlin 1978

Karl Lorenz, Pulverfass Kosovo. Warum der Titoismus am albanischen Nationalismus scheiterte, in: Jürgen Elsässer (Hg.), Nie wieder Krieg ohne uns, Hamburg 1999

Sebastian Lotzer, Begrab mein Herz am Heinrichplatz, Wien 2017

Daniel Levy/ Natan Sznaider, Erinnerung im globalen Zeitalter: Der Holocaust, Frankfurt am Main 2001

Erhard Lucas, Vom Scheitern der deutschen Arbeiterbewegung. Basel, Frankfurt am Main 1983

Erhard Lucas, James Wickham, Karl Heinz Roth, Arbeiterradikalismus und die ›andere‹ Arbeiterbewegung. Zur Diskussion der Massenarbeiterthese. Bochum, ohne Jz.

Michael Lüders, Wer den Wind sät. Was westliche Politik im Orient anrichtet, München 2015

Dominik Mai, Studierende werfen Lehrbeauftragter Antisemitismus vor, Berliner Zeitung vom 11.1.17, online: http://www.berliner-zeitung.de/berlin/fu-berlin-studierende-werfen-lehrbeauftragter-antisemitismus-vor-25519448

Helmut Mayer, Antisemitismus von links: Fatale Kippfiguren, Das Gegenteil von gut: Eine Ausstellung in der Frankfurter Anne-Frank-Bildungsstätte widmet sich antisemitischen Motiven in der westdeutschen Linken seit 1968., in: FAZ, 28.3.2019, online: https://www.faz.net/aktuell/feuilleton/debatten/frankfurter-ausstellung-ueber-antisemitismus-von-links-16108814.html

Mahmood Mamdani, Guter Moslem, böser Moslem. Amerika und die Wurzeln des Terrors, Hamburg 2004

Thomas Mann, Tagebücher 1940-1943 (Hg. von Peter de Mendelsohn), Frankfurt am Main 1982

Tom Mannewitz, Kapitalismus – Globalisierung, in: Gereon Flümann (Hg.) Umkämpfte Begriffe. Deutungen zwischen Demokratie und Extremismus, Bonn 2017

Hasso Mansfeld, Gutmensch – Nazi-Begriff oder Moralkritik?, in: Die Welt vom 22.03.2012, online: https://www.welt.de/debatte/kommentare/article13938427/Gutmensch-Nazi-Begriff-oder-Moralkritik.html

Herbert Marcuse, Der eindimensionale Mensch. Studien zur Ideologie der fortgeschrittenen Industriegesellschaft, Neuwied 1967

Andrei S. Markovits, Eine ernüchternde Erfahrung. Die Friedensbewegung aus der Sicht eines amerikanischen Juden, DIE ZEIT vom 15. Februar 1991, online: https://www.zeit.de/1991/08/eine-ernuechternde-erfahrung/komplettansicht

Andrei S. Markovits, Amerika, dich haßt sich´s besser. Antiamerikanismus und Antisemitismus in Europa, Hamburg 2005

Materialien für einen neuen Antiimperialismus Nr. 6, Ethnisierung des Sozialen. Die Transformation der jugoslawischen Gesellschaft im Medium des Krieges, Göttingen 1993

Paul Mattick, The barricades must be torn down. Moscow-Fascism in Spain, International Communist Correspondance, Nr. 7/8, August 1937, http://www.marxists.org.uk/archive/mattick-paul/1937/spain.htm

Paul Mattick, Die Gegensätze zwischen Luxemburg und Lenin, in: Rätekorrespondenz Heft 12, August 1935, in: Karin Kramer Verlag (Hg.) Partei und Revolution, Berlin, o.J

Paul Mattick, Die Revolution war für mich ein großes Abenteuer. Herausgegeben, eingeleitet und kommentiert von Christoph Plutte und Marc Geoffroy, Münster 2013

Matthias Matussek, »In kontrapunktischer Freundschaft«, in: Tichys Einblick, 3/19

Thomas Maul, Der Westen liegt im Abendland. Über die Grenzen von Religionsfreiheit und Religionskritik, in: Bahamas 79/2018

Knut Mellenthin, Zionismus ist die Theorie, Gaza und Westbank sind die Praxis. Anmerkungen zum Papier der Freiburger ISF »Antizionismus – Ein neuer Antisemitismus von Links«, in: Ein unvermeidlicher Streit. Deutsche Linke zwischen Israel und Palästina, Hamburg 1988

Gerald Messadié, Verfolgt und auserwählt, Die lange Geschichte des Antisemitismus, München/Zürich 2001

Christof Meueler, »Die letzte Vorstellung«. Nie wieder waren die Linksradikalen so vereint: Heute vor 25 Jahren fand in Frankfurt am Main die ›Nie wieder Deutschland‹-Demonstration statt, in: junge Welt, 12.5.2015, online: http://www.jungewelt.de/2015/05-12/007.php?sstr=%7Creich

Heiner Möller, Neue Proletarität? Kritik an Karl Heinz Roths Perspektive für die Linke, in: Karl Heinz Roth, Die Wiederkehr der Proletarität. Dokumentation der Debatte, Köln 1994

Markus Mohr, Die ›antideutsche‹ Geschichtsschreibung des Linksradikalismus in der Bundesrepublik nach 1967, in: Hanloser (Hg.), Deutschland.Kritik, Münster 2015

Markus Mohr (Hg.), Legenden um Entebbe. Ein Akt der Luftpiraterie und seine Dimensionen in der politischen Diskussion, Münster 2016

Emil-Peter Müller. Antiamerikanismus in Deutschland. Zwischen Care-Paket und Cruise Missile. Köln 1986

Robin Murray, Fordismus und sozialistische Entwicklung, in: Prokla 81, »Macht und Ökonomie«, Dez. 1990

Clemens Nachtmann, Adornos Orthodoxie. Das Fortbestehen der Revolutionstheorie, in: Bahamas 22/1997, online: http://www.comlink.de/cl-hh/m.blumentritt/adorno.html

Clemens Nachtmann, Rasse und Individuum. Plädoyer für eine vollendet künstliche Amoral, in: Bahamas 58/2009 online: http://redaktion-bahamas.org/auswahl/web58-3.html

Clemens Nachtmann, Kapitulation des Intellekts, in: Bahamas 37/2002

Clemens Nachtmann, Die feine Gesellschaft und ihre Freunde, in: Bahamas 77/2017

Martin Niewendick, Die Winterpläne der Montagsmahnwachen und der Friedensbewegung, Frösteln unter Aluhüten, Jungle World, Nr. 48, 27.11.2014, online: Jungle World, https://Jungle World/artikel/2014/48/froesteln-unter-aluhueten

Konstantin Nowotny, Streit unter Leipzigs Antideutschen. Lieber rechts als gar kein Israel, in: taz vom 16.7.2018

Horst Pankow/ Tjark KunstreichVernichtung als Selbstzweck ist eine Gemeinsamkeit von nationalsozialistischem und islamistischem Judenhass, in: Bahamas 37/2002

Anton Pannekoek, Paul Mattick u.a., Marxistischer Antileninismus, Freiburg im Breisgau 1991

Werner Pirker, Verbrannte Erde. Es herrscht Krieg in Europa – warum?, in: junge Welt, 26. März 1999

Wolfgang Trakl (d.i. Pohrt), Arbeiter und Kleinbürger. Provisorische Zwischenbemerkungen zu einem immer schon geklärten Verhältnis, in: diskus Heft 2-3/1974

Wolfgang Pohrt, Eike Geisel, Ingolf Schulte, Glossar zum XX Jahrhundert. Folge 7, in: Konkret 10/81

Wolfgang Pohrt, Lebensschutz und Nationalpolitik. Motive, Ziele und Geschichtsbild der Ökologie- und Friedensbewegung, in: Kuckuck. Vierteljahreshefte für Kunst, Literatur, Kritik, Heft 18 (o.J.), online: https://www.ca-ira.net/wp-content/uploads/2017/12/isf-frieden_lp-lebensschutz.pdf

Wolfgang Pohrt, »Ein Reich, ein Volk, ein Frieden«, in: ders., Endstation. Über die Wiedergeburt der Nation, Berlin 1983

Wolfgang Pohrt, Kreisverkehr, Wendepunkt. Über die Wechseljahre der Nation und die Linke im Widerstreit der Gefühle, Berlin 1984

Wolfgang Pohrt, Der 8. Mai. Die Unfähigkeit zu feiern, Frankfurt am Main 1985

Wolfgang Pohrt, Musik in meinen Ohren, in: Konkret 3/91

Wolfgang Pohrt, Stop den Mob, Die SA-Praktiken in der Zone müssen aufhören, in: Konkret 5/91

Wolfgang Pohrt, Entscheidung in Jugoslawien. Von der anti-serbischen zur profaschistischen Kampagne: Beschreibung und Analyse der Verlaufsform des deutschen publizistischen und politischen Engagements im jugoslawischen Bürgerkrieg, in: Konkret 9/91

Wolfgang Pohrt, Der Weg zur inneren Einheit, Elemente des Massenbewußtseins BRD 1990, Hamburg 1991

Wolfgang Pohrt, Das Jahr danach. Ein Bericht über die Vorkriegszeit, Berlin 1992

Wolfgang Pohrt, FAQ, Berlin 2004

Oliver Polak, Gegen Judenhass, Berlin 2018

Alan Posener, Alte Linke, neue Rechte. Das Ehepaar Lethen und der »Kampf des deutschen Volkes«, in: Die Welt, 6.2.2019

Moishe Postone/ Helmut Reinicke, Dialektik und Proletariat, Zur ökonomiekritischen Analyse des Diamat, in: Claudio Pozolli (Hg.), Faschismus und Kapitalismus, Jahrbuch für Arbeiterbewegung, Band 4, Frankfurt am Main 1976

Moishe Postone, Antisemitismus und Nationalsozialismus, in: Autonomie. Materialien gegen die Fabrikgesellschaft Nr. 14 Alte Folge, 1979

Moishe Postone, Zeit, Arbeit und gesellschaftliche Herrschaft. Eine neue Interpretation der kritischen Theorie von Marx, Freiburg im Breisgau 2003

Moishe Postone, Bitburg: 5. Mai 1985 und danach. Ein Brief an die westdeutsche Linke, in Moishe Postone, Deutschland, die Linke und der Holocaust. Politische Interventionen, Freiburg im Breisgau 2005

Marcell Pott, Der Westen in der islamischen Falle. Von Jerusalem bis Teheran. Der neue Nahe Osten, Köln 2009

Bob Potter, Vietnam Superstar. Sieg für wen? Berlin 1975

Armin Pfahl-Traughber, »Antideutsche in der politischen Linken«, 6.5.2013, in: Humanistischer Pressedienst, online: https://hpd.de/node/15846

Sören Pünjer, Youth Bulge auf dem Tahrir-Platz. Über den Erfolg eines Revolutionsschwindlers, in: Bahamas 62/2011, online: http://www.redaktion-Bahamas.org/auswahl/web62-3.html

Lars Quadfasel, Uncle Trump. Dass es keinen Antiamerikanismus mehr gibt, ist nicht nur ein Grund zur Freude, in: Konkret 3/2019

Oliver Rast, Rappende Revolutionäre, *junge Welt*, 27.3.2019, online: https://www.jungewelt.de/artikel/351691.berlins-jugendwiderstand-rappende-revolution%C3%A4re.html

Redaktion Bahamas, Bush – The Man of Peace, 10.4.2003, online: http://redaktion-bahamas.org/aktuell/Bagdad.html

Redaktion Bahamas, Wer schweigt, stimmt zu. Gegen den antinationalen Konsens in der Hamburger Linken, Februar 2004, online :http://redaktion-bahamas.org/aktuell/HH31-1-04.html

Redaktion Bahamas , Editorial 46, Winter 2005, online: http://www.redaktion-bahamas.org/hefte/edit46.html

Redaktion Bahamas, Plädoyer für die Auflösung der Refugee-Zeltlager, in: Bahamas 67/2013, online: http://redaktion-bahamas.org/auswahl/web67-3.html

Redaktion Bahamas, Editorial 68, Frühjahr 2014, online: http://beta.redaktion-bahamas.org/editorial/2014/nr-68/

Redaktion diskus (Hg.), Küss den Boden der Freiheit – Texte der Neuen Linken, Berlin 1992

Redaktion iz3w, »Wenn der Krieg kommt«: Eine iz3w-Diskussion über den Konflikt am Golf (20.02.2003), online: https://www.linksnet.de/artikel/18347

Redaktion iz3w, Hefteditorial: Fakten & Fakes, iz3w Nr. 271, September 2003

Jens Renner, Der Anti-Zuckermann. Wie die *konkret*-Redaktion einen ehemaligen Weggefährten niedermacht, in: analyse und kritik. Zeitung für linke Debatte und Praxis Nr. 560, 15.4.2011, online: https://www.akweb.de/ak_s/ak560/02.htm

Jens Renner, Nichts dazugelernt. Die Jungle World diskutiert über 9/11 und die Folgen, in: analyse und kritik. Zeitung für linke Debatte und Praxis Nr. 565, 21.10.2011, online: https://www.akweb.de/ak_s/ak565/06.htm

Dylan Riley, What is Trump?, in: New Left Review 114, November/December 2018

Jan Philipp Reemtsma, ... the bad and the ugly. Unterüberschrift: »In den Jahren 1989/90 hat die Linke ihren weltgeschichtlichen Bezugsrahmen verloren – das heißt: Es gibt sie nicht mehr«, in: Konkret 12/90

Peter Reichel, Ein beständiges Gefühl? Über Henry M. Broders »Der ewige Antisemit«, aus: DIE ZEIT Nr. 41, 3. Oktober 1986

Karl Reitter/Gerhard Hanloser, Der bewegte Marx. Eine einführende Kritik des Zirkulationsmarxismus, Münster 2008

Revolutionäre Zellen; Wolfgang Pohrt, »... sondern auch die schlimmsten Kräfte« und: »Heim ins Reich?« in: Konkret 02/92

Michael Rohrwasser, Der Stalinismus und die Renegaten. Die Literatur der Exkommunisten, Stuttgart 1991

Hinrich Rohbohm, Vorwärts und vergessen?, in: Junge Freiheit, 20. November 2014

Rosha Rosenblüt/ Nathan Blaireau, Scherben im Spiegelkabinett. Ein weiterer Versuch, der fortdauernden Kampagne der ›Antinationalen-Antideutschen‹ zu entgegnen, in: *telegraph*. 3/1995

Jürgen Roth, Sozialistisch verhalten, in: junge Welt, 3. März 1997

Karl Heinz Roth, Die andere Arbeiterbewegung und die Entwicklung der kapitalistischen Repression von 1880 bis zur Gegenwart. Ein Beitrag zum Neuverständnis der Klassengeschichte in Deutschland, München 1974

Karl Heinz Roth, Their Wonderful War – Jenseits der Schmerzgrenze intellektueller Arroganz, in: *1999*. Zeitschrift für Sozialgeschichte des 20. und 21. Jahrhunderts, Heft 3/1991

Karl Heinz Roth, Die Wiederkehr der Proletarität und die Angst der Linken, in: Wolfgang Schneider/ Boris Gröndahl (Hg.), Was tun? Über Bedingungen und Möglichkeiten linker Politik und Gesellschaftskritik, Hamburg 1994

Karl Heinz Roth (Hg.), Die Wiederkehr der Proletarität. Dokumentation der Debatte, Köln 1994

Samuel Salzborn/ Sebastian Voigt, Antisemiten als Koalitionspartner, in: Zeitschrift für Politik. Organ der Hochschule für Politik München, 3/2011

Samuel Salzborn, Demokratie, in: Gereon Flümann (Hg.) Umkämpfte Begriffe. Deutungen zwischen Demokratie und Extremismus, Bonn 2017

Samuel Salzborn, Hass auf Israel: Zur Geschichte und Systematik des antiisraelischen Antisemitismus, in: Ralf Altenhof, Sarah Bunk, Melanie Piepenschneider (Hg.), Politische Extremismen im Vergleich. Beiträge zur politischen Bildung, Berlin 2017

Shlomo Sand, Die Erfindung des jüdischen Volkes: Israels Gründungsmythos auf dem Prüfstand, Berlin 2010

Holger Schatz, »Die Welt aushalten lernen«. Neoliberale Formierung des Selbst und linke Marktapologetik, in: Hanloser (Hg.), »Sie warn die Antideutschesten der deutschen Linken.« Zu Geschichte, Kritik und Zukunft antideutscher Politik, Münster 2004

Gerhard Scheit, Verborgener Staat, lebendiges Geld. Zur Dramaturgie des Antisemitismus, Freiburg im Breisgau 1999

Gerhard Scheit, Flüchtlingsmonopoly und Israelsolidarität, Sans Phrase Nr. 8, 6/7

Bernhard Schmid, Deutschlandreise auf die ›Bahamas‹. Vom Produkt der Linken zur neo-autoritären Sekte, in: Hanloser (Hg.), »Sie warn die Antideutschesten der deutschen Linken.« Zu Geschichte, Kritik und Zukunft antideutscher Politik, Münster 2004

Christian Y. Schmidt, Die Schuldfrage, in: Konkret 2/2017

Wolfgang Schneider, »Lazarett Deutschland«, in: Konkret 3/1991

Wolfgang Schneider (Hg.): »Vernichtungspolitik«. Eine Debatte über den Zusammenhang von Sozialpolitik und Genozid im nationalsozialistischen Deutschland, Hamburg 1991

Wolfgang Schneider/ Boris Gröndahl (Hg.), Was tun? Über Bedingungen und Möglichkeiten linker Politik und Gesellschaftskritik. Der Konkret Kongress, Hamburg 1994

Paul Simon/ Andreas Raabe, »Wehe uns!«. Die AfD hofiert ihn, für Ex-Legida-Chef Johnke ist er ein »persönlicher Freund«, für seine Gegner ein rechter Hetzer: Jürgen Elsässer ..., in: Kreuzer Leipzig

Peter Schönbach, Reaktionen auf die antisemitische Welle im Winter 1959/60, Frankfurt am Main 1961

Klaus Schönberger/ Claus Köstler, Der freie Westen, der vernünftige Krieg, seine linken Liebhaber und ihr okzidentaler Rassismus, oder: wie hierzulande die Herrschaft der ›neuen Weltordnung‹ als ›Krieg in den Köpfen‹ begonnen hat, Marbach 1992

Detlev Schöttker, Das Nationale als theoretisches Defizit. Bertolt Brecht und die deutsche Geschichte, in: Scheuer (Hg.), Dichter und ihre Nation, Frankfurt am Main 1993

Ralf Schröder, Die Fahne schwenken! Das Zeigen der Israelfahne ist konkreter Antifaschismus, in: Jungle World 25.02.2004, online: https://jungle.world/artikel/2004/09/die-fahne-schwenken

Lutz Schulenburg (Hg.), Das Leben ändern, die Welt verändern. 1968. Dokumente und Berichte, Hamburg 1998

Lutz Schulenburg (Hg.), Der Beginn einer Epoche. Texte der Situationisten, Hamburg 1995

Sabine Schulzendorf, Härtere Zeiten. Von der »doppelten Staatsbürgerschaft« zur »Non-Citizenship«, in: Bahamas 81/2019, online: http://redaktion-bahamas.org/artikel/2019/81-haertere-zeiten/

Georg Seeßlen, Renegaten, Verräter, Konvertiten, Überläufer oder Überzeugungstäter, in: getidan. Autoren über Kunst und Leben, 1.7.2017, online: http://www.getidan.de/gesellschaft/georg_seesslen/76722/renegaten-verraeter-konvertiten-ueberlaeufer-oder-ueberzeugungstaeter

Niels Seibert, Vergessene Proteste. Internationalismus und Antirassismus 1964-1983, Münster 2008

Manuel Seitenbecher, Mahler, Maschke & Co. Rechtes Denken in der 68er-Bewegung? Paderborn 2013

Rolf Peter Sieferle, Finis Germania, Schnellroda 2017

Beverly Silver, Forces of Labor. Arbeiterbewegung und Globalisierung seit 1870, Hamburg/ Berlin 2005

Jörg Später, Feindbild Israel. Antiimperialistische Amnesie. Antizionismus, Antiimperialismus und die Freiburger Zeitschrift blätter des informationszentrums 3. welt (iz3w) Ein kritischer Rückblick in eigener Sache, in: Jungle World 1998/47, online: Jungle World, https://Jungle World/artikel/1998/47/antiimperialistische-amnesie

Spiegel, Linke: »Schwafel, schwafel«. Streit über jenes ferne Land, dessen Schicksal einst die Apo einte, hat Westdeutschlands Linke entzweit: Vietnam, in: Spiegel 39/1979 online: http://m.spiegel.de/spiegel/print/d-39868888.html

Spiegel, Linke: Fettleibig mit Dauerwelle, in: Spiegel 43/1989, 23.10.1989

Spiegel, Sachsen »Hutbürger« fordert Entschädigung vom ZDF, Spiegel Online, 14.06.2019, online: https://www.spiegel.de/panorama/justiz/sachsen-hutbuerger-fordert-entschaedigung-vom-zdf-a-1272406.html

Johannes Spohr, Verheerende Bilanz: Der Antisemitismus der Linken. Klaus Rózsa und Wolfgang Seibert zwischen Abkehr, kritischer Distanz und Aktivismus, Berlin 2017

Matthias Stangel, Die Neue Linke und die nationale Frage. Deutschlandpolitische Konzeptionen und Tendenzen in der Außerparlamentarischen Opposition (APO), Baden-Baden 2013

Anton Stengl, Antideutsche! Entstehung und Niedergang einer politischen Richtung, Frankfurt am Main 2012

Michael Steffen, Geschichten vom Trüffelschwein. Politik und Organisation des Kommunistischen Bundes 1971 bis 1991, Berlin 2002

Stern, Trump verwirrt US-Juden mit einer Rede, weil er sie für Israelis hält, in: Der Stern, 7. April 2019 online: https://mobil.stern.de/amp/politik/ausland/donald-trump-verwirrt-us-juden-mit-einer-rede--weil-er-sie-fuer-israelis-haelt-8656802.html#referrer=https://www.google.com&_tf=Von%20%1$s

Christian Stock, Christian Neven-du Mont (Red.) für die Aktion Dritte Welt, 1968 – 2018. Politische Chronik: ADW – iz3w, Freiburg im Breisgau 2018

Martin Stubbe, Universalistisch gegen Israel, in: Bahamas 74/2016

Martin Stobbe, Das Ende des Postnazismus? Die politischen Entwicklungen in Österreich seit 2015 stellen linke Gewissheiten in Frage, in: Bahamas 78/2018, online: http://redaktion-bahamas.org/artikel/2018/78-das-ende-des-postnazismus/

Martin Stobbe, Der Westen liegt jenseits des Atlantiks. Trumps »America first« und die Voraussetzungen für eine Wiedererrichtung des Westens, in: Bahamas 79/2018

Ingrid Strobl, Kampf an zwei Fronten, in Emma Nr. 2 vom Februar 1981

Ingrid Strobl, Das unbegriffene Erbe. Bemerkungen zum Antisemitismus in der Linken, in: Strobl, Das Feld des Vergessens, Jüdischer Widerstand und deutsche ›Vergangenheitsbewältigung‹, Berlin/Amsterdam 1994

Hans-Christian Ströbele, Broders Spiegelfechtereien, in: Spiegel Nr. 21 vom 20.5.1991

Telford Taylor, Nuremberg and Vietnam. An American Tragedy, New York 1970

Klaus Thörner, Chance für den Nahen Osten. Der Sturz Saddam Husseins eröffnete die Chance auf eine umfassende Demokratisierung der Region, in: Jungle World, Nr. 16/2004

Bassam Tibi, Der neue Totalitarismus. »Heiliger Krieg« und westliche Sicherheit, Darmstadt 2004

Angelika Timm, Hammer Zirkel Davidstern. Das gestörte Verhältnis der DDR zu Zionismus und Staat Israel, Bonn 1997

Oliver Tolmein, Detlef zum Winkel, Herr P und die Bombe. Vom Krieg der Polemiker, Hamburg 1991

Oliver Tolmein, Bequeme Niederlage, in: Konkret 6/1995

Leo Trotzki, Verteidigung des Marxismus, Über die »Workers Party«, online: http://www.marxists.org/deutsch/archiv/trotzki/1940/04/vdm-moral.html

Donald Trump, meine amerikanischen Mitbürger, in: Bahamas 79/2018

Thomas Uwer/ Thomas von der Osten-Sacken/ Andrea Woeldike, Amerika. Der »War on Terror« und der Aufstand der Alten Welt, Freiburg im Breisgau 2003

Thomas Uwer/ Thomas von der Osten- Sacken/ Hans Branscheidt, Memorandum Irak, Februar 2003. http://www.epd.de/entwicklungspolitik/entwicklungspolitik_index_13268.htm

Thomas Uwer/ Thomas von der Osten-Sacken, Reeducation und Debaathisierung. Der Nachkriegsirak und Karl August Wittvogels Kritik der Despotie, in: Stefan Grigat (Hrsg.) Feindaufklärung und Reeducation. Kritische Theorie gegen Postnazismus und Islamismus, Freiburg im Breisgau 2006

Verfassungsschutzbericht Berlin 2005, online: http://www.bmi.bund.de/SharedDocs/Downloads/DE/Broschueren/2006/Verfassungsschutzbericht_2005_de.pdf?__blob=publicationFile

Gerhard Vinnai, Zur Opferlogik des islamistischen Terrors, in: Wunschwelten und Opferzusammenhänge, Münster 2011

Hellmut von Gerlach, Von rechts nach links, Hildesheim 1978

Friedrich August von Hayek, Der Weg zur Knechtschaft, Zürich 1945/ München 2009

Sahra Wagenknecht/ Jürgen Elsässer, Vorwärts und vergessen? Ein Streit um Marx, Lenin, Ulbricht und die verzweifelte Aktualität des Kommunismus, Hamburg 1996

Axel Weidemann, Ist hier wer Antisemit?, in: FAZ, 5.11.2018, online: https://www.faz.net/aktuell/feuilleton/medien/vorwuerfe-gegen-jan-boehmermann-ist-hier-wer-antisemit-15875621.html

Volker Weiß, Die autoritäre Revolte. Die neue Rechte und der Untergang des Abendlandes, Stuttgart 2017

Justus Wertmüller, Clemens Nachtmann, »Auf nach Amerika!«: Deutscher Djihad gegen den Kindermörder USA, in: Bahamas 37/2002

Justus Wertmüller/ Uli Krug, Infantile Inquisition. Vergewaltigungsdebatten in der Szene: Verdränger werden Verfolger, in: Bahamas 32/2000 online: http://www.redaktion-bahamas.org/auswahl/web32-4.html

Justus Wertmüller, Der deutsche Anschlag auf die Souveränität. Ein Plädoyer für miesepetrigen Defätismus in der Flüchtlingsdebatte, in: Bahamas 72/2015 online: http://redaktion-bahamas.org/artikel/2015/72-der-deutsche-anschlag-auf-die-souveraenitaet/

Petra Wild, Lieblingsfeind Islam. Historische, politische und sozialpsychologische Aspekte des antimuslimischen Rassismus, Wien 2018

Wildcat, Riots von Rechts? Strategie der Spannung, Beilage zur Wildcat Nr. 60, Oktober 1992

Wildcat, Über Antikapitalismus, Wildcat-Zirkular, Nr. 34/35, März 1997

Wildcat, Ein früherer Aktivist aus der Zentralamerikasolidarität, Erfahrungen aus Nicaragua. Gegen den Gedächtnisschwund und die Verdrängung der Geschichte, in: Wildcat Zirkular Nr. 45, Juni 1998

Wildcat, Krieg, »Dritter Weg«, neue Klassenverhältnisse, in: Wildcat-Zirkular Nr. 52/53, Juli 1999

Wildcat (und die Freiburger Gruppe Sowot), Zum Elend der Neuen Deutschen Linken: Kritik als Spektakel – Krieg als Praxisersatz, Flugblatt und Veranstaltungsankündigung, März 2002, online: http://www.wildcat-www.de/aktuell/flugwert.pdf

Wildcat, konkret nach dem 11. September - ein Kommentar, in: Wildcat-Zirkular Nr. 63, März 2002, online: http://www.wildcat-www.de/zirkular/63/z63kongr.htm

Wildcat, Beruf und Bewegung, in: Wildcat Nr. 96, Frühlig 2014, online: https://www.wildcat-www.de/wildcat/96/w96_berufubewegung.html.

Marek Winter, Antideutsch in Ostdeutschland – Versuch einer Rekonstruktion, in: Christian Jänicke/ Benjamin Paul-Siewert (Hg.), 30 Jahre Antifa in Ostdeutschland. Perspektiven auf eine eigenständige Bewegung, Münster 2017

Susann Witt-Stahl, Michael Sommer (Hrsg.): »Antifa heißt Luftangriff!« Regression einer revolutionären Bewegung, Hamburg 2014

Susann Witt-Stahl, (Anti-)Deutsche Zustände, in: Moshe Zuckermann, Der allgegenwärtige Antisemit, oder: Die Angst der Deutschen vor der Vergangenheit, Frankfurt am Main 2018

Wohlfahrtsausschüsse (Hg.): Etwas Besseres als die Nation – Texte und Materialien zur Abwehr des gegenrevolutionären Übels, Berlin 1994

Robert Wolfe, Der amerikanische Imperialismus und die Friedensbewegung, in: Sozialistische Hefte, Heft 8, August 1966

Moshe Zimmermann, Postskriptum Herbst 2018 zu: Im Arsenal des Antisemitismus, in: Christian Heilbronn, Doran Rabinovici und Natan Sznaider (Hrsg.), Neuer Antisemitismus? Fortsetzung einer globalen Debatte, Berlin 2019

Moshe Zuckermann. Zweierlei Israel? Auskünfte eines marxistischen Juden an Thomas Ebermann, Hermann L. Gremliza und Volker Weiß, Hamburg 2003

Moshe Zuckermann, Der allgegenwärtige Antisemit, oder: Die Angst der Deutschen vor der Vergangenheit, Frankfurt am Main 2018

Maciej Zurowski, Neoliberale Subkultur, in: Melodie & Rhythmus, Januar/Februar, 1/2015

Personenregister